中国传统经济

启真馆出品

社会经济史译丛

Kent G. Deng

The Premodern Chinese Economy

Structural Equilibrium and Capitalist Sterility

中国传统经济

结构均衡和资本主义停滞

[英] 邓 钢 著　茹玉骢 徐雪英 译

ZHEJIANG UNIVERSITY PRESS
浙江大学出版社

献给简 · 奥顿（Jane Orton）和托里 · 奥顿（Torrey Orton）

总 序

就中国社会经济史的研究而言，中文与外文（主要为英文）学术圈各自相对独立，尽管现在信息交流与人员往来已经较为频繁，两个学术圈有所交叉，但主体部分仍是明显分离的。相互之间对彼此的学术动态可能有所了解，但知之不详，如蜻蜓点水，缺乏实质性的深度交流，中外学者在这方面都颇有感触。而西方世界的社会经济史研究，相对于中国社会经济史研究，在中国学术界的影响更为有限。关于海外中国研究、外国人视野下的中国历史、制度经济学等，由于相关译丛的努力，越来越多地被引入中国学术界。由于欧美、日本及其他地区的经济史、社会史等研究日趋成熟，其前沿性成果更需要我们及时获知，以把握当前社会经济史的学术动态和未来可能的发展方向。与此同时，越来越多的西方学者对研究中国产生了兴趣，一则因为中国经济的崛起，一则因为如果不了解占人类五分之一人口的国度的历史，就不可能真正了解人类发展，他们希望与中国学术界有更多的交流。

就有关中国的史料与数据而言，中国学者对英文的原始史料涉猎有所局限，遑论荷兰文、西班牙文、葡萄牙文、法文等，这些语种中有关华人与中国的记载，是在中文正史与野史中几乎看不到的世界。而这些史料，在中西方的比较研究，中国与外部世界的关系等领域，都具有不可替代的作用。有待开发的史料还有域外汉文文献资料，包括朝鲜半岛、越南、日本等地的汉文古籍，以及东南亚、美国等地华人的文献与文物。仅从这个角度而言，引介和翻译海外学者的研究成果也日益显得重要。就学科而言，由于专门化人才培养与学术研究的日益深入，各学科形成自身的特定概念、范畴、话语体系、研究工具与方法、思维方式及研究领域，对此但凡缺乏深入而全面的把握，相关研究就很难进入该学科体系，而其成果也难以获得该学科研究人员的认可。而专业人才培养、评审与机构设置等制度更强化了这种趋势。专门研究是如此精深，以致许多学者无暇顾及其他学科与研究领域，见树木而不见森林，学术视野因此受到局限，甚至出现学科歧视与偏见，人类追求知识的整体感与宏观认识的需求亦得不到满足。

同时，不同学科的一些特定话语和方法，其实许多是可以相通的，学术壁垒并非如想象中的不可逾越的鸿沟。一旦打通障碍，架起沟通的桥梁，游走于不同学科之间，其收获有时是令人惊喜的，原创性的成果也常在跨学科的交叉中产生。如从历史源头与资料中原创出经济学理论，或以经济学方法与工具研究历史问题获得新思维，诺贝尔经济学奖得主希克斯、弗里德曼、哈耶克、库兹涅茨及为人熟知的诺斯、福格尔等，都取得了令人瞩目的成果。

因此，“社会经济史译丛”的宗旨与取向为：第一，在学科上并不画地为牢局限于经济史和社会史，也将选择与之相关的思想史、文化史，或以历史为取向的经济学与社会学研究成果，更欢迎跨学科的探索性成果。第二，在研究地域和领域的选择上，将不局限于译者、读者、编者和市场自然倾斜的中国社会经济史，本丛书将力推西方社会经济史的前沿成果。第三，译丛除一般性论述的著作外，也接受史料编著，还精选纯理论与方法的成果。在成果形式方面，既选择学术专著，也接受作者编辑的论文集，甚至以作者自己的外文论著为蓝本加工创作而后翻译的中文成果。在著作语种的选择上，除英文作品外，还特别扶持其他语言论著的中译工作。

我们希望本译丛成为跨越和沟通不同语种成果、不同文化、不同地域、不同学科与中外学术圈的桥梁。

龙登高

2009年5月于清华园

中译本序言

本书是我 1999 年英文原作的中译本。我在本书中译本出版之际特别感谢浙江财经大学茹玉骢教授和他的夫人徐雪英博士自 2012 年来执着如一地和不计得失地坚持完成中译本的翻译和中文出处的全部考证工作。同时，我也感谢浙江大学出版社对本书的义无反顾的支持，使本书与中文读者见面。

我 1999 年的初衷，是向西方学术界系统地介绍中国传统社会经济制度的主要特点和成就。在西方，中国或中华民族的四大科技发明是尽人皆知的。中国作为传统的科技大国在世界历史上的无可争议的地位和贡献，已为自欧洲早期的启蒙运动先哲的顿悟和 20 世纪的李约瑟教授的研究成果所全面肯定。然而，中国或中华民族在经济和社会制度领域对世界的杰出贡献在西方却鲜为人知。这些制度在中国要么被人们熟视无睹，要么被人们严重误读。我希望帮助西方读者系统地了解中国传统社会经济制度也曾长期处于世界领先地位。

例如，中国传统的家庭小额土地占有制度和民间盛行的土地产权（包括永佃权），土地转让（如诸子分家析产）与土地自由抵押和买卖交易，在世界历史上不仅出现得极早，而且延续的时间最长。欧洲和日本历史上传统的土地制度是贵族大土地占有制度，盛行长子继承，不存在广泛的土地转让和土地市场交易。只有当欧洲和日本进入晚近资本主义以后，类似中国古代的私人土地占有制度和土地转让制度才成为可能。相比之下，中国的私人土地占有制度在世界历史上处于绝对领先地位。就此，那种把中国传统的家庭小额土地占有制度和民间盛行的土地转让视为“封建制度”的观念是对中国历史和世界历史的严重误读。世界历史上的所有封建制度无一例外必须有世袭贵族来操作和支撑。这些贵族是天生的土地占有者和执政者。

再如，中国教育的“有教无类”制度，秦以后各主要朝代承袭的郡县制，行政管理中的文官治国制度，文官制度中的科举竞争制度，科举制度带来的社会阶层的向上流动升迁现象，都是排斥贵族对国家权力的世袭独占。这是和中国家庭小额土地占有制度相辅相成的配套工程。这些制度在本质上都是否定世袭贵族，是反封建的。把中国传统中的科举竞争制度和科举制度带来的社会阶层的向上流动升迁现象一律看成是“封建制度”，也是对中国历史和世界历史的严重误读。

最后是中国历史上底层民众频繁起义的现象。在由世袭贵族统治的欧洲和日本，大规模的社会底层起义是极少发生的。把中国历史上的民间大规模起义说成是社会的周而复始的绝对贫困化仅仅是一种猜测。民间大规模起义无疑是需要大量资源支持的。一个在死亡线上挣扎的社会是没有能力频繁起义的。中国传统的家庭小额土地占有制度为生产者提供源源不断的投资和生产激励机制。这样的激励机制直接造就了中国令世界瞩目的高产农业。 高产农业是中国历史上底层民众起义的无可争辩的物质基础。换句话说，中国历史上底层民众频繁起义并不能推出中国社会赤贫的结论。相反，只能折射出中国社会的富有。

严格地说，秦代以后的中国社会在民众产权、投资和生产积极性、社会向上的流动性、国家权力的文官化、选官制度的开放性、民众异议的公开暴力表达等等方面都使秦代以降的中国更接近西方近代的市民社会，而与中世纪欧洲—日本的封建制度无缘。如果要就社会经济制度对中国在世界史上定位的话，秦代以降的中国应该比封建制度下的欧洲和日本全面领先。

但我们常见的悖论是世界的主流在欧洲。欧洲中心论者津津乐道的其实只是中世纪晚期的那一系列颠覆性变革，包括宗教改革、文艺复兴、科学革命、军事革命、 地理大发现和殖民扩张、启蒙运动、工业革命、法国大革命和欧洲的世界霸权。对于骨子里崇尚社会达尔文主义和世界霸权的西方学术界而言，是不可能有比欧洲更合理、更精巧的社会经济制度的。然而，欧洲中心论是明显缺乏证据的。从经济制度操作的空间、时间、规模和人口数量这四个最重要的判断指标来看，称得上世界社会经济制度的主流的应该是中国而不是欧洲：中国的版图相当于整个欧洲，秦代以降中国的社会经济制度比欧洲的任何制度持续得都长，截至 1750 年，中国的经济总量大于欧洲，中国宋代以降的人口占世界人口的三分之一到四分之一，远远超过欧洲，这起码是 18 世纪以前的态势。而且，如果没有外来霸权主义的武力威胁，中国的传统社会经济制度本来是可以无限期地持续下去的。至于中国为什么在 19 世纪和 20 世纪屡屡败于来自欧洲的霸权主义，这和西罗马帝国灭亡后的欧洲人习惯于互相诉诸武力，国家军事化、意识形态军事化、社会军事化、科技军事化、财政军事化直接相关。欧洲变成战场，欧洲走上高度军事化的发展道路，仅仅是世界史上的特例，绝非世界主流。15 世纪兴起的地理大发现的最直接的冲动是欧洲贵族寻求海外新领地和欧洲王室通过特许贸易寻租，而并非是新兴的资产阶级在开辟资本主义世界市场。这一点，长期以来被众多的学者误读。相比之下，中国的传统国家制度、财政制度和经济制度有明显的非军事化倾向，中国传统制度的优势在于和平发展。所以，欧洲与中国的对峙从一开始就是军事力量不对称的。欧洲以优势对决中国的劣势，中国一开始就输定了。其实，不仅中国，任何非欧洲国家在和欧洲对峙时的结局都和中国相仿。

我由衷地希望中文读者能通过本书，重新审视中国传统经济的合理性和在世界历史上的领先意义。

邓钢

2017 年 8 月

前言

本书是我研究传统中国长期经济增长三部曲的最后一部作品，前两部一部是关于士大夫的作品《发展还是停滞》（*Development versus Stagnation*，1993），一部是关于海洋的作品《中国人的海事活动和社会经济后果》（*Chinese Maritime Activities and Socio-economic Consequences*，1997）。中华文明生生不息，对于其经济史成功和失败的理解，长期以来学术界素有争论，希望本书能对此争论的解惑尽绵薄之力。

借此之机，我想感谢伦敦政治经济学院（LSE, London School of Economics）为本项目提供资助，我特别要感谢皮博·奥斯汀（Pip Austin）夫人，得益于她的帮助，项目进展得非常顺利，比预期要快很多，这在我的学术生涯中前所未有。

自1990年以来，里丁大学和墨尔本大学的埃里克·L. 琼斯（Eric L. Jones）教授对此研究项目给予了长期支持、引导和建议，对此我深怀感激。我也非常感谢伦敦历史研究会的帕特里克·奥布赖恩

（Patrick K. O'Brien）教授，斯坦佛大学的雷蒙·迈尔斯（Ramon H. Myers）教授，以及我伦敦政治经济学院的同事加雷思·奥斯汀（Gareth Austin），他们阅读了我的手稿并提出了宝贵意见。我先前在新西兰威灵顿的同事约翰·辛格顿（John Singleton）博士对本书手稿做了评论。其他两位伦敦政治经济学院的同事，拉里·爱泼斯坦（Larry Epstein）和马克斯·斯蒂芬·舒尔茨（Max Stephan Schulze）提供了关于西欧农业和农民的参考文献。

掩卷回首，我亦要感谢以前的同事们，1993 年在澳大利亚珀斯召开的澳大利亚和新西兰经济史协会双年会上，他们对我的论文《结构均衡和中国资本主义停滞：一个新的看法》（"Structural Equilibrium and Capitalism Sterility in China：A New Insight"）做了评论，而这是本研究项目蹒跚起步之作。

最后，我想对妻子露西和我的孩子亚历山大、比琳达道声感谢，他们一方面容忍我晚上、周末和节假日吝啬自己的时间不去陪伴他们，另一方面还被要求给予我一贯的支持。举家从威灵顿迁至伦敦，他们的理解和支持成为我学术生活的关键部分。举家搬迁，伴随着正常的紧张感，也暂时中断了我的研究项目，但他们的支持让这种紧张感降至最低，对此，我心怀感激。

目录

附录

缩写说明

AEHR《澳大利亚经济史评论》

CBW 辞海编辑委员会

CA《当代人类学》

CR《中华重建》

EEH《经济史探索》

HER《经济史评论》

HJY《海交史研究》

IA 中国社会科学院考古研究所

IHNS 中国社会科学院自然科学史研究所

JAS《亚洲研究杂志》

JCE《比较经济学杂志》

JEH《经济史杂志》

JPS《农民研究杂志》

KG《考古》

KR《科技日报》

LY《历史研究》

MAS《近代亚洲研究》

MPL 劳动边际产量

MRP 边际产值

NGM《国家地理杂志》

NK《农业考古》

PEAO 农业产出人口弹性

PP《过去和现在》

RR《人民日报》

SA《科学美国人》

WW《文物》

XW《新华文摘》

ZDB 中国大百科编辑委员会

ZDC 中国地图出版社

ZJY《中国经济史研究》

ZKY 中国科学院

ZNK 中国农业科学研究院

ZNZ 中国农民战争史编辑委员会

ZW 中国文化研究所

第一章　引言：问题和新见解 1

1.1 中国经济史中的悖论

1.1.1 悖论一：冲击、灾难与中华体系的绵延不绝

尽管漫长的中国历史充满了自然和人为的冲击与灾难，包括周期性干旱、洪水、内乱、潜在的和实际的外国入侵以及偶尔的外族征服，它的抵御能力如此之强，着实令我们迷惑不解。尽管遭遇如此不幸，中国却如同凤凰涅槃，每每从废墟中浴火重生。

给人印象最为深刻的是，中国与西方现代经济和军事列强发生冲突败北之后，19 世纪下半叶，又饱受列强的入侵。20 世纪上半叶，日本全面残酷入侵，中国依然保持完整，屹立不倒。尽管受尽列强凌辱，却依然保持独立，此事若非奇迹，亦属罕见。

为何许多其他文明古国消失了，中国和中华文化在历史长河中却没有消失呢？更为根本的问题是，翻看中国九死一生的记录，西方文明，中华文明，究竟哪个更生机勃勃？如果中华文明胜出，推

行西方文明的意义何在？这是第一个悖论。

1.1.2 悖论二：从发展到不发展

从多维度来看，中国拥有创造性的天才和复杂的历史。至少在 17 世纪之前的亚洲，它一度享有文化和经济优势。为了详解这些观点，可用经济发展中极为重要的技术和商业化这两个方面加以佐证。

2 李约瑟（Joseph Needham）的皇皇巨著《中国科学技术史》（*Science and Civilization in China*，1954—1994），以及其在 1970 年以后撰写的数量众多的英语作品中，已对中国在科学技术方面的成就加以阐述。中国是一长串发明的发祥地，包括丝绸、火药、指南针、造纸和活字印刷等。它曾经是最具创造力的社会，且在很长时期中引领世界科技，对此无人质疑。令人信服的是，这些科技成就对经济产生了深远的影响（Hartwell 1963,1967; Elvin 1973, 第 9-10，13 章）。至于商业，市场在中国的设立至少不会晚于战国时期（公元前 475—前 221）（赵冈 1986），尽管一些数据并非确凿可靠，但随着经济持续增长，显然仅仅是贸易量就令外邦人士印象深刻。例如摩洛哥的旅行者伊本·白图泰（Ibn Batuta），他曾作为使节被派往中国元朝，还有 13 和 14 世纪有商人背景的马可·波罗（Marco Polo）[1]（Wright，T. 1854）。尽管有观点认为“中国前现代商业仅仅局限于少数几个地理位置优越的区域”（Rawski 1972：6）[2]，但是在中国前现代经济中除了常常存在的职业商人之外，普通农

---

[1] 人们怀疑马可·波罗是否到过中国（参见 Wood 1995）。即便马可·波罗的游记是虚构的，根据韩国、日本、越南以及中国西藏地区的记录，中国昔日之繁荣和富足是不可否认的，更不用说中国国内外丰富的考古证据。

[2] 学者们认为欧洲农民最大的特征就是缺乏市场活动（参见 Macfarlane 1978：21-23）。

民也频繁而活跃地参与了市场行为：一个普通农民以农作物交换现金（Latourette 1964：575）。包括纸币的使用以及信用机构的建立等在内的有助于商业变迁的因素，在中国的出现均要早于欧洲（Elvin 1973：第 11－12 章）。有人明确地说，早在公元前，中国就已经出现了一些资本主义元素，而不仅仅是市场的元素（Jones 1988：74）。

因此，中国似乎已经具备了所有能够使其继续发展的重要因素，甚至在汉代和宋代就出现了工业革命初期的主要成分（Elvin 1973）。更有甚者，当中国在 14 世纪晚期与工业化失之交臂时（Jones 1981：160），几乎所有迹象都表明它会成为首个工业化社会。到距今不远的公元 1800 年为止，中国大约占据了全球制造业产出的三分之一，西方部分约占世界总量的十分之一。公元 1830 年左右，当西方在世界总产出中超过中国约 1.3% 时，世界潮流发生了变化。公元 1990 年，中国制造业产出的份额缩小到 6.2%，而西方上升到 77.4%（Huntington 1996：86；也可参见 Kennedy 1987：149）。毋庸说，这是因为中国没有将其成就资本化，也未在西欧之前跨越工业化的门槛。

为何中国未能进一步发展？这一现实版的龟兔赛跑如何成为历史现实？怀疑中国究竟有没有达到这样的高度，对于解决这些问题
无任何帮助。因为在十字军东征以后，西方逐渐迎头赶上并超过中 3
国，这一点是没有人反对的（Landes 1994）。对很多研究者而言，中国提供了一个从发展到停滞，从发达到落后的难解之谜。至少有以下四种理论对此进行了解释。

首先，如果假设欧洲这种充满革命性变革的经济发展模式亦是其他文明之普适性道路，那么马上便下结论，认为在欧洲运行良好的普适原理在中国这样的大国不起作用，这一点让人无法接受。那么，人们就必须面对以下几个问题。（1）为何中国在经历光荣的原始资产阶级的汉朝或宋朝后，经济并未起飞？（2）中国到底什么地

方“出了差错”，令其不能发生工业化的巨大突破？

其次，如果人们相信资本主义工业化是经济发展的一个必然过程，并且欧洲的道路是能够实现这种变化的唯一途径，那么问题便成了，如果给予中国足够长的时间，那么中国是否有可能演变到工业化的阶段，这很大程度上是一种反事实方法[1]（counter-factual）。就像亚历山大·格申克龙（Alexander Gerschenkron）[2]（1962；也参见 Harley 1991）等学者令人信服的证明那样。现实的情况是，由于资本主义工业化滥觞并成熟于英国，对于世界其他地区而言，往往只是采用“反向工程”（reverse engineering）方式，对这一新体系进行扩散而已，即通过人为之因素替代“自然之先决条件”。因此，在后工业化革命时期，关键的问题是一种文明推动该扩散过程的能力，而非另起炉灶的可能性问题。在过去 100 年左右时间里，中国在接受工业化过程中表现得不尽如人意，这亦是事实，即：与邻国日本的成功故事相比照，在实施业已明确的使命时，中国起步较晚，步履蹒跚，困难重重。关键之处是，如果中国不仅在发明，而且在复制资本主义工业化方面亦困难重重，那么难道我们依然还可以假定中国可以在其发展历史中沿“自然之道路”进入工业化吗？此外，

[1] 该方法发轫于罗伯特·W. 福格尔（Robert W.Fogel），在尝试研究美国铁路对经济影响的时候（1964），他通过反向事实方法发明了增长的间接度量方法。福格尔的思考方法是典型的现代经济学和现代科学：在假设其他条件保持不变或相等的条件下，各种因素可以独立予以度量。不幸的是，在历史研究领域，人们无法接受“其他条件相等”，因为这并非是历史学的研究方法。相反，历史学家的任务是看清彼此的条件差异，与何时、如何、为何以及这些条件随着时间之变化以何种程度变迁。借助于类比，“其他条件相等”意味着自然演化只可能导致唯一的共同类型，因为所有的早期物种将会以同样的方式发展。这将危及自然进化研究的根本目的。

[2] 亚历山大·格申克龙（Alexander Gerschenkron）是 20 世纪西方著名的经济史专家。他 1904 年出生于俄国的奥德萨。1920 年离开俄国定居于奥地利，并于 1928 年获得维也纳大学的政治学博士学位。随后，进入弗里德里希·冯·哈耶克领导下的奥地利经济周期研究所工作，任助理研究员。1938 年德军入侵奥地利时，他又移居到了美国。先在加利福尼亚大学的伯克利分校工作了六年，任助理研究员、讲师。后又在美国联邦储备委员会工作了两年。从 1948 年起他成为哈佛大学的教授，直至退休。1978 年去世。著作主要有《经济落后的历史透视》。

即便可以接受“足够长时间”的条件，那么在何种情况下，我们可以认为前面已证明的从汉朝以来的2000年时间，哪怕是最缓慢的增长还不足以累积至经济“起飞”点呢？

再次，由于众多的社会已经偏离了这种普适性的发展模式，我们对这个模式就会心存疑虑，那另一个问题是：为何中国在历史上至少两度向资本主义靠拢？进而，难道中国在汉朝和宋朝是在其 4
“正常”轨迹上吗？如果答案是“是”的话，中国为何要打破其原本前途无量的道路呢？

最后，就定量而言，以任何标准来衡量，中国过去的表现都给人深刻印象。在人口规模方面，按照西蒙·库兹涅茨（Simon Kuznets）的估计，公元前1000年左右，世界人口达到2.75亿（1966：34），而同一时期中国人口约在0.9亿—1亿（Ho 1970；葛剑雄 1993）。公元前1年左右，世界和中国人口数估计分别为2.5亿和0.7亿（Llewellyn-Jones 1975：24–25）。对世界人口更准确、更有意义的分类是最近按照语言的分类，它表明公元1992年，讲普通话的人口占世界总人口的15.2%，而如果所有说中文的人口包括在内，则达到18.8%（Huntington 1996：60–61）。由于公元1000年以来，中国人口占世界总人口份额已减少一半，所以公元1000年之前，中国的人口占世界总人口的比重更大，也更重要。但在第二次世界大战之前非常长的时期里，在人口权重方面，中国从未真正面临来自其他国家的挑战。就领土面积而言，中国和欧洲几乎大小相当。

更为重要的是，如果认为中国的历史延续时间最长，且自基督教时代以来，至少占了世界总人口的20%，中国是世界上人口最多，拥有星球上最为庞大单一族群的国家，那么从长期来看，究竟何种文明代表发展之主流呢，西方抑或中国？如果因为中国压倒性

的面积和人口总量使其成为主流的话，因为整个发展问题是非颠倒，
5 那所有的发展标准必须全部改变。如果西方是主流，那么我们何以对待中国以人口数、存在时间和领土面积等衡量的“数量性胜利”呢？相比之下，世界历史上鲜有国家能与之一决雌雄。

在这个意义上，中国的过去对知识界提出了挑战，如果这个挑战不是和工业革命的挑战完全等量齐观的话，那它至少亦与之难分伯仲。

1.2 对理论框架的批判

已有许多理论框架来理解中国的悖论，它们各有千秋，都有助于理解前现代中国经济绩效。但是，无一例外的是，它们本身也困于这样或那样的悖论中。以下列举了 11 种主要分析框架以阐明此种困境。

1.2.1 主要分析框架及其问题

1.2.1.1 意识形态决定主义

这一学派的建立归功于德国的哲学家黑格尔（G. W. F. Hegel, 1770—1831），他的理论模型论证了何为逻辑力量之崇拜，黑格尔相信社会经济发展由精神决定，这种思考方式对后来的思想家影响深远，特别是马克斯·韦伯（Max Weber）的《新教伦理与资本主义精神》，宣传新教伦理和西方资本主义之间存在的密切联系（Weber 1930; cf. Tawney 1926）。

由于宗教、意识形态和思想易于识别和追踪，因此该模型的优点是，它揭示了发展表现差异的终极原因。而且就不同文明或“文化”而言，这些宗教、意识形态和观点往往是独一无二的。因此，

可以很容易地从精神起源说得出结论性的答案。众多学者皆遵循这一黑格尔—韦伯式的线索，重新阐释世界不同地区的社会经济发展。在汉学研究中，学者们借以指出其在经济发展中的“缺陷”，即儒家—道家联姻的意识形态和文化价值观僵化了中国人的创造力，误导和浪费了中国人的能力和天赋，使国家陷于停滞和退步（例如，Fairbank 1957；Qian W. 1985）。

虽然该模型促进了对文化的研究，但它存在一些明显的缺陷：意识形态决定论具有很强的宿命论味道，犹如发展一开始便被程序所预设一般。换句话说，后人还未出生，先人已为他们做出了选择，这本身并不合理。更为严重的是，它是反事实的。众所周知，历史上有些民族有相同或相似的文化或信仰模式，但其经济发展路径迥异。例如在欧洲历史上，新教起源于德国，后来蔓延到西欧北部和 6
英格兰沿海。但为什么工业革命没有发轫于德国这一新教发源地，或同时发生在整个新教世界呢？此外，像格申克龙学派（参见 Sylla and Toniolo 1991）所认为的那样，为了移植工业化，为何德国和其他欧洲国家不辞辛劳地创造一些人为条件去替代一些关键的先决条件呢？同样，人们也可以问，为何同样受儒家思想熏陶的日本成功发展了工业，而作为儒家源头的中国却未成功；此外，直到晚近时期，其他受儒家影响国家，如韩国和越南也一直没有成功。

1.2.1.2 发展阶段模型

发展阶段模型将社会经济发展划分成不同的阶段，卡尔·马克思提出了一个系统性理论，将之分为（1）原始共产主义，（2）奴隶制，（3）封建主义，（4）资本主义，以及马克思自己创造的（5）科学共产主义阶段。后来，沃尔特·W. 罗斯托（Walt W. Rostow）用发展四阶段重新诠释历史：（1）作为起点的传统社会阶段，它以农业为主，有少量的贸易和工业；（2）经济起飞阶段，它发生在传统社会成功摆脱无休止的粗放型增长约束时（其特征是人均收入增长缓慢）;（3）产业成熟阶段，产业结构在社会中得以确立;（4）大众高消费阶段，人民富足且福利有保障（1960：第6章）。根据罗斯托所说，一个社会大概需要54—80年经历所有这些阶段（同上，1960：38, 59）。可以说阶段性模型在很大程度上源于达尔文主义，它假设自然界物种从原始形态向更高级形态发展时都遵循共同的发展模式（参见 Marx 1976a）。

1.2.1.3 市场模型

亚里士多德和托马斯·阿奎那是市场研究的先驱，威廉·配第和亚当·斯密随后将市场和财富联系起来。卡尔·马克思紧接着深入探究，认为市场是导致封建主义衰落、资本主义兴起的革命性因素之一。其后，众多学者视市场为火车头，甚至是经济增长的唯一推动力，其最佳的例子便是约翰·希克斯爵士（Sir John Hicks）在其《经济史理论》一书中所表达的思想（1969：7）。

根据希克斯的看法，欧洲拥有市场成长的良好条件，包括农业剩余的增加、专业化、职业商人、法律和秩序的建立和维持、货币和信用，还有重商主义政策（1969：23–26, 42, 68–71）。而为希克斯所忽略的事实是，远在欧亚大陆另一端的中国也同样具备这些条件。
8 早在公元前6世纪，中国的个人私有土地所有制已经建立起来，在公元前已成为主要的所有制形式。中国不仅拥有世界上最高产的农业，而且也拥有复杂的货币体系和信用制度。此外，由于受到生产者私人所有制和基本财产权的支撑，广泛的国内和国际市场体系在中国已存在千年之久（参见 Elvin 1973; 梁方仲 1980：398–411; 孙光圻 1989：548, 559; 陈学文 1991：49–50; 全汉昇 1993：8; 颜惠崇 1994：107; Deng 1993a, 1993b, 1997; cf. Hicks 1969：第5章）。费维凯（Albert Feuerwerker）明确指出（1984：304）："自宋以降，中国经济的本质便是市场经济，其大部分经济结果是由私有部门所做决策与所采取行动所决定的。”现代化之前的欧洲人也认为中国是最讲秩序、最守法的社会（Waverick 1946；也参见 Hicks 1969：69–71）。摩根·凯利（Morgan Kelly）的一本著作表明宋朝时的中国有过一次市场扩张，并达到“经济广泛市场化”（economywide market）的程度，或者说就是市场经济（market economy），直到18世纪无人望其项背（Kelly 1997：952–962）。问题是为何这些被希克斯看作最重要的市场驱动增长，并未让中国取得西欧社会的成就。希克斯赞誉欧洲地理位置的优越性，声称欧洲城邦是地中海的独特馈赠（参见 Hicks 1969：38–39）。

然而希克斯所不能解释的是，为何欧洲最独特的，也是他最为推崇的欧洲城邦，也如此有助于资本主义增长，却也不过如此短命罢了。他也不能解释，资本主义发展最为理想的欧洲，不得不等待近海的英格兰数个世纪，方重新兴起。他的模型亦不能解释以下事实，即当市场经济迎来西欧工业增长的时代，贸易强化了中欧和俄国的奴隶制，这与市场–现代增长模式正好相反（参见 Hicks 1969：112–113）。因此，即便是在解释欧洲内部所呈现之现象，希克斯的模型也并不令人信服，而至于亚洲国家周边地理环境缺陷的言论最终使他的模型变成了地理 / 环境决定主义（参见 Hicks 1969：38–39；也参见 Deng 1997：第 1–2 章）[1]。

市场模式及精神模式所普遍认同的另一个重要因素是，由约瑟夫·A. 熊彼特（Joseph A. Schumpeter）第一次提出的企业家精神（主要是能承担风险，随时准备发现新的市场和技术），或者企业家精神的程度（参见 Scherer and Perlman 1992）。人们常常把中国问

[1] 类似的观点依然存在并颇具影响力（关于中国与欧洲的比较，参见 Diamond 1998）。

题归因于企业家精神的缺失，但是这种说法并没有和前现代时期中国发明和创新的比例和范围以及商业活动的回报相匹配。以下表格将说明在中国向私人商人所征收的贸易税，标准的比例是商品价值的10%—30%（根据朱彧：第2卷；马端临，《文献通考》第20卷：《市籴考一》)：

时　期	征收的贸易税收入	最少的总贸易额
宋	（单位：铜钱 $\times 10^6$）	（按10%的税率，铜钱 $\times 10^6$）
1049—1053	530	5300
1064—1067	630	6300
1127—1161	2000	20000
明—清	（白银 / 公斤）	（白银 / 公斤）
1615	1010	10100
1571—1644	142190	1421900
1815	22400	224000

9 尽管信息并不完整，但纯收入总额意味着中国的企业活动规模非常可观。有证据显示，除去中国政府牟取暴利的通常做法（参见附录A)，商帮在中国前现代史上始终非常活跃，最著名的有安徽商帮、山西商帮、陕西商帮、山东商帮、宁波商帮、广东商帮、福建商帮，它们在明清之际实际上控制了食盐、茶叶、棉花、交通和借贷（张海鹏、张海瀛 1993)。其他主要的商帮是海上商帮，即便是在明清海禁之际，这些商帮亦控制了中国出口贸易（参见 Deng 1997：第4章)。因此，在中国的商业史上，企业家精神缺失之说根本站不住脚。总体上，市场模型在解释中国悖论方面依然任重道远。

根据古典和新古典经济学，市场最根本的功能是优化资源配置，并促进经济增长。但是在理论上，就我们所知，市场并不会自动实现经济发展，因此，市场最终导致了李嘉图式的“静态”，而不是可持续的技术变迁和工业革命。因此，根据定义，依赖于市场而取得经济发展与古典和新古典经济学并不匹配。

1.2.1.4 古典模型

阶级模型中，有两个方面相互联系。首先，社会是由利益相互
冲突的对立阶级构成：奴隶制下是奴隶阶级和奴隶主；封建制度下
是封建主和农奴；资本主义制度下是工薪阶级和资本家。其次，这
些对立阶级不仅是特定经济体系的因素，而且也是推动社会经济变
迁的动力。例如，奴隶和奴隶主之间的斗争导致了罗马帝国的衰落，
并为法兰克人部落创造了机会，用基于武力征税的封建制度取而代 10
之。后来，欧洲农奴和地主的阶级斗争导致了封建制度的衰落，并
为资本主义清除了障碍。

值得怀疑的是，人们是否应该把人口划分成利益截然不同的阶层：数千年历史的长河中，澳大利亚土著从来就没有看到过所谓的阶级和阶级斗争。一方面，即便是在最有歧视性的社会，人们也总是可以发现超阶级的行为。另一方面，在同一个阶级内部也常常出现冲突。最重要的是，如前面发展阶段模型所提到的那样，奴隶制和封建制，以及资本主义并不是放之四海而皆准的：在中国历史中它们大部分是缺失的。这个模型忽略了以拥有土地农民为主的东亚大陆，比那些要么是富人要么是穷人的高度两极化的欧洲更加公平（中国的例子参见 Fei 1939：191－194; Tawney 1964：34－35, 38, 71; Buck 1968：194－197; Mousnier 1971：237－241; Hsu 1980：10－11, 13－14, 66－67; Chao 1986：第 7－8 章）。

1.2.1.5 人口模型

人口模型首先由 18 世纪英国的牧师马尔萨斯（Malthus）提出。他对英国农村不断增长的人口危机甚为担忧，为了敲响人口过度危机的警钟，他特别强调经济资源和人口规模之间的关联性。该模型

始于两个前提：（1）人类的性是自然的，很大程度上并不可控；（2）生产投入报酬递减不可避免。结果是，人口增长率快于食物生产率，于是失控的人口增长迟早会达到危机点，并导致战争、饥饿和疾病。他据此认为人类社会并不完美，因为人类甚至不能处理其自身生物族群增长（Malthus 1914）。

11 在马尔萨斯的模型中，人口对社会经济发展只有负面影响，该模型经常被用来解释中国的过去。赵冈（Kang Chao）的一本专著（1986）做了典型性应用：把人口过多视作中国经济增长的种种困难之根源，这一假说存在的主要问题来自三个假设：（1）没有什么技术和/或结构变迁，尤其是在帝国后期；（2）中国的土地供应接近完全无弹性；（3）中国的人口增长没有任何预防性的控制。而最近的研究结果恰恰与之相反。

首先，明清之际，中国的农村经济比人们想象得要更具活力，其间人口增长迅速。与德川日本相似，长江三角洲地区的手工业几乎完全吸收了农村剩余劳动力。这就使得过去劳动力和土地投入之间的平衡关系几乎不受影响（李伯重 1996a, 1996b）。

其次，明清之际，主要包括湖北、湖南等省的总面积约为 40 万平方千米的广袤的江汉平原内陆地区得到重新开发，而该地区与江苏、广东相比，元末之前，它曾是相对落后的稻田种植区，现在转变为一个高产的、显著商业化和城市化的地区，并成为大量大米、棉花和布等常规性产品净输出地。这一新的发展得益于一种新的土地使用和复耕方法（围垸或者围耕稻田），以及新的作物及新的市场机会。该地区全年粮食产量从成化年间（公元 1465—1487）17 亿斤水平上升到雍正年间（公元 1723—1735）的 37 亿斤（221 万公吨；清朝 1 斤＝596.82 克）。产出中的 23 亿斤是市场化的，市场比例达到了惊人的 62%（张家炎 1995：42）。然而在此后约 500 年内，平原人口（包括移民在内）翻了10倍（同上：41）。同样，明清之际，山东作为人口与土地比例极低的地区之一（梁方仲 1980：207, 263, 272, 274），也设法：（1）增加一倍的种植面积；（2）采用多茬复种；（3）引种一系列植物新品种。结果，尽管其人口增长一倍，但是在明清之际，山东依然保持了盐、小麦、干果、豆制品（松豆类、豆饼和油）、花生和花生油、棉花和棉布、生丝、丝绸布、原烟和烟草、陶瓷和垫子的净输出地的地位，估计每年输出总价值55万—60万两白银（2051.6—2238.1吨）（许檀 1995）。如果以山东省人口高峰（公元1851年为33266055人）为基础，人均输出额为1.65—1.80两白银（61.5—67.1克），按照前现代标准，这是相当可观的经济盈余。最近的一项研究表明，在17和18世纪，长江三角洲地区大米平均价格从每石0.94到2.18两白银不等（参见 Wang Y. 1992：40-47）。另一项研究也揭示了类似的价格区间，18世纪，广东和广西 12
是每石1.03—1.93两白银不等（参见 Marks 1991：102）。一个中国成年人的大米人均年消费量为2.17石（同上：77）。根据这些信息，可以通过每人每年的大米消费量乘以价格区间重新构建一个维生工资，其结果是每年2—4.7两白银（74.4—175.3克）。因此，1.65—1.8两白银的净输出占了最低工资的35%—90%。

再次，有证据表明，在最富裕的农业地区，如江苏，通过人口控制，地区粮食年均增长率达到0.3%（李伯重，1996a：3, 1996c）。

此外，研究也表明，食物价格的提高经常被作为证据来证明清朝时期人口与土地比的降低，而这其实不过是廉价货币白银过度供给而导致的“价格革命”的征兆，亦是受中国与资本主义世界商业周期首次协同影响的结果（参见附录B; Eng 1993; 郭成康 1996; 王玉茹 1996; 也参见 Geiss 1979：159-164; Cartier 1981：464）。价格的变动和食物供给的实际情况毫无关系，即便没有进口，中国国内生产的供给显然已足够。因此明清之际很有可能的情况是，处于“过度就业”而非“就业不足”（李伯重 1985, 1996a, 1996b）的中国发达农耕地区并不存在人口与土地比的危机，而其他地区可能没有触及这种危机的门槛。如果是这样，马尔萨斯主义者的解释就站不住脚，即人口的增长并不一定意味着人口过度，因为其他两个因素——技术和土地投入都是有弹性和动态的。

与马尔萨斯模型截然不同，波塞鲁普（Boserup）认为人口压力越大，创造性人口就越多，因此人的创造力能解决人口问题。换句话说，人口压力不仅应被视为积极因素，而且也应被视为经济发展的内生因素。在了解全球农业长期技术变迁的趋势后，波塞鲁普总结了人类抗击人口压力的主要步骤：精耕农业的进步增加食物供给，最终从林区休耕（forest-fallow）种植转向多茬复种（multi-cropping）（1965：第 4–5, 12 章）。最近，理查德·沙利文（Richard Sullivan）所开发的类似模型表明，人口规模越大，智者越多，发明和创新的过程就越容易（Sullivan, 1984：270–289）。在波塞鲁普和沙利文模型中，技术进步都是解决人口危机的关键：只要一个社会能设法让技术变迁速度高于人口增长速度，便可以避免由报酬递减规律引起的生存危机（也参见 Grigg 1980：46）。

13 显然，如果允许技术进步，马尔萨斯的人口模型便是行不通的。但是，如果波塞鲁普和沙利文模型中关于人口增长和技术变革的相关性是正确的话，那么为什么人口稠密的印度和中国在历史上并未出现过持续的科技进步和经济发展？另外，如果人口规模有助于刺激经济增长，为什么亚洲大陆没有在欧洲之前完成工业化？由于无法解决这个难题，波塞鲁普把中国视为特例，中国的人口增长走得太远，都已经远离了所谓的“波塞鲁普空间”。该空间描述了人口增长和技术进步的最优协调关系，这使得中国实际上跳回到马尔萨斯阵营（Boserup 1981：87–90; Coleman and Schofield 1986：123; 关于马尔萨斯—波塞鲁普的联系，请参见 Lee 1986）。与此相反，伊懋可（Mark Elvin）坚持认为，传统中国后期的持续性技术变迁是帮助中国应对人口压力，而没有陷入马尔萨斯危机的一个稳定因素（Elvin, 1975：112–113）。

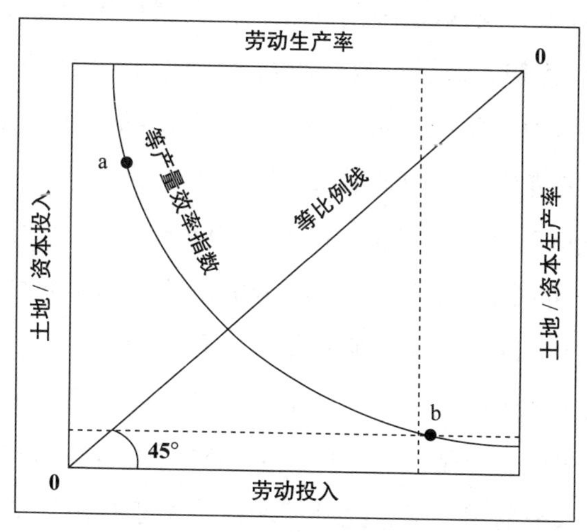

图 1.1　土地 / 资本和土地生产率之间的权衡

此外，从长远来看，波塞鲁普过程中存在一个时间炸弹：对土地日益密集的使用导致土地生产率和劳动生产率之间的两极分化，这点波塞鲁普自己也观察到了，他认为，每次人口冲击造成劳动强度增加，农民工作的时间更长（Boserup 1965：53），这也是现代绿色革命总的趋势（Hazell and Aiyasamy 1991：19–20; Watanabe, 1992：39–40）。该生产率的权衡点如图 1.1 所示，其中点 a 表示土地 / 资本密集度的选择，而点 b 是劳动密集度的选择。b 点的劳动密集度选择在土地 / 资本生产率高的一端，但劳动生产率选择在低的一端。从长远来看，由于波塞鲁普过程本质上是劳动密集型的，即使是允许技术水平随着时间不断提高，当农民接近每天所允许小时数所限定的物理以及人类的生物耕作限值时，对人口做出回应的社会可能在波塞鲁普前沿之战上赢得胜利，但是终究会在马尔萨斯的人口危机之役中一败涂地。

1.2.1.6 技术决定论

少数经济史学家承认中国的经验在长期世界经济史上的意义，20 世纪 70 年代初，伊懋可教授明确了中国的“中世纪经济革命”。对于解释中国为何没能更进一步，发动自己的工业革命，他指出，这是因为中国传统技术并未增长，用他的话讲，即“高水平的均衡陷阱”（high level equilibrium trap，Elvin 1973：313; Fei and Liu 1977）。伊懋可模型的关键条件是报酬的长期递减，这意味着传统社
14 会如有足够的时间，无论如何有创造性和创新力，最终还是会困于陷阱，而唯独基于现代科学的技术，可以通过大幅度拓展生产率边界缓解这种困境。但是，正如伊懋可陷阱所指出的那样，从长期来看，在遥远未来的某一天，这种困境也将由于报酬递减而消失。因此，它基本上也是一种马尔萨斯模型。另一方面，“量的增长，质的停顿”的概念意味着：（1）中国经济达到最优的资源配置；（2）在中国的制度中，技术是一种外生因素（Elvin 1973：第 17–18 章）。对中国宋朝亚当·斯密式的一次性增长也进行过类似的描述，其特点是在无技术突破的情况下实现更佳的资源配置（Kelly，1997），这也与李嘉图的“静态”（stationary state）相呼应。

中国在实现本土工业化方面踌躇不前，就此而言，伊懋可的模型似乎令人信服，然而，如果也同时考虑波塞鲁普模型的话，我们面临着一个困难的抉择：如李约瑟所言，中国人显然富有创意。因此，他们不应该困于发展陷阱。对明清之际，尤其是公元 1600 年以后中国人生活水平的综合分析，对伊懋可的陷阱假说提出了严峻

考验。迄今为止，尚无证据表明：（1）在宏观层面上，中国从其他国家进口了大量的食品；（2）尽管中国确实发生过各种各样的灾难——持械聚众叛乱，外族入侵和征服，洪水、干旱和蝗灾，但在 15
那段时间内，中国遭受着长时间的大规模饥荒。相反，新的作物品种，从经济作物（如美国棉、烟草、花生和辣椒）到主食类（如马铃薯、红薯和玉米）在中国广泛传播，养活了不断增加的人口（王毓瑚 1964：232; 石声汉 1979：694; 林更生 1982; 杨宝霖 1982; 章楷、李根蟠 1983：94–95；ZNK 1984：91–93；唐启宇 1986：213–224, 278; 郭文韬 1988：383–385, 421–422）。此外在明清之际，中国的商业化和城市化保持在一个合理的水平，而这又依赖于农业剩余（参见傅衣凌 1966; 吴承明 1985; 张家炎 1995）。如前所述，人口和粮食价格的增加并不表明明清之际出现了马尔萨斯危机。以下两种现象最为明显：一是到清朝为止，中国的人口持续增长（当前的人口远超清朝人口高峰的三倍）；二是中国农业生产的现代科技投入有限，这揭示了前现代农业所容许的余地极大：即便是在 20 世纪 30 年代中期，高达 25%的农业增长也归功于简约的传统技术（Buck 1968：203）。因此，即便是在晚清时期，传统的耕作方式和不断增长的人口也未必会导致经济受困。

毕竟，究竟现代技术是否是令西方崛起而中国衰落的主要原因，这令人质疑。欧洲的传统技术基于试错法，接纳了一些革命性变迁：如 15 世纪的哥伦布—达伽马型地理大发现；像詹姆斯 · 瓦特之类的工匠在公元 1765 年之前，对原动力的大规模改进。问题是，中国或多或少达到了同级别科技水平（“相关”发明包括机械钟、印刷机和水力纺纱机），因此具备类似的能力或潜力。中国缺少的恰恰是经济对本土技术的充分利用，因此，中国失败的原因，很有可能不仅仅是技术。

白馥兰（Francesca Bray）提出另一种假说，这可能称作“水稻黑洞”理论（1986）。她认为水稻种植，由于其独特的规模不经济，就像是一个黑洞吸收任何资本与劳动投入，边际劳动产出从来不会趋于零。换句话说，水稻种植中不存在报酬递减，因此永远无法充分实现其生产率潜力。由于这个黑洞，她认为，亚洲的水稻种植不可能有富余劳动力和资本，可用于非农业和非农村的发展。如果我们考虑以下问题，这一个模型便不足为信：（1）日本长期以来是稻米生产国，没有被吸入这个黑洞；（2）中国作为尚未实现产业化的
16 经济体，从未有过把稻谷作为单一农作物。很明显，尤其是在考虑到日本水稻种植后（1986：217），水稻种植并非是导致亚洲发展状况的一个必然因素。白馥兰认识到这种潜在的自我矛盾，因此，她把德川日本作为一个小商品生产者，这就可以推翻黑洞。然而，她忽略了一个事实，中国作为世界历史上最早发明纸币的国家，其小商品生产商的状况远比德川日本更加久远和积极。此外，她的理论也不能说明如果不借助外部冲击，亚洲的稻米经济如何打破黑洞。

1.2.1.7 二元结构 / 转型模式

阿瑟·刘易斯（Arthur Lewis）构建的二元结构模型解释了非工业和非资本主义社会转变为一个工业社会的机制。他的前提是资本主义经济部门（主要是工业部门）劳动生产率（以劳动边际产出来衡量）要大大高于非资本主义经济部门（主要是“传统的”农业部门）。结果，资本主义工业有能力提供比农业更高的工资率，这样的工资差异吸引劳动力从农场转向工厂。因此，所有的转型就意味着吸收农村地区的劳动力。他的模型表明，带有两种部门的经济能产生自增长和结构变迁（即从“劳动力的无限供给”行业到产生高收益的行业）。

中国传统工业和商业历史悠久，产生的收益远高于农业（Deng

1997：第 4–6 章），但是如果把汉朝和宋朝时期所发生的经济革命包括在内，就没有证据表明发生了刘易斯式的转型。这表明，经济中规模庞大的资本部门，不仅意味着高回报，而且是模型成立的必要条件。此外，在新古典主义看来，刘易斯的模型只会在两种情况下生效：（1）劳动力从农业流向工业不存在制度性障碍；（2）两个劳动力市场之间完全竞争，信息流动很充分。为了满足这些条件，社会应该至少有一个部门拥有完善的资本主义。例如，在沙皇俄国，由于政府主导的工业化计划，二元经济体制让农民承担了巨大成本，实际上威胁社会稳定，并对共产主义的崛起负部分责任，而根据刘易斯的观点，农民阶层应该会感到满足（Gerschenkron 1962：130）。如果这样，在刘易斯过程甚至还未开始前，实际的转型期就应该已结束。这在逻辑上存在问题，因为跨部门转型的先决条件是一种普遍接受的资本主义企业家追求利润最大化的行为，如刘易斯论文所述：（1）人口不断追求高工资率，毫不犹豫地越界进入非农 17
业部门；（2）由于市场内部的流动性，没有市场会陷入劳动边际产出（MPL）趋于零的情况；（3）农业无过剩人口；（4）社会将几乎毫不费力地实现工业化。这种大团圆结局是刘易斯模型工业化过程的关键点，正如亚历山大·格申克龙的《经济落后的历史透视》（*Economic Backwardness in Historical Perspective*，Gerschenkron 1962：69）所揭示的那样，无论是在首个工业化经济体英国还是晚近一些的工业化国家俄罗斯，这都有违于事实。

就纯理论而言，该模型亦存在问题。刘易斯的观点是，如果一个社会有二元经济（即传统农业和工业并存），农村剩余人口将从农业转向工业，重建新的生活。这便是专业化、城市化的过程，尤其是工业化的过程（Lewis 1954）。但是，从概念上讲，由于市场机制本身，这种转移迟早会停止。可以用边际分析来进行描述，可以将劳动边际产出（MPL）曲线乘以价格水平得到边际产品收益（MRP）曲线。因此，劳动边际产出可以替代边际产品收益曲线。在自由竞争中，一条向下倾斜的需求曲线与向上倾斜的供给曲线相交的位置就是部门劳动力市场的均衡工资率（W_1，W_2）和均衡就业水平（Q_1,Q_2），相交点发生在劳动边际产出接近零点之前。在图 1.2 中，此点相交于市场 A 的 a_1 点和市场 B 的 a_2 点。根据刘易斯的理论，在 a_1 点后农村劳动力将离开农业，远离早先提到的 b_1 点 MPL = 0 的劳动投入基础。换句话说，在二元经济中，当劳动输入不再具有新古典经济学意义时，过剩的农业人口早已离开了农业部门。

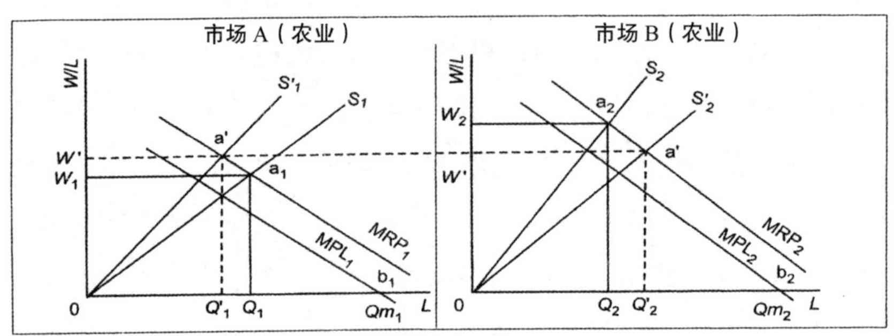

图 1.2　二元经济结构中的劳动力市场

在 a_1 点和 a_2 点，市场达到均衡工资率和凯恩斯的充分就业，所有接受工资协议的工人都已就业，而闲散劳动力（Qm_1-Q_1，Qm_2-Q_2）是自愿失业的结果。然而，自愿失业的劳动力是移动的。如果特定部门的内部或外部提供更高的工资，这部分劳动力就会被吸收。正如图 1.2 所示，当市场 B 提供的工资率 W_2 比市场 A 的工资率 W_1
18 要高，市场 A 中的一部分失业劳动力（Qm_1 和 Q_1 之间）将加入市场 B 的劳动力供给，造成对市场 B 的供给冲击，劳动供给曲线 S_2 将转移至 S'_2，随之将原有的均衡工资率 W_2 变成 W'。最后，市场 A 中的劳动力供给减少将导致其劳动供给曲线从 S_1 提高到 S'_1，结果导致工资率从 W_1 增加到 W'。最终：（1）市场 B 得到比以前更多的劳动力，而市场 A 中的劳动力获得更高的工资；（2）这两个市场之间形成了统一的工资率，实现了跨市场均衡；（3）劳动力不再流向市场 B。除非这两个市场之间的劳动力流动被阻止，市场机制就会产生这个结果。同样地，资本输入市场的工作原理也是类似的：如果工业界提供更高的回报，超过均衡输入水平的农业资本量将转移到工业部门，而不会停留在农业，反之亦然。由于阿瑟·刘易斯没有认识到市场经济的这个功能，他认为：（1）资本主义和非资本主义部门之间永久工资率的差距（称为工资“悬崖”）将始终存在；（2）要降低资本部门工资率的唯一途径，是从劳动力丰富的中国和印度自给经济体进行大规模移民（1954）。与此相反，边际分析表明，如果过剩人口被锁定在农业部门，这并非是由于阿瑟·刘易斯所谓的相对贫困造成的，而是由市场均衡造成的。

而且，二元模型没有考虑到农业生产的季节性。季节性对农民经济行为至关重要，因为它决定了农民的劳动边际产出（MPL）的波动。正常情况下，在农忙季节（例如整地、播种和收获），农民劳动边际产出增长非常快，而并非保持在零水平。因此，根据定义，在农闲季节，劳动力供给丰富。然而，这种劳动力季节性的供给过剩，并不会使农村人口自然闲置。经验证据表明，传统经济的农闲季节，农村人口通过副业（by-employment）来抵消农业中降低 19
的劳动边际产出（法国的例子，参见 Hohenberg 1972：234; 俄罗斯的例子，参见 Mathias and Postan 1978：330－341; 日本的例子，参见 Francks 1992：118－119, 139－140, 154－155; 印度的例子，参见 Rothermund 1993：75, 112－113, 131, 147）。一旦考虑副业，农民劳动边际产出有可能全年保持正的水平。尤其重要的是，如果经济对国际贸易开放，农民的副业便和世界市场联系，发挥其“剩余产品的出路”（vent for surplus）功能，从而维持传统行业的副业。倘若如此，依刘易斯自己的逻辑，即使在农闲季节，使人们离开传统行业的诱惑也削弱了，因为副业的出现提高了他们放弃农业的机会成本。

此外，刘易斯的模型只告诉我们劳动力供应的一面，这意味着：（1）“劳动的无限供给”和（2）农民和作为雇员的工厂工人之间的完全替换性，在工业化的历史现实中这肯定是不正确的（参见Sylla and Toniolo 1991）。有证据表明，现代部门需要一些有基本技能的劳动力。因此，现代部门对劳动力的需求不仅是要素数量问题，更是要素质量问题，素质差的劳动力会适得其反，减少所需的劳动量。例如，为了克服非熟练劳动力的问题，后起的工业化国家（如美国）中，开发专门用途的机器工具替代质量较差的劳动力（参见Harley 1991：37–38），这又设置了行业劳动力需求的上限。因此，即使仍然只考虑供给的一面，不经过一些艰苦的训练，农村劳动力和工厂劳动力不具有替换性。由于存在不可避免的技术障碍，行业劳动力供给将永远不可能是无限的。既然工业部门的劳动力需求和供给都是受限的，两类经济共存局面会继续延续，从而使得传统行业转型困难重重。

最后，从根本上来说，如果要实现刘易斯式转型，社会必须解决粮食供需问题。如果假定不从世界市场进口任何食物，这种转型的速度完全取决于农业部门能够生产多少剩余，以养活不断增长的城市人口，而不是取决于退出农业者的自由意志。从新古典经济学角度来看，例如，如果因为快速的工业化出现粮食短缺，改变或不改变农业劳动力的边际产出，食品价格都将被推高，食品生产企业的实际工资也随之提高。农民的收入增加，将不会有激励退出农业。因此，为了使刘易斯的模型有效，任何时候，社会必须保持充足的

粮食供应，然而这违背了刘易斯暗含的假设，即从较低劳动边际产 20
出来看，农业部门长期受低生产率之困。如果刘易斯所指的也包括了食品的对外贸易，他的模型就变得很难下定论了，因为转型与否部分取决于其他出口粮食经济体的表现。为了挽救这一模型，我们必须假设农业技术的革命性变迁能够保证食品供应。但是，任何这类变迁必定会提高农业劳动边际产出，提高实际工资率，从而让农民留在行业内。总之，食物短缺或农业技术的改进，都会妨碍劳动力进入工业部门。

1.2.1.8 制度模型

制度模型由德国历史学派在19世纪首创，创始人李斯特（Friedrich List，1789—1846）否定了普适性的发展路径，认为每个国家都必须找到自己的方式来繁荣经济。他认为为了促进社会经济发展，必须要有诸如法律、秩序、银行和邮政服务等制度。沿着这一思想，20世纪70年代，以诺斯和托马斯（North and Thomas）合作之代表作《西方世界兴起》（*The Rise of the Western World*）为标志开创了“新经济史”（new economic history）。他们认为西方发展成功的秘诀很大程度上要归功于经济组织和制度，让不同部门得到有效平衡：（1）社会成本和私人成本；（2）社会收益和私人收益；（3）社会成本和私人收益；（4）私人成本和社会收益。私人收益率是经济单位所从事活动获得的收入净额的总和。社会收益率是社会从同一活动中获得的净收益（正或负），它是私人收益率加上活动对社会其他每个人产生的净收益。和帕累托最优市场观点非常相似，所有成本和收益的资产负债平衡表是激发和维持个人激励，使其更多更好地生产，直到该社会实现工业革命。因此，诺斯和托马斯认为工业革命并不是现代经济增长的来源，而仅仅是经济增长的结果（1973：1-3）。诺斯和托马斯也认为生产者的产权是制度的核心，它提高了过去开发生产新技术僵化的私人收益率（1973：8, 157）。他们还进一步说，在过去伊比利亚半岛和当时拉丁美洲、亚洲和非洲大部分地区的失败，主要是由于缺乏产权，这是低效率的经济体制的结果（1973：157）[1]。

然而该模型不能解释，尽管中国早已建立普遍的私有制，前现
21 代中国却没能获得发展。以土地为例，早在公元前594年，私人所有权就已合法化，并在战国时期（公元前475—前221）成为常态（例如，参见刘泽华等1979：113, 132–159），结果使得中国大部分农民拥有土地。这种旧制度的残余证明了这一点：20世纪30年代，至少有70%的农户仍属于自由的土地所有者（参见Tawney 1964：34；Chao 1986：第8章）。托尼（R. H. Tawney）指出，中国乡村生活的典型形象并非雇用的劳动力，而是拥有土地的农民（1964：34）。从汉朝到明清（秦：公元前221—前206；清：公元1616—1911），中国农业改革的主要目的是通过重新分配已经私有化的土地或私有化的国有土地（尤其是边境地区和其他边远地区的国有土地），强化私人土地所有权。并不令人惊讶的是，中国并不真正需要一场像日本和俄罗斯在18世纪中叶进行的激进改革，通过废除其封建制度来改变土地所有权形态。中国的私人土地所有权奠定了基层被称为“泛商业化”的基础，可以形容为“小农场和大市场流通”（张忠民1996）。然而，私人所有权的建立和维护并没有将中国引向工业资本主义。相反，农业主导依然是经济的主要特点。19世纪末之前，没有明显的趋势表明中国经济作为一个整体转向任何其他模式：现代研究人员发现了一些羸弱的、原始的和零星的“资

[1] 为了发展他的理论，诺斯教授后来降低了产权的重要性，更强调交易成本（North 1981），然而，“产权–资本主义工业化”模式确立了经济史理论的里程碑，应认真对待。

本主义萌芽”，它更像是一种原始工业化，而并非资本主义（李剑农 1957：第 5–6 章；1962：第 15 章，Elvin 1973：164–178; 刘昶 1982, Bray 1984：565–566）。换句话说，生产者产权并非是经济增长的充分条件，它们本身并不能帮助中国走向工业化。

此外，道格拉斯·诺斯认为产权变迁的动力来自人口增长，人口密度越高，经济制度就越先进（North 1981：第 7，9 章）。正因如此，对有关中国经济史的波塞鲁普模型的批评也与此制度模式有关：如果人口是制度变迁的发动机，为何中国没有走在世界前列？

1.2.1.9 官僚决定模型

和制度模型相关的是所谓的“官僚决定论”，费正清教授（John K. Fairbank）从他的研究中得出的结论是，扼杀中国发展潜力的是中华帝国官僚。一方面，中国官僚机构组织严密，有巨大的压制力，可以时刻遏制商人阶层，消除任何不良或“非正统”经济增长；另 22
一方面，作为职业发展最有吸引力的行业，它能够不断地把受最好教育和最有才华的人吸纳进来为这个体系服务，导致了人力资本的浪费（Fairbank 1957, 1965, 1980; Perkins 1967; Balazs 1972；Qian W. 1985; 也参见 Wittfogel 1957）。有人可能会质疑中国长期以来是一个统一的政治实体的有效性。然而，在过去 2000 年，总体上中国大陆 70%—75% 的时间处于一个国家的政府下，从而说明了这种归纳是正确的。

尽管合理，但是官僚决定论并不能解释为何在中国传统的城市中心（区域、跨区域及海外）贸易非常普遍，科学技术蓬勃发展（参见 Needham 1954—1994; Skinner 1964—1965, 1977; Elvin 1973）。最重要的是，埃里克·L. 琼斯教授（Eric L. Jones）再三强调，第一个有历史记载的集约型增长（或人均增长值）发生在中国宋代，要早于欧洲和日本数个世纪（Jones 1988; Goudsblom et al. 1996：第 5

章）。这些成绩至少表明，和其他没有独裁的官僚制度的地区相比，官僚化中国的制度性障碍并非更具有抑制性。与近代早期的西欧国家和日本相比，中国政府较为羸弱且效率低下，怪罪于几乎没有控制权的儒家政府显得很牵强（Jones 1988：第 8 章）。

就比较意义而言，官僚决定论受到了批判，乔尔·莫基尔教授（Joel Mokyr）在《财富杠杆》（*Lever of the Riches*）一书中认为，中国的失败根源于其集权的政府结构，它不允许内部竞争。而政府之间的竞争，其工作原理和结果与市场竞争相似，使得欧洲通过发展可能性的最优轨迹点抵达工业革命（Mokyr 1990：第 9 章）。这个假设貌似有道理，却不能解释中国这个中央集权政府为何以及如何设法促进其增长，或者至少容许其在 16 世纪前甚至更长时间内领先于欧洲。换句话说，在中国的体制下为何以及如何达到最优或接近最优点？所以，政治单位之间的竞争似乎并非 16 世纪前亚洲大陆增长的一个必要条件。

1.2.1.10 小农制（petty farming）、地主所有制（landlordism）和政府寻租的决定理论

尽管上述标题很蹩脚，但在当代中国经济史研究中非常盛行。它是以下两种观点的混合：（1）阶级分化的概念，所谓的“原始资
23 本积累”和无产阶级的形成。（2）斯密—李嘉图基于社会劳动分工的规模经济学说，生产率的提高导致了剩余产生，从而导致资本的形成和积累。这是一种修正主义的观点，即把中国视为一个独特的案例，小农和小地主大行其道，相反，中世纪的欧洲和日本明治维新时期前多数是由大封建主主导的。

这一学派普遍认为：（1）农民几乎没有剩余，因为小农场由于低生产率和沉重赋税只能勉强维生，而更大规模土地上的佃农被收租的地主无情地剥削到了极限；（2）地主或政府没有为现代化的增

长提供资本形成，这是因为地主只关心土地的再投资，并维持一种奢侈的生活方式，而政府只采取非生产性的财政政策。他们认为，小规模农业、劳动社会分工的弱点、缺乏资本积累 / 形成、资本家和无产阶级的短缺，这些都抑制了中国经济增长潜力。在他们眼中，寄生在小农上的中国地主和政府是内生资本主义增长的劲敌。另外，西方帝国主义也是阻碍本土现代增长的另一个关键因素（韩大成 1957, 1986;《中国资本主义萌芽问题讨论集》1957; 谢国桢 1980; 尹进 1980; 李文治 1981; 方行 1981, 1984, 1986; 刘昶 1982; FDL et al. 1983; 李少白 1984：319－325; 汪敬虞 1984；吴承明 1985；许涤新、吴承明 1985; 韩大成 1957；周远廉、谢肇华 1986; 曹贯一 1989）。在英语文献中，典型的如黄宗智（Huang 1990）的研究表明，自公元 1000 年以来中国最先进的农业区——长江三角洲，其农村生产的“家庭化”导致经济“退化”——中国并非停滞，而是绝望地枯萎了。

地主寻租假设需要对历史进行检验。假设存在地主剥削，那么中国农业总产值必定有能力提供剩余，如图 1.3 中的生产前沿和维生线之间的距离所表示的那样，阴影区域 QQ'ab 表示剩余总量。根据地主所有制假设，这个阴影区域作为租金为土地主所有，而佃农所剩无几，佃农的维生工资用面积 0QbL 表示。这里的人口指标是，佃农的人口水平将停留在 L 左右，而人口增长主要由地主阶级推动，他们占有地租，并把地租转化为 L—L' 范围内的额外人口量。在这些情况下，人口适度增长，仅仅是因为地主有强烈的动机维持高于佃农的生活标准。在现实生活中，正如菲尼和滨野（Feeney and 24
Hamano 1990）明确向我们表明的那样，只有德川封建土地制度才能严格控制日本的人口增长。繁重的政府寻租对自耕农也有类似的限制增长。

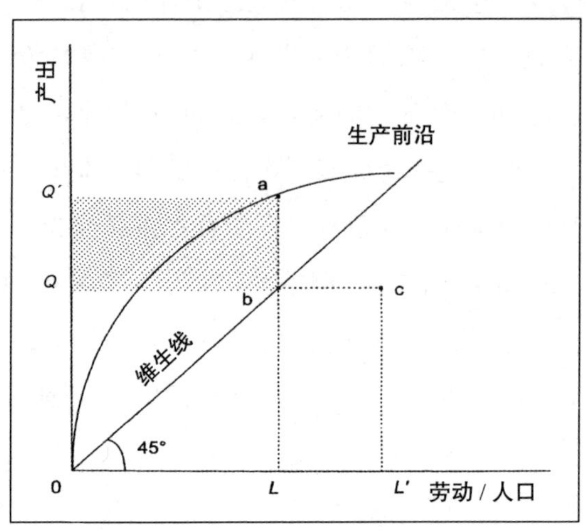

图 1.3　寻租和人口控制

地主所有制迅猛增长往往和明清时期相联系，然而，这一时期，可能是从 18 世纪上半叶开始，中国的人口爆炸式增长，终止了中国人口长期稳定在 3000 万—5000 万人之间的局面。对人口增长起点的推断是基于公元 1741—1851 年和公元 1863—1887 年的数据，从年均增长率 1.45% 推算出来的，以此速度，大约需要 45 年人口翻一番。到公元 1741 年，人口达到 1.434 亿，到公元 1790 年翻了一倍达到了 3.015 亿，并在公元 1851 年达到峰值 4.322 亿，公元 1863 年减少到 2.4 亿，而公元 1887 年又反弹到 3.776 亿（梁方仲 1980：4-11，251-254，256-257）。从公元 1741—1851 年的数据看，人口年增长率为 1%，公元 1863—1887 年间，年均增长率为 1.9%（同上； 比照 McEvedy and Jones 1978：167）。所以，没有迹象表明，在日本封建制下有效的寻租性人口抑制（rent-seeking-cum-population）也同样存在于明清时期的中国。

一种可能的解释是，中国的地主引发了人口增长。若事实果真

如此，这一阶层引起的年均人口增长将高得离谱：如果地主及其家
庭占总人口的 40%，则年均人口增长率为 2.5%—4.8%（这个数 25
据值得怀疑）；如果他们占人口数达 30%，则年均增长为 3.3%—6.3%；如果占 10%—20%，那么年均增长将达 5%—19%（这是比较可能的比例：参见 Chang，Chung-li 1955; Rawski 1979：23; 王德昭 1982：69-70; 王先明 1987：171）。这些增长率不仅超出人类社会的承受能力，也超出生物的繁殖能力。换句话说，中国的人口从 L 到 L' 的事实，证明由中国地主主导中国人口增长的假设是不成立的。

为了进一步解释这一点，人们普遍认为明清时期华南田租比华北要高，预期地主土地所有制决定人口论认为南方人口增长比北方要更慢。但是，一个世纪的一组数据显示，结果恰好相反（根据梁方仲 1980：258, 262）。这些数据来自清代的人头税记录，因此非常准确。

华北	1749	1757	1767	1791	1839	1851
奉天	100	105	174	202	532	636
直隶	100	103	120	167	160	168
山西	100	101	110	140	155	165
陕西	100	105	109	125	178	178
甘肃	100	104	202	267	270	271
山东	100	103	107	96	130	139
河南	100	125	129	165	184	186
安徽	100	104	108	135	172	174
平均值	—	106	132	162	223	240

续 表

华南	1749	1757	1767	1791	1839	1851
江苏	100	108	113	152	200	211
浙江	100	123	139	187	240	254
湖北	100	106	111	262	428	449
湖南	100	101	103	188	227	238
四川	100	107	118	354	1394	1785
江西	100	108	139	231	290	291
贵州	100	108	112	168	175	177
广西	100	125	153	210	245	254
福建	100	105	106	166	236	264
广东	100	104	107	251	382	440
云南	100	104	110	182	346	380
平均值	—	109	119	214	378	431

这里可以得到两个结论。首先，田租较高的华南地区，人口增
26 长率也较高，这意味着地主阶级所拥有的农业剩余并非人们想象的那么高，并不足以有效抑制人口增加。其次，在田租较低的华北地区，人口增长同时也比较快，这意味着中国政府不善于攫取农业剩余，导致足够的剩余留于私人之手，以支持更多更大的家庭。图 1.3 描述了这种情况，由于额外的人口，面积 *QQ'*ab 转换为“*L*bc*L'*”。毕竟，单单寻租无法阻止日本在幕府末晚期走向工业化。

一直争议的是，田租是否明显增加，中国明清时期的小农经济是否真的衰落了（Chao 1981；李伯重 1984, 1985, 1996a, 1996b; 许檀 1995；郭成康 1996；王玉茹 1996；张家炎 1995：42）。20 世纪 20 年代对江苏省土地所有权的实地研究表明，田租一直保持在非常低的水平（基于李伯重 1996a：6；也参见 Buck 1937：445–447）。

总耕地面积的百分比如下：

县	调查村的数量	小户	中户		占耕地总比例
		1—5亩（%）	5—15亩（%）	15—20亩（%）	（%）
上海	7	29	61	9	99
凤县	6	2	44	51	97
南汇	7	6	40	48	94
川沙	4	14	58	26	98
太仓	6	16	47	35	98
宝山	5	41	42	15	98
松江	7	7	37	54	98
青浦	5	30	50	15	95
金山	5	5	34	55	94
嘉定	8	14	50	33	97
崇明	9	48	35	13	96
平均值	—	19	45	32	97

和“小农—额外人口”（petty farms-extra population）的范式高度兼容的是，江苏的自由租地农比例较高，被定义为“泛中等规模土地所有”（pan-medium-size landholding）现象，驳斥土地所有制和政府寻租的假设。

值得注意的是，这种土地分配模式和公元1873年土地税制改革后的日本非常类似。百分比是私人拥有的土地占总耕地的比例（根据Francks 1992：133）。为了进行比较，原始数据中的公顷转换成了亩。 27

年份	中小户			总耕地中的比例	大户	
	<7.5（%）	7.5—15亩（%）	15—30亩（%）	（%）	30—75亩（%）	>75亩（%）
1908	37.3	32.6	19.5	89.4	9.4	1.2
1935	33.7	34.3	22.5	90.5	8.1	1.4

中国的土地分配模式也类似韩国公元1947—1948年土地改革时期后的土地所有制格局。韩国的土地控制权模式已被认为是现代土地改革的一个成功典范，具有坚实的公平基础。为了便于比较，原始数据中的公顷转换成了亩，百分比是公元1974年私人土地占总耕地的比例（根据Hasan and Rao 1979：206）：

小　户	中　户		占耕地总面积比例	大　户
<7.5亩（%）	7.5—15亩（%）	15—45亩（%）	（%）	>45亩（%）
10.6	29.7	52.9	93.2	6.8

如果超越线性主义的偏见，以西欧—日本的模式为标杆，在世界历史上中国的小农农业至少不逊色于任何其他前工业化经济体。同样，工业革命以前，停滞和衰退很常见。那么，这里所呈现的问题并非中国独有，而是相当普遍。有意思的是，很少有学者看到宋朝之前小农经济的问题所在，许多人甚至高度赞扬类似的小农经济功能性的、人性化和激励产生模式，其绩效支撑了中华持久之文明。此外，把大土地庄园分割成更小的土地控制权农场的方法，近代农业改革者已普遍实行：从明治土地—税费改革，经过俄国斯托雷平（Stolypin）的土地改革，到更晚近的战后中国台湾地区和韩国土地
28 改革（请参见Chinn 1979; Kueh 1984; Lardy 1983, 1986; Lin 1987; McMillan et al. 1989; Putterman 1988; Nee et al. 1989; Nee and Su 1990）。现在的问题是：在这些例子中，小农经济的创建为何是现代化增长的先决条件，而按照同样原理运行的体制却被指责为导致中国欠发达的原因？或者说，为何小农经济转了一圈又成为当代中国的经济发动机？这种明显的双重标准所揭示的事实是，小农经济并非中国欠发达的一个充分条件。

因此，中国的问题似乎并非是寻租地主或政府，也不是小农经

济无法生产剩余，而是农业剩余更多和更有效率地促进了人口增长。在这一点上，我们不可避免地要回到马尔萨斯主义。

1.2.1.11 世界体系决定论

也有学者试图从世界的宏观背景出发解释中国不发达的原因。沃勒斯坦认为，在世界超级宏观体系中存在着一个发展水平的金字塔（Lenin 1960; Mao 1965; 也参见 Wallerstein 1974—1986）。在这种体系内，单个社会的经济发展听命于其他成员。作为其国内资产阶级的帝国主义和殖民主义列强，除了剥削本国穷人阶级外，还剥削欠发达国家。出于这些列强的利益，它们并不乐见第三世界的现代化发展，这是一个极具吸引力的想法。但是鉴于 17 世纪左右中国和西欧达到了相同的技术和经济水平（Hartwell 1963; 1967; Elvin 1973, 1988; Bray 1984），如果世界秩序是外生给定的和先验的，世界体系决定论并没有告诉我们如何以及为何一些落伍者最终成为领头羊，反之亦然。

同样，J. A. 戈德斯通（J. A. Goldstone）告诉我们，欧亚大陆存在一个宏观制度。在早期现代化阶段，一些主要国家（即英国、法国、德国、奥斯曼帝国、中国和日本）至少在人口增长和资源限制（如食品价格上涨、精英的就业机会、政府预算）两方面呈现协同性以及危机和“革命”是普适性的结果（1991：第 1 章，352-353, 355, 359-360）。若果真如此，为何 17 世纪的英国、18 世纪的法国，还有 19 世纪日本的革命迎来工业发展新时代，但这种协同性没有对 17—19 世纪的奥斯曼帝国和中国提供多少帮助呢？或者说，为何进
一步的协同发展最后失败了，留下古老的亚洲大陆穷困潦倒，而西 29
欧繁荣昌盛？

1.2.2 模型的共同问题

单纯从 11 个模型数量而言（关于中国的经济发展理论 / 模式更为简短的综述，参见 Lippit 1987：第 3 章），在处理中国过去几千年的经验时需要考虑多少个变量，这也说明，在解决中国之谜时，学者们是如何大相径庭：一些甚至截然相反，例如马尔萨斯与波塞鲁普，发展阶段论与“亚细亚”生产模式，历史唯物主义与意识形态决定论，制度主义和官僚决定论，等等。

问题是，虽然它们都对中国何以衰落提供了合理的解释，但是难以解释为何中国首先会兴起，反之亦然。造成这一问题的原因是，中国“胜利”和“失败”看似不一致性或不兼容性成为中国之谜的核心。

第二个共同的问题在于把欧洲视为普适性的基准。通常把欧洲经济增长的主要因素视为基本知识（诸如心态、政府政策类型及其影响、商人阶层的地位、国内外贸易的程度、城市化程度、变迁的时点等）。如果一个社会有这些条件 / 因素，经济增长便指日可待；如果没有出现增长，那么一定是出了问题。在寻找答案时，不可避免地将中国不同于西方之处视作导致中国衰落的原因。采用这一参照系统可能会产生误导，因为考虑那么多的共同因素，其最终关注的是中国，而不是另一个欧洲。矛盾由此而生，很容易看到意识形态决定论和官僚决定论来自儒家思想和集权化的官僚体制，把它们单列出来的主要原因是欧洲并没有这两者。

不过这并不是说，所有这些模型和假设都是毫无价值的。它们在解释世界各地发展现象的许多方面以及解释中国过去的某些方面是有效的。但是，把中国历史悠久的前现代历史作为一个整体处理时，它们就会有这样或那样的不足。即使综合前述所有理论和假说，共同问题仍然存在。

中国的悠久历史和丰富经历使得中国成为不可忽视的“事实”和“反理论”案例（和“中国作为一个反事实”相反），因此，有必要以新的方式来解密中国之谜。

1.3 研究的领域和理论工具 30

1.3.1 研究领域和因素

显然，中国在过去几千年的发展路径是独一无二的：它并不像欧洲那样经历了发展并实现工业化；也不像古埃及、古巴比伦、玛雅那样，文明戛然而止。对这种独特性的认识，不应该把中国看作是一个例外来进行解释，即把中国视为按照与世界其他地区迥异的规则来运行的另类世界。

此外，必须从“发展范式”的陈词滥调中摆脱出来，方能理解传统中国，如果超越“非线性陷阱”，那么中国胜利和失败之间表面上的不一致或不相容可能仅仅是概念上的。由于这个原因，研究领域将不同于传统的选择——如资源禀赋和分配、投入产出、技术和生产率、收入和生活水平、商业化和城市化、人口和人力资本、阶级和政府、政策和精神状态或“文化”——相应的分析方法也不同于传统方法。原因很简单：（1）它们代表的是“树”，而非“森林”；（2）它们要么是中国社会经济发展路径的条件，要么是其结果，而非其原因。

主要的研究领域包括：（1）占主导地位的社会经济结构；（2）经济、社会和经济制度相互之间的主要关系；（3）经济主体的行为模式；（4）长期的非工业和非资本主义发展的自我调节机制。它们超越了资源禀赋和分配、投入和产出、技术和生产力、收入和生活水平、商业化和城市化、人口和人力资本等范围，从而使我们能够看到总体的“森林”。毕竟，正是这些“森林”使得中国不同于西方资本主义和工业先驱，尽管中国和西方的“树”有时会有惊人的相似之处。

我们应在四个研究领域，密切关注以下因素：（1）制度，特别是土地所有权类型及其对经济的影响；（2）农民和其他阶级的行为模式；（3）政府经济政策及其决策、作用和影响；（4）农民武装起义和外来征服这两个对系统的主要冲击，其功能及其对社会经济结构的影响。之所以选择这些因素是因为：（1）制度适应社会经济结构；（2）通过制度的影响，经济行为影响未来发展；
31 （3）政府的经济政策反映了制度和一个社会的社会经济结构，前现代中国在这些方面也不例外。定期的农民武装叛乱和外族入侵/征服在调节经济中举足轻重，由于其在前现代中国的独特性故被纳于其中。

1.3.2 理论方法和工具

1.3.2.1 传统因素分析法与均衡分析

许多学者认为，由于某些因素的缺失，中国的问题可以定义为“因素分析法”：（1）中国的社会结构和制度（阶级结构、所有制类型、家庭系统、专制政权、教育系统等等）对经济发展产生了负面影响（三联丛书《中国资本主义萌芽问题讨论集》1957; Fairbank 1965：第一部分；Perkins 1967；尹进 1980；方行，1981；刘昶，1982；汪敬虞，1984）；（2）中国传统技术有它的局限，它最终在以实验为基础的现代科学技术出现前江郎才尽（Elvin 1973；Du S. et al. 1982；Bray 1984，1986；Qian Wen-yuan 1985）；（3）中国的意识形态和文化价值僵化了中国人的创造力，消耗了他们的精力和天赋（Fairbank 1965：第一部分；Qian Wen-yuan 1985）；（4）中国的自然环境和自然资源锁定了中国的非资本主义的趋势（Lee 1969：13–17；Hicks 1969; Bray 1986; Chao Kang 1986）；（5）人口是中国发展的负担（Elvin 1973；Chao Kang 1986）。

理解前现代中国问题时，因素分析法建树颇多，然而，姑且不论学者之间对于哪些因素更为重要意见不一，这种方法常常意味着其他条件都要相等，因素的改善或消除会导致进步。这是反事实的，不仅因为一个社会不能回到过去，而且也因为不同文明国家之间的“其他条件”几乎不相等。但是，那些所谓缺陷的影响并非总是显而易见的：人们总能找到反例，而在这些反例中，这些缺陷大部分或缺失，或有利于发展。例如，第一，即便有那么多的“负面因素”，中国仍然有能力在最高水平上，采用来自包括文艺复兴后的欧洲在内的外界新技术。17—18 世纪，中国上流阶层热衷于学习西学，像徐光启、康熙皇帝、乾隆皇帝等参学尤为深入，翻译了大量的西方图书，复制了许多西方设备（例如 Deng 1993, 第 3–5 章；刘露 1996）。第二，长期“禁锢”亚洲思维的儒家思想在过去 100 年间已帮助数个地方实现工业化。明显受到儒家思想积极影响的地区包括中国台湾、中国香港、新加坡、韩国和日本，总人口为 1.972 32
亿（Anon 1995：19–36）。第三，清朝以前的中国人口压力并不构成一个问题，甚至最近，中国仍能保证粮食的自给自足。

中国的问题不只是几个因素问题，而是一系列环环相扣相互制衡或均衡因素的问题。因此，自 19 世纪晚期马歇尔模型以来，经济学均衡分析是可取的，因为它强调的是交互性，透过许多关联的因素而非孤立的因素来看待问题；这类分析不必是静态的（Schumpeter 1954：963–971）。实际上，一些学者已经开始采用这种方法来研究中国，费维凯（Feuerwerker）使用“均衡”概念来分析中国社会维护社会政治稳定的条件和因素（1976：21–22）；费正清用“朝代循环”

理论解释中华帝国如何多次复兴，并存续持久（Fairbank 1965：第4章；Fairbank and Reischaver 1979：70–75）。最后，伊懋可的“高度均衡陷阱”讨论了这些问题（Elvin 1973：第17章）。

然而，中国研究中缺乏一个全局均衡的角度，为了正确了解中国历史，本研究将从新的角度检验制衡或均衡和它们的机制，来考察全局均衡如何制约中国以及它是否要对中国在这么长时期内成功得以幸存，而在追逐工业资本主义中败北负责。

尽管本书的重点在均衡，但作为“砖块”的诸因素也会得到应有的重视，因此，均衡的方法最终趋于综合。

1.3.2.2 框架：全景式分析

埃里克·L. 琼斯教授（Eric L. Jones）用宏观和多维度结构分析建立了一个比较框架，可以将之称为“全景分析”或“全景模型”，与单维度或双维度模型相比它具有明显的优势。

琼斯模型的长名称本身就表明模型所涉及的内容，以及它在使用中的要求是如此严格。首先，是对知识的要求：在提出恰如其分的问题和比较之前，需要熟稔主要文明国家短期和长期的经济史。其次，是对心智素质的要求：必须持续努力，以便对非文化、非政治、非宿命、非静态和非规范性的不同社会经济表现进行详细比较。此外，该模型可以是发散的，这同样让研究人员感到困惑；除
33 非定义一个收敛点，并在任何时候都牢牢掌握，否则很容易迷失在迷宫中。在这里，某种用户友好程度的缺失显然是为了与复杂性做权衡。

在比较视角下，琼斯检验了不同社会在家庭、社区和国家层面重要的结构性差异。从他所谓的“欧洲奇迹”与停滞的欧亚世界的其余部分（Jones 1981）可以看出，他认为这些社会结构性差异导致了社会经济发展结果悬殊。为了解密历史如何演变，他煞费苦心地

追踪这些社会结构的决定因素以及从自然禀赋到外族入侵等外生影响因素。

结构主义模型的优点在于，它不会把发展问题和任何特定领域捆绑起来。相反，它涉及经济发展的一系列条件：一些条件作为建筑地基和砖块，一些作为催化剂和缓冲区，另一些充当了阻断剂或抑制剂。一开始，设计这些条件并不一定出于经济目的，但它们对经济生活影响极大。这也意味着，在中国研究中，结构主义模型具有明显的比较优势，它有充分的弹性来容纳或补充其他模型。

这样一个包罗万象的框架极其强大，它提供了一个有用的框架，以思考并深入中国之谜的核心：在世界历史上，显然正是中国独特的结构导致其不同于其他主要文明国家，这种结构表征为集权化的政府结构（姑且不论数个政治实体并存状况），成功的农业部门和足够发达的城市化和商业化的传统工业部门，以及拥有个人或准个人产权的稳定的占地农民。或者，换句话说，即中国独特的结构包含了存在于众多社会的许多共同因素，但在空间和时间概念上各因素的特定比例却是中国特有的。通过类推，它就像自然世界中的异构体：分子相同但结构不同，因此属性不同（如在金刚石和石墨中）。多维的、宏观的和全景的方式使本研究得以打破约束，并通过微观和短期的案例研究产生“代表性问题”，与此同时，本分析亦能利用现有模型、理论和假说理解中国社会经济的历史。

36 第二章 中国社会经济体制的主要因素

本章所重点关注的中国社会经济领域主要因素包括：农业在经济中的优势、盛行的土地私有制，占主导的拥有土地支配权的农民，重农国家，政府集权和儒家思想。虽然它们之间的内在联系对于当前理解传统中国至关重要，但此处主要是对这些因素做单独处理。这种分析方法不可避免地偶尔会导致一些重复，但其优点是便于分析个体模式，以及各因素随时间演变的影响。

长期以来，学界对“农民”（peasantry）一词争论不休，业已成其主要特点（例如 Chayanov 1925; Redfield 1965; Moore 1966; Wolf 1966; Lipton 1968; Dalton 1972; Galeski 1972; Shanin 1973—1974; Scott 1976; Ennew et al. 1977; Harrison 1977; Patnaik 1979; Popkin 1979; Feeny 1983; Ellis 1988），本研究采用的是农民作为群体的含义，因为它更适合宏观方法。

2.1 经济中农业的优势

2.1.1 背景：史前时代的定居农业

古老的史前中国如何以及为何要开始农业一直是个谜，不过考古研究已经成功地确认史前农业是在何时及何地在东亚大陆开始的。包括碳年份测定在内的证据充分表明，早在旧石器时代中国就确立了广泛的定居农业（？—公元前 7500）：当代中国超过 80% 的省份共发现 300 多处文化遗址，许多遗址已具备了原始的耕作工具（中国社会科学院考古研究所 1984 ：1; Pannell and Ma, 1983：47-49; 佟柱臣 1986：16），这表明中国是欧亚大陆最早利用农业的民族（Cipolla 1978：第 1 章）。

新石器时期（公元前 7500—前 3500）农业在东亚大陆更广泛地 37
出现，北纬 18°—36° 之间地理分布着 18 个主要的新石器文化遗址，覆盖了现代中国近海在内所有主要的经济地区（Blunden and Elvin 1983：53; Pannell and Ma 1983：50-51; 严文明 1987：38-49）。在这些遗址出土的所有物件中，农具占了较高比例（30%—94%）（Pannell and Ma 1983：50-51； 王治功 1986; 中国社会科学考古研究所 1984；严文明 1987：38-49；崔璇 1987；安溪文化局 1987；巴林右旗博物馆 1987）。

研究还表明，在中华文明的早期，各个部落在很大程度上是相互割裂的（Anon 1986）。例如，仅在黄河和长江流域，至少有 7 个可识别的独立新石器文化系统（中国科学院考古研究所 1965；山东省文物管理处和济南市博物馆 1974；郭文韬 1988：第 1 章；Zeng 1988）。以下信息只反映了长江三角洲地区与农业相关的考古发掘，连续性趋势非常明显（范毓周 1995）。

名　称	地　点	碳定年法	产　品	工　具
罗家角	浙江	>7000 年	栽培稻谷	骨铲
河姆渡	浙江	7000 年	栽培稻谷	骨铲
马家浜	江苏	6300 年	栽培稻谷	石铲
良渚	浙江	5200 年	栽培稻谷和丝绸	石犁

因此，到公元前 4000 年为止，用人工制品来衡量这些遗址技术水平的话，从纯陶器到混陶，以及青铜器（佟柱臣 1986），地区之间相隔越远，技术发展的差异就越明显。例如，在华北河南，旱作农产品作为主要食物（An 1984：65; 中国社会科学院考古研究所 1984：9–11; 佚名 1985）。在华南的一些地区，如浙江，主要依靠栽培稻米作为主食（Pannell and Ma 1983：53; Bray 1986：9; 李绍连 1987; 严文明 1987）。各地区的文化和经济一体化是很晚才出现的（李绍连 1987：94; 龚维英 1987; Zeng 1988）。

在这种情况下，尽管一些原始的新石器时代文化消失了，农业却保留了下来。例如，黄河地区以高品质薄黑陶（蛋壳陶）著称于世的龙山文化，最终完全消失。后来，在先前龙山地区发展起来的文化，其制陶工艺水平反而较低。然而，耕作并没有随早期农耕部落的消失而停滞不前，在随后的农耕部落中，农业依然存在。所有这些都表明，从旧石器时代到新石器时代，农业同时广泛地发展。这
38 些发展早于任何中国的书面记录，包括 3000 年前的青铜铭文和甲骨文。

这些研究结果断然否定了这样的假设：即史前中国的农业起源于黄河流域单一中心，后来才扩散到其他地区（参见 Ho 1956）。证据所显示的结果正好相反，小麦和稻米是公元前 5000—前 4000 年之间从其他地区引种到黄河流域的腹地，小麦来自东海岸，稻米来自长江地区（ZNK 1984：第 1 章；唐启宇 1986：第 1–2 章）。这

个阶段，这两个地区是非汉人的居住地（见附件 C），引进的作物品种在重要性上最终取代小米，并成为中国农耕主要产出，在过去的 5000 年中一直如此（唐启宇 1986：57–60）。还从非汉族部落引进了犁和灌溉技术，从而彻底改变了中国农业（见附件 C）。最近对中国人的血型和基因类型的人种学研究进一步支持了中国农业起源的多中心论（赵桐茂 1986；毛汉文 1987）。

新石器时期以后，中国人在农业方面逐渐变得更专业化：他们熟练开发了多茬复种、施肥、抗旱种子、大量农具、复杂的水资源管理和灌溉技术的发明和创新等（Deng 1993a）。正如伊懋可（Elvin 1973：129）所言，“13 世纪前中国的农业很可能在世界上是最先进的，印度是唯一可与之匹敌的”。

2.1.2 长期农业优势：从上古时期到传统时代晚期的选择

对于中国，一个恰如其分的说法是“中国人自古以来以务农为主”（Latourette 1964：485），农业一直是贯穿于中国传统千年史之经济基础（Blunden and Elvin 1983：50）。

直到“传统时代”（traditional times）晚期（即明清时期），农业在中国经济中优势地位的形成涉及定量和定性两个方面。在定量方面，根据费维凯教授（Albert Feuerwerker）基于综合调查文献得出的保守估计：（1）农业部门提供 80% 总就业人口；（2）耕地总量约 80% 用于粮食生产；（3）农业部门提供约 70% 的国内生产总值，仅粮食生产约占国内生产总值的 60%;（4）农业剩余–产出比例 39
至少是 0.25，养活了中国 20% 的非农人口；（5）这种情况从 9 世纪以来持续了约 1000 年（Feuerwerker 1984：299, 302, 312–313）。在定性方面，尽管汉代、宋代、明代出现了相当高程度的商业化和城市化，并常被视为“本土资本主义萌芽”的曙光，但到清朝末期，并没有明显的趋势表明，中国经济作为一个整体转向游牧业或工业化（李剑农 1957：第 5–6 章；1962：第 15 章；Elvin 1973：164–178；Bray 1984：565–566）。中国在商业和工业方面可能都失败了，但像古埃及、巴比伦和罗马那样，它从未在农业上失败过（Lee 1969：13–17）。

农业长期发展的功绩部分归因于有利的自然禀赋和来自农业的丰厚回报，部分归因于中国有意加强农业的优势：诸如在耕地保护、水资源控制、新的耕作方法和新品种培育上的持续性投资，最终激发了农业超过其他行业的比较优势。

2.1.2.1 环境条件

虽然定居农业并不一定同时意味着农业在经济中的主导地位，但迄今为止尚无证据表明，中国人长期以来大量从事以农业为代价的非农业活动。现在的问题是，在游牧业、手工业和商业的可能性都存在时，中国人为何要确立农业在经济中的主导地位？假设中国人的选择是理性的，那么他们投身农业的原因在某种程度上，是由于相比于任何其他传统时期经济部门，农业具有更高和 / 或更稳定的回报。这样的回报率部分是由于相当优越的物理环境和生物环境（参见 Cressey 1934：第 1–4 章）。

何炳棣教授（Ping-ti Ho）的早期著作《黄土与中国农业之起源》（1969）认为，黄土高原优越的自然条件是东亚开始早期旱作农业的一个诱因。包括黄土高原在内的中国，地处广袤的绿洲之中，那里具有良好的物理环境和生物环境，周围却被干旱和台风洪水带所包围。首先，现代统计数据表明，国家的 40% 属于温带或亚热带地区，每年有 8—12 个月的无霜期。其次，广泛的河流系统覆盖在华南地区，而季风解决了华北地区的干旱（参见 Spencer and Thomas 1971：183; Barker et al. 1985：23）。再次，约 30% 的土地的年平
40 均降雨量超过 400 毫米，年平均照度为 50—70 千卡 / 每平方厘米

（Needham 1962, 1986：23–181; Hsieh 1973：23—51; ZKY 1978; Bray 1984：3–46）。复次，东亚大陆有 10 种主要土壤类型，大都适合耕种（无论是未开垦还是已开垦的形式），主要位于由黄土高原、华北平原、四川盆地、长江流域平原和珠江三角洲组成的广大“农耕区块”（ZKY 1978：第3章; Deng 1993a：50–52）。到唐代时（公元 618—907），在 400 万平方千米的总疆域中，农耕区块的面积达到了 240 万平方千米（东经 102°—125°，北纬 22°—40°）（ZDC et al., 1990：134）。最后，更具体的是，这个区块的四个相邻地区——华北平原、四川盆地、长江流域平原、珠江三角洲，地势平坦，便于耕作、运输和交流。

由于中国大部分地区（北纬 25° 及以北）植物的自然生长周期，农业生产过程长达一年，回报并不立竿见影，而是滞后的。在这种情况下，原始中国人可能主要关注直接投入，而不是滞后的回报，与其他更有直接回报的活动，如狩猎、采集和抢劫等相比，这尤为显著。从投入角度看，优越的环境（包括松软的土壤、适宜的温度、辐射、降雨等）有助于降低生产的初始成本：肥沃的和轻质的土壤不仅只需要廉价的和易于制作的工具，而且种子发芽率较高，这意味着较低的资本投入以及较少的耕作时间。首先，这样的低成本很容易形成一种领先优势，使农业至少和其他选择具有同样的吸引力（参见 Jones 1991：8–9）。其次，有利的环境降低了作物在生长季节的维护成本：如果有合适的温度、光照和降雨眷顾，农民从种植到收获便会轻松许多。最后，由于优越的环境，年底的产量证明年初的投入是值得的。从逻辑上讲，旧石器时代和新石器时代从事农业的个人，在成为专业的农民之前，在每一个生产周期，一代又一代，都有产出。从这个意义上讲，正是由于低成本的耕作优势，以及或多或少有保障的年度回报，“诱发”了中国原始农民。这有助于解释早期历史，为何有这么大比例的原始中国人会涉及农业（Anon 1986; 张正明 1987; 龚维英 1987; 李绍连 1987; 严文明 1987）。

相反，欧洲相对恶劣的气候和贫瘠的土壤使得农业缺乏吸引力，从事非农业活动的机会成本较低。中世纪非农业部门的发展证明了这一点，如国内和国际的贸易区、定期集市和港口所呈现的那样。
41 它们中有璀璨的城邦。然后，在 17 和 18 世纪时，瑞士和法国的阿尔卑斯山，荷兰的特温特，德国的易北河、西里西亚和黑森林地区存在广泛的工业副业（Jones 1968）。

在一些读者看来，这意味着环境决定论，然而不应该做如此解读。原始的中国人专门从事农业，只是一方面说明了资源禀赋、经济约束和人类活动回报之间正常的关系，另一方面说明从事其他活动的机会成本。对于日后可能发展成为各个经济部门的一系列活动的回报率排序，在一定程度上说明存在“环境偏爱”（environmental favouritism）。环境偏爱的存在反映了一个事实，即在任何特定的时间和空间，人类出于自身利益改变自然的自由和能力都是有限的。环境偏爱有时和 / 或在某些地方会激化经济分化；而在另外时间和 / 或地点会抑制经济分化——所有这些都是因为资源分布的地理非均衡性（包括矿物和土壤类型，还有全年雨量、无霜期、光照等等）。因此，必须根据特定的环境偏爱主义决定理性的选择，那些做出理性选择的部落，会有更好的生存、成长和发展的机会。非理性的选择肯定存在，但它们导致经济灾难，甚至导致动荡和文明的灭绝。用术语来形容，就是“环境优势相容性选择”（Environmental advantage compatible choice），这个术语体现了哲学上对象与主体之间的互动。这种选择是环境世界的条件和人努力互动的结果（Ho 1969：3–4）。环境偏爱可能会改变，而旧的环境优势相容性选择可能会适得其反。如果发生这种变化，社会又重回起点来决定另一个环境优势兼容选择，即便如此，规则仍然适用。相信人类社会将自动实现发散的状态并不现实；在此背景下，中国相对趋同，利于农业的选择是理性而非瞎蒙的。

一旦中国人口中职业农民占了相当大的比例，即使在中国人从最适合耕作的地区迁移到边缘地区低成本优势下降时，农业也能获得发展的动力和惯性。他们现在拥有技能和知识，可以根据自己的需要来改变一些自然条件，以获得相近的回报。在中国有文字记录历史出现前，随着更先进工具的使用、灌溉技术的应用和作物品种的改良等，农业耕种及其相关成果已广泛“惠及”中国西部边缘地区、华南和东北（Anon 1986；张正明 1987；龚维英 1987；李绍
连 1987；严文明 1987）。随后约 1000 年之间，东亚大陆其余地区 42
的风貌也逐渐发生变化，而且当那些古老的、环境最佳地区由于过度耕种而使农业回报率下降时，这种变化可能会加速。最后的结果是，整个中国收益率高得惊人，这一影响流传至今。最近的研究表明，在中国 1 亿公顷的总耕地中，80% 属于高产量（4125 公斤 / 公顷以上）和中产量（2625—4215 公斤 / 公顷），50% 是抗洪和抗干旱型［张保明、穆铮国（音）1987；ZDC 1990：7；也参见 Tregear 1970：49］。

回首往昔，农业从旧石器时代和新石器时代筚路蓝缕地走来，中国数以百万计工蜂般的自耕农走过一代又一代的漫漫长路。也许早在公元前 2000 年，中国职业农民已经独立出来，而不再是农业、狩猎和手工业混合经济体的一部分，可以与其他部门进行相互替代。于是现在很难抛弃农业，因为这样会面临巨大的机会成本，农业优势和高产农业相结合巩固了经济的“路径依赖”。

2.1.2.2 环境兼容选择和土壤改变的证据

在所有的自然条件中，对于原始中国人而言，影响产出水平最

重要的因素便是土壤类型。原始中国人逐渐意识到许多土壤类型的地理分布和生产力关系到农业产量，因此做出相应的改变以获得最佳的耕种结果（王云森 1980; Deng 1993a：50－52）。所以，原始中国人强烈的农业倾向并不完全是上帝的恩赐，而是一连串人与自然互动的结果。最近 20 年对新石器作物分布的考古发现充分显示了原始中国人对农业环境兼容理性的选择机制。两个最重要的例子是，公元前 5000—前 4000 年小麦的广泛种植和公元前 4000—前 2000 年大米的广泛种植。

从有记录的历史开始，华北以小麦生长区著称，然而，小麦品种（小麦）原产地并非是中国内陆。其中夏代和商代，山东省近东海岸的来牟地区（今山东省莱芜市，东经 117°22′，北纬 36°11′）已被确定为当时的小麦种植地区，这是游牧民族“夷”族（“东方蛮夷”）的中心（王献唐 1985：357－358，435－436）。古地图显示，中文小麦称“来”和“牟”，都来自地名来牟（胡锡文 1958：244；王献唐 1985：第 5 章；唐启宇 1986：第 2 章）。有关小麦在
43 中国内陆传播的考古证据最早可以追溯到公元前 5000—前 4000 年，小麦进入原始中国人领域的第一站是距莱芜以西约 1200 千米，河南省最西端的陕县（今河南省陕州区；东经 111°6′，北纬 34°30′）（郭文韬 1988：30）。在第二次传播浪潮中，小麦种植从来牟往南扩展：在来牟以南仅 640 千米的亳县（今安徽省亳州市；东经 115°20′，北纬 33°33′），发现了可追溯至公元前 3000 年的大量碳化小麦。传播时间（1000—2000 年）和距离（亳县在来牟和陕县中间）的巨大差异揭示了有意的人为选择。随着时间的推移，即使这种选择最终是通过试错法得以确定的，人为有意识传播作物的性质丝毫不受影响。因此，向西传播并不是一个渐进缓慢的“爬行”，而是通过“跳跃”进入黄土高原，即当时华北农业最发

达的地区。

即使人们接受传统理论，即小麦是从中亚传播到黄河流域的，它也不会改变以下表述的性质：中亚地区为“西部蛮夷”（狄和戎）所占据，唯一的区别是，功劳都应归于西部的原住民，小麦仍有可能来自东方和西方两个相互独立的发源地（见附录 C）。

这一过程亦重现于水稻（Oryza sativa）的传播。考古发现表明，浙江省余姚市河姆渡遗址（东经 121°6′，北纬 30°2′）是东亚地区水稻种植的发源地，其大米样品碳年代测定可追溯至公元前 5000—前 4600 年，大大晚于小麦（严文明 1982；比照 Swaminathan 1984：63–68）。公元前 4000—前 3000 年期间，水稻在江苏、安徽、湖北西部传播，并在湖北东部和江西北部留下真空地带。随后的公元前 3000—前 2000 年，在黄河及渭河南岸，汉水和长江北岸之间，水稻种植迅速扩大，涵盖了中国北方的大部分平原和长江流域，沿着一条狭窄的走廊延伸到珠江三角洲地区。最引人注目的是公元前 2000—前 1000 年间，水稻种植从最近一次扩散的前端“飞跃”到 1000 千米外的云南金沙江流域（严文明 1982；安志敏 1988）。

鉴于中国的宏观气候模式通常有利于农业，种植跳跃现象及其模式深受土壤类型及有意的人为选择影响。以小麦为例，作为作物发源地的山东，是一个棕壤地区，半酸性，充满腐殖质，未开垦时土地肥沃，适合种植小麦、大豆和果树。小麦的第一种植区是柔软的褐土（loutu）地区，多腐殖质、肥沃，但比山东地区的土壤更重。潮土和褐土覆盖了被跳过的地带（东经 112°—116°），潮土不仅贫瘠，且易遭受干旱、洪涝、盐碱化；褐土，如若未开垦，非 44
常贫瘠，有待深耕、灌溉和施肥等重要的人工操作予以改进。因此有些褐土区要过 1000—2000 年才能适合小麦生长，这也就不足为奇了。同样，大米的故乡河姆渡遗址，位于一个湿水稻土壤带南端，土质良好，富含铁，并且防渗。黄棕壤、红壤覆盖了跳过的区域，前者富含铝，肥沃的半酸性土壤，不易保持水分；后者富含铁和铝，酸性，不但未开垦时贫瘠，而且难以留住肥料。在这两种情况下，需要巨大的投资，以改善水稻种植土壤。像小麦传播一样，在第一阶段（公元前 4000—前 3000），大米生长在具有最佳土壤类型，包括湿水稻土以及成分相似的土壤。在大米传播的第二阶段（公元前 3000—前 2000），农作物“入侵”稍次一些的土壤：部分潮土地区（河南、安徽），一部分黄棕土地区（河南、湖北），以及整个棕壤地区（山东）。在第三阶段（公元前 2000—前 1000），作物传播到更边缘的土壤：在北方是余下的潮土地区（河北、河南）和褐土区（山西）；在南方是红壤区（位于江西、湖南；富含铝和铁，酸性，腐殖质少，未开垦的土壤比较贫瘠）；在西部地区是黄壤（位于湖南、湖北；酸性，含腐殖质，但磷酸盐很少）。在这个阶段，云南建立了一块大米飞地，在一个以红壤和紫色土为主的区域内有湿水稻土。

小麦和大米的传播模式还表明，第一轮传播几乎完全是由土壤类型确定的，很少有创新。在后续几轮传播中，原始中国人逐渐需
45 要技术创新才能克服土壤类型的差异。这两种情况都花了 1000 年时间来改善劣质土壤，以便外来作物能在边缘土壤上茁壮成长。

到目前为止，我们已假定农作物本身没有发生物种进化。而在现实中，无论是意外还是有意而为，早期农民很可能从事种子精选、作物驯化和杂交育种等活动。因此，人类在了解农业方面的体力和智力的投入可能已经远远超过人们的想象，这也是人类选择的结果。

2.1.3 农业优势的影响：农业崇拜 46

在这种长期的农业优势下，非农业活动必须同农业部门相竞争，游牧业、手工业、商业和其他服务只被视为副业（Chao 1986：17）。本节只从意识形态的角度检验农业优势的长期影响。

在中国社会基层，对农业繁荣重要性的共识是一种强大而普遍的准宗教，可称之为“农业崇拜”（agricultural cult），它体现在对神农氏（公元前 2800 年掌管农业之神）这位半真半传说的国王，以及对黄帝、尧、舜和禹的崇拜上，他们在中国历史上都是早期的农业管理者（Werner，E.T.C. 1961：186, 419, 446–447, 585, 597; Lee 1969：35–43, 46; 李民 1986; 林祥庚 1987）。这种崇拜还体现在乡土观念上（家乡情节，字面的意思是“带有土地的家乡”）。根据乡土观念，背井离乡是一个人最不愿意做的事情，这种心态常常被认为是中国人保守个性的核心（商晓原 1989：26–33；第 2–3 章）。然而，这并不意味着，中国人死守着出生地（对妇女而言是出嫁之地）。对中国人来说，可以建立和迁移家庭。家人可以分裂和迁移，称为分家（分割家庭财产并分开生活），从而获得新的领土，但建立家庭的前提是拥有耕地。因此，乡土的核心概念是土，即耕地和农业。

另一个例子是社会的概念，中文称为“社稷”，一个古老但仍沿用至今的标准词。在这里，“社”是指“土地”或“土地公”，相当于欧洲传统的地母盖亚或圣母玛利亚（Cotterell 1986：166, 190）；“稷”是“小米”或“谷神”，相当于古希腊的得墨忒耳（Demeter）或古意大利的萨杜恩（农业之神）（Cotterell 1986：153, 183）。“社”和“稷”结合起来，成为一个新单词，意为“社会”或“国家”。这反映了中国人的世界观：（1）农业提供社会之基础；（2）土地和粮食至关重要，人与人之间的关系（包括社会和国家）是次要的。农业和社会之间这种直接联系使中国有别于欧洲。在拉丁语中，societas 这个词表示人与人之间的关系，而 status 是一个政治组织。古罗马虽然是农业国家，但是 societas 和 status 与农业毫不相关。

中国的农业崇拜已经制度化，并成为普通百姓日常生活的一种仪式。以明代为例，中国发布了一份告示，每里（1 里 = 0.5 公里）每 100 个家庭建造一个供人们祈祷土地公和谷神的祭坛。以轮流的方
47 式，每年由一户家庭主领公共仪式，负责维护祭坛和组织春秋仪式，包括准备材料和安排日期。用羊和猪作为祭祀品，并使用大量的酒、水果、香、烛（参见吴予敏 1988：54）。那个时期在中国南方的宁波县（宁波府），农历正月十五，所有村民在当地寺庙集中祭天诵经，祈祷五谷丰登和好运连年。农历八月，每个村举办仪式，向天祭献。龙舟赛也在“庆祝一年（收获）”的名义下举行（同上：55）。

这样的农业崇拜不仅在民间底层进行，上层阶级也积极参与。例如，根据许多族规，不论贫富，所有成员都要求有第一手耕作经验，以明白“民以食为天”为何意（吴予敏 1988：37）。据记载，公元 628 年，唐朝都城遭遇干旱和蝗灾，太宗皇帝（公元 627—649 年在位）去检查皇家庄园的谷物，看到了蝗虫。他轻轻地手掇蝗虫而祷告，“人以谷为命，百姓有过，在予一人。尔其有灵，但当蚀我心，无害百姓”，然后吞食了蝗虫（徐天春、李亚伟 1995：356）。

农业崇拜与重农思想一起，也影响了中国在其他领域的行为模式。例如，根据正统的佛教，僧侣们不应该工作，而应依靠乞讨，并远离物质生产。这一农业宗教被引进中国后，中国僧人放弃了这一教条，积极从事农业生产，他们甚至进一步确立了新的教条：“一日不作，一日不食。”（参见 Chen，K.K.S. 1973：145-151；余英时 1987：457-459）后来，禅宗作为完全中国化的佛教，进一步把日

常劳动作为修行的方式（参见乐寿明 1986：95–96）。

2.1.4 对经济的影响：资本积累和投资的不足与偏向

我们注意到，前现代时期的中晚期，在中国的农业部门中，尽管土地复垦和劳动密集型农业技术投资较为显著，但是人均资本形成率较低，在节省劳动的技术方面投资也有限（参见 Elvin 1973; Chao 1986），而这和不发达的长子继承制以及在欧洲盛行的土地使用权制度（关于欧洲的情况，参见 Macfarlane 1978：87–88）有密切的联系：在中国，家庭财产每过一代都被析分（Needham 1969：196; Elvin 1973：250）。其结果是，单个家庭无法像欧洲家庭一样 48
积累大量资源，换句话说，人口增长，资本消解：土地和耕种设备在儿子之间进行分配，形成越来越小的单位。此外，如伊懋可（Elvin）所指出的那样（1973：第 17–18 章），资源的压力使得建筑设备材料价格上涨，阻碍了投资，减少了农业技术变化的机会。新古典主义的看法认为，为满足需求的增加，社会通常会形成新的技术，包括新方法和新材料以重新调节供应短缺（Mokyr 1990：第 9 章）。因此，资本积累和投资的不足，很可能是一把双刃剑。但是，有一点是肯定的，低水平的资本积累和投资对专业化和规模经济会产生负面影响（Jones 1981：131）。

由于在任何特定的时空，可获得的资源和资源利用率总是有限的，中国经济倾向于农业优势本身，意味着可用于非农业部门的资源稀缺。在面临来自农业部门持续的竞争压力下，非农业部门发展至少受资源相对稀缺的约束，包括总物质材料、资本投资、（作为经济资源的）时间、土地和人的智力投入约束（参见 Elvin 1993; Deng 1993a; 其显著影响，请参见，例如，He Zhaowu，Bu Jinzhi, Tang Yuyuan and Sum Kaitai 1991; Brook 1989）。以航海部门为例，尽管航海技术发展历史悠久、市场机遇良好、贸易收益率较高、海上商人政治影响力显赫，但中国人参与海上活动的比例只占总人口的 2%。此外，没有证据显示富裕的海洋贸易商不投资于土地（参见 Deng 1997：第 5–7 章）。

2.2 私人土地所有权

中国和其他古代文明最大的不同是个人私人土地所有权程度和持续时间。

2.2.1 私人土地所有权的确立

中国土地所有制类型的一个突出特点是有一种强有力的、长期的反封建土地所有制，尽管周朝（公元前 1046—前 256）时，中国的政治制度和经济制度按封建原则构建：国王（天子，从字面上理解即为“上天之子”）分割国家和土地，并分配给他的领主，这个过
49 程被称为“大封疆”。正是基于此点，许多中国大陆历史和考古学者从可疑的证据断定中国首先是奴隶社会然后是封建社会（参见范文澜 1964; Bai 1982）。

然而，有证据表明，如果中国曾有过封建制的话，那么只在周朝时出现过一个微弱的封建制。这可从三方面看出（参见范文澜 1964：第 1 卷；Bai 1982：第 4–5 章）。首先，周朝各王的力量非常薄弱，甚至没有执法权来执行一些基本事务，如定期向诸侯国征税（关于税法参见《大戴礼记·王制》）。抗税和逃税很普遍。例如，周朝最亲密的盟友吕国，在 242 年的税期中只支付过 7 次，逃税 97%（范文澜 1964，第 1 卷：164）。其次是不同层次的政治单位之间的战斗时有发生，表明法律和秩序，以及封建等级制度不健全，

不能得到有效维护。（3）对周朝过往权威的漠视最终导致了封建社会秩序和封建土地所有权的崩溃，引起了政治混乱，标志着非封建私人土地所有权的新纪元（杨善群 1984; 郝铁川 1987）。有了它，土地支配权和土地所有权的农民经济形成，而并非线性发展假说所宣称的那样，会形成以市场为基础的工业资本主义（参见 Marx 1976a, 1976b; Rostow 1960, 1975）。

此外，有证据表明，周朝封建制度只是局部的或不完整的。首先，封建土地所有权从来没有统治整个社会：直到春秋时期（公元前 770—前 476），在非封建区域有部落公共土地所有权和私人土地所有权，最终从周朝轻易地扩散开来（韩连琪 1986：78-108; 吴予敏 1988：46-47; 晁福林 1996）。其次，即使在周朝封建统治的地区，土地经常由民事管理部门的官员（大司徒和小司徒）直接分配，并在农民之间重新分配，而领主没有参与其中（周伯棣 1981：59）。再次，除了把战犯视作奴隶或农奴外，没有任何证据显示，周朝的大部分农业人口由失地奴隶或农奴构成（翦伯赞、郑天挺 1962：第 2 章；李文治 1994）。因此，即便周朝体制被视为完完全全的封建制，中国的封建化程度、封建制持续了多长时间都仍然是大问题。

至于中国为何转向个人土地私人所有权制，没有终极原因。从零碎的信息看，新所有权形式的出现是由于良好的产出激励，它和农民的合法自由人身份密切相关。这种关联性成为强化政治单位经济和军事实力的一种驱动力，也使得春秋到战国时期受影响的人口
生活富足。在中国历史上的这个动荡时代，事实证明，那些建立这 50
种激励-产出关系和保护土地私人所有权的诸侯国，要优于那些因循周朝固有体制的诸侯国。公元前 6 世纪后，这种优势使主要的诸侯国正式放弃封建土地所有制，军事 / 行政职务赋税和土地所有明显

分离。

除了私人土地所有权明显的生产激励外，鉴于中国封建制度较弱，我们有理由假设，在家庭成为部落生活的基本单位后，中国的个人土地所有权和自由农民直接源于部落 / 社区（参见中国农业科学研究院 1984：第 1–2 章；叶文宪 1991）。主要证据来自中国的继承制度，它是财产权的重要指标（参见 Macfarlane 1978：第 1, 3–4 章）。毕竟，人的生命周期对基本经济单位内的财产占有和财产处置权的自然属性形成了终极的严峻考验。

中国的做法是，除了动产和妇女的嫁妆，儿子们（有时是女儿）平等继承父母遗留下来的不动产——耕地和永久性住房，被称为"分割家庭不动产并分开生活"（Latourette 1964; Fairbank 1965：25; Feuerwerker 1976：82; Chao 1986：109）。商鞅（约公元前 390—前 338）在秦国发动改革，确立了最早的不动产平等继承法。商鞅想把这种做法制度化，不断扩大国家收入税基，不断增长兵丁户（邢铁：1995）。盛唐之前就确立了这样的继承制度，所有资产（包括家族土地、房屋和其他财产）都在继承范围内，根据唐律的"户婚律"（应分条），在所有的儿子中予以平分，属于母亲的资产不得继承。如果儿子去世，死者的儿子（孙子）继承份额。如果所有的儿子已经去世，其资产将被平均分配给所有的孙子（参见 Shi 1987：267–268）。

更有趣的是，根据唐朝、宋朝和明朝法律，嫔妃子嗣的权利一视同仁（石楼 1987：第 10 章）。可以说，从书面记录来看，个人继承权在中国的确立要远远早于欧亚大陆任何已知的情形。在英格兰这种权利最早是公元 1540 年形成的（参见 Macfarlane 1978：86），法国在公元 1789 年大革命后，才实行了平等继承权。

因此，长期以来中国的地产（耕地和永久房屋）继承系统不仅

不同于西欧的做法（其特点是长子继承制），也不同于欧亚大陆其他 51
文明国家（其特点是不可分割的家庭财产），如图 2.1 所示。这就解释了中国女人为何婚后不愿改变自己的娘家姓：与欧洲国家的妇女不同的是，中国妻子有时可要求继承父亲财产中自己的份额，保留自己的娘家姓实际上是保留这种继承权的一种保险策略。

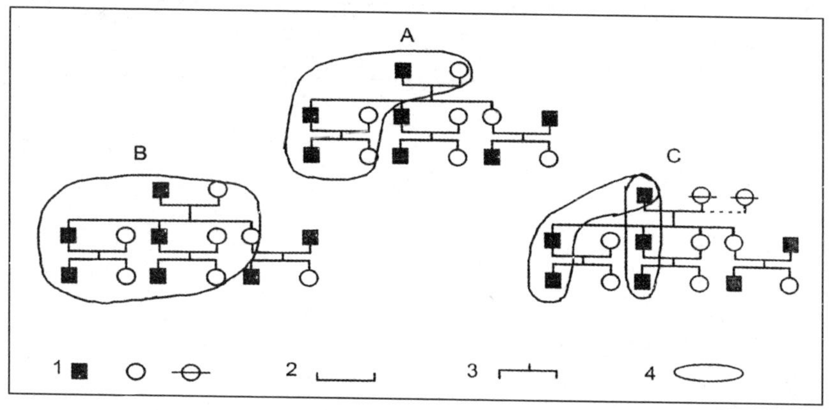

图 2.1　欧亚地区的农民不动产继承制度

注：A．西欧农民不动产继承制度。B．“古典农民”不动产继承制度。C．中国农民不动产继承制度。1：方形表示男性；圆圈表示女性；带横杠的圆圈表示妾。2：婚姻线（实线表示基本关系；虚线表示可选关系）。3：下承线。4：继承范围。

资料来源：麦克法兰（Macfarlance）1978：33。

这些不动产继承制度的核心问题是孰重孰轻的问题：是不动产的完整性重要，还是个别家庭成员的基本生产需求重要。欧洲系统（模式 A 和 B）中完整性排序要高于个人的需求，而中国的制度（模式 C）恰恰相反。从这个意义上说，可以把欧洲的系统定义为“不动产完整性导向”继承制度，把中国的定义为“个体需求为导向”的继承制度。因此，这些不同的继承模式不仅意味着财产处理的不同方式，也意味着不同的财产权及其相关制度。从经济学角度来看，不动产完整性系统意味着土地要素比劳动要素更为稀缺；而个体需求导向系统正好相反。至少这些系统刚建立时情况的确如此。因此，这些系统也揭示了资源获取和分配的经济条件的差异。这些差异在下面
52 简表中加以强调（英国和东欧的情况，参见 Macfarlane 1978：第 1，3–4 章），并在很大程度上影响后续的发展。

特　征	中　国 （公元前 221 开始）	东　欧 （16 世纪）	英格兰 （16 世纪）
A. 概况			
1. 亲属关系	√	√	—
2. 低龄婚姻和普遍的婚姻	√	√	×
3. 地理流动性	√	×	√
4. 社会流动性	√	×	√
5. 以家庭为单位的生产、再生产和消费	√	√	×
6. 相对收入平等	√	√	—
7. 盛行的小土地所有权	√	√	—
与中国的相似率（中国为 100）	—	70	30
B. 特定产权			
8. 个人土地所有制和土地所有权	√	×	√
9. 通过市场的土地交易	√	×	√
10. 定期市场活动	√	×	√
与中国的相似率（中国为 100）	—	0	100

就总体特征而言，东欧和中国有更多的相似特征（70%），但在产权方面，英国和中国的相似率达 100%。有关中国的观点将从本章开始详尽阐述。

欧洲和中国的不动产继承制度的比较产生了下列问题：（1）过

去的农民一夫一妻制是怎样的？（2）从系统的持续时间、空间范围和受影响的人口大小等来判断，哪个模式更为主流？

让中国的做法行之有效的前提是，作为部落内部所有男性所享有的平等权利和/或联合权利的自然延伸，必须认可家庭内部成员（主要是男性成员）之间的平等和/或联合产权。在这个内部产权制度中，经济资源属于基本单元集体所有。大量的现代人类学研究结果已证明这种部落平等权利的存在。事实上，中国分家过程以一种高密度的方式，重复了中国早期部落裂变的长期演化过程，犹如胚胎的发展，重复自然历史的主要演化阶段。这些内部产权和随之而来的平等分割家庭财产的意义在于经济利益完全推翻了儒家家 53
庭秩序，其特征是根据家庭成员资历辈分形成服从链条。通常情况下，弟弟服从兄长，兄长服从父亲。在家庭财产分配上，这种主从秩序不再有效（李晓东 1986：第6章）。根据大清律例，起诉家庭长辈被视作一种犯罪行为，即使被告有罪，原告也面临一个为期两年的监禁（史凤仪 1987：262–263）。但是这并不适用于财产分割。如果家庭财产分割不均，侵犯了辈分低的家庭成员权利，辈分低的有权利起诉辈分高的，原告受法律保护（史凤仪 1987：262–263），在这种情况下，法律对辈分低者予以充分保护（同上）。

有了这些内部平等和/或共同财产权，家庭的集体所有权对于解密农民“恰亚诺夫式”（Chayanovian）的行为非常重要（附录D）。特别是，它们解释了如下情况：（1）农民家庭型企业目标为何是全部就业（total employment）而不在乎充分就业（full employment），因为所有的生产要素共享；（2）这样的企业为何只计算劳动平均产出，而不是计算劳动的边际产出，因为平均方法是唯一合适的共享尺度；（3）为何该企业劳动力自我雇用达到总产出最大化的点，从而劳动的边际产出为零，因为为使每一份额最大化，企业必须使总产最大化。小农经济两个事实——全部就业及零边际劳动产品——得到了经济学家亚瑟·刘易斯的认可（Lewis 1954：图 1）。“重置”时钟的唯一方法是将劳动力从家庭企业中释放出来，这将增加与劳动边际产出为零点的距离。传统中国的公共工程徭役和戍边兵役都是为了这样的目的，这是中国农业劳力节约技术延绵不绝的原因之一。

与此相反，自由工薪者拥有自己的劳动，并不能共享，而工薪者可以与他人分享的唯有工资。因此，工人在生产过程中查看劳动的边际产出是理性的。笼统来说，这可以看到工人的忙碌。工人越忙，劳动边际产出就越大，然后就可以确保自己工作的安全。同样，对于企业所有者而言，他或她的利润是私人财产。利润率以及工资总额，是由劳动的边际产出决定的。因此，为了雇佣工人和企业主双方的最佳利益：（1）劳动平均产出没有什么意义；（2）劳动边际产出不应趋于零；（3）总产出不应达到最高水平。因此，恰亚诺夫式企业和资本主义企业的劳动平均产出和劳动边际产出的计算差异
54 主要基于两个截然不同的所有权类型。然而，这并不意味着，家庭型企业仅有一种恰亚诺夫式行为。这就很容易导致一个二元格局：家庭之内是恰亚诺夫式的行为；而家庭以外，作为一个经济单位，则是市场行为。劳动的边际产出是从整个企业来计算的，而不是停留在个人层面上。这种纷繁复杂性使经济学家大惑不解，他们倾向于寻求鲜明、非此即彼的小农经济模型（参见附件 D）。

周朝封建土地所有制到个人土地私有制的历史性转变获得巨大成功，很大程度上归因于中国正处于战国时十字路口的关键时期，封建阶级没有抵制。秦以后的封建主义只有偶尔短暂的复苏：当中国处于错乱和分割危机时，封建主义就会复活。因此，中国秦以后出现的封建主义最多是地区性的和偶然的现象，而非封建主义是长期的主流（见附件 E）。

2.2.2 产权制度的扩散

鉴于土地私人所有权早在公元前 200 年前就普遍盛行于传统中国，并使得拥有土地的农民得以形成和延续，先秦时期经济体制最重要的特点无疑是将所有权制度化为中国农业经济之根本制度（栗劲 1985：481–492; Chao 1986：2）。根据大秦律，私人土地和其他资产都受到严格保护。例如：（1）只要业主能证明动物的标记和年龄，走失的家畜就会送还给业主；（2）如果发生民事纠纷，县令负责仲裁；（3）盗窃罪将受到严厉处罚（栗劲 1985：481–492）。尽管秦朝是一个短命政权，但这一制度几乎延续了 2000 多年。

秦以后的中国，对普通中国人而言，拥有土地是经济生活极为核心的部分，可以称之为中国人的“土地所有权崇拜”。它的意义非同凡响，因为对于一个普通的中国人而言，失去土地往往意味着破产。长期发展的结果是，到了 18 世纪，高达 92% 的注册土地是私人拥有的，只有剩下的 8% 归国家所有（Feuerwerker 1984：313）。在这些产权所有人中，小地主占了大多数。例如，清代时，华北农场的平均规模为 20—30 亩（1 清亩 = 0.67 公顷），华南为 12—15 亩，很少有大型的农业地产可以与欧洲和亚洲其他地区的大型农庄、南美大庄园、美国的商业农场相媲美（Feuerwerker 1976：81）。即便 55
在当代，我们依然能够强烈地感受到这一制度的遗产：20 世纪 20 年代和 30 年代，虽然土地持有面积发生了变化（Fei 1939：191–194; Tawney 1964：34–35, 38, 71; Buck 1968：194–197; Myers 1970; Chao 1986：107），但至少有 70% 的农村家庭仍然属于自耕农（Tawney 1964：34; Chao 1986：第 8 章）。

虽然就绝对数字而言，中国人所拥有的土地只有英国庄园制下的五分之一，由于复杂的环境条件和人力资本质量（农民的知识和技能），直接对中国和英国进行比较并不合适，最后比较农场的平均面积也几乎毫无意义（参见 Chao 1986：222），澄清这一点非常重要。例如，对印度的棉花种植地区土地面积（公元 1872—1910）和日本（公元 1908—1915）的比较研究显示，70% 的印度农民归为“小土地主”，有 4—20 公顷，而日本小土地主同样的百分比只有 0.5—1 公顷（参见 McAlpin 1975：295；Francks 1992：133）。直接比较得到的结论是，既然印度人的土地面积比日本人约多 20 倍，那么他们应该比日本人更富有。然而，公元 1888—1917 年期间，日本农民储蓄增加了 5.6 倍，投资增加了 2.3 倍（Minami 1986：96）。这意味着在日本的实际收入显著增长，相比之下，印度的农业出现了停滞（Mishra 1985）。此外，印度的部分地区出现了严重饥荒，一度曾夺去至少 20% 的总人口（Ambirajan 1989：367），这是农村居民收入下降，甚至是经济崩溃的标志。可支配土地规模大小对农业绩效并无多少含义。打个比方，不同的经济体可支配土地规模的大小，就像不可兑换的货币一样，跨越国界一文不值，唯有面值。因此唯有设定汇率，价值比较方有意义，汇率最重要的功能便是超越这些国家的货币面值。因此，直接比较世界各地不同的农场规模，就如同直接比较不可兑换货币一样荒谬至极。一个更好的指标是单位土地的人口支撑能力，而更为相关的指标应该是单位农民人均人口支持能力。

中国的土地所有权制度要想扩展其空间并随时间而延续，至少还需要三个条件：（1）产权制度在中国基本经济单位家庭内的复制机制；（2）随着中华帝国领土扩张获得耕地；（3）更为集约利用土地，使得中国农业经济得到发展，在相同面积土地上生产更多的粮食。

就复制机制而言，中国家庭结构作为土地控制权和土地所有权的基本单位，它携带了制度传播的“基因”。这一制度复制过程

通过中国平等继承制度得以实现，它作为一项主流制度一直持续 56
到公元 1949 年新中国成立（Latourette 1964; Fairbank 1965：25; Feuerwerker 1976：82; Chao 1986：109）。这种做法之所以可行，是因为：（1）人类繁衍的自然功能；（2）承认男性家庭成员有平等财产权利；（3）农业的规模不经济。这种平等继承制度意味着强大部落 / 社区的起源，反映了中国古代历史非封建传统同一枚硬币的另一面。相比较而言，封建的长子继承制是一种复制庄园和租户的一个过程。

要把人类繁衍本能转变为社会经济机制，来保存和延续个体土地私人所有制本身是最伟大的发明。关键因素并非血缘关系，而是承认男性家庭成员之间平等的财产权利。即便到现代，规模不经济也依然是农业生产的一个显著特点，这不仅意味着可以把土地划分成小块，而且即便是较小的面积也并不一定导致土地生产率下降。然后，没有什么能够阻止中国人进行这种制度复制。

中国领土在扩张过程中，常常在内陆的大本营和新获得区域之间建立土地的联系，这一点毫不奇怪。这可能是 19 世纪以前，中国的人口主要朝富庶的东南亚地区迁徙而未走得更远的原因。直到 19 世纪，中国人才开始大量移居海外。那时，世界已发生了变化：（1）欧洲人伟大的地理发现已过了三个世纪；（2）中国已卷入世界市场。

2.2.3 所有制类型的演变

历史上主要有两种所有权形式：（1）单独完整地拥有土地权利的永久业权（freehold）；（2）多个业主分权拥有土地的租佃所有权（leasehold）。自战国时期以来，永久业权的交易非常普遍。南宋著名诗人辛弃疾（公元 1140—1207）在公元 1194 年写道：“千年田换八百主。”（唐圭璋 1988：1541）虽然它可能夸大了土地交易频率，但该诗一定程度上反映了地权市场（property market）常见的做法。在英国，这种市场直到 16—17 世纪才得以发展，但它仍领先于欧洲其他地区和印度（Macfarlane 1978：第 4 章，特别是 93–94，130）。
57 有时西方学者会忽视和否认传统中国地权市场的存在、功能和持续时间，显然是由于他们没有中国经济史的基础性资料（参见，例如 Macfarlane 1978：130）。

传统不动产永久业权后来变成双重所有权，其特点是对有些产权同时存在永久业权和永久租佃所有权。明清之际，当帝国面临着新土地短缺时，这种所有权形式越来越受欢迎。双重所有权的特征是在地主和佃农之间，有永久业权和租佃所有权（或耕作权）之分，并在佃农之间划分次一级的租赁权，值得注意的是，印度在独立后也出现过类似的趋势。正如拜尔斯指出的那样，地主阶级并不一定拥有永久业权，他们拥有土壤产权，这优于土地产权本身。这类土壤产权使得这一阶层能够从农民那里获取农业剩余（Byres 1974：230）。

公元 994 年，宋朝法律确立“永租权”或“永佃权”（脱脱，《元史 · 食货志》；明清时的情况，参见周远廉、谢肇华 1986：第 7 章；关于地契，参见杨国桢 1988：第 2 章），这是关键所在。根据该法律，同一块土地的地产所有权和佃租权可以永久分离。尤其是，随着固定租逐步取代分成租（俗称铁板租，字面意思是“硬铁租金”），产权进一步分离之门洞开。清初，正如当时的诉讼案所显示的那样，固定租已成为南方的主要类型，并影响了北方约三分之一的租佃交易（周远廉、谢肇华 1986：141）。此外，明清之际，由于人口增长和耕地缩减，为满足越来越多渴望得到土地的农民，中国人发明了一种多方所有权制度（multi-party ownership），它精确规定了“表面或表层土耕种权”（田面权），“底层土或地基的土地权利”（田底权）和许多其他子权利（Marsh 1961：62）。所有这些部分所有权都可以交易和抵押。因此，一块土地可以同时属于几个私人业主，这是一种解决中国的土地所有权危机的巧妙方法。这种多方所有权制度在明清之际非常盛行，由于中国农业增产，这种分块的土地所有权得以良好运作。表 2.1 列出了从宋代到清代的土地所有权类型的划分。这里，主要租金称为“田租”、二级和三级租金，“土壤租”（皮租）。在实际操作中，表 2.1 中的所有权类型 2 和类型 3 的总租金可能会超过基本租金。实际上，这种“土壤耕作权”中，转租者有这样的动机：不仅把自己的租金负担转嫁到再次一级的承 58
租人那里，而且还从中获利。实际上转租者未必就是农民，而往往是中间人或耕作权经纪人。

毫无疑问，要支持这种多代理人的双重所有权制度，农业部门必须极其高效。有证据表明，多重代理的数量和复种程度之间正相关：其中，珠江三角洲一年预计作物成熟 3—4 季，于是第三种类型的所有权制度很常见；而在长江流域，每年通常是双季收获，第二种类型很常见；黄河流域，复种指数每年最多 1.5，第一种类型比较流行。在一个地区，所有制类型随具体情况而不同。通常情况下，生产力较高土地往往具有更复杂的所有制类型。很显然，在这一模式中，同一块土地的承租人数量，一方面取决于土地的边际收益等于土地边际劳动 / 资本投入的点；另一方面受农民的收入等于其维生支出的点。只有当边际收益超过维生支出时，才会有向另一层转租的空间。毕竟，土地产出的人口支持能力最终决定了代理人的数量。数据显示，清中期，江苏、江西、福建等地，租金和农民收入之间的比例在 1∶1 和 59
1.5∶1 之间，只比五五分成的佃农传统差一些（李三谋 1995：46–47; 比照周远廉、谢肇华 1986：第 3 章）。然而，随着总产量的增加，相同或相似的租金—收入比能够支持更多的投资者。

表 2.1　宋代至明清时期的土地所有权类型

类　型	土地所有者	承租者	租　金	产权是否明确	耕种者
1. 一田两主	1	1 个承租人	作物分成：产出的 30%—50%	√	√
2. 一田三主	1	1 个主要承租人	固定租：每亩 1—2 石	√	≈
		1 个次承租人	负责二级地租	√	√
3. 一田四主	1	1 个主要承租人	固定租：每亩 1—2 石	√	≈
		1 个次承租人	负责二级地租	√	≈
		1 个二级承租人	负责三级地租	√	√

资料来源：基于 Fei Hsiao-t'ung 1939; Rawski 1972：190; 杨国桢 1988：第 2 章；李三谋 1995。

注：度量：（1） 1 宋石 =92.97 克；1 明石 =150.32 克；1 清石 =144.97 克。（2）1 宋亩 =0.058 公顷；1 明亩 =0.070 公顷；1 清亩 =0.067 公顷。“≈” 符号表明可能是也可能不是。

多种所有制作为传统世界最好的所有权制度，是一种应对土地供应短缺的独创性发明，它在不需要太多新物质资源投入（如新的土地面积）的情况下，创造了一个投资方式，以充分利用中国的高产农业。此外，这亦是一个复杂而灵活的系统，以适应投资者的不同需求。有证据表明，明清之际，由于只适用于土地所有者的政府土地税收和已沿用数个世纪的固定租金安排的“夹心效应”，永久土地所有权越来越不盈利。相比之下，租佃权更加有吸引力，因为转租者享有所有的好处，既不用上缴政府土地税，也不用承担耕种的义务。租佃土地成为“无税田”，它在市场投机往往有更高的需求（李三谋 1995：46）。这种情况可以从永久产权（初级租金）和承包产权（二级租金）利润分配比例关系看出，例如在福建，16 世纪末为 0.75（李三谋，1995：46）。相应地，永久产权的市场价格远远低于在同一块土地租佃产权的价格，正因如此，大土地主越来越趋向于从平民的角度将土地划分成更小的地块，出售永久性地权，但保留租佃权，以获取作为承租人的经济利益。规模较小的土地主也紧随其后，以便达到逃税的目的。土地所有者往往把自己的土地出售给所谓的“绅士”阶层，因为后者既有政治影响力来保护租户，同时“绅士”阶层享有免缴土地税的特权，激励该阶层购买土地（因此不会受到土地所有权的不利影响）。

事实上，在这种有趣的变化下，投资者（或“寻租者”）的利益得到最大化：（1）转租方获得二次租金，并无须付税；（2）“绅士阶层”囤积土地，并享有初级地租和税收豁免。不管上面究竟有多少层转租代理，农民依旧受到剥削。在整个变化中，受损失最大的就是政府，因为随着免税家庭数量的增加，政府获得的税收也越来越少。土地税的财政损失是导致明清之际政府危机的重要原因。

在这一点上，重要的是看到历史研究中长期的、宏观的、大视 60
野方法的优势，不是用 10 年或一个世纪，而是用上千年的历史；不是一个村或一个县，而是以一个国家为一个单位。“快照”式的短期甚至中期的方法往往不能看清其趋势或趋向。像中国这样的国家，面积和欧洲相当，如果采用地方或区域性的“望远镜”式方法通常难以具有代表性，并容易泛化。这是一个见树还是见林的问题。认为一旦看清并理解所有的树木，便自然能看清和理解森林，这是很天真的想法。在现实世界中，即使是温度和 / 或分子最简单的算术加法，也会导致其物理、化学和生物特性的突变。同样地，动物个体的密度增加，也会改变它们的行为模式。以土地私人所有权为例，现代的观察家往往对明清失地农民和地主剥削问题给予过多关注，在此基础上得出的结论往往是，传统中国欧洲式的阶级斗争是显而易见的（Buck 1968; Bray 1986：附录 3）。这是很容易产生的误导，但也有一些学者，如马胥也意识到了这个概念问题，特意用“阶层”（stratum）一词来定义中国传统时期的社会分层（Marsh 1961：24）。因此，长期的宏观方法提供了一种更好的观点：不应过度强调中国的土地所有制和地权危机的重要性，这类危机往往只是区域性的。传统中国土地所有权和土地支配权的全面危机比较少见，这便是长期的、宏观的、大视野方法的优势。

这里的关键是，森林的定义并不只是树木的简单加总。树木和森林相关，但不等同，两者之间有天壤之别。这就需要对树木和森林中的树木进行必要的专门研究，尽管两者可以互补，却不能相互替代。

2.2.4 所有权制度的影响

2.2.4.1 “私人土地所有权普遍化”

中国非封建个人 / 家庭土地所有权导致了被称为“私人土地所有权普遍化”（pan-private land ownership）这个特殊的结果，即社
61 会中多数人拥有土地所有权。有充分的理由相信，中国人口中土地拥有者约占总人口的 70%。20 世纪上半叶，根据费孝通教授的观点，人口密集的江苏省几乎所有人在其一生的某个阶段都曾拥有自己的土地（1939：177）。

2.2.4.2 土地所有权下农业集约型与粗放型扩张

由于耕地的可获得性是中国式土地所有权和支配权小农经济可持续扩张的一个必要条件，随着人口增长，农民持续不断复制，它最终会达到某个临界点，即农场的平均规模变得太小，以至于在没

有技术突破的情况下（新的耕作方法、农作物新品种等）无法养活家庭。为了避免此种土地短缺危机，社会不得不寻找新的土地，以应付和应对拥有土地所有权和控制权的小农场不断复制。中国政府通过对东亚大陆稳定的、系统的开垦成功地完成这项任务。无一例外，大多数新的领土很快变成平均分配的土地，直到国家达到传统农业的地质生态极限为止。与之相反，19 世纪的印度农民也通常在其儿子间分配家庭土地，而印度却几乎没有什么空间进行领土扩张，结果导致劳动生产率的下降，这是当时印度普遍贫困的部分原因（Rothermund 1993：48–49）。与农业相关的领土扩张模式引出了一个有意思的问题：中国政府和民众的利益有多大的分歧？即使国家不为人民，国家也必然和人民有共同利益，并与之合作和妥协。换句话说，一方面，两者是一种“施恩者和受恩者”（giver-and-taker）的关系，给予农民新的土地，并从农民那里获得收入作为回报；而另一方面，中国农民也属于“受恩者和施恩者”（taker-and-giver），随领土扩张获得土地并为之纳税。

在领土扩张的漫长过程中，中央集权国家在军事和行政成本最小化和收入最大化方面，有效地实现了规模经济。自汉代以来，重大动荡之后，边境上设立的第一梯队是军事和准军事的屯田，并移植小土地所有权和拥有土地的农场（Lee 1969：33–133）。所以，宋朝时，在整个南部被占领之后，宋朝的平民农民不断迁入，小农场遍布南部。清代，在频繁的新土地需求压力下，清代的征服者最终做出让步，开放长城以外遥远的北方领土。新土地很快被再次塞 62
满，就像江南曾发生的那样。事实上，在这个过程中，就土地所有权而言，中国完全是反征服。所以，毫不夸张地说，因为有组织的暴力行为将原住民赶出他们自己的土地，以让路于中国农场，中国从其强大的中央集权受益颇多。在将农民“从过度拥挤地区向人口稀少地区移动”（以窄补宽）的全国性计划中，政府还资助鼓励国内人口迁移（参见郑学檬等 1984）。

除了小农场所形成的粗放式增长模式外，土地私人所有权也能容许集约化耕种。当领土扩张停止之时，这就尤为真切。包括官僚精英在内的中国人，不断提高技术水平来增加单要素和全要素生产率（土地、资本和劳动力）。可以用人口土地比来表示发展模式的变化：当中国新土地较多时，创新主要放在节省劳动力上，例如唐朝和元朝发明和推广了一种新式犁和一套新的农具（参见 Deng 1993a：第 3–4 章）。当中国停止扩张，如东汉、南宋、明及晚清在增加使用极为边缘的土地时，节约土地成为技术关注的重点，如采用多茬复种、引进农作物新品种（参见 Deng 1993a：第 3–4 章）。清末之前，称之为“集约型精心培育”（精耕细作）的“园艺式”培育过程，从宋朝步履蹒跚起步，经历了悠久的历史（参见 Deng 1993a）。

中国的努力得到了回报，随着时间的推移，复制的机制不仅维持了庞大农业帝国稳定的自耕农阶层，而且也造就了世界最大的农民群体，用世界约 7% 的耕地养活了五分之一到四分之一的世界人口，无论从广度还是深度而言，皆为中国农业成功无可争议之明证。

2.2.4.3 对政治结构的影响

随着个人土地私人所有权的快速增长，中央集权官僚机构和常备军开始初步成型。到了战国时期（公元前 475—前 221），所有的竞争性政治单位都已拥有中央集权结构，表明转型已经完成。随后的秦朝，秦始皇（公元前 221—前 210 年在位，此处指称帝后在位时间，后同）帝国大厦的壮丽外表背后鲜有新的发明，如果一定要说有的话，他的主要贡献只不过是对已有的非封建制度的简化和制度化而
63 已。在单一的中央集权政府之下，中国划分成连贯的行政事业单位郡

和县，从而更容易实施垂直控制；所有的官员都是领取俸禄的政府雇员，为了防止特殊利益集团垄断国家权力，通常从全体居民中选拔而来；而这些官僚（更准确地讲，才智精英）的事业表现基于其品行而非其出生之社会地位；相应地，官僚的后代并不能世袭其行政职务；国家预算资金来自对自由民固定比例课税（实物或劳动）；常备军成员是从注册家庭征募而来；把各个独立王国北部边境的军事防御墙连接起来，形成一道完整的防御线，即抵御外族入侵的“长城”（周伯棣 1981：67–68；Yu 1986；Guisso et al. 1989：88–89）。

事实上，个体土地私人所有权和自耕农要早于中国数个世纪，这意味着占主导的个体土地私人所有权和自由农民是构成中国的决定性因素之一。毫无疑问，秦朝以来，中国的根基在于这种所有权和农民。这反过来又解释了，首先，政府为何要煞费苦心地测量并定期注册全国各地的耕地面积和收入。例如，唐律规定政府官员每三年一次调查全国的家庭收入水平（周伯棣 1981：212）。其次，它解释了为何地主有时会强烈抵制政府的规定，通过隐瞒面积，以避免土地税，以至于中国政府有时不得不换成家庭 / 人头税来取代土地税；最后，它也解释了中央政府税务部门为何有复杂的税收监管体系，为何本地的管理部门会优先考虑征税（同上：50）。事实上，封建制度的运作并不一定都需要这些措施。

为了满足使用土地和拥有土地的农民，中国的中央集权政府和常备军时刻准备在东亚获得新的土地。中华帝国只在陆地上扩张并非偶然：纵观历史，中国人进行系统性土地开垦，直到各个方向上的土地都已不再适合农业定居：北方是戈壁沙漠；南方是热带丛林；东部是海洋；西部是喜马拉雅山。

由于普遍的土地私人使用权和所有权，中国存在政府和地主两大独立的团体，地租和税收也相互独立，这与封建制不同。在封建

制下，国防、行政管理和土地所有权是相互重叠的，地租与税收也混为一谈。中国的土地所有权制度和自由农奠定了以非阶级为基础
66 的官民关系，官员从广大民众中挑选出来，从公元 618—1904 年的 1287 年间的 597 次殿试中所有录取的“科举考试—冠军”（状元）的家庭背景就可以知晓这一点。

时期	社会和经济背景								总数
	皇族	官僚	学者	农民	贫民	布衣	非汉族	未知	
唐	3	28	1	—	2	1	—	111	146
五代	0	1	—	1	—	—	—	24	26
北宋	0	16	—	—	—	2	—	48	66
南宋	0	4	2	—	—	2	—	41	49
辽	0	1	—	—	1	1	—	50	53
金	0	3	—	—	—	—	3	14	20
元	0	4	—	—	2	2	14	10	32
明	0	14	1	—	4	—	—	71	90
清	0	17	5	1	7	1	3	81	115
总数	3	88	10	2	16	8	20	450	597
百分比	0.5	14.7	1.7	0.3	2.7	1.3	3.4	75.4	100
阶级比重			16.9					83.1	

资料来源：基于周亚飞，1995。

这些状元都是每次考试中得分最高者。对于儒家学者来说，成为状元是最大的成就。在一个盛大的皇宫庆典上，皇帝亲自授予状元头衔，状元也顺理成章获得较高官阶。因此，状元既是民族英雄，又是名士。通常，为了纪念这一事件，状元所在村庄或家乡会建造

一处永久性纪念牌坊，他的名字也会被记载在地方志以及御史档案中。多数情况下，家庭 / 家族会利用此事以获得最大的利益，这些状元的家庭背景通常会公之于众。令人诧异的是，从表 2.2 的数据看，这些状元中多达 75.4% 的家庭背景归为“不详”，这在传统上通常是“贫穷”和“卑微”的委婉语。与此相反，状元中籍贯未确认的只有 36.4%。由于大多数籍贯不明确的状元同时也属于家庭背景“不详”这一类，因此几乎可以肯定，39%（75.4% 减去 36.4%）属于“不详”类别的状元出身非常卑微，除了其名字和状元头衔外，其余都不值一提，这是中国研究中第一次定量揭示出录用官僚的构成。

值得一提的是，为确保公平竞争，北宋以来的帝国政府甚至竭尽全力：（1）为有官僚背景的考生设立了严格的配额制度；（2）将试卷定为国家最高机密；（3）对所有考生全身搜查；（4）封锁考点以及考生的考试号房；（5）在评分前由一个专业的书写者用统一的书法风格誊抄所有的文章；（6）对欺诈和渎职实行严厉的惩罚，包括绞刑或斩首；（7）由独立的阅卷人员进行双重评分，并把最好的文章交由皇帝亲自评分（沈重 1994：6-14; 清代的情况参见宋元强 1992：174-179）。公元 1684 年，两个朝廷官员的儿子通过了考试，这引起了广泛的怀疑，顺治皇帝（公元 1644—1661 年在位）只好取消其科举头衔，并对五位官员进行了革职处理。此前，1657 年发生了一桩耸人听闻的事，7 个主考官被判犯有违规行为，立即处以斩首，他们的私有财产被没收充公，共有 109 名近亲被流放（同上），而类似的处罚只用于叛国罪的重刑犯。

从表 2.2 考试规则的数据中，可以得出几个非常重要的结论。（1）下层阶级家庭的总比例为 83.1%，而上层阶级仅为 16.9%。这 67
样的比例（83.1 : 16.9）大致和传统中国社会中下层阶级和上层阶级比例相仿（参见 Deng 1993a：附录 1; Chang 1955：第 1 章；Marsh

表 2.2 “状元”背景一览表（公元 618—1904）

时期	地理分布																			未知	总数
	河北	河南	山东	山西	陕西	甘肃	安徽	江苏	湖北	湖南	四川	浙江	福建	广东	广西	江西	贵州	辽宁	黑龙江		
唐	10	14	3	4	5	3	1	8	—	1	4	—	—	—	2	2	—	1	—	88	146
五代	1	—	3	1	1	—	2	1	—	—	1	—	2	1	1	1	—	—	—	11	26
北宋	—	17	9	2	1	—	2	4	4	1	5	2	7	—	—	3	—	—	—	9	66
南宋	—	—	—	—	—	—	2	4	—	1	1	11	10	1	—	3	—	—	—	16	49
辽	5	—	—	—	—	—	—	—	—	—	—	—	—	—	—	—	—	1	—	47	53
金	5	1	4	4	—	—	—	—	—	—	—	—	—	—	—	—	—	—	2	4	20
元	2	1	1	—	—	—	1	—	—	—	—	1	—	—	—	—	—	—	—	26	32
明	4	2	4	0	2	0	6	17	2	1	1	19	10	3	0	19	0	0	0	0	90
清	3	1	5	—	1	—	8	47	3	—	1	21	3	1	2	2	2	—	—	15	115
总数	30	36	29	11	10	3	22	81	9	4	13	54	32	6	5	30	2	2	2	217	597
百分比	5.0	6.0	4.9	1.8	1.7	0.5	3.7	13.6	1.5	0.7	2.2	9.0	5.3	1.0	0.8	5.0	0.3	0.3	0.3	36.4	100
地区比重							23.6										39.4		0.6		

1961：13–15; Ho 1962; Mousnier 1971：256; Feuerwerker 1976：48; Hsiao 1979：7; 经君健 1981：53; 吴慧 1984：64–66; Hucker 1985：1–96）。这意味着如下几点：（1）儒家高等教育并不只为富人而设，即便是贫穷卑微的家庭 / 家族成员亦能取得辉煌的成绩。（2）教育的成本通常比人们想象的要低得多。对清代状元年龄的分析能充分说明这一观点，成功通过考试的约 58% 在 35 岁以下（宋元强 1992：188）。正如 18 世纪吴敬梓的《儒林外史》（关于儒家学者的非官方历史）中所描述的，儒家学者终其一生，为科举考试而奋斗，这是何等虚假与荒谬。（3）通常认为，特权家庭（政府官员及知名学者）垄断了官场，但这个观点在以下证据面前土崩瓦解：他们仅仅占据了 16.4% 的状元份额。（4）几乎可以肯定竞争是公平、公开的，不仅是因为上述比例和份额，表现出政治上的高度平等，而且还因为皇族成员也不得不通过这一考验方能获得认可。（5）状元的地理分布与传统中国的经济重心吻合，南方人考取状元的比北方人多（39.4 : 23.6），这与唐以来南方剩余生产的能力和专业化发展相一致（参见 Deng 1993a：29–30, 156–158）。这种不平衡发展在明清之际进一步得以强化，在清代的 144 名状元中，南方人与北方人的比例为 87 : 13（宋元强 1992：109）。毫无疑问，传统的观点认为，新官僚主要由富家子弟构成之说不仅失之偏颇并夸大其词，亦毫无根据。

这对于官僚的构成寓意深远，众所周知，就都城的分布、公共开支、交通运输网络，军营和长城等来看，北方主导了中国的国家政治。如果，像通常所说的，一群特权士绅垄断了官僚机构，那么北方人在科举和状元方面也应该占主导地位，而南方人完胜北方人的事实表明中国的政治从属于经济力量。

这些数据提供的实证证据表明，下层阶级的利益能够在各级官僚机构中找到代言人，这不仅得到了正统的儒家“民本”思想的支持，而且也表现在官僚招聘过程中和社会流动性上。一旦受过最佳教育的农民的儿子被招募为官僚，中国的农民便能够在个人层面上
68 在官场找到盟友。在最好的情况下，所谓的中国“士绅阶层”是可称为“精神 / 智力贵族”的一群公民，他们担任公职并不是因为其血统的优势，而是由于其教育优势。通过这种官僚招聘过程，农民的利益在中国的政治中被内化。近来对流坑村（北纬 27°21′，东经 115°40′）的研究反映了这种官僚和农业经济之间的直接联系，流坑村位于江西省乐安县的偏远地区，而江西长期以来被认为是传统时期欠发达的贫困地区。按中国的标准，流坑村是一个小村庄，3.6 平方千米内目前有 800 家农户。然而，公元 1015—1874 年之间，这个村共有 34 名学生在科举考试中考取进士。公元 1148 年，一名学生考取状元。公元 1009—1891 年之间，村里输送了 278 名官僚，每 3.2 年产生一名新官员，有些甚至得到了尚书和宰相头衔（周銮书 1997：16-18, 232-248）。农村利益内化于官僚机构的一个重要辅助功能是，政府不会过于疏离公众利益，尤其是农民的利益。

中国官员的尊严有一定的模糊性，按照现代的标准，他们并不完全符合公务员资格。当然，按照任何中世纪的欧洲 / 日本标准，他们肯定也不是封建主。从根本上讲，他们的职位并非世袭，而是依靠品格使自己本质上成为准公务员。准公务员和真正的公务员之间的主要区别在于，前者更容易受贿和滥用职权，毕竟，起源于传统中国官僚体制的现代公务员制度本身就说明了许多问题。

相比较而言，虽然封建单位的外部竞争有时会抵消封建社会刻板的内部制度，但因为在封建制度下，刻板的等级制度使得这样的非等级关系存在的余地不大，因此根据他们的领主和国家政治，欧洲和日本的农奴或类似农奴并没有什么权利。

很清楚的是，工业革命的发起不仅仅需要某种特定的技术水平、农业生产率状态、商业化/城市化程度。从体制来看，封建主义是一个先决条件，或至少是一种恩赐。因此，欧洲和日本在工业化之前都有封建土地所有制，并不是一种巧合（Jones 1981：226）。比较合理的说法是，中国无法摆脱农业僵局，主要是因为不能把农民从土地上剥离出来，从而为经济发展提供替代性道路（Fairbank 1965：237）。难以让农民离开土地的原因是这一阶级所拥有的政治 69
和经济权力，同时也归因于当时普遍的私人土地所有权和土地支配权，以及社会中数量庞大的充当生产者、纳税人、军人和官僚的农民。在政治影响力方面，正是中国农民维持了农业的主导地位，私人土地所有权是他们权力的关键。从狭义上讲，马克思《资本论》第三卷所说的完全正确，即欧洲的“资本原始积累”是工业化的第一步。

2.2.4.4 对法律的影响

传统中国的法律是为了保护土地所有者。最好的例子体现在“女儿继承”“近亲继承”“通过养子继承”的规定中。一般而言，如果一个家庭没有一个男性后代，女性后代有权继承家庭财产，如果一个家庭没有任何后代，无论男性还是女性，近亲就有继承权。

原则上，如果一个家庭不具备上述情况之一，政府有权没收其家产。然而，从宋朝到清朝，法律允许寡妇（如果她活得比先生长）或族长（如果家庭中只剩他还活着的话）通过领养一个儿子，重建家庭继承关系，“寡妇领养儿子”称为“礼寄”，“由族长领养一个儿子”称作“明寄”（王兆棠、徐永康 1986：112－113; 邢铁 1995）。其他变通方法包括：如果家庭没有子嗣，根据户主的意愿由外室继承；或由看护人继承，前提是如果家庭没有子嗣，看护人和户主至少共享房子满三年（史凤仪 1987：268–269）。

这里的问题是，如果中国政府寻租，它会利用这千载难逢的机会，没收家产，而不是给家庭第二次和第三次机会。看来，中国的法律制定者也明白，如果他们过于苛刻，尤其是当自己的子嗣作为财产继承人时，法律将适得其反，他们会搬起石头砸自己的脚。

2.2.4.5 对中国经济生活的影响

个人土地私人所有权对中国经济生活的影响是多方面的。首先，中国的土地所有权制度是保障普通百姓的生产和就业安全的重要因素。相反，封建制下的农民并不享有这种安全性，因为他们继续耕种土地的能力，最终受制于拥有土地的、承担基本军事防御责
70 任的封建阶级所做的决定。这并不是说封建租户没有任何权利，他确实有，但是，耕作权的定义和土地支配权与土地所有权的定义是不同的，只有后者才赋予土地所有者驱逐租户的权利。此外，中国的继承制度为农民提供了全体就业（total employment）的手段，于是劳动的边际产出保持在零的水平（参见附录 D）。这样的就业模式必然掩盖任何形式的就业不足或失业。一定意义上，正是生产者的私人土地为中国人提供了自我雇用的手段。即使在高度发达的现代经济，由于自我雇用总是让就业不足或失业的定义很模糊，因此衡量就业不足或失业的唯一可靠的指标是一个生产单位的破产。封建制度很少会造就同等程度的假象，仅仅是因为封建佃农（例如农奴）不够像中国小土地主那样，控制非劳动生产要素，尤其是对土地的控制，换句话说，农奴不能自我雇用。相反，对他的雇用来自封建土地所有者对劳动和资本（种子、肥料、犁等）的需求。中国领土可耕种的广泛性以及在普遍人群中的农业专业化的延续性，也导致农民普通容忍政府的反商人政策和贸易垄断，而封建制度很少有这样的共识。

其次，它增强了农业在经济中的主导地位。鉴于大多数中国人从事耕种，直接的后果是经济差异性较小。与此相反，因为系统本身独有的土地所有权，封建制有助于巩固所有阶级之间的社会劳动分工。以拥有土地的上层阶级为例，在封建长子继承制下，贵族的次子不得不寻求其他专业或职业，通常是在军队、教会或商业中就业。在中国，平等继承权的做法受法律保护，保证了土地所有者的儿子们从事农业，尽管除此之外，这些子女是否可以另谋高就便另当别论了。

再次，中国的土地所有权制度提供了相对平等的社会基础，这也是人际关系并非以奴隶制和封建制为基础的结果。由于就业稳定和自力更生的农民有产者之间的收入差距有限，平等原则广为流传。这一原则用儒家格言表示就是："不患贫而患不均。"即便是在以后各朝，当中国经历了由于小土地所有者的复制，使得土地小块化程度增加时，情况依然如此（Chao 1986：107）。以清末为例，尽管中国出现了一系列严重的危机，上层和下层之间的收入水平差距估计是 14∶1（Chang 1955：447-450, 475-477）。毋庸置疑，中 71
国的平等继承制度仅仅反映了一种平等性，尽管它事实上只是意味内部财产的平等分割。比较而言，列文森（Leveson）与舒尔曼（Schurmann）指出（1969：92），"封建长子继承制助长了不平等，因为土地集中在个人手中。出于这个原因……汉代模式中君主更喜欢利用分散的土地所有权形成的持续性压力，以防止任何原始封建的、反中央的私人扩张"。

最后，中国的土地所有权让农民"自愿"束缚在土地上，虽然大部分农民在法律上从不依附于个人。相比较而言，在封建租赁制度下，农民看似依附于土地，实际上依附于封建主。结果大相径庭。从历史上看，一旦封建各阶层——贵族和农民——摆脱了旧的职业道路，他们便有机会进入非农业部门，虽然这很可能取决于市场。这是一种权衡。因此，封建时期的欧洲 / 日本，一旦人身依附得以摆脱（无论是通过武力还是和平的方式），农民便离开了土地。在中国，除非使用暴力（无论是政治还是经济），否则农民会一直坚守他们的土地。换句话说，在中国拥有土地所有权和支配权的农民愿意借助于私人土地所有权而与土地绑定在一起。在这种情况下，封建制度下的农民离开农业的机会成本明显低于拥有土地所有权和支配权的农民。费正清指出，传统中国，私人土地所有权激励农民在自己手中永久保留农业，很难把农民同土地分离（Fairbank 1965：237）。同样，布伦纳认为，农村的贫穷和落后永动循环的原因是农民所享有的自由和财产权利，他的结论是，正是这些权利的缺失，才促使了英国社会的发展（Brenner 1982）。

因此，具有讽刺意味的是，虽然自由公民身份允许中国人选择自己的职业，无论是否从事农业，私人土地所有权在很大程度上限制了他们的选择，导致一种所谓的“自我限制效应”（self-confinement effect），微观层面上的自我约束是中国宏观层面“路径依赖”的基础。因此，中国的经验表明，私人所有权并不一定导致高度商业化和经济分化。为实现后者，还需要其他条件。

刘易斯（Lewis 1954）产业转型模型没能解释，为何在中国宋代（这一时期中国率先出现了中世纪经济革命）以及明清时期（这一时期中国与西方的思想和货物交流频繁），农民无法自由地从农业
72 转移出来而促进资本主义发展，这也不足为怪。因此，它不同于封建时期的欧洲和日本，为农村人口到工业部门工作留有余地，土地私人所有权和自由公民身份的结合构成了中国由农业经济向工业化转型的巨大障碍。

2.3 自由的农民：农业经济的脊梁

2.3.1 农民（peasants）和农民身份（peasantry）的概念

长期以来，对于如何评价传统的农民职业，人们一直争论不休。有两个主要的思想流派。一派坚持认为，并不存在农民这回事，农村人口总要按照其占有财产和收入水平进行划分，封建地主阶级、资产阶级或小资产阶级归为“有产者”，而无产阶级和半无产阶级归为“无产者”（Aston and Philpin 1985; 也参见 Enncw et al. 1977）。与此相反，民粹主义者和新民粹主义者认为，农耕群体和农村群体（farming and rural group）因为其生活方式、生产和消费模式和思维方式的相似性，或多或少属于同一层次（参见 Harrison 1977; Davies 1990：47-48; 比照 Patnaik 1979）。

本研究赞成民粹主义的方法有两个原因。首先，不仅是因为农民（peasants）之间明显的相似性，其次，也因为其内部团体之间的可流动性。因此，认为农民中的阶级划分是静态和不变的，是一种天真的想法。

2.3.2 自由农的起源和延续时间 73

个人土地私人所有权的确立和自由农民在中国的兴起与延续相互交织在一起，传统时期中国农民是基于普通人所拥有的广泛的土地财产。用托尼的话讲（Tawney 1964：34），“中国乡村生活中有代表性的并非雇工劳动，而是拥有土地的农民”。类似地，罗斯基认为一种普遍的方式是（Rawski 1972：3），“至少在最近一千年中，在私人土地所有制下工作的，大量小规模的自由农民一直占据中国农业的主导地位”。早在春秋时期（公元前770—前476）这类农民便已产生，这一时期部落/社区土地所有权被解散，《孟子》所描述的棋盘式土地制度（井田制[1]），以及西周封建的土地支配权，建立平等的土地私人所有权和私有产权（Elvin 1973：23–24）。相比较而言，拥有土地的自由农在欧洲和日本出现较晚，或者说，在封建制主导下仅仅是配角而已（参见 Landsberger 1974：第 1 部分；Critchley 1978）。

目前尚不清楚，中国早期为何如此青睐自由农主义，它可能与强大的氏族或部落的传统有关，以及与史前时期缺少来自外部的持久性威胁有关。主要证据是，夏朝时期，在早期君主的领导下，原始中国部落形成互相包容的联盟，而不是进行相互军事对抗，正如战国时期一样（范文澜 1964：第 1 章；Bai 1982：第 2–3 章）。儒家的大同或者大和谐思想反映了这种人间天堂，相反，在封建制度
74 的欧洲，阶级划分和个人依附主要是为了外部资源竞争压力下的部落防御所设计，法兰克野蛮人的社会结构是一个很好的例子（参见 Critchley 1978）。这与中国早期文明几乎无防御的情形相似，尽管后来也出现了基于防御目的的劳动分工（如大家所看到的常备军、军火库和长城），中国社会缺乏一种高度专业化的防卫力量。在中世纪的欧洲和日本，这种专业化不仅体现在特定的军事格斗阶层（骑士和武士）和官员（领主和大名）上，而且还有专门设计的武器系统，包括精心喂养的战马、重型装甲和高质量的冷兵器。西汉时期（公元前 206—公元 25）以来，这些马匹、盔甲和冷兵器一直被列在中国军队采购清单上（参见 Deng 1997：表 5.2）。后来，从唐代到明代，一种“茶马互市”的贸易模式得以建立和维护。一个很好的例子是，日本在公元 1485 年向中国出口了 38610 把剑（参见李金明

[1] 井田制（chessboard-field system）：在每一个单元中有九小块，其中的八小块是八户家族的家庭财产，另一小块的产量用于支付税收。

1990：57）。15 世纪初，明朝拥有 280 万部队，到连一级，共有 28000 名指挥官（参见赵秀昆等 1987：404, 410–411），这些剑可武装所有的指挥官。

应当强调的是，中国的独特之处并非是存在自由农民本身，而是其长期稳定性，没有其他农民可与之匹及。一些研究表明，尽管存在两个事实：明末起无地佃农增加，直到 20 世纪末中国社会基本结构并没有改变（Skinner 1971; Rawski 1972：3; 经君健 1981）。没有其他传统文明可以比得上中国这种复杂的持续性农业增长。

2.3.3 农民的现状

中国古代农民有两种法律类型：自由和半自由。这两种法律类型和两种主要所有权类型（永久业权和租佃所有权）结合起来，排列如下：自由的土地支配人、自由承租人（非封建租户）、半自由承租人（准封建租户）。根据定义，土地支配人（landholder）是自由的。中国传统史的大部分时间中，自由农民占了大多数，无论他们是拥有土地所有权还是土地支配权。半自由承租人只在后秦历史上零星出现过，但主要存在于国有地产，例如边疆地区军事农业开垦地（移民戍边）（清朝时的情况，参见翁独健 1990：829–833）。

中国历史上一些独特的现象反映了以自由农为基础的社会结构，例如：（1）中国法律给予了农民相当高的地位，他们位列所有劳动 75
阶层之首，地位高于所有手工业阶层和商人，并有权从政府获得特殊帮助，如土地、贷款和税收豁免；（2）中国农民阶层通过科举制度获得政治权力，根据法律，他们的子弟可以和上层阶级的候选人一样平等进入官场。

如此高的地位为解释以下问题提供了线索：（1）无论是中国人还是非中国人管理的历朝政府，一直把建立和维护户籍登记制度作为头等大事来抓，以统计农民数量；（2）中国历史上经常发生大规模农民起义，政权更迭以及政府政策变动都始终受到农民的影响。首先，由于中国大部分人都是自由农，因此户籍登记制度是控制国民的唯一有效手段，可以获取赋税收入，从人口中获得年轻士兵等。最好的例子是，汉朝开国皇帝刘邦在攻取都城咸阳，并推翻秦朝后，最想得到的便是秦朝用于征税的户口清册。为了便于登记，政府设立了一些基层机构。例如，北魏（公元386—534）和隋（公元581—618），“三长制”保证了税收财政，避免了偷税漏税（周柏棣1981：181, 192）。其次，由于缺乏严格的贵族制度，公众能获得一定程度的自由度，而不必人身依附于某个特定的社会群体，于是有必要进行政治集权，从而保持小农社会的安全和有序，这反过来又提供了中华帝国大厦的基础。再次，虽然政治集权超越了个人之间的冲突，但是政府仍会发现自己处于头号公敌的位置：一个政策可能会影响公众的生活而触发民众的不满情绪，甚至导致大规模武装叛乱（Moore 1966; Landsberger 1974：43－45）。

相比之下，西罗马帝国崩溃之后，为了防御外部攻击，封建制首先在欧洲得以发展。农民置身于当地领主的保护之下，作为回报，领主获得土地以支持他的大君主或国王的军事服务。这些不动产是独立自治的，农民被束缚在土地所有人——领主身上，并可以转移给新的地主。因此，尽管一个农奴待在同一个地产，没有发生物理移动，但他可能已经随土地拥有者的变化而转让多次，事实上，农奴并未移动，完全是因为土地资产是不可移动的。在中国，土地资
76 产被称为“不动产”，这是非常准确的。因此，从概念上讲，农奴依附于地主而不是土地，最多也就是封建领主直接依附于土地，而农奴通过他的主人间接地依附于土地。把农奴等同于拥有土地所有权和土地支配权的自由农完全是一种误导，后者才是通过自己拥有地

产而真正依附于土地。

因此，在欧洲 / 日本封建制度下，上层阶级是主体，而农民属于社会最底层（Morse 1969：3467–3468）。中国秦朝以后，虽然上层阶级或阶层貌似扮演着欧洲 / 日本上层阶级或阶层的角色，但是拥有土地的自由农才是社会阶层的真正主导者（Marsh 1961：13–15; Ho 1962：17–41; Mousnier 1971：237–241; Hsiao K. 1979：7; 经君健 1981：53；Chao 1986：第 7–8 章），然而这一事实被掩盖起来了，因为在教育、生活方式、权威 / 职责等方面，普通农民和高高在上的官吏之间反差太大。

当然，从秦至清，潮流偶尔会有所改变，例如在汉晋时期，封建主义和准封建主义发挥了作用。但封建主义从来就不是主流，农民的地位从未被彻底铲除过。

2.3.4 土地所有制和土地支配权的类型

传统中国，土地所有权和土地支配权并不一定相同，尤其是在帝国晚期的历史。土地支配权包括永久业权及租佃权。在任何情况下，永久业权是主流，租佃权往往是过渡性的，可轻易转向永久业权或准永久业权。换句话说，中国农民始终是一个拥有土地的阶层。我们重点关注国有土地，因为它体现了个人支配土地而不拥有私人土地所有权的原则。

这种情况的表现是，国有农庄中个体农民并不一定拥有土地，但拥有耕作权（这经常是永久性的），并且在土地私有化时有优先权（这是大多数国有土地私有化的命运；参见李埏 1996）。国有土地的一种形式便是屯田，或“农业开垦地”，它自汉代建立以来一直持续到清朝。公元前 122 年，西汉政权在中国西北边疆建立了农业开垦地，60 万人被发配到那里（《汉书 · 食货志》，也可参见傅筑夫、王

毓瑚 1982：319−336）。在这些开垦地，政府提供土地和资本（包
77 括种子、牲畜和其他设备）。如果是以前从未开垦的土地，农民们还有权获取一年的生活资料。中国中部地区也建立了农业开垦地，例如，在东汉包括首都地区在内的 6 个内陆地区都建有开垦地（南宋时期徐天麟《东汉会要》“食货”）。三国时期（公元 220—280），农业开垦地遍布帝国所有地区。魏国时期，80% 的士兵都参与了沿淮河耕作（《三国志 · 邓艾传》）。南北朝政权沿袭了“三国”的模式建立了广泛的开垦地。后来，唐代共有屯田 1147 处，占地总面积为 57000 顷，或 307800 公顷（郑学檬等 1984：172），当时有三分之二的唐朝士兵受雇于屯田（Lee 1969：68）。这些屯田历经宋、元、明、清各个时期得以建立（Lee 1969：73, 85−86, 104, 113, 117; 梁方仲 1980：322−328, 360−364, 420−422, 464）。由于国家所有制，所有的开垦地都建立了隶属于中央政府农业局的农业监督机构（郑学檬等 1984：114, 119; 左书谔 1986）。大多数情况下，通常的做法是，士兵退役时，农业开垦地的土地所有权便授予在此耕种的个人。因此，国有土地上的个人土地支配权通常会变成个人土地所有权。

作为租佃的标准条件，分成制证实在保证国家和农民个人共同利益方面非常有效。据记载，这些屯田的租金在总生产额的 60%—80% 之间变化，这表明相当高的农业生产率和剩余（《晋书 · 傅玄传》）。毫无疑问，国有土地上的农民有从事生产的激励。明清时期，一个最优质的水稻品种就是在天津附近的屯田培育出来的（江曹 1987）。此外，多数情况下，国有土地的比例非常有限，公元 1887 年之前，清朝的屯田占了 3412310 公顷（509300 顷），约占中国总耕地的 6%（梁方仲 1980：384−385）。考虑到这些屯田的农民是士兵或准军事平民，他们大多数情况下是国家资助的移民，显然，中国政权试图一方面保留征兵制度，而不仅仅是一支专业化的军队，

另一方面也希望在条件允许时，重建小自耕农农场。

除了军事农业屯田，在成熟的农业地区，国有土地不动产也分
配给平民农民，个体农民获得永佃权，直至退休。在这种制度下，
政府获得租金和实物税。这些计划名目不同，最著名的便是“占田
制”“受田制”和“均田制”。尽管第一种制度是公元280年晋朝才 78
设立的（《晋书·食货志》），但是这个观点一直可以追溯到周代的井
田制，在这种制度下，农民也被赐予耕种的租佃权（李剑农1962：
第9章），其中被最广泛沿用的制度是5世纪的均田制（公元554
《魏书》，第7卷：《高祖孝文帝》）。有趣的是，该制度最初并不为农
耕的中国人所设计，而是为鲜卑人设计的。鲜卑族是游牧民族，进
入中国内陆试图征服中国，就必须解决征服者的高失业问题。鲜卑
族的三分之二人口成了闲散人员，孝文帝（公元471—499年在位）
失望之极，听取了一位汉人学者李安世的建议，在公元485年推行
经济改革。改革结果令人满意：均田制使所有有资格的男性和女性
都能获得国有土地，恢复和复苏了农业生产（唐长孺1956; Elvin
1973：47–51）。古书记载，在公元485年，该制度允许每对已婚夫
妇最多获得80亩土地，其中60亩种粮食，20亩种50棵桑树、5棵
枣树和3棵榆树（《魏书·食货志》）。结果，鲜卑族也转化为定居农
民。随后的隋朝和唐朝沿袭了这项制度，并在私有化之前，运作了
300年（李隆基：第3卷；梁方仲1980：476–485；考古证据参见
杜绍顺1996）。人们已经认识到，均田制是战争等大动荡之后，以
重建农业经济为目的，从国家所有制转向私人所有制的一种过渡性
土地支配类型。在唐和五代的法律中，闲置土地自动纳入政府土地
重新分配计划，然后根据家庭规模分给渴求土地的农民。一旦重新
分配，土地就被确认为“永业田”。只要它处于开垦状态，政府就无
权拿走。所以，这些被分配的土地在其重新分配的那一刻实际上就

被私有化了。据记载，传统中国，五代十国集体拥有的闲置土地最多。但不久以后，国有比例又回落到以前的水平，不到总数的 10%（武建国 1996; 关于明代早期情况，参见曹树基 1995）。这种私人土地支配权和土地所有权比例短期波动在大多数新朝代开始时都会出现，但是随着时间的推移，旧的平衡又回归，因此很大程度上可以忽略这种波动。

规模更小的是分配给不同级别官员的国有职田（“俸禄田”）（梁方仲 1980：292, 472–475, 488–492），通常的做法是，佃户在分成租的契约下耕种土地，耕种面积随着时间和职级的变化而变化。以
79 最高级别为例，北魏时期是 75 公顷（1500 亩），唐朝时期是 64.8 公顷（1200 亩），宋朝时期是 116 公顷（2000 亩），元明时期是 112 公顷（1600 亩）（辞海编辑委员会 1978：151）。职田有时也占国有土地相当大的比例。例如，公元 1068—1076 年间，职田土地总面积为 136242 公顷（2349000 亩），占总国有土地的 37%（梁方仲，1980：290, 292）。即便如此，这 37% 的土地只占那段时间中国总耕地的 0.5%（辞海编辑委员会 1978：151）。

此外，还存在“皇室田产”（Torbert 1977：第 3 章）。皇室田产在汉代首先设立，并一直延续到清末（傅筑夫、王毓瑚 1982：203–211; 辞海编辑委员会 1978：151–153）。有证据表明，明代，中部河南省由王孙公子们所经营的皇室田产就占了耕地的一半，西部的成都平原占了 70%（郭文韬 1988：347）。清代，公元 1644—1820 年，皇室田产从 132 个增加到 1078 个（辞海编辑委员会 1978：151, 郭文韬 1988：348），而公元 1764—1818 年之间，土地总面积增加了 170%，达 239677 公顷（3577275 亩）（Torbert 1977：85）。但是，就总面积而言，即便是在公元 1818 年，皇室田产也只占中国总耕地的 0.54%（Torbert 1977：85）。皇室土地由普通佃农耕种，并接受

内务府委任的管家和管理人员监督，租金是皇室的收入来源。例如，公元 1764 年，皇室田地上收获 11950 吨粮食（164818 石），约合 892 公斤白银（28555 两）；公元 1818 年，收获粮食 3093 吨（42671 石），白银 4396 千克（140674 两）（Torbert 1977：89）。因此，由于这个制度，一些皇室成员直接参与农业生产，如晋朝的魏王成了首都的蔬菜和水果供应商（王毓瑚 1964：25）。明皇子朱权和朱橚也都从事农业（王毓瑚 1964：126－127, 128－129），清皇子弘晈通过其田产，将许多南方品种引种到北方（王毓瑚 1964：225－226），他们也有可能在皇室田产上开展农耕实践。然而，有证据表明，明朝皇室田产却随时间推移而下降，开封的皇室田产只有三分之一留给年轻一代的王孙公子，最重要的一个因素是无继承人，50% 的土地流失都是由于这个原因（马雪芹 1996：69－70）。

长期而言，各种类型的国有土地是递增的，11 世纪，它占了中国总耕地的 1.37%，而到了清代提高到 3.3%（梁方仲 1980：290; 郭文韬 1988：349）。不过，国有土地仍然是中国农业经济的次要部分。原因就在于，较低比例的国有土地就意味着在这些田产上佃农 80
所占比例不大，它对中国的土地所有制没有任何显著的影响。

2.3.5 农民和二元户籍经济

20 世纪 20 年代以来，关于农民家庭经济（household-cum-economy）的定义和行为模式旷日持久的辩论，已经取得了一些丰硕成果，尽管事实上，它一直纠缠于“资源配置效率”“利润 / 收益最大化”“效用最大化”和“经济最优化”等标准的差异。作为一个明显的经济组织，农民经济甚至贴上了独立生产方式的标签（Harrison 1977; Siskind 1978）。

迄今为止，关于农民家庭行为模式有三种主要意见：（1）“资源理性但非资本主义”观点，将农民家庭视为一个自给自足（self-sufficient）单位，而并非收益最大化企业（Chayanov 1925; Dalton 1969; Scott 1972, 1976; 也请参见 Feeny 1983）。（2）“市场理性和资本主义”观点，认为农民家庭和资本主义企业一样，都是按照收入的边际产出原则运作，追求企业回报最大化（Schultz 1964：37, 72; Popkin 1979; 比照 Lipton 1968）。（3）“资源市场理性和二元”观点，认为农民家庭脚踩“自给经济”（subsistence economy）和市场经济两条船（Ellis 1988：13; Huang 1990：第一部分）。尽管这些意见都得到了一些经验证据的支持，但唯一经过大规模检验的是，20 世纪早期，在苏联“战时共产主义”称作“粮食专政”的特殊情况下，农民占多数的俄罗斯社会以一种意想不到的方式大规模实行“二元论”。已被沙皇商业化的俄罗斯农民，率先囤积粮食，以抵制无情的掠夺，然后以盈利为目的在黑市进行交易。在此期间，俄国农民把喂饱自己作为首要目标，而把利润作为次要目标，两方面他们都很成功。他们的集体努力有效地使苏联食品管制崩溃，并迎来了所谓的“新经济政策”时代，旨在恢复历史悠久的古老市场体系（Nove 1992：第 3–4 章；Gregory and Stuart 1994：第 3 章；也参见 Gatrell 1986：第 4 章）。即便如此，这也仅仅是按照地理位置和持续时间进行“快照”式观察。此外，考古证据表明，至少 10000 年前，人类就开始从事定居农耕，然后，农民经历了长期的经济行为演变。上述观点仅仅反映了最近百年来的演进过程，对于研究长期历史尚需谨慎对待。然而这种猜疑随中国农民进入我们的视角而烟消云散。

81 各个朝代有确凿证据表明：（1）农村人口积极参与的农业和商业，大部分时间是共存的；（2）虽然面对市场机会农民是精明的机会主义者，但总体上鲜有农民置身于市场经济。施坚雅（Skinner

1971：272－273）指出，中国农民始终属于两个社区，村庄和贸易集市，集市包括15—20个村，45平方千米的面积内约有1800户农户（案例研究，参见曾学优1996；王兴亚1996）。即使在计划经济中，中国农民往往以智取胜统购统销政策，从他们的产出中获取最大收益（Kelliher 1992：125－135, 240）。因此，二元行为模式最适合这种研究，尽管对于农民如何在这两极之间摇摆需要进一步限定条件（参见附录F）。从根本上说，对于自力更生的人而言，市场并不一定是“自然之道”，这一点已在许多文明国家中得到印证。自力更生（self-reliance）与自给自足有关，但并不等同，这一点常被忽视，前者通常需要别人的产品/服务，以补充自己，后者则不需要。这对于理解两种类型对市场的需求，或对市场需求程度的差异至关重要。

自力更生和市场并存与风险及风险管理相关，也与生产率、差异化和专业化有关。换句话说，这事关经济效益和民生的多样性和安全性。除非一个社会能够开发出不同的生产和消费，能保证以市场为导向的商业安全，而这往往意味着个人之间依赖程度加深，否则人们会更喜欢保持其经济独立于其他经济主体。自有土地的开垦促成经济独立，这种行为模式不排除一些高度商业化的仅为市场而生产的农村社会。从严格意义上说，这些地区属于市场经济，但是它们在整个经济中的份额往往微不足道。

传统中国农业优势和个人土地私人支配权和所有权是家庭层面的自力更生或半自力更生：普通农民生产大部分所需，也参与市场活动作为补充。明朝之前，农民的主要交换物是剩余产品。这便形成了二元经济的基础：一方面以自力更生为主，另一方面又辅之以贸易。货币的有限使用清楚地表明了这一点。费正清由此认为（Fairbank 1965：49）“由于农民家庭相对的自给自足，导致乡村信贷创造的滞后，而农民家庭常常依赖短期原产地采购”。

82 然而，除了石器时代（旧石器和新石器时期）以外，这种微观层面的自给自足只是相对的，在完全的自给自足经济和专业化以及经济依赖性之间有各种类型。自给自足和自力更生可以在微观和宏观层面各自发挥不同的作用，宏观、微观两个层面有时是同步的，有时并不同步。这种不同层面的区别是非常重要的，因为虽然在悠久的传统历史中，中国在宏观上或总体水平是自给自足的，但这并不一定意味着在微观（乡村和家庭层面）上它也是自给自足的。在多数大陆经济体中，这种差异很寻常，即使在当今时代，亦可从国内和国外贸易之间的差异中看到。而经济上的差异是否能持续，并在宏观和微观两个层面取代自给自足是另外一回事，在中国，长期存续的二元状况清楚表明，用市场取代自给自足和自力更生既非“自然”，亦非必然。（参见附录 D）

2.3.6 对社会的影响

2.3.6 对国家政治的影响

拥有土地的自由农的存在对中国国家政治产生了深远的影响。首先，对帝国的地位和生存而言，农民的作用是全方位和关键的：这一阶层提供国家税收收入的主要来源、民用项目人力以及守卫长城和边境的常备军兵力，用于抵御北方外族入侵。长城东起海洋，西至大漠腹地，横跨 6400 英里（1 英里约等于 1.61 千米），沿耕地和非耕地之间的天然分界线而建，横亘于汉族和非汉族（阿尔泰—突厥之间，蒙古、通古斯—满族）之间。因此，它不仅是一道防线，也是区分两种不同类型的经济体的一道永久分界线（参见 Anon 1986, 1991, 1995：31）。虽然像亚瑟·沃尔德伦（Arthur Waldron）等学者质疑长城的目的和功能（1990），但 20 世纪 20 年代以前，没有人否认长城作为一道防线和两种不同类型的经济体分界线功能（Waldron 1995：92, 101, 105, 108, 154, 170–171, 202, 205）。这至少意味着两方面：（1）长城是中国农业利益的一种物质宣示；（2）考虑到建立和维护这个传统人类历史上最为庞大的人工防御工事所耗费的巨大资本、劳动力和原材料的投入，它本身就体现了中国农业的繁荣。

以服兵役为例，北朝（公元 386—581）时，体格强健的成年男子需要每年在军队中服役 30—45 天（Waldron 1995：180–181）。唐代，每两户到三户支持一个士兵服役（Waldron 1995：195）。明军沿城墙部署的部队兵力接近 100 万，而总人口才 6000 万（张廷玉：《明
史·兵志》；梁方仲 1980：4–10）。整个秦以后的历史中，如何对待 83
农民依然是国家政治中必不可少的一项议程。反过来，国家向主要由农民构成的社会提供公共物品：法律和秩序。农业技术、水利控制、饥荒救济等公共项目也主要是为了满足农民的需求。这实际上是赞助人和客户之间互惠关系的扩大和制度化，双方权利都明确界定，就像詹姆斯·斯科特（James Scott 1972）所描述的那样，与国家机器所具有的富有吸引力的外表相比，这种根本关系经常被忽略。

其次，对农民地位的承认，使得官场大门通过科举制度向农民子弟敞开（Marsh 1961：12）。这些具有农村背景的官员自然而然会采取有利于农业或甚至代表农民家庭的行为，任何一种态度都会强化农业优势的现有格局。

最后，中国毕竟很少处于军事独裁统治之下，拥有土地的农民所授权的统治集团控制了中国政府权力。它是基于合法的原则，而不是建立在对多数人的人身威胁基础上的（即便是对近代的暴君，如希特勒，也是不可能完成的任务，Fukuyama 1992：第 2 章）。像中国这样一个幅员辽阔的国家，依靠体力进行统治，会产生高昂的成本，长期来看并不可行。如果政府未能提供预期的公共产品，它

便失去了统治的合法性（例如 Wang 1997，第 2—3 部分）。鉴于成千上万身强力壮的农民接受了基本的军事训练，如果政府失去了来自所谓被动的、畏惧权威和被剥削农民的大众支持，武装起义就是很自然的结果。

2.3.6.2 对商人阶级的影响

商人阶级被视作是一种对抗农民和国家的力量，而农民的不断增加抑制了商人阶层的崛起。一个强大的商人阶级的兴起因此便和中国体制格格不入，虽然这未必就意味着商贸活动也是格格不入的，这便是商人长期以来处于中国历史社会最底层的原因。而相反，在欧洲，民族国家更欢迎资产阶级的兴起，商人们和君主联姻在国家
84 政治中如鱼得水。他明确指出，与欧洲不同，中国的社会结构阻止资产阶级的发展（Needham 1969：32）。出于力量平衡的目的，商人阶级被视为削弱王权的一种威胁。

然而，认为这种反商人的社会风气必然抑制中国贸易和市场的发展却并不正确。在以私有制为基础的经济中，只要存在以下条件，贸易便会产生：（1）产品和劳动的剩余，并且 / 或（2）一定程度的专业化或劳动分工。在这种意义上，商人阶层，尤其是强大的商人阶层并不是贸易和市场出现的必要和充分条件。传统中国恰恰是这样一种模式，存在大量市场活动的社会，与以下条件共存：（1）羸弱的职业商人阶层；（2）普通农民高度参与市场活动；（3）政府持续性地从事贸易，政府强烈支持反商人的政策。在斯金纳（Skinner）看来，中国农民是遍布全国的地方市场成立和得以维持的原因，清代，地方性市场多达 45000 个（Skinner 1964—1965；特别是 Skinner 1971：272－273）。一些中国学者已经把这种现象定义为“在家庭层面的小生产和经济中商品的大流通”（小生产大流通）（张忠民 1996）。

鉴于特定时间和特定地点的市场容量是有限的，当大部分农民活跃于市场之时，留给职业商贩的空间便较为狭小。因为中国政府通过贸易注册和对关键市场的政府垄断，对于商人阶层的成长进行政治或极端的经济限制。农民阶层通过各个层面，如作为生产者和消费者，积极参与市场交易，在基层对商人阶层的成长进行操作限制。农民作为反对商人阶层的主要社会和经济力量，他们的限制相较于政府限制有过之而无不及。于是中国商人阶层的弱势不太可能是天生如此，而总体上是取决于社会政治及社会经济环境，它由社会总结构和竞争性阶层的权力平衡所决定。因此，很少有学者承认中国经济史中的这种“双重限制”现象。

根据这种分析，许多关于中国政府角色和作用的观点都有待重新检验。例如，墨菲（Murphey 1954：357）和费正清（Fairbank 1965：38, 51）认为，仅仅是由于中国政府通过税收和政府垄断等手段进行常规性控制、压制和阻碍，商人无法在中国上升为一股独立的力量。这一观点是肤浅的，在世界历史上，商人阶层的兴起并
非是天赐之物而是战利品，政府力量是否有能力长期操控一个阶层 85
颇值得怀疑。传统中国，如果商人阶层偶尔胜利，那通常是伴随着拥有土地所有权和支配权农民的暂时失势，宋朝便是一个很好的例子。商人阶层最糟糕的敌人就是自由农，而不是政府。这也表明在中国，商人阶层如果要崛起，需要的不仅仅是国家政治的变革，而是一种中国社会结构的革命性变革。

对于中国的存续，比较恰当的说法是，社会并不需要一个强大而且独立的商人阶层，中国政府对商业化的态度并不真的是漠不关心，而只是关怀不足，仅仅是因为它试图为非职业的广大农民留下更多的市场份额，并且削弱商人阶层的力量。

2.3.6.3 对人口模式的影响

中国是人口过剩的一个经典案例。例如，埃里克 · L. 琼斯（Eric L. Jones 1969：1）认为，中国成了人口过剩恶性循环的牺牲品，中国长期从事自给自足和劳动密集型的农业，最终阻碍了中国发展。同样地，伊懋可认为（Elvin 1973：314）在随后的一些朝代中，增长的人口吞噬了技术所容许的剩余，高水平的人口-技术均衡陷阱阻碍了中国进一步发展。

人们普遍认为，中国广泛存在的宗族制度是人口危机的原因。然而，在追问宗族制的最终答案时，往往会指向中国文化、价值观和思维模式。但是这些价值观和思维模式又从何而来呢？儒家思想并没有指导中国人形成较大的家族。目前我们清楚的一点是，拥有土地所有权和支配权的自由农民本身是中国人口模式的最终成因。毫无疑问，所有权类型和人口增长之间的关键性联系是中国的土地平均继承制。一旦这种继承制得以确立，宗族生物的血缘关系成为小土地所有权和土地支配权的复制“基因”开始发挥作用。因此，只有在土地私人所有制下，血缘才对大部分中国人如此重要。反过来，社会上的多数人还是非常想在一个广泛的宗族内通过保留土地以存续所有权。因此，在很大程度上，中国的传统宗族、土地私人所有权以及平等的继承权制度作为自我实现机制一起发挥作用，具有清晰的、理性的经济动机。而相反，在封建制度下，血缘往往和控制土地的上层阶级相联系。

86 相应地，中国的婚姻行为也受到影响和制约。对于中国人来说，土地支配权或土地所有权是婚姻的前提，因此，中国男性结婚的“门槛”远远低于封建或半封建的欧洲和日本。日本下层阶级在考虑婚姻之前，必须要考虑自己的职业和收入，而不仅看是否拥有土地。中国常言道，“两亩地，一头牛，老婆孩子，热炕头”，可以把中国婚姻行为视作“土地中心主义”（land-centrocism）。最近一项基于中国法律和中国婚姻状况的研究显示，传统中国的“首次婚姻最大年龄”分别是男性30岁，女性20岁，“首次婚姻的最低年龄”分别是男性20岁，女性16岁（江晓原1995：42–43）。研究还表明，虽然存在一夫多妻制，但它主要在富裕阶层实行（江晓原1995：第2章）。鉴于中国男性和女性之间的性别平衡，几乎可以肯定的是，一夫多妻制是少数人为了维持基于土地所有者的耕种需要而采取的行为。换句话说，鉴于中国人口性别平衡的约束，自给自足的农民享有广泛的平等继承权，且拥有土地所有权和支配权，他们必须依赖一夫一妻制。否则，未婚单身男士，或大部分未婚单身男士，将由于没有子嗣而丧失土地。此外，特别是北宋以后，对寡妇贞节十分重视，杜绝寡妇的再婚或者任何形式的性生活，这成为一种控制出生率的有效手段（江晓原1995：132–141）。此外，道教性技巧的秘密和重点是有性交但不射精，可以说这是专为一夫多妻制的男性每天要服务于多个性伴侣而设计的（江晓原1995：47–58, 308–309），尽管其作用非常有限，但它作为男性避孕的一种有效手段而被采用。因此，决定中国人口增长的主要因素分别为结婚的低龄化和广泛的反独身思想，这两者都受到中国产权制度的“规范”。

和传统欧洲和日本相比，由于占中国人口大多数的土地拥有者坚持认为拥有土地就能永保家族长存，中国面临更大的、更长久的人口压力（Chao 1986：8–9, 11）。认为中国的文化价值和社会责任造就了中国人的婚姻行为，这种说法难以令人信服（Chao 1986：9, 30），欧洲人和日本人文化背景迥异，但婚姻模式却相似，这就更说明了这一点。

影响是多方面的。首先，作为占社会人口绝大多数的农民，只要他更喜欢大家庭，社会人口迟早会爆炸。其次，由于土地所有制的存

87 在，对中国的农民而言，有更多子女是一种自然的欲望和激励；对普通农户而言，更多的孩子是为了满足家庭耕种劳动力的供给和财产继承。事实上，养育子女是家庭在劳动投入和财产拥有上的一种投资。最后，对于拥有和支配土地的个人而言，养育子女通常被视为综合了保险政策和养老金计划，这便是（现在仍然是）养儿防老，字面意思是“养小孩以提供养老金”。所有这些问题和因素彼此强化。

中国传统家庭结构有一种共识，即年轻一代要自觉为老年人提供养老金。从以下两方面考虑，这其实是一种浪漫的想法：首先，制定法律来实施这种养老金的安排，意味着在传统社会中，年轻一代有逃避家庭责任的倾向。其次，普遍的做法是，家庭财产分割后，最年幼的儿子仍与年迈的父母一起居住，最年幼的儿子现在其实从家庭财产中又多分了一份。额外的一份财产使得他有义务向父母提供养老金，因此我们也可以这样认为，父母将最年幼的儿子视为“养老金人质”。一切进展都基于冷静的思考和周密的计算，所以这一养老安排并没有什么美妙可言。毕竟中国并非集体所有制的公社社会（communal society），而是一个私人土地所有制的社会。这从复杂的养老保险协议和养老金人质上可见一斑。

2.4 重农政府

可以把重农政府定义为“农业官僚国家”（Goldstone 1991：41）。根据芮玛丽（M. C Wright）的观点，传统中国政治的主要目标是农业生产者的安全，因为政府经费的大部分来自土地税。中国的经书和史书常把农业视作唯一的经济基础，因此它们一再重申和强调“歌颂农业”和“诋毁商业”的原则（Wright 1957：148）。费正清强调说，精英阶层发现他们的安全保障来自土地和官衙，并非贸易和工业。官僚阶层这种支持农业发展的观点是以商人阶层的发展为代价的（Fairbank 1965：51）。上述看法固然简单，但还是较为准确的。

2.4.1 重农主义的起源

保护农业的思想结晶是农本思想，它意味着重农或者农业原教旨主义（参见 Broadbent 1978：104; 赵克尧 1984; 郭文韬 1988：6; 阎守诚 1988）。这种重农思想的起源不晚于春秋时期（公元前 770—前 476），当时的九种思想流派都包含了这一观念：道家、阴阳家、 88
法家、名家、墨家、纵横家、杂家、农家和儒家。所有这些都直接或间接地认为农业的繁荣是政治体强大的前提（参见 Chen 1911：第 11 章）。

无疑，在重农思想哲学化，以及在灌输农业是中国最值得尊敬的经济活动的观点中，儒家思想扮演了重要角色（Chao 1986：106）。例如，在一部儒家经典中，重农思想体现为：

> 夫民之大事在农，上帝之粢盛于是乎出，民之蕃庶于是乎生，事之供给于是乎在，和协辑睦于是乎兴，财用蕃殖于是乎始，敦庬纯固于是乎成。
>
> （引自 Chen 1911：381）

儒家也灌输中国社会阶层的观点，认为农民的地位要高于从事其他工作的阶级，而商人阶层排在最后。有争议的是，儒家思想最多的是重农思想的理论渊源，反映了中国社会经济现实，因为儒家思想没有创造农业，也没有创造拥有土地和支配土地的农民。

意识形态有诸多方面。第一，把农业视为本业，或者说“根本性的职业”，优先保护经济中的农业部门，而其他部门由于和农业竞争劳动力、资本和其他要素，为了不削弱农业优势而受到限制（Twitchett 1968; Lau 1984：21）。第二，务农作为一种职业受到了极大的尊重，农民享有极大尊严：犹如管仲所观察到的那样，他们在社会中位列手工业者（工）、商人（商）之上（亦参见 Fairbank 1965：17–27; Mokyr 1990：230–231）。第三，鼓励和保护农业，以及扶农政策，成为统治机构所主张的主要的经济政策（1969：12）。

围绕这一“政策核心”，经常出台各种重农政策。（1）通过设定谷物最低价格，以及在丰收年收购余粮，李悝的政策便是一例；（2）保护私人土地所有权，如商鞅变法；（3）协助灌溉项目，例如桑弘羊的一些政策；（4）示范更新更好的技术，例如汉武帝实行的
89 政策；（5）饥荒救济，如汉昭帝的作为；（6）定期土地分配，例如
李安世提出的田地均分法和相应的政策。此外，“力田”是授予公民荣誉称号，以及豁免农民税收的标准（关于战国的情况，可参见商鞅《商君书 · 靳令》，以及战国《管子 · 山权数》；关于清代的情况，参见 Cheng Q，1865 第 9 卷：635）。此外，宋以后的做法是，说服不拥有土地所有权的个人和非学者的“边缘分子”，如工匠和商人等，买地融入主流。通常情况下，由于社会的阶级流动机制，这些“边缘分子”的子弟便会成为地主和 / 或学者，而不是跟随父亲的脚步。最后，为了表明和农民是同一身份，并为年轻的一代树立起最终的榜样，贵为“天子”的皇帝会在皇家农场亲自“耕种”也常有耳闻（季羡林 1955：54; Lee 1969：67，159；Merson 1989：12–13）。在这种背景下，重农思想在清以前一直都主导了政府的经济政策制定，这一点也不奇怪（Broadbent 1978：104; 赵克尧 1984; 阎守诚 1988）。中世纪欧洲，重农思想长期缺位，直到 18 世纪，重农思想作为东方的意识形态经魁奈（Quesnay）被引介到法国政治，重

农政府才得以短暂地出现（Waverick 1946; Schumpeter 1954）。因此，讨论重农思想的欧洲是不切题的。

关于扶持拥有土地所有权和支配权的小农场的所有措施中，最重要的是以下三条：（1）低税率；（2）谷物价格控制；（3）低息贷款，它主要用于帮助小农维持生产循环。以税率为例，从汉朝到唐朝，估计约为每户总产出的10%（参见附录G）。从宋到清，政府的税收收入平均而言仅仅占了总农业GDP的7.1%—9.3%，或者中国总的GDP的5%—7%（Feuerwerker 1984：299-300, 302）。鉴于中国农业部门能够生产四分之一的剩余（Feuerwerker 1984：299-300, 302），中国政府只获取剩余的三分之一。

人们可能会对这个数字产生争议，认为它只是一个正式的税率，而应当把非正式的赋税包括在内。毫无疑问，非正式的赋税不仅仅存在，有时它们还处于失控状态，并摧毁经济。但是正式的税收也同样会犯这样的错误。政策的波动很常见，过度寻租打击中国。然而，无论是儒家精英还是普通农民都把对农业课重税视为非重农的、非正统的和非正常的。虽然事情并不是那么绝对化，大部分情况下，重农主义最终得以流行，贯穿整个中国历史的每一次重大农民起义之后果佐证了这一点。

虽然，重农思想主导中国国家政治并不意味着非农活动没有任 90
何发展空间。相反，中国重农思想容许市场的存在，有时还允许它繁荣。例如，传统中国历史上最著名的历史学家司马迁（约公元前145或前135—？）认为贸易是社会所必需的，在其《史记》中，专门有一章来讨论市场活动（“食货志”）和商人传记，它成为朝代历史的撰写标准。当然，市场并不“自由”，为保护农业，市场受到调控，但是无论政府对一些国内贸易和大部分国际贸易的控制有多严厉，只要不影响农业，贸易和贸易扩张总能得其一席之地，至于职业商人是否对这种控制感到不适，那就另当别论了。在这一背景下，上述商人阶层的地位反映了该阶层在社会中的实际地位。学者们常常谴责中国政府“贬低商人阶层”。奇怪的是，鲜有学者谴责中国政府太尊崇农民，并与农民合作太多，好像农民得到这种优待是理所当然的。其实，对所有阶层都应一视同仁。

2.4.2 重农和民本思想

传统中国的重农思想得到了民本思想的支持，并与民本思想交织在一起，“民”的意思是“无组织和不确定性的农民群体”（Hall and Ames 1987：139），而“本”的意思是“基础”或“根基”。因此可以把民本翻译成“以人民为基础”（People as the Foundation）或者“以农民为基础”（the Peasantry as the Foundation）。

有意思的是，尽管儒家和道家在哲学和政治上存在差异，两边的学者都试图发现一条通向和谐社会之道，并强烈反对法家的专制政策，儒家和道家所提出的这种想法便是民本思想。秦朝法家带来社会经济灾难以后（贾谊，公元前200—前168），民本思想很好地根植于中国的政治思想中（参见 Chen 1911：77−79），这可以被视作中国文人的社会和政治意识的标记（刘泽华 1987）。

在老庄哲学或早期道家学说中，民本思想包含在其无为而治的框架中（字面的意思是：无须统治者的干预，秩序和平衡便能达成）。由于先秦政权严峻的法家彻底破产，汉朝早期，道家学说便
91 成了政府制定政策的指导思想。法家拒绝民本思想，秦为之付出了沉重的代价，成为中国历史上最短命的朝代（参见范文澜 1964 第2卷：50; 邵勤 1985：6; 孙长江 1986：618）。儒家学说后来受到青睐，是因为道家潜在的消极和无为而治的态度开始枯竭（参见班固第 56 卷；翦伯赞 1983：485−493）。相比而言，儒家学说更积

极，更克制，更功利。儒家学派也更为明确地阐释了民本思想（参见邵勤 1985）。传统儒家认为，人是天地之间最为宝贵的（张忠民 1987）。孟子明确阐述：（1）人民最为宝贵；（2）统治者必须赢得人民的支持；（3）赢得人民支持的最有效方法就是保证他们在歉收年份时不受饥馑之苦（英语译本。参见 Lau 1984：291, 145, 21）。孟子进一步主张，"保民而王"。

根据民本思想，政府的合法性实际上是有条件的：政府必须保证大众安居乐业，丰衣足食，因此心满意足（例如 Wong 1997：第 2 部分）。否则，君主就会失去上天的眷顾，叛乱将合情合理地成为社会失调的解药。世界历史上，中国可能比其他地方有更多的反对中央政府腐败的农民武装叛乱，从公元 1644—1721 年，中国发生了 176 次武装起义，平均每年多于两次（谢国桢 1956）。有时，这些暴乱会成功推翻所要推翻的王朝，包括秦、东汉和西汉、隋、元、明（金观涛、刘青峰 1984：115－119）。

中国是一个以拥有土地的自由农民为基础的社会，这个社会的另一面是独有的以叛乱来改朝换代的现象。相比之下，在中世纪欧洲或日本的封建制度下，并没有出现频繁的武装叛乱，大部分人受制于分权社会结构，通常带有鲜明的个人法律和经济约束。由于抱有"臣民之所属非我所有"的原则，这些社会既非必要也无可能设立户籍登记制度。在中世纪的欧洲，也没有必要组织大众武装叛乱来改变难以忍受的社会条件：因为可以用其他更加温和的方法来打破人身依附，例如从其主人或封建领主那儿逃离。因此，我们可以做出以下合理假定，即在欧洲，更多的农民或农奴更倾向于成为自由的资产阶级而不是参与暴乱，仅仅是因为参与暴乱的机会成本远远高于逃跑的机会成本。而且，在欧洲和日本的分权政治体制中，独立的小政治单位中存在的人身依附和这些小政治单位之间的经济

差异，使农村地区的被统治阶级很难组织任何军事行动。进而，中
92 世纪欧洲的独立城邦政治联盟中的自由民数量并不多，因此他们不
可能像中国的自由民那样发挥同样的作用。在日耳曼和斯拉夫的自
由团体中，成员没有必要进行叛乱，因为私人所有权的发展滞后阻
碍政治力量偏离公众利益（Engels 1942）。

统治者为了获得和维持合法性，当然就需要保护和鼓励农业来满足农民需求，这便是“民本”和“重农主义”之间的联系。总体上，重农主义和民本原则就证明和确认了传统中国社会中农业和农民的重要性，当然，它们也强化了农业的优势和农民的权利。

农本-民本范式的最佳例子可见于唐太宗的政策。唐太宗从其前朝——被叛乱所颠覆的隋朝（公元 581—618）——的暴政中吸取前车之鉴，恢复了固有的民本思想，并公开承认：（1）民养君，（2）民择君，（3）民贵于君。他的政策旨在构建统治者和人民之间的和谐关系，通过节制统治阶级和自由放任普通民众，减少或取消税收和徭役，保护和鼓励农业（刘泽华、张分田 1991：70–73），结果铸就了大唐的繁华与长治久安。

从上述分析中，不难理解所谓的“东方专制”用于解释中国情况时，是颇让人误解的。中国政府，包括君主、朝廷和官僚在内，并非上帝，也不可以为所欲为，因为中国的国家权力是数百万普通的自由农按照“天”的名义来授权委托的。“天”有胜过社会的超然力量。正如霍尔（Hall）和艾姆斯（Ames）指出的那样（1987：145），“在儒家传统中，‘天’或者我们通常理解的‘苍天’和‘民众’之间有密切的联系。天对民有悲悯之心：无论他们想要什么，天必倾力助之；天想民之所想；听民之所听。”

因此，不应将传统中国的政治制度解释为一种极权主义或专制主义，因为即便统治集团努力想这样做，它们也从未获得过这项

权力，传统中国完全受控的错误观念植根于中国复杂的官僚机器（Wittfogel 1957）；也不应该将传统中国的政治制度理解为一种上层阶级的民主，因为中国的制度缺乏政治平等。最恰当的说法是，中国建立并维持了一种相当于“柔性专制”（soft authoritarianism）的制度。

2.4.3 重农主义的决定因素 93

为何中国政府必须实行重农政策？为何不像欧洲 16 世纪和 17 世纪那样实行重商主义呢？这两个问题始终吸引着现代观察者。通常认为重农思想是由政府或上层阶级所创造的，从某种意义上讲，考虑到政策必须通过一些社会组织来制定和实施时，情况确实如此。然而，尽管政府有周期性的更替，这类政策始终如一，其中有一些还不是源于中国，好像有某只无形之手在控制整个过程。换句话讲，重农政府在中国出现并非偶然，而是缜密构思、有意为之的结果，以保护经济利益、提倡某种经济生活。对农业优势以及中国农民权利的分析，都表明中国的农业原教旨主义并非政府自由选择的结果，而是要想统治国家所“必须”做出的一种选择，就像重农和民本原则所呈现的那样。

这一看不见之手首先是社会结构，其次是儒家观念和疆域扩张。相反，17 和 18 世纪之前，欧洲已经发展出一套发达的金融制度，包括创造政府债券，并对年金投资予以担保，使之绝对安全可靠。欧洲的政府极大地拓展了它们在资本市场的作用，这是抵押市场出现的原因（Jones 1988：137）。而这些在中国都不存在，因此这意味着欧洲社会所创立的非农业选择减少了保护农业的必要性。

于是，问题就变成了：中国为何没有发现类似的选择？答案是中国社会未能提供强有力的激励来寻求任何替代性选择，是因为：

（1）中国社会独特地拥有土地所有权和支配权的小家庭的复制；（2）中国社会拥有土地所有权和支配权的农民是重农思想的主要决定因素。

从农民的角度看，重农主义和民本思想为公众提供了评判政府的社会经济政策的一把标尺，以确保这些政策不会成为空谈。一旦大部分人口的境遇变得更糟，那么首先就要谴责政府。弊政会让农民有充分的理由起来造反，改朝换代，因此中国政府不敢忽视占人口绝大多数的农民的利益。

从中国精英的角度看，农业关乎天下太平，他们充分意识到大规模农民武装叛乱的危害，意识到统治集团的管理不善会引发危机。汉朝历史学家从辉煌一时的秦朝衰落中吸取教训（Lee 1969：148），
94 认为中央政府在处理农民和农业问题上必须小心谨慎，因为只有睿智的统治者方能确保政权长治久安。如《淮南子》（刘安，公元前179—前122）所说，最佳的政策就是要确保老百姓丰衣足食："食者民之本也，民者国之本也，国者君之本也。"

从中国政府的角度看，主导中国人生活的农业和自由农这一事实衍生了重农政策。第一，农民是农业生产者，体现了农业的利益。第二，中国人口中农民占了压倒性的多数。第三，儒家教育的——文官制度为农民子弟成为官僚提供了通道，而且受法律鼓励。这进一步保证和强化了农民的利益：仅仅是出于农民家庭的自身利益，掌权的农民子弟也会更倾向于保护农民的利益。第四，如前所述，农业是政府收入、公共项目劳动力和国防军队的主要来源，因此农业是中国社会稳定的关键：它最终决定了中国社会的消亡和变迁。纵观中国历史，无论何时，因何原因，一方面，农业一旦受到干扰或者被削弱，社会失衡便会出现。要么是由于常备军弱化，国家被蛮族击败，因为常备军需要农业部门提供士兵和粮食；要么由

于农民不满，发生武装起义，导致政权从内部崩溃（对农业的干扰和王朝灭亡，参见 Wang 1936）。另一方面，农业越发达，国家便越强大，税收收入也越多，粮食和士兵的供给就越充足；国家越强大，蛮族和农民制造的麻烦也越少。很容易理解，为何古代中国把农业列入政治议程，并且中央政权对农业予以密切关注（Chen 1911：50, 55; 第 21, 26, 30–31 章）。因为对于任何王朝而言，处理农业和农民问题成为其生死攸关的大事，这意味着中国政府别无选择，非采用重农主义不可。显然，农民和农业是因，重农政府是果。

在这一点上，需要重新评估许多关于中国的假设，例如，依据主流观点，认为中国政府喜欢农业，讨厌商业活动，因此这阻碍了中国成为工业化国家（Perkins 1967：478）。这个看法貌似正确，但是当我们进一步追问中国政府为何必须如此这般抑制商人时（抑制商人的定义不同于抑制市场），最终原因可能是中国人的思维模式。这种论证忽略了公共选择的基础：社会并不是靠观念而活，而是靠 95
经济活动、投入、产出、投资和回报而活，而思维模式并不属于任何一种经济范畴。

2.4.4 重农主义的影响

2.4.4.1 强化农业优势

重农主义无疑强化了农业在经济中的优势，从帝国历史开始，“劝农”成为标准的经济政策来指导当权者。相应地，战国时期的秦国，力田成为授予公民荣誉头衔，以及免除农民税收的标准之一（参见《商君书·靳令》）。后来，汉惠帝时期（公元前 194—前 188 年在位）设立了“孝悌力田”制度，将其作为评选模范市民的标准，当选者可免除一切徭役（班固《汉书·惠帝传》），自此以后，一直到唐代，官僚选拔都保留了这种制度（徐松 1838/1984：17, 27）。

元代，年长和经验丰富的农夫被任命为“社长”，用于掌管50户人家的耕种与安全（郑自明 1938：202）。在大清律中，成功的农夫被提拔为八品官员以协助农业事务（Cheng Q.1865 第9卷：635；Lee 1969：117）。双季稻专家李英贵甚至可以接近康熙（康熙 1983）。另外也采用货币奖励，公元1828年，苏州府的地方官员甚至官方宴请和颁发银质奖牌给四位推广区种法（pit cultivation）的农民（陈祖规 1958：369）。

2.4.4.2 抑制职业商人的增长

重农政策的一个直接结果是歧视商人阶层的活动。虽然指出中国重农政府及其政策是限制传统中国缺乏资本主义发展的因素有一些武断，但重农政策肯定使得资本主义发展更为困难。这尤其反映在缺乏政府对商人保护制度，如商业法和保护市场的产权等支持的环境里，正如埃里克 · L. 琼斯（Eric L. Jones）所指出的那样，在中国“政治结构没有为农业以外的新经济活动构筑充分的法律基础”（1990：20）。

反对商人的态度是理性的，政策也是多样性的。首先，从技术角度而言，政府更容易从定居的农户那里征税及征募士兵，而不是
96 从流动的商户那里，中国历史上的官员反复强调这一点。换句话讲，就是在没有现代技术的情况下，监控商人的成本要远高于监控委身于土地的农民。这种更低的财政管理成本本身使得政府有足够的动机来保护农业。最终形成了自我实现的循环：因为对农业的征税成本更低，出于征税的目的，需要保护和鼓励农业。因此如墨菲（Murphey）观察后所做的评论（1954：358），“帝国的收入主要来自土地税和政府贸易垄断”，现代学者们趋向于忽略这种自我实现的历史动态。进而，与强势群体农民相比，政府在技术上更容易控制商人这一弱势群体。这同样是社会成本与收益的问题。

其次，按照中国人资源分配“零和博弈收益”的典型看法，商人被视为农民和政府资源的最大竞争者，这种“零和博弈”的观点在传统社会很自然，因为还没有一种合适的分析工具可用于经济收益度量或者对农业以外价值增值过程有一个清晰的认识［如古典经济学理论中用亚当·斯密的“贸易会计成本”（trade-accounting cost）和李嘉图的“贸易机会成本”（trade-opportunity cost）分析的那样］，这两者对于资本主义发展同样重要。相应地，商人之富裕也被视为以损害农民福利和政府收入为代价（傅筑夫、王毓瑚 1982：358; 韩连琪 1986：421）。不仅中国如此，法国亦如此，可以从法国弗朗西斯·魁奈（公元 1694—1774）倡导的重农学派得以体现，魁奈把商业完全排除在其投入产出表之外。由于中国人有权在农业和非农业之间自由择业（Chao 1986：2, 3, 5），一个潜在的威胁便是，经济中有利可图的行业会过多地把劳动力和资本从农业那里吸走。典型地，如汉朝时的谚语所说的那样，“用贫求富，农不如工，工不如商”（傅筑夫、王毓瑚 1982：358; 韩连琪 1986：421）。因此，政府通过种种手段来保护农业，包括避免农业的任何流失，并且把诸如工业和贸易其他部门导向有利于农业或至少不损害农业的方向。抑制商业阶层的过分成长只不过是社会工程的一部分罢了。

最后，就经验上而言，传统中国的百姓由成千上万拥有土地的小农构成，他们具有强烈的平等意识，拥有一种大同思想，他们患寡而不患贫。正是这个原因，政府贸易垄断也很少打扰农民。

2.4.4.3 技术发展偏向性 97

重农政府和农业崇拜有助于解释，为何技术的发展呈现出如此高度的选择性和如此清晰的农业偏向性。尽管事实证明，中国在许多领域具有高度的创造性，但是正如李约瑟书中（Needham 1954—1990）所揭示的那样，很多中国的创造发明在实现其全部潜力前就凋零了。

相反，在中国长期历史中，经常受到学者关注的为数不多的领域之一便是农业（Deng 1993a），这很大程度上是因为政府对农业的系统性促进和支持，在科学技术发展路径上，重农政府起到了过滤器和放大器的作用。因为存在一定程度的官僚一致性，这种人为的操控是可能实现的；而且各异的思想常被视为一种不安定因素，因此对于创新也持一种不鼓励的态度（Fairbank 1965：114）。在研究的“安全”领域，有用的结果视为一种美德。以技术书籍为例，农业书籍，甚至在社会动荡时期，在众多知识分子参与下由各级政府持续出版。结果是，当科学技术在中国后来的朝代中整体缓慢下来且停滞后，农业及其相关领域（例如水利和生产灌溉、运输、国内移民交通、食物分配）却并未随之减缓（Elvin 1973：298）。

当然，中国君主对技术进步常常是漠不关心的，令人毫不诧异的是，君主很大程度上是隐退于幕后的象征，而官僚则充当君主的马前卒，做那些包括日常行政管理和突发事件处理，以及鼓励技术进步等“脏活”。很多事情在当地和个人层面就得到了处理，并不涉及中央政府（Deng 1993a）。因此，君主之所以偷懒就是因为儒家官僚的努力工作。中国在农业领域所取得的技术进步大多是经私人之手获取的，或者是官僚和个体农民之间合作努力的结果。在这个意义上，莫基尔关于传统中国技术进步是由政府决定的说法并不正确（Mokyr 1990：第 9 章）。中国和欧洲的区别并不在于政府是否以及如何卷入其中，而在于在传统中国，发展是由赞成农业的特定社会经济结构决定的，从而偏袒农耕利益。中国政府是导致这种技术进步偏向性形成的重要一方。没有证据表明，传统中国任何历史阶段技术发展进程是由中国政府垄断的（参见 Deng 1993a, 1997）。因此
98 并不应过分强调政府作用的重要性，如莫基尔所秉持的代表性观点，即到 15 世纪为止，帝国政府在创造发明方面的作用远远不及其在中

世纪时期的作用，在促进技术发展方面，没有机构能够替代政府的作用（Mokyr 1990：238）。在中国，政府无法被替代，而在欧洲，技术变迁本质上纯粹是私人所致，它发生在分权的、政治竞争的环境中，具有长期的可持续性。

2.5 集权的政府

2.5.1 结构

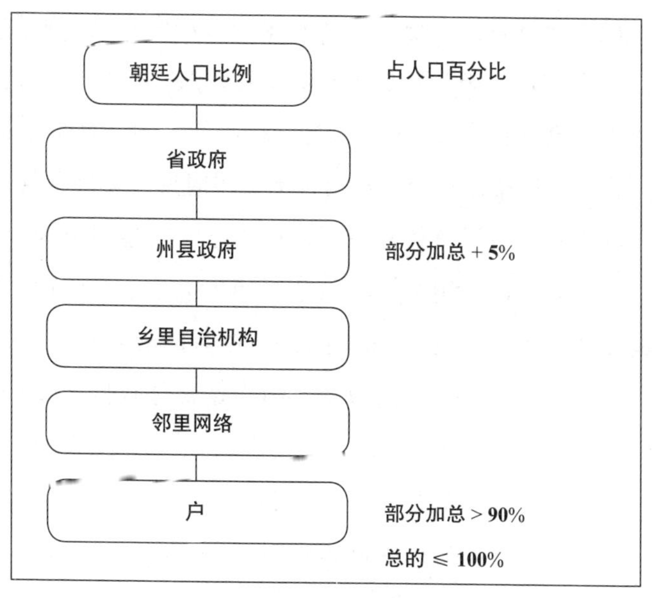

图 2.2　中国的管理结构

资料来源：基于 Chang 1955：第 1 章；Marsh 1961：13-15；Ho 1962；Mousnier 1971：256；Stover 1974：272；Feuerwerker 1976：48；Hsiao 1979：7；经君健 1981：53；吴慧 1984：64-66；Hucker 1985：1-96。

如图 2.2 所揭示的那样，中国政府以中央集权而著称。从数量上而言，即便是按照现代标准，官僚占总人口中的比例也是很低的。

99 但是至少从公元1000年起，这个官僚阶层却轻而易举地成功管理了一个庞大的约占人类五分之一至四分之一人口的国家。鉴于这一垂直结构是2000年来的管理框架，其高效的纪录令人印象深刻。

2.5.2 原因和起源

自秦朝以来，中国建立和维持高度集权化政治制度之原因，并不是由于中国的意识形态所致（儒家、法家、法家、道家、佛教等等）。例如，儒家除了一套行为规范并没有包含类似于宪法的规定，它也并不认为管理社会需要单一政治中心。相反，在孔子和孟子生活的时代，天下并没有统一，多元化的政治中心是一种常态。儒家把社会分成三六九等，并告知其职责。纵观中国历史，儒士们服务于同时共处的诸多政治中心，最好的例子便是三国时期（公元221—265）。此外，儒家在政治分权的日本德川时期也发挥了良好的作用，法家强调用强制手段来树立权威，可以把它的思想视为中央集权政治的指南。然而，强制主义者在中国历史上素未受欢迎，最为强制性的秦朝政权（公元前221—前206）维系的时间甚至不到一代人。至于道家和佛教，它们远离政治集权，通常导致自治政府或无政府状态。因此传统中国政治集权的建立和存续必定存在其他原因。

在中国建立和维持高度集权的政治制度，其主要原因既有内部诉讼仲裁的需要，也有抵御外敌入侵的军事需求。两者对于国家的存续都非常重要。第一点，正如前所述，在一个自由公民占大部分人口的社会，需要有解决争端的权威，这个权威能够超越个人的利益。所以，一个集权化的政府适合法律上自由公民的社会，这些公民在非个人的层面上相互松散地联系，彼此间并无人身依附关系。令人毫不惊讶的是，在现代社会，所有以自由公民为基础的社会都有集权的政治制度。基于同样的原因，现代社会的自由公民需要一种集权化的权威来作为可以超越个人利益的仲裁者，与此同时，也能够扮演一个保护

者的角色，用来保护个人福祉免遭社会内部的侵犯和外部侵略的掠
夺。相比较而言，如果一个社会大多数公民是不自由的，这样的任务
便可以由奴隶主或封建领主在其领地内完成。第二点，更为重要的
是，中国容易遭受外族的入侵。这不仅仅是由于东亚大陆的地形特
征，也由于这些游牧民族与中国散兵游勇式的农民相比更具有军事优
势，游牧民族对付中国农民犹如老鹰捉小鸡般易如反掌（参见翁独健
1990）。最近的研究也表明，与定居的中国农民相比，长城以外的游 100
牧民族的生活更易受到气候变化的影响，游牧民族只有靠掠夺才能在
恶劣的自然环境中生存下来（蓝勇 1996a; 高文德 1996）。

为了沿长城的北部边境建立一个永久性的防御系统，用“资本密集型”军事设施代替低素质的士兵，从长远看来，这被证实的确有效。确实，纵观全球史，长城证明了中国在历史上是一个多么独特的文明国家。中国的特殊性并不源于定居农耕社会和游牧社会之间的冲突——这种冲突在欧亚大陆非常普遍——而在于它有这种能力来建立和维持耗资如此巨大的系统，用以保护农耕绿洲。没有其他农耕社会能提供可与之匹敌的制度。同时，事实上中国长城和军队的建立和维护，也表明了其发挥人力和经济剩余方面比较优势之坚决性，两者都是农业成就的产物，来抵消凶残的游牧士兵。为了指挥这样一支农民军队，需要一个中央政府，因此中国坚守集权政府的终极原因就在于控制和拥有土地的自由农之存在。参照这一背景，考虑更为悠久的中国农耕历史，这种管理结构的原型可能是源自中国先民部落的某些军事组织。支撑这一观点的证据就是，那些中国先民部落的早期首领（像炎帝和黄帝）都是骁勇善战的军事首领（王献唐 1985）。

如果说长城和戍边将士使中华文明得以存续和扩张，那么为了显示（中央政府作为）指挥中心何其重要，当中国的指挥中心崩溃，以及长城之门洞开之时，游牧民族就轻而易举地占领领土。我们不

妨看一下这个事实，即作为满族精英的八旗子弟，其人口只有 2 万，而中国明朝人口大约是 5170 万（弘昼等 1735；梁方仲 1980：10），满族八旗人口和中国明朝人口之比是 0.0004 : 1，大约不到明朝官僚阶层与非官僚阶层比例 0.0526 : 1 的百分之一（Chang 1955：第 1 章；Marsh 1961：13－15, Ho 1962; Mousnier 1971：256; Feuerwerker 1976：48; Hsiao 1979：7; 经君健 1981：53; 吴慧 1984：64－66; Hucker 1985：1－96）。

大多数经济模型忽视了战争在塑造社会经济系统方面的功能，只是把战争视为外生的一个因素和经济系统所遭受的意外冲击而已。然而，不管人们是否喜欢：（1）战争是传统中国生活不可或缺的组成部分；（2）在整个中国历史中，战争在社会经济系统形成的每一步都扮演着重要角色。从很大程度上来说，中华文明的成功是适应
101 战争之成功。因此，应该把战争视为中国经济系统的一个内生因素，其在制度塑造中起到最具决定性的作用，原因在于“赢者通吃”的高回报性。

最后，民事纠纷会导致一个集权的政治结构，对日本德川幕府时期（公元 1603—1867）的研究已证实这一点。这一时期，建立了一种新的秩序（大致是内样大名与外样大名相抗衡，大名与德川将军主要通过参勤交代相抗衡）以减少不同利益集团之间的冲突，其最突出的便是参勤交代制度（如参见 Francks 1992：20—24）。德川幕府时期日本被命名为“集权封建制度”，这个术语看似自相矛盾，但又是事实。外国的入侵使得政府有动机建立强大的军队和强大的指挥中心，公元 1571 年鞑靼人从克列米尔（Cremea）入侵沙皇时期俄国之后的情况表明了这一点（Nove 1992：11），因此中国的经历并非个案。

2.5.3 决策中的弹性

然而，这种政治集权应理解为一种相对概念。费正清认为，在传统中国，所有的决策都是由朝廷做出的，这是一种夸张的说法。有证据表明，中华帝国的各级政府在决策方面具有相当程度的自治权，这种自治权用中国话讲就是“天高皇帝远”，它基于：（1）普遍的实践性规则和规范；（2）整齐划一的实施规则和规范的代理机构。

因此，中国政治体制下的决策程序只是有条件的集权，正常情况下，各个阶层日常公务中整齐划一的儒士们，遵循国家法律和儒家教条，进行高度本土化的决策，顶层的干预最少（金观涛、刘青峰 1984：28－29；也参见郑自明 1938）。确实，儒家教育和皇室官僚聘用制度保证了这种决策过程的本土化和简单化，以便直接解决社会问题，而无须朝廷来管。实际上，犹如中国历史和地方志所记载的那样，中央政府鼓励地方的积极性：地方官员的积极性和德行会被上奏和表扬。这就解释了中国官员在经营其关系时，不仅自上而下尊卑有序，而且和同一级别其他地区的官僚相互合作。清朝的一些高级官员，像左宗棠（公元 1812—1885）以及李鸿章（公元 1823—1901）甚至经常性地向家庭成员，特别是父母、兄弟报告和咨询管理建议（左宗棠 1994；李鸿章 1994）。左宗棠是一位颇有影响力的朝廷官员，公元 1862 年被任命为闽浙总督兼兵部尚书，并被授 102
予太子少保二等爵（吕宗力 1994：104, 636；也参见 Hummel 1967），李鸿章（绰号“东方俾斯麦”）是洋务运动的领袖，公元 1868 年左右到达其事业巅峰，官拜湖广总督、协办大学士，并加封为太子太保一等侯，这种爵位是颁给极少数功勋卓著官员的荣誉头衔。

严格的中央集权只适用于军队，毕竟，中国的官员们是一群更倾向于在政治以及管理方面标新立异获得功绩的精英，而非盲目抄袭其他人，包括朝廷（杨志玖 1992；唐进、郑川水 1993；田兆阳

1994; 张耀南等 1995)。

中央政府总体上只起监督作用。人们普遍认为秦始皇本人因为不信任下属，过度参与帝国的所有政务，过劳而死。毫无疑问，儒家学说在运转像中国这样巨大之国家具有其低成本优势。

这种灵活性事关国家生死，由于并没有严格的贵族体系，中国的广大民众在某种程度上并未依附于特权阶级而失去人身自由。他们享有一些基本权利，并且很多人受过军事训练。如果这些权利受到长时间大程度的侵犯，起义便会爆发。中国这种中央集权式的政府结构在降低社会组织成本方面有其优势，但也有其劣势：政府的任意一个决议都会在很大程度上影响寻常百姓的生活。如果不满情绪广泛扩散，农民会集体抗议。如果政府机构仍无动于衷并停止错误决策，地方武装起义就会接踵而至。如果政府机构在政策方面无任何显著的改进迹象，叛乱便会扩散乃至颠覆该非重农政权。尽管无论从何种意义上讲，中国农民要成为一种革命力量尚有较大差距，但是中国的农民是无法被收买的：暴乱一般基于狭隘的小农利益，并旨在停止非重农提案。所以，保持一定程度的地方灵活性对于避免帝国不同地区的同步的不满情绪极为重要，以便降低起义的可能性。

有证据显示，从长远角度看，真正的危险并非中国行政机构更
103 迭或是对商人阶层的趋炎附势，而是对商业化的过度反应，这可能是因为很难在过度作为或不作为之间取得平衡。在传统中国，为了安抚强大的农民，在政治上对商人阶层过度反应会更加安全一些。

2.5.4 中国的性质

中国的官僚政治常常被冠以“集权政权”(totalitarian regime)的标签，魏特夫（K. A. Wittfogel）的著作典型地反映出这一点。魏特夫提炼了“亚细亚生产模式”，该理论基于一个所谓的“水利农业

导致中央集权”的假设因果关系，而在中国应用这种模型存在两方面的问题。

2.5.4.1 缺乏灌溉，或者缺乏对灌溉的控制

至少按照“水利农业导致中央集权”的标准，中国农业灌溉的匮乏，在空间以及时间上的定量证据皆可证明。

在空间上，可以用以下实例证明这种匮乏：

（1）在中国，直到公元1930年，依然有一半的农业用地根本没有被灌溉。

（2）而另外一半中，只有三分之二左右得到了合理的灌溉，约占40%或更多。华北的农业，长期以来不是依靠河水灌溉，而是依赖季风的雨水进行浇灌（Ho 1969）。根据卜凯（Buck）的调查，截至20世纪30年代，长江以北的大部分农业地区，灌溉面积仅占总面积的9%或者更少（Buck 1937：187）。华南确实水网密布，然而灌溉却存在明显的地域限制以及规模限制。因此，皇室要定期举行祈雨这种宗教仪式，以期能得到丰沛的雨量而获得好收成，但是灌溉中并没有采用这种仪式，这种情况详见如下表格（数据基于Buck 1937: 187）：

	地域总面积 I	灌溉总面积 II	灌溉率为40%—100% III	灌溉率为80%—100% IV
比例			III : III	IV : III
子百分比			100%	21.5%
比例		II : II	III : II	IV : II
子百分比		100%	68.4%	14.7%
比例	I : I	II : I	III : I	IV : II
百分比	100%	50.7%	34.7%	7.5%

所以，灌溉农业并不像有人所断言的那样是中国农业的典型特 104

征。中国农业最多是灌溉农业和干燥农业各占一半的混合型农业。据各种史料记载，这种情况从晚唐之后一直持续了 1000 年。

从空间角度上看，中国的灌溉农业以小规模占主导。这种中国北方利用井水的小规模灌溉模式已经被考古证据所证实（杨升南 1992：177–178）。截至 20 世纪 30 年代，其 80% 以上耕地得到灌溉的“高度灌溉区域”，仅占总灌溉面积的 14.7%，占中国农业总面积的 7.5%，散布于江陵江、长江、澜沧江、乌江、香江、闽江、珠江、汉江沿岸以及鄱阳湖周围（Buck 1937：187）。毕竟，中国近来也没有全国范围内一体化的灌溉系统或工程，而那个备受关注的“南水北调”工程则亟待实施（郭强 1979）。总而言之，近代中国，精英们更多关注于治水而不是灌溉（宋希尚 1954）。从长远来看，在资源分配上唯一称得上是国家级工程的项目就是长城，一个抵御北方游牧民族侵略的永久防线，以及京杭大运河，一条连接南北的运输大动脉，但这和灌溉以及水利关系都不大。

从时间角度上看，中国南部虽水网密布，但从公元前 221 年中国政权统一算起至少 1000 多年时间内被视为边缘地带（Bray 1983：9–15; 1984）。显然，如果中国确实存在“中央集权”的话，那么它在跨区域灌溉实施很久之前就应该已经确立了。

而最重要的是，大部分灌溉网络是由私人建造和维护的（对于四川的情况，可以参见蓝勇 1996b），所以毫不令人奇怪的是，中国历史上没有一个统治者的名字和什么伟大的灌溉工程联系在一起。如果真像亚细亚假设所说的那样，灌溉系统及其控制对于建立合法政权如此重要的话，中国历史上的 386 位帝王（根据官方记录，从公元前 21 世纪到公元 1911 年，一共是 146 个君主，240 位皇帝；参见《辞海》1989：2345–2406）一定会利用一切可能的机会进行投资，以便把自己的名字与其联系在一起流芳百世。即便缺乏这种机会的话，他们也一定会创造机会，抑或直接篡改历史以达目的。而帝王们并没有这方面的努力，这证明了灌溉系统与统治力量的联系之弱。而与此最接近的是传说中夏朝时期的国王禹，他是一位有能力的农业管理者，在中国干旱农业地区领导了其子民与黄河中上游的持续水患做斗争，这场运动被称为“大禹治水”（范文澜 1964：93－94; Lee 1969：35－43, 46）。现代科学技术研究表明，在 105
大禹那个时代出现长期水患的可能性是很低的，而那些所谓的控制洪水的工程实际上是天然的而不是人工的（马宗申 1982）。即使我们把大禹算作一位主导灌溉的帝王，他也仅占全部掌权者中微不足道的 0.26%，这比例不足以定性为一个现象。从大禹开始，中国政权采取了两个涉及国家级工程的政策，但没有一个和灌溉有关：（1）调查河道并绘制出水文示意图，即《禹记图》；（2）被称之为灾害管理的灾害控制政策，而不是灌溉政策。（Needham 1959：图 226；曹婉如 1987; Wong 1997：第二部分）

从科学和技术而言，除了稻田管理之外，传统中国鲜有学者论述河流灌溉以及大规模灌溉工程。与之形成对比的是，大量有关农业的论述表明，统治者以及文人们十分关心稻谷品种、耕种技术以及相应的推广。问题在于，政府对耕种领域的控制微乎其微，而不像灌溉领域，政府或多或少还能控制。从逻辑上讲，根据“水利决定论”，掌权者不应该放弃对水资源的控制（Deng 1993a）。然而传统中国并不是一个荒芜的小岛，由一个中央来控制水资源既不必要也不可行。证据同时表明，当中国政府对水利工程进行投资时，这些工程并不以国有企业的形式运营，而是交给地方社区维护和管理，由“拥有土地”的乡绅（Feuerwerker 1984：131－134）。如果水利控制是建立“水利农业以及集权政府”范式之必要因素，那么中国政府必定没有意愿利用其人口优势。对亚细亚模型最有利的驳斥就是，中国的灌溉工程高度地域化，并非中央统一控制。

从整体上看，中国算不上一个水利大国，大大逊色于二战前的日本（Francks 1992：第 7 章）。水利决定论者最后求助于将京杭大运河算作水利大国证据，然而帝制建立时间以及大运河的建造时间的不匹配反驳了这一观点。令人诧异的是，大运河的建造滞后于帝制建立长达 800 年之久，这表明京杭大运河与中国政体结构的形成毫不相干。考虑到从隋朝（公元 581—618）开始，中国北方的粮食供给大量依赖于南方征缴粮食的输出，运河的功能仅仅表明中国政治力量对小农经济的依赖并非其他方面。所谓的“水利农业—集权政治”这一因果论在中国完全与事实相违背，更不用说它对地理决定论毫无掩饰的偏见。

106 2.5.4.2 缺乏整体控制

在资本、土地、劳力和水资源等领域，中国历史上任何时候从未有过整体的，抑或接近整体的控制。与此形成鲜明对照的是，大量著作认为除了民事纠纷仲裁和国防领域外，中国经常忍受政府管理的软弱无能和政策的不到位，这种情况在后面几个王朝尤为严重（例如，参见 Wright, M. 1957; Feuerwerker 1984）。这恰恰便是李光耀先生将中国的价值以及结构定义为“社群主义”（communitarian）的原因（Huntington 1996：108），它类似于托尼斯（Tonnis）的“礼俗社会”（gemeinschaft）。

更重要的是，从汉朝到清朝，政府税收仅占农业总产值的 7.1%—10%（见附件 G；也可参见 Feuerwerker 1984：299-300，302），其中绝大部分留在了个人手中。结果导致官僚体制和军队建设总是经费不足（Wong 1997：第 6，10 章）。这种税率也因此限制了中国政权从经济中谋取更多财政收入的权力与能力，这无法用集权主义假说来解释。

对中国政权更为准确的定义应该是“柔性专制”（soft authoritarian）：不民主但也不集权。对传统中国而言，集权控制仅仅是表面现象。帝国的官僚体制不是以军队独裁体制形式存在，而是以一种文官管理形式存在，它由经受儒学训练的“文化相同”的官僚所控制。这种文官政府的本质可从以下事实看出：中国人竭力贬低用暴力取得国家政权的武夫阶层，并且总是让武夫阶层将权力交给受过良好教育的职业管理者，尽管在早期的朝代周期性领土扩张运动中，中国军队立下赫赫战功（Fairbank 1983：68–69）。费正清称这种悖论为独特的“中国式军国主义”，以便把这种非封建军队传统与欧洲以及日本的军国主义区别开。这种对军队政权的忌讳根源于中国社会经济结构的本质，以及经济管理的需要。显而易见，没有这种对军权政府的忌讳，集权的文官政府结构必然在很久以前就被封建政府所取代了。

令那些接受西方民主传统教育的学者们感到困惑的是，中国制度中存在的表面一致性以及高度同质化。尽管两者都可以带来效率，一致性以及同质化从定义上说是不同的，前者是一种纳粹—苏联的形式，而后者是中国—德川的日本形式。尽管中国的同质化和德川日本式的同质化也有明显的区别：前者是以文化或者学识为基础，
后者则是以种族为基础（参见 Minami 1986：3–9）。这就是为何西 107
方观察者认为，中国只是一个貌似国家的文明体，而日本是一个真正称得上国家的文明体（Huntington 1996：44）。

中华帝国便是建立在同质性上的，这个性质在很大程度上是儒家思想调节行为的结果。中国的管理效率来源于统治阶层模糊的宏观控制以及底层临时的微观自治的结合。这说明了中国的官僚体制为何可以对社会各层次问题以及需要做出快速反应，同时又不牵扯到朝廷。所以，其高效的秘诀在于制度的灵活性而不在于凝聚力。毫不令人奇怪的是，中国人在公元前所发明的这套官僚制度首先被

移植到传统东亚国家（朝鲜、越南和日本），进而到现代西欧（大英帝国），逐渐传遍世界。

2.5.4.3 主动性的缺乏

有很多研究已经揭示中国中央集权治理结构的任务。费维凯提出了一个清晰的框架，中国人期待政府通过立法以及司法行为，使国家和社会能抵御外族入侵、平定内部叛乱、维持社会秩序以及影响经济运行（Feuerwerker 1976：69）。

除这些任务之外，中国政府并没有什么主动性。这是因为相信传统中国经济接近于一种“政府治理不足”：基础设施的改善仅够支持一种长期的、平衡的、非集约型增长（Jones 1988：141－142）。或者说，中国从未设法从政府方面产生“原动力”来开启可持续的市场导向型增长。这种僵化模式源于农业以及农民阶级所处的统治地位，国家很难摆脱这种既定的轨迹。

2.5.5 集权政治体制的影响

集权的政治结构明显有助于缔造帝国，中华帝国格外悠久的历史便是这方面的一个明证。

在中国式的集权管理模式下，中国取得了显著的进步，Mokyr认为在这种中国式体制下，对之感兴趣和开明的帝王们实际上是鼓励技术进步的（Mokyr 1990：231）。就以运输技术为例，中国所取得的成就降低了主要经济区域之间大宗商品长距离运输的成本，尤
108 其是南北运输的成本。天堑变通途，相互隔绝的水系被贯通，海运也得到发展，新的边境也随中国日益发展的贸易活动而打开。这些无疑为全国范围的市场打下了基础。到明代中期，中国已拥有 28 个国家级快速通道，53 个省级主干道以及 120 个水陆交通枢纽（杨正泰 1994），其他的例子有农学、天文学、武器发展等等（参见

Needham 1954—1994; Deng 1993a)。然而有一些人却认为，集权政府所带来的诸多科技发展的好处被其反商业的政策抵消殆尽，所以政府对这种进步的影响从总体上看可能是中性的。

中国政治的主要消极影响就是，很大程度上消除了亚洲大陆上的政治竞争。因此，中国“不大可能利用中国创造力的优势，来推动新的社会制度”（Merson 1989），其原因关键在于中国独特的社会经济环境。相比之下，自罗马帝国陨落之后，欧洲大陆这种政治斗争便层出不穷。以城邦现象为例，这些体系主要产生于农村封建系统之外，并根据自身利益成为政治中心。欧洲封建体制分散的特性也意味着，以城市为基础的商人阶级可以使自己的法律以及金融实践形式化，而不必服从于一个像中国那样拥有综合和统一力量的政治制度（Murphey 1954：351; 参见 Elvin 1973：177）。

传统中国城市是另一种情况，它们的兴起首先或者说最主要的是作为管理中心，大部分城市是由“乡绅阶层”（gentry class）所管理。“乡绅阶层”是一个欧洲式的术语，其实际含义是“官僚阶层和准官僚阶层”。中国城镇的政治化，以及其相对的地理隔绝，阻碍了广泛的对外贸易，并使其与欧洲模式的城邦所需的条件背道而驰。

而且，反动统治者不仅存在于中国，“也同样存在于欧洲，然而因为无人能够控制整个大陆，所以他们仅仅使得经济重心从一个地方转移到另一个地方罢了”（Mokyr 1990：231）。所以应是中国的政治结构而不是其统治者担负起中央控制的结果。

2.6 儒家思想

儒家思想被视作中国各阶层人民为人处世的核心，同时也扮演着帝国政府管理国家的指导方针的角色，这两个角色是互相啮合的。 109

因此，要仔细考量这种哲学。从这种角度看，儒家学说包含了“道”“天”“仁”“礼”“德”一整套教义。

2.6.1 儒家学说以及其应用

2.6.1.1 道和天

在中国学研究领域，“道”普遍被认为与道家思想联系在一起。然而道的概念在儒家思想形成中扮演关键角色。首先，孔子和他的学生认为《易经》当列群经之首，这部经典的创作时间不晚于公元前11世纪，比孔子出生早了约5个世纪。其次，孔子亲自为《易经》做注解以赞扬这部经书。如八卦或六十四卦中阐释的那样，《易经》的本质在于承认了宇宙秩序的存在，以其固有的“自然法则”控制自然与社会关系，以及社会内部团体之间的关系。

此后的汉代，当时一位主要的儒家学者董仲舒，发明了一种巧妙的框架来削减皇权，这种框架将“天”置于所有统治者之上。董撰写了《春秋繁露》——“春秋之法：以人随君，以君随天。”（董仲舒《春秋繁露·玉杯》）以及“故其德足以安乐民者，天予之；其恶足以贼害民者，天夺之”（同上：《尧舜不擅移、汤武不专杀》篇）。除此之外，董仲舒声明“天不变道亦不变”（辞海编辑委员会1980，哲学卷：173），深刻地指出了儒家学说永恒的本质以及儒士在社会生活中的不可替代性。在董仲舒之后，“天”和“道”成为阐释中国政治行为的准则。

儒士总结了两条基本原则。其一，天意独立于君主意愿而存在，用荀况（公元前313—前238，《天伦》篇）的话来说就是：“天行有常，不为尧存，不为桀亡。”其二，阐释天意的权利被儒家文人垄
110 断。因此，中国人的行为，包括帝王的行为，都受到儒士的控制。从汉代开始，如果中国的帝王不想失去权利的话，就必须接受“道”

为他们安排的社会角色，他们并没有随意管理国家的自由（Chen 1911：62; Yang 1961; Huang 1981）。

儒士以其所拥有之“道”获得天授之权力是有效的，儒士不仅仅对于教化王子公主有义不容辞的责任，对于确保皇室下一代成为儒士，而且，受儒家思想教化的帝王必须恪守赋予其职责也有责任。唐朝缔造者之一唐太宗曾说过：“得士则常，失人则乱。”（徐松 1838/1984：22）他甚至写了一部名为《帝范》的书，系统性地指导其后代遵照儒家准则妥善治国。该书共十二篇，涵盖了治理帝国的全部重要方面：（1）《君体》篇；（2）《建亲》篇；（3）《求贤》篇；（4）《审官》篇；（5）《纳谏》篇；（6）《去谗》篇；（7）《诫盈》篇；（8）《崇俭》篇；（9）《赏罚》篇；（10）《务农》篇；（11）《阅武》篇；（12）《崇文》篇。明太祖延续这一模式写下了《资世通训》（梁吉充、王玉林 1995：50）。

因为“天”和“道”这两条准则，儒士和帝王的关系是双方的：政治上儒士地位较低，是帝王的臣民；而道德以及学识上，他们地位较高，既是帝王之师亦是谏士，帝王并没有统治国家的自由意志（Chen 1911：62; Yang 1961; Huang 1981）。

2.6.1.2 圣人之仁

“仁”是早期“敬天保民”思想的产物（范文澜 1964，第 1 卷：150－152; Hsiao 1979：101－108）。“仁”体现了人们作为人的尊严和价值，以及社会的和谐。孔子在他的《论语》中上百次地提到“仁”，并解释说“仁”意味着珍惜并关爱彼此（“仁者爱人”出自《论语 · 颜渊》）。“仁”也是文明的本质：“人者仁也。”

其后，韩愈（公元 768—824）在他的《原道》中写道：“博爱谓
之仁。”南宋，新儒学的创始人朱熹（公元 1130—1200）（Needham 111
1962：496－505, 557－580; Tu 1974）认为人和动物的根本区别在于

人有“仁义礼智”（参见朱熹：第4卷）。而这些品德中，朱熹认为“仁”最为重要。

那么，何为仁？仁可以用很多词语来阐释，其中最流行的是“仁慈”和“爱”（参见 Hall and Ames 1987：112）。根据这些翻译，仁是一种情感，而这种情感的发出者是统治者。然而就统治者而言，这些解释并没有很好地反映出仁的本质。有一个极端的例子将“仁”翻译成了真实的“人格”（参见 C. J. Smith 1991：35），这种翻译完全无视“仁”作为统治集团行为规范的意图，而不是针对被统治阶级的行为规范。特别是，这种翻译无法反映出儒家担心权力腐败导致管理中的民心向背的危险。孔子认为统治者应当以“仁”为最高标准，对被统治者惺惺相惜，而不应该草率统治抑或压迫百姓。孔子认为政府不应阻碍经济发展，而应该通过各种手段扶持经济，他在《论语》中说统治者应当“使民以时”（同上：《学而》篇），并应当“富之”。他同时告诫统治者“薄赋敛则民富”（同上：《先进》篇）。荀况将仁的概念加以阐释，并将之和完美的人类社会以及终极的平等联系在一起（参见 Ho 1962：8）。之后，另一个主要的儒家学者，汉代的董仲舒（公元前179—前104）谴责了先秦统治者的暴政，并呼吁重建仁政（董仲舒《春秋繁露·执贽》，也参见班固《汉书·董仲舒传》）。同时，他还建议政府限制土地兼并，减轻赋税薄徭役。何炳棣教授指出（Ho 1962 ：5）：“事实上，对孔子思想体系做整体分析，可以明显看出他认为基于智慧仁爱的治理是仁政的基础。”

孔子认为，“仁政”概念直接衍生自“仁”，是其思想流派的政治纲领（Hsiao 1979：第2–3章）。孔子也认为仁政需要确保百姓有足够的食物（Chen 1911：50, 307, 382–383; 辛立 1987：90–91）。对于儒家而言，“足食”极为重要，是民之根基。作为实现孔子思想的方法，原则上是欲先教化之必先富之（Hsiao 1979：110）。管子在其《管子》中也有类似的说法：“仓廪实而知礼节，衣食足而知荣辱。”（也参见 Rickett 1985：52）孟子后来也保留了这种思想（参见 Lau 1984：7）。

从上文可以得知，尽管“仁”总体上是一种类似于“仁慈” 112
“爱”的事物，其实主要是为了约束当局者的行为，教导他们更好地服务社会，使之与大众更为切合。基于这一背景，正如孟子所说，“仁，人心也”（战国时期，《孟子·告子》)，仁所要求的是一个可以代表和保护普通百姓利益之政府。因此，政府可以做到休味民情，而不是煽动情绪。根据仁的标准，当权者应该有圣人一样的举止，而在中国文化中，圣贤最为重要的品质正是能够理解、帮助人民。到目前为止，对于仁最好的翻译是“权威者的仁慈”（authoritative humanity）。但是在此翻译中，“权威者”（authoritative）一词并没有表现出作为当权者所需要的品质。因此，为了能够表现出中国社会中当权者所需要的品质，“仁”一词更应翻译为“洞察民情，体恤民苦，为善而助之”，“东方式圣贤的仁慈”或“圣贤式的仁慈”。

但是与当局者面对面的是谁呢？正如我所阐述的那样，他们中的大多数是自由农，或者用法律术语表述是自由人。不可否认，儒家仁的思想基础和前提是一个自由人的社会。德川明治时代封建制度下的日本正是一个有效的检验。日本将儒家思想的“忠”从其他如“仁”“智”的品质中独立出来，从而剥去了其思想中人性的本质部分。在封建社会中，去理解普通人的困难并表现出圣人一般的仁慈是不合时宜的。而日本这种明显错误版本的“儒家思想”正揭示出古代中国和日本社会形态最为重要的不同。日本故意使用日本形态的儒家思想是为了封建制度的利益。

正如孟子所说“苛政猛于虎”，儒家思想中最大的政治忌讳就是专制统治。大量的证据表明孔子和孟子对专制持批判态度，而他们相信“仁”可用作检验专制和管理不善的一种道德手段。根据孔子的说法（Ronan 1978：79）：

> 政府的真正目标……是全体人民的福利和幸福，它并不来自严苛的专制法律，而是缘于公认的优良的且认同自然法则的微妙的习俗管理。

荀况则更加直白地说：即使某人是当权者的后代，如果他不遵守合适的行为准则，也应当被贬为庶民（参见 Ho 1962：7）。

意识到政府权力的孤立所带来的危险，儒家思想警告当权者，
113 如果实行暴政，将遭受不可避免的后果，这便是仁之全部意图。因此，儒家思想的“仁”不是徒有虚表的辞藻，它在非民主社会中起到了意识形态管理者的作用。它使得当权者清楚地认识到谁是真正的社会主宰——是普通民众而非帝王将相。因此，实施仁政并非统治者赠予大众的恩惠，实为政权生存必需而为之。儒家思想只是承认而并非创造了这一关系。

仁对于统治者和被统治者皆为有力之工具：它是普通人利益和中央集权目标之间的关键纽带，亦是评价政府表现的标准，这一标准为社会各阶层普遍接受。所以，“仁”的教义根本上反映了中国社会一直存在的困境：为了获得法律、秩序和其他公共产品，土地所有者必须赋予政府权力，而这种权力会很容易使其趋于与大众孤立。鉴于统治者能意识到其“保民”的职责，对于统治者而言，道德规范提供了一种积极抑制。如果统治者并非圣贤，暴动就是一种消极抑制。正如荀子的政治格言所述：“君者舟也；庶人者水也，水则载舟，亦能覆舟。”（荀况，《荀子·王制》）另外一句中国古话的表述更为直截了当：官逼民反。如果统治者十恶不赦，给百姓带来灾难，上

天就会夺取其统治的权力。儒家把武装反抗视为一种正义，因为它是一种借助武力使社会重新恢复秩序的方法（Mousnier 1971：240）。

孔子“仁”的思想紧紧抓住了中国社会的本质，没有任何其他中文概念可与之匹敌。在传统中国，政府与普通市民的关系是复杂的：从微观短期角度看，对于个人或者弱势群体来说，政府有压倒一切的专制权力；而从宏观长远的角度看，政府力量是一个因变量，是仁慈的。另外，在微观而短期的角度，个体和小团体是没有权力的，对于国家政治并无影响力；但从宏观长远的角度看，全体普通人是国家政治的决定因素。因此，为了了解中国国家与其普通民众之间的关系，非常关键的一点就是将微观和宏观层面、短期和长期角度分开来考虑。尽管现代的个体选民不太会有丧失权力的错觉，但在很大程度上，这种悖论也一样存在于现代民主社会。中国的统治者必须实行“仁”，因为他们在占有土地的自由农和中央集权的共生关系中并没有多少别的选择余地。

2.6.1.3 礼 114

在仁的基础上，孔子及其学派特别关注“礼”，“礼”常常被翻译成仪式（rites）或礼仪（etiquette）。仪式本身是实现社会秩序稳定目标的途径。正如荀况所说：“礼义不行，教化不成，仁者绌约，天下冥冥，行全刺之，诸侯大倾。”（荀况，《荀子》，《尧问》篇）因此，应该把儒家的“礼”定义为“礼制”。春秋战国时期（公元前770—前476），孔子以恢复周礼为己任，在《论语·颜渊》中，将其简化为：非礼勿视，非礼勿听，非礼勿言，非礼勿动；一日克己复礼，天下归仁焉。

礼与仁相辅相成，仁是帝王与官员，统治者与被统治者，长者与少者之间社会关系中最理想的品质和标准，而礼则是这种关系的状态（吴予敏 1988：第4章）。这解释了2000多年来，儒家将《礼记》视为必不可少的经典之一的原因。因此，对于礼的更好解释是“和谐的社会秩序”。毋庸置疑，礼是其社会等级制度的表现形式，因此它也经常导致对中华文明的种种误读。

2.6.1.4 德

另外，孔子认为建立和保持“礼”或社会秩序的最好方式是以“德”而非诉诸武力来教化民众，通过减少各种民众纷争来保持社会的和谐和安定。儒家思想认为德性的正直与美德（德）是通过修身、齐家、治国、平天下四个阶段环环相扣来实现“和谐社会秩序”（礼）和“圣者仁慈”（仁）。显然，儒家思想原来就是为了规范和调节帝王、官僚和普通人在内的各种人的行为而设计和实施的。

在与其他思想学派相比时，儒家思想的本色显得更为鲜明。法家认为统治者没有必要关心群众或者向大众妥协，统治者的利益是
115 社会的唯一目的，而统治者的权力应该是绝对的。因此，为了保持良好的社会秩序，应该运用法律和严厉的惩罚，法和法治仅仅是统治者意愿的体现罢了。法律在法家手里就是绝对专制和非人道，它所代表的政治哲学与儒家仁（圣人之仁慈）的思想完全对立。法家的态度恰好可归为“东方专制”的范畴。作为伟大的法家统治者，秦始皇的失败说明，中国无法长期实行法家的那一套方法；法家的政权是极其短命和微不足道的，只占中华帝国历史跨度的 1%—2%。当然，由于缺少独立的立法和执法这两个关键条件，中国实际上并没有实行过“法治”。即便如此，中国依然与“东方专制”模式格格不入，仅仅是普及了儒家仁的思想，所以在中国，世事并非泾渭分明，而多为模棱两可。

当代观察者总是问，传统中国为何如此缺乏法律，如果我们理解了秦朝的命运和儒家思想代替法家的历史原因，成文法律缺少的原因也就一目了然了。一方面，首先，法家政权灾难性的结果让法治和法

律声名狼藉。其次，儒家的道、天、人、礼、德的思想已足以维护社会秩序。再者，中国社会显然并不存在像现代西方社会那样的机制来实施法治，因为中国并没有独立的农民机构来评价政府的所作所为。另一方面，道家认为个体应该自己做出所有的决定，而政府所能做的是无为而治。所以，对于道家来说，法律是令人生厌的。道家当然也意识到了中国以自由公民为基础的本质，以及个人权力的存在。但是，道家又走向了另外一个极端，否认了中国社会需要一个管理中心，而这对于维护社会秩序以及国防（以及进攻）是至关重要的。尽管如此，在传统中国，道家仍然比法家更受认可和欢迎。

显然，在法家、道家、儒家中，儒家的意识形态最为平衡，它规定了社会各个力量和阶层的位置、权利以及责任，提供了社会各个利益阶层之间妥协和合作的方式。因此，可以说儒家在中国政治领域的长期主导地位，是其满足了中国需要的结果，而不是因为统治阶级宣传的结果。否则，就很难解释为什么法家思想，受到部分最强大的传统中国统治者如此青睐，会这么早就遭受失败，而且一败涂地。换句话说，儒家思想因为其灵活性、美德以及低运作成本而在中国社会得以高度内部化。影响力次之的是道家，它具有灵活性却较难实行。法家则最不具有变通性，实施成本最为昂贵。

2.6.2 儒家对于农业和贸易的态度 116

在经济思想方面，儒家被认为是重农的（参见 Chen 1911：第 21，26，30–31 章），总体上这是正确的。尤其是，儒家认识到了农业除了满足食物供给和生存以外，还和自尊、自立、修身紧密相连（对于孟子的观点，参见 Lau 1984：107）。

然而，这个并不意味着儒家思想都是反对贸易的。根据儒家教条，只有当贸易（或者其他活动）威胁社会稳定时才应该予以阻止。即使在此时，也不应该完全禁止（参见阎守诚 1988）。在这一点上，评价儒家对贸易的态度大有裨益。比如说，左传里记录了孔子评价臧文仲在三件事上不仁："下展禽，废六关，妾织蒲，三不仁也。"（左丘明，《左传·文公二年》）这里，在孔子看来关闭市场（废六关）和侵略他国领土（下展禽）同等邪恶，孔子衣钵传人孟子公开建议统治者：

> 尊贤使能，俊杰在位，则天下之士皆悦，而愿立于其朝矣；市，廛而不征，法而不廛，则天下之商皆悦，而愿藏于其市矣；关，讥而不征，则天下之旅皆悦，而愿出于其路矣；耕者，助而不税，则天下之农皆悦，而愿耕于其野矣。
>
> （《孟子·公孙丑上》）

他根本不鄙视商人，根据孟子的观点，商业是一个理想社会秩序的有机组成部分：

> 从许子之道，则市贾不贰，国中无伪，虽使五尺之童适市，莫之或欺。布帛长短同，则贾相若；麻缕丝絮轻重同，则贾相若；五谷多寡同，则贾相若；屦大小同，则贾相若。
>
> （《孟子·滕文公上》）

除此之外，儒家思想不谴责个人财富，而仅仅谴责不正当的生财和用财之道。《大学》中，有这样的记载：

> 生财有大道，生之者众，食之者寡，为之者疾，用之者舒，
> 117 则财恒足矣。仁者以财发身，不仁者以身发财。
>
> （曾参）

很明显，孔子和孟子有时候是相当支持商人阶级和贸易活动的，这种态度广受平民主义儒家的推崇。值得一提的是，孔子的学生子贡辞去了他在卫国的官职，成为一个全职商人，并最终积累了大量的财富（司马迁，《史记·货殖列传》。他因其赚钱技巧和巨大的财富而为人所知。显然，孔子的教导并没有阻止学生从事世俗的经商；相反地，孔子的训练可能有助于学生的赚钱事业。

公允地讲，儒家思想从未盲目地反对贸易或者以牺牲商业为代价支持农业，最多也只能说儒家对贸易的态度是自相矛盾的。儒家思想作为整个国家的哲学思想辅佐君王的历史本身，便是很好的佐证。从董仲舒用“天人三策”（参见董仲舒《春秋繁露》）成功地说服汉武帝（公元前140—前87年在位）开始，在儒家思想服务国家的2050年中（公元前140—公元1911）中，其中1500年的大部分时间（超过73%的总服务时间）中，未对国际贸易施以禁令。虽然在明清时期，归咎于作为国家思想的儒家而实行的贸易海禁只有区区60年，仅占儒家思想总服务时间的3%，因此可以忽略不计。另外，在唐宋600多年的时间里（30%的总服务时间），无论是对于国内贸易还是海上贸易活动均无抵触的态度（参见Wang 1958：46-89）。对这样的记录中，可能有两种解释：一是儒家思想对于政府贸易政策的影响力并不大；二是儒家思想对于贸易政策持中立态度。

因为儒家思想本身并没有给国家的儒学者或官僚运用儒家思想来反对商业留有很大的余地，反商业的思想需要来源于别的学派。在这些学派中，法家便是因其反对贸易和反对商人的歧视而臭名昭著。法家制定政策的亮点之作当属公元前81年，桑弘羊在被称为“盐铁之议”的朝廷会议上的历史性胜利。这场胜利为国家对“关键性”市场（酒、铁、盐）的垄断方式铺平了道路。尽管如此，桑弘羊在会议上所代表的只是少数人，而他的胜利仅仅是因为得到了汉武帝的支持（参见桓宽《盐铁论》）。与之相对的大多数都是儒家思想的拥护者。通过本章来判断，国家贸易垄断显然违背儒家思想。还有，这场会议之后，儒家游说者并没有消失：在整个中国的历史长河中，当政府垄断给普通老百姓带来重重磨难时，儒家游说者都
118 会重新出现。最不幸的是，与儒家并不相关的法家贸易政策常被误认为是正统儒家思想持有者的所作所为。

原则上说，正统的儒家思想持有者不会轻易走偏，以避免可能颠覆社会秩序的激进或极端的转变。如果用一个术语来定义儒家思想，那应该是“秩序主义”（orderism），因为儒家思想比任何其他思想更关注个体之间、各阶层之间，以及国家和社会之间的政治和/或经济权力平衡。这包括了经济部分。中华帝国的贸易政策的记录至少说明了儒家思想长期以来在平衡法家思想的偏见中所起的关键作用。换句话说，中国的经济史并不是按照法家反对交易、反对商业的蓝图构建出来的事实，很大程度上归功于儒家思想的巨大影响。

2.6.3 从文人角色看儒家思想的实用性

总有人对儒家思想的实用性表示严重怀疑，当把儒家思想视为信仰时怀疑尤盛。对这一中国哲学最好的评判方式是，超越儒家经典去观察秉持儒家思想者在历史上的作为。因为大多数中国文人都属于儒家或半儒家，可以把文人阶层看作是儒家的典型代表。

研究中国文人的作品汗牛充栋。几乎没有作品会忽视这个阶层的存在，但关于这一阶层作用的观点却众说纷纭。最普遍的观点认为，在中国历史上，中国文人仅仅是一种社会政治力量，不是一种经济力量。这种错觉主要因中国社会的文人阶层在政治和意识形态中所担任的角色而致。现代学者深受这种陈词滥调影响，以至于即

使像李约瑟这样在文明和科技发展方面颇有建树的专家也忽略了文人在中国经济史中的作用。另一种更加极端的观点把文人描述成了社会的无用寄生虫，生活在象牙塔中，对现实生活知之甚少。有时，为了支持这一观点，孔子的“四体不勤，五谷不分”常被引用来批评一些学者。这两种观点构成了关于文人作用的主流思想。

证据表明这样的主流思想是有瑕疵的：文人对于中国农学的发展起了主要作用，因此他们对中国农业科技的长期发展起了重要作用。

如果这样的理由尚不够充足，最为杰出的儒家学者的文章也表明儒家学者非常关注世俗的事情，如人民的生活水准、政府的经济政策、官僚的管理、法律及国防，就如同关注诸如哲学、礼仪一类 119
的“高端”事物一般。

表 2.3 包括了唐代 12 位著名学者的论文数据，后来这些文章被用来作为科举考试者的范文。为了揭示这些学者的议题，这里所使用的方法有：（1）用文中句子作为基本单位；（2）将句子内容按从社会秩序到哲学的八大类别分类。

显然，对于像社会秩序和维持、政府与经济这样的“硬主题”重视度最高（平均占总数的 63.8%），而像教育、管理和哲学这样的“软主题”比我们预期的关注度要少（平均占总数的 10.6%）。更有趣的是，大多数的论文中指出了中国体制中的问题，对包括朝廷在内的机构无法恰当处理问题或者仅仅忽略问题的情况进行了批评（参见沈重 1994）。其中的一些学者后来在唐朝官居要职，在他们中，六人成为宰相或正三品：张柬之（公元 625—706），宰相；张说（公元 667—731）；张九龄（公元 673 或 678—740），中书令，正三品； 120
薛稷（公元 649—713），参知机务，正三品；元稹（公元 779—831）和舒元褒（?—公元 839），中书门下平章事，正三品；白居易（公元 772—846）官居太子少傅，正三品；孙逖（?），太子少詹事，四品

（参见沈重 1994）；沈亚之（？），内供奉（皇帝秘书）。因此，他们不仅仅思考这些问题，而且有机会将自己的想法付诸实践。

表 2.3 唐朝科举考试优秀论文的定量信息

年 份	名 字	A	B	C	D	E	F	G	H	J	总数
688	张说	33	63.6	12.1	0	0	0	9.1	0	15.2	100
689	张柬之	38	39.5	50.0	0	0	0	2.6	0	7.9	100
694	薛稷	24	12.5	0	25.0	33.3	0	0	0	29.2	100
712	张九龄	35	22.8	31.4	2.9	11.4	8.6	0	0	22.9	100
714	孙逖	71	8.4	12.7	8.0	0	19.7	14.1	5.6	32.4	100
721	杨若虚	77	24.7	15.6	5.2	31.2	1.3	0	0	22.0	100
800—803	白居易	129	0	0	40.2	0	27.2	7.0	5.4	20.2	100
806	独孤郁	26	73.1	19.3	0	3.8	0	0	0	3.8	100
806	元稹	60	31.7	11.6	31.7	1.7	3.3	1.7	0	18.3	100
821	沈亚之	89	20.2	50.5	6.8	0	1.1	2.3	0	19.1	100
825	舒元褒	75	24.0	32.0	28.0	0	0	0	1.3	14.7	100
828	刘蕡	117	34.2	22.2	5.1	0	0.9	15.4	0	22.2	100
平均		—	29.6	21.5	12.7	6.8	5.2	4.4	1.0	19.0	—

资料来源：沈重，1994。

注：A. 文章句子总数；B. 社会秩序和维持；C. 政府，包括官僚管理，合格人事选择和政府结构；D. 经济，包括经济政策、民生、生产和市场活动；E. 国防；F. 教育，包括道德和知识；G. 管理，包括法律和仪式规范；H. 哲学；J. 其他。

2.6.4 儒家学派的张力和本色

费维凯（Albert Feuerwerker）将儒家思想分为两派：国家儒家思想（state Confucianism：所谓针对国家利益的儒家）和民粹主义儒家思想（populist Confucianism：针对大众意志的儒家），两者之间存在明显的张力（Feuerwerker 1984：308–309）。但是，像费维凯这样的学者仅仅认为民粹主义儒家是当地士绅阶级的工具，事实上，平民主义的儒家同样服务于底层阶级。像马克思主义所说的，儒家思想并不是只为统治阶级设计的。因此，里昂·E. 斯托弗（Leon. E. Stover）认为儒家思想是“两面讨好”的观点是正确的（Stover 1974：第 15 章）。

毫无疑问，这种划分的确存在，而且这两极之间的张力始终存在。总体上国家儒家思想强调国家利益的重要性，而民粹主义儒家思想则强调团体和个体的权利与利益。两方都宣称是真正和正统的儒家思想。多数情况下，两方必须做出让步，而最终决定哪一方更强的决定因素必然是政治和经济两方面的力量。另外，国家儒家思想常常受到法家和道家在政策制定方面的冲击，而民粹主义儒家思想则会受到道家和佛家的冲击。因此，这种张力并不仅仅是内在的，也同样是外部的。

然而，即使仅仅将儒家作为一种国家哲学，不可否认的是，西汉以前这种国家哲学至少有益于以下几点：（1）通过定义正当的方法来促进社会秩序和社会稳定（儒家的学说“修齐治平”，即自我修养、家庭管理、国家行政和保持全社会秩序良好很好地体现了这一点）；（2）通过定义个体以及团体的责任和权利，使得人类关系中的公平正义有合法地位（如君臣父子范式中，它是一种与政治和生理 / 辈分关系相应的社会秩序）；（3）使利益冲突集团间和解和让步（这反映了儒家学说中的“中庸”思想）。 121

所以，总体上来说，儒家思想有助于中国成为一个整体，但未必有助于帝国的缔造。儒家思想并非仅为统治阶级而设计之道具，它是中国社会所有成员的行为规范，而无论其经济和社会背景。因此，它既服务于统治阶级（日常国家管理方面），也服务于被统治阶级（日常家务管理，经常的和平社会流动，以及时而发生的暴力反抗）。可以认为，在中国，被广泛应用的儒家思想在原则上大大降低了巨大帝国的运行成本，使中国免于西罗马帝国之命运（对于欧洲之情况，请参见 McNeill 1963, 1979）。

2.7 评论

中国社会经济体制的主要因素，即农业在经济中的主导地位、普遍的土地私人所有制、以拥有土地的农民为主、重农政府、中央集权以及儒家思想，都是在东亚大陆独特的自然环境和社会政治条件下形成的。它们反过来影响了中国经济的形成及其成长路径。尽管到目前为止，我们都是独立地来处理这些因素，读者不必急于寻求它们彼此之间的联系，这些联系将在下一章中交代。

第三章　三元结构：起源、冲突和均衡 122

第二章揭示了中国社会经济体系中的一些主要因素，说明了中国漫长的经济史中，这些因素的起源、范围及其重要性等，虽篇幅有限，但还是讨论了这些因素之间的相互关系。这种相互关系表明，一个更大的体系能够涵盖这些重要因素。更重要的是，这些因素在中国历史中的持续时间也表明，在相关领域中也存在着某种单个均衡。

反过来说，传统中国经济历史悠久的记录轨迹意味着，那些相互联系的单个均衡基础之上，存在一个总体均衡。本章旨在检验这个更为庞大的体系和总体均衡。

3.1 三元结构：一种宏观制度

3.1.1 结构

我们可以将上文所提到的相互关系描述成一种三元或是三重结构，即一个体系中互为联系的三种抗衡力：（1）农业及其农业优势；（2）控制或拥有土地的自由农；（3）重农的或者说“以农业为中心的”中央政府。三者之间的关系可以用一个三角形的相互联系模式来表示，详见图 3.1。

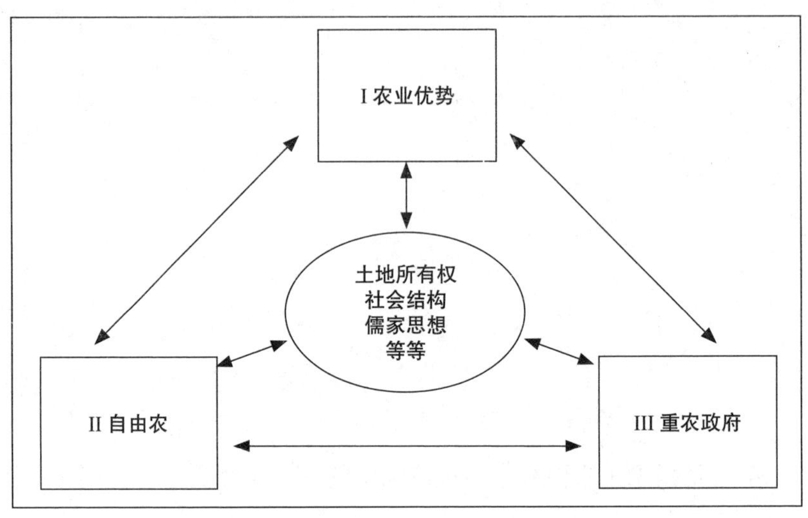

图 3.1　三元结构

注：箭头表示相互关系。

在这个三角形的相互联系结构中，每一种抗衡力量都各司其职。首先，农业作为经济支柱产业，是社会上大多数人赖以维生之根本（工作和收入的来源）；反过来，农民又为农业提供了劳动力、社会利益和社会关注。其次，农业为政府提供资源，政府凭借这些资源可以定期获得收入，而政府则为农业提供政治保护。有人认为，中国政府之所以在经济上大力保护和促进农业发展，是出于其财政需求（Fairbank 1965：52）。有人也许会说，传统政府没有必要仅仅为了保证财政收入就去支持农业：也可以像中世纪欧洲那样，去支持
123 非农业阶层、奶制品业和贸易。支持这一观点的一些研究表明，明清之际，80%—90% 的就业机会由农业提供，但其产出却只占中国

国民生产总值（GNP）的 70%（Feuerwerker 1984：299, 302, 312-313; Chao 1986：第 3 章）。也就是说，农业征税的收益并没有其他行业征税的收益多，因为农业所创造的人均 GNP 要比总体的比值少 12.5%—22.2%。然而，如果把资源禀赋在塑造经济过程中所起的作用考虑在内，那么政府收入来源在某种程度上取决于特定资源禀赋。另外，从（纳税）总额而言，农业部门绝对是最重要的、必不可少的纳税人。虽然地租收入在税收总额中所占的比例从公元 1753 年的超过 70% 减至公元 1908 年的约为 35%，但这样的税收结构还是一直保持到了清朝末年（Wang 1973：80）。下表展示了通行税（厘金）和盐税收入的数据，它是按照农村人口占中国总人口的比例（80%）进行调整的。其中，间接税收数据的权重设定为 80%，并基于以下两点假设：（1）盐的消费缺乏价格弹性和收入弹性；（2）道路和桥梁通行税是按人头平均分摊。数据表明，农业提供的税收额占到税收总额的 57%—75%（原始数据来自 Wang 1973:74）。

	直接税（两）	间接税（两）		总税收（两）	百分比（%）
	土地税	厘金	盐税		
1903	35360000	18200000	13000000	105460000	63
调整后	—	14560000	10400000	—	57
1904—1905	127763000	42537000	81000000	300949000	83
调整后	—	34029600	64800000	—	75
1908	102400000	40000000	45000000	292000000	64
调整后	—	32000000	36000000	—	58
1910—1911	69000000	43000000	57000000	249100000	68
调整后	—	34400000	45600000	—	60

再次，农民为政府提供了可供统治的群众基础，为官僚机构提 124
供所需人员，为军队提供了士兵；政府反过来为农民提供了政治保护和公共产品，例如：法律和秩序、交通、通信、土地的获得和分

配，以及饥馑救济物资和水利等灾害管理。

实际上，这三个抗衡力量已经成为三个均衡点。因为农业优势、重农主义中央政府以及控制或拥有土地的自由农民三者相互紧密联系，并且形成了一种相互作用的超级结构，也就形成了使得这种结构进一步固化的激励机制。比较而言，正是这些拥有土地的自由农民，使得中国有别于其他伟大的农业社会。巴林顿·摩尔（Barrington Moore）等学者也觉察到中国农民有一些独一无二的特点，却未能发现这一阶层之本质（参见 Moore 1966：203–203, 205, 207–208, 213–214）。

椭圆中所示的因素是一些与三个抗衡力都兼容的关键条件 / 因素。在这个三元结构中，这些因素都统一在一个相互联系的框架中：宗教和政治信仰（儒、道、佛三家）的影响，环境因素（自然资源禀赋、气候和地理条件），土地（所有权类型及分配），技术（例如工具和品种）以及社会制度（例如家族和中央集权的官僚机构）。这些因素都包含在其中，且相互作用。此外，社会经济总体均衡获得某种动力，使之能够影响中国人生活中其他方面之变化，尤其是非农业活动的变化。对这个体系的反抗力大部分得到中和，因此，这种统一不仅仅是文化、政治或是技术上的：它囊括了多个领域的次级均衡（subequilibria）。

125 ### 3.1.2 目的

从根本上讲，设计这个体系是为了“养民”，它基于生存是人民最根本权力之认识：保障这个权力，农业社会方能成功建立并顺利运转（例如，Scott 1976：35–55, 176–192）。因此，这个结构的核心：（1）就业机会，主要是在农业中；（2）粮食供应（无论是以农业产量、农民收入还是政府收入的形式）。正如莫德尔（Moulder）

所指出的那样，为了防止武装叛乱，中国朝廷的首要任务之一就是让百姓丰衣足食（1977：62）。这种方法与现代学术领域“授衔”制度十分相似（Sen 1981）。

以政府和农民之间的关系为例：如果大多数百姓（主要是农民）都安居乐业，温饱问题得到解决，那么天下便太平。在这个关系中，双方都要发挥积极作用：如果通过就业，农民可以从政府那里获得足够的农业生产资源（资金、土地和劳动力），他们就能生产出充足的粮食。而如果政府能够通过保护和促进农业，或是给农民以帮助（不管是主动地指导农业生产实践，向农民提供资金和土地，还是被动地减轻赋税或是灾荒救济）来维持农业生产的动力，就可以提高农民的生产积极性。另外，在传统社会，民众之间缺少持续更新的信息流，普通群众衡量和判断他们的“守护者”是否尽责的最可靠、最准确的标准就是就业机会和食物供给（Scott 1976：第 2，6 章）。假如其中任何一项不能得到满足——失业率过高、食物短缺或是农民的生存受到了威胁——政府存在之正当性便岌岌可危。（图 3.2）

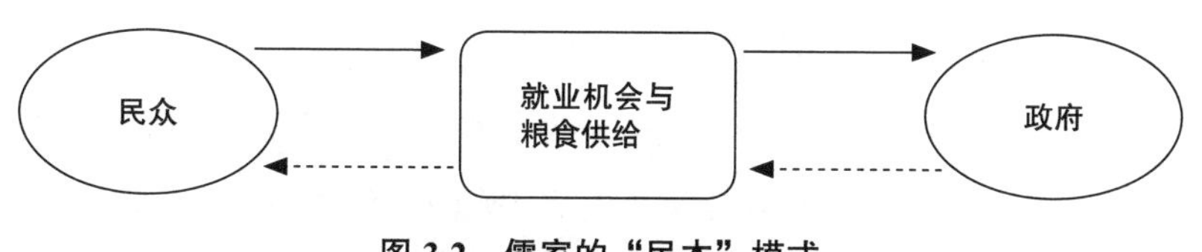

图 3.2　儒家的“民本”模式

注：箭头表示国家和民众之间的相互关系。实线表现了政治权力的正当性和权威是如何形成的；虚线表现了仁和重农主义是如何反馈的。

中国古代士大夫已经把这种关系理论化了，孟子“民以食为天”这一名言就很好地说明了这一点。正因为强调食物供给是国家政治的一个至关重要的战略点，儒家学说将“民本”思想发展成了便于统治者更好地统治中国的不可或缺的指导思想。如果统治者能够理解“民众—就业/粮食—政府”的范式和重农主义，他就达到了“仁”的境界，他的统治才能稳固（不以仁政，不能平治天下）（《孟子·公孙丑上》《孟子·离娄上》）。正如清朝康熙皇帝（公元1662—1722年在位）所说：“自古国家久安长治之谟，莫不以足民为首务。必使田野开辟，盖藏有余，而又取之而不尽其力。”（魏在田等1995：49）就
126 像图3.2所展示的那样，这种相互关系构成了中国（仓廪）制度的基础，它由常平仓（公元前54年初建）、社仓和义仓（见Will 1990; Will and Wong 1991）组成，用于食品价格监管和赈济灾荒。

在存在这种相互需要的情况下，中国所实施的重农主义显然完全不是来源于贵族的想法，也不是被上层阶级所传奇化了的君主的英明和远见。相反，为了巩固政权，重农主义势在必行。换句话说，掌握政权的精英们几乎别无选择：纵观整个中国历史，只有有能力满足百姓对食物和就业需求者方能够统治中国。这样的三元均衡结构为中国所独有。

相反，中世纪欧洲所具有的特点则是：（1）分权式管理；（2）排他性产权，主要是土地和所有权；（3）竞争性经济制度，它体现在市场、城市乃至国家诸多层面。而在中国，这三个因素几乎一个都不存在，更不要说三者的结合。这导致资本主义元素能够在欧洲大陆发展，并且在中世纪晚期的欧洲先后引领了商品时代、工业时代两个资本主义发展的重要阶段。在这两个时代中，欧洲的政府不仅仅支持贸易，还与商人—企业家阶层进行合作。例如，在英国，劳动力从封建阶级手中转移到企业家之手的过程中，国家通过对劳动力进行干预，使得劳动力从农村流向城市（就像16—19世纪的《济贫法》中的案例，参见Gardiner and Wenborn 1995：607-608），而这对资本主义发展至关重要。三元结构之下，中国的经济完全没有经历这些商业和工业的阶段不足为怪。

3.1.3 评价

现在，我们可以对一些现存的、阐释中国发展历程的模型和理论的有效性做进一步评价。第一，中国的三元结构及其均衡的建立 127
与维持造成了一种与众不同的经济发展模式或者“套路”。在正常情况下，这些均衡点之间是和谐相处或至少是近乎和谐的，不会有什么严重的冲突。然而，在黑格尔-马克思理论体系中，辩证力量之间的矛盾正是进一步发展的关键。第二，在三元经济结构中，拥有土地控制权和所有权的小农户普遍存在。然而，要使“亚细亚生产方式”有效运行并不需要如此大量的小地主。第三，无法用马尔萨斯模型和波塞鲁普模型来阐释。中国的工业化没有成功，与中国的人口模式几乎没有任何关系。因为总的来说，虽然中国人口随着时间波动，但与三元结构关系并不密切，因此人口的作用是“中性”的。第四，无法用刘易斯模型或是罗斯托模型来解释（Lewis 1954；Rostow 1960）：这两个模型都无法解释为什么迫于传统行业过大的阻力，行业主导的、不平衡的经济发展模式在中国千年以来均未能实现。第五，这也解释了为什么诸如资产阶级这样的进步阶级在中国并无发展的机会，或者为何保守阶级没有彻底消亡。第六，中国的经验，对资本主义导向发展模式是放之四海而皆准之通途的观点提出了挑战。

在这种背景下，我们就更容易理解传统中国所面临的问题，并不仅仅是某些孤立的因素缺乏所导致的——如政府的绩效和政策，土地的匮乏或是儒家思想，而是在一个精心构建的框架中各种合力作用的结果——既包括“硬件”（如经济条件、社会结构和官僚主义的作用），也包括“软件”（如经济政策、价值和意识形态等）。

3.2 结构的起源与发展

第二章中所提到的主要因素与三元结构相关，但并不等同于三元结构。理解三元结构的关键，就是搞清楚这种将农业优势、重农政府与控制或占有土地的农民涵盖在一起的结构是如何形成的。

大量的研究都用“中国人天生是农民”来解释这一现象，但这样过于简略，事实显然并非如此：中国人在其他方面也富有天赋，如经商、学术研究、手工业、城市建设等等（见 Needham 1954—1994；Skinner 1964—1965; Deng 1997）。有人或许会说，“中国的
128 自然环境最适合发展农业”（见 Ho 1962），但事实上也并非如此，任何土地的生产力的维持都有赖于人为投入。此外，中国国土面积非常辽阔，地域差异过于明显；例如土壤种类和植被都相差悬殊（土壤种类参见图 2.1；植被见 ZKY 1978：附录 15；当代的种植模式，见 Smith 1991：图 5.2）。目前对中国经济史的分析中不应有任何夸大空泛之论。

农业专业化和优越的自然环境最多只解释了三元结构的一半。对另外的一半解释则来自从商朝（公元前 1600—前 1046）到秦朝（公元前 221—前 206）长达数百年间不同势力在政治和军事上的较量。在以农为本的势力战胜贸易活跃势力的过程中，两个事件是决定性的，第一个是周朝（公元前 1046—前 256）打败了封建主商朝；而第二个则是秦统一六国，尽管这曾经是中国经济史上最耐人寻味的一段，现在也早已淡出人们的视线。

这是一个演化变迁时期，长达千年才得以结束。这是一个动态的，有时令人不堪回首的探索过程，这一过程亦是错误和动荡不断，风云莫测，时而匡救弥缝，时而又继绝存亡。由于这次变迁影响极为深远，因此这个时期也被称为“周秦之变”。

3.2.1 周秦之变：一次制度创新

3.2.1.1 起点：商朝的畜牧业和手工业

商朝，包括华北平原和黄土高原（大约东经105°—125°，北纬30°—40°）（宋新朝 1991：201），它的建立可能起源于今山西及河南省的一支部落。根据一些零散的信息，统治商朝的这个部族是由游牧民转变而来的军事武装，他们对已经征服的区域征税（杨升南 1992：第4章）。总体上看，商朝的经济是畜牧业和迁徙性手工业的混合，可以进一步细分为十个子行业：（1）采石；（2）房屋建筑；（3）制陶；（4）骨制工具的制造；（5）青铜器制造；（6）酿酒；（7）纺织；（8）运输；（9）动物饲养；（10）农业。（李济 1990; 罗康存 1996）在这些分部门中，商朝人格外擅长的就是采石、青铜器制造、制陶、纺织和运输等。用前现代的标准来看，他们的成就是非常令人钦佩的。除了商朝的领地外，从旧石器时代到青铜器时代，东亚大陆上一直存在着很大的经济差异（参见 Deng 1993a：第2章 A. 2）。

从土木工程上来看，我们发现商朝人是活跃的“城市建造者”。
殷墟遗址处一个42000平方米的区域内，我们发现了一个由多达57 129
个大型建筑组成的建筑群。仅这个建筑群中的主建筑占地面积就达到1230平方米，并且有25根竖立在带卯的铜座上的柱子。另一处商朝城市的遗址——郑州商代遗址的发现，表明那里曾经有一个面积约为3.1平方千米的“城”。在殷墟和郑州遗址两处遗址上，总面积约190平方千米的城市聚落中，可以查明的有城墙所围之区域占24平方千米，这比已知的周代所有城市都要大（Chen 1994：736）。由此可见，商代的城市总面积和围城的面积比例达到了8∶1。鉴于商朝曾经十次迁都（傅筑夫 1980，卷1：23–24; 宋新朝 1991：206–218），为此民众就要建成10座这样的大城市。如果按照同样的城市区域和围城的比例来建造的话，要建总面积为 1900 平方千米的城市，其中大约 240 平方千米的面积都是被城墙所包围的。

据我们所知，郑州遗址和偃师遗址的城墙总长度分别为 6960 米和 5330 米（杨升南 1992：447）。通过一些商代的遗迹可以判断出，这些城墙通常有 3 米高，有 20 米宽的底座（出处同上）。我们可以假设，对于一堵 1 米长的墙来说，最小的立方土方（就三角横截面来说）有 30 立方米（3×20×1÷2），那么这两座城墙的土方总量就至少有 370000 立方米。而这还仅仅是建筑工程的一部分，如果把所有的永久性建筑物都包括在内，工作量还要大得多。除此之外，商朝人还建筑了各种不同规模的都邑（walled castle town，指诸侯国的都邑，如盘龙遗址就是）。下表是已知的三处遗址的数据（基于宋新朝 1991：43—44, 47—48, 50—51, 66：杨升南 1992：447—448）：

地　点	都邑的占地面积（平方米）	城的占地面积（平方米）
偃师遗址	40000	2100000
垣曲遗址	—	140000
盘龙遗址	—	75400

根据出土的商代甲骨文的记载，商朝的领土上有 48 个都邑诸侯国（castled kingdom）（陈梦家 1956：269—301; 刘兴林 1995：19）。如果以盘龙城作为标准，城墙所围的区域总面积可能达到了 362 万平方米。毫无疑问，中华文明的一种现象——“城”的系统性建设和维护起源于商朝时期。

我们假设商朝在任何给定的时间都拥有一个面积 24 平方千米的都城，48 座面积 30 平方千米的都邑，城墙所围的总面积大概就有 50 平方千米。为了符合上述的城市地区和“围城”8 : 1 的比例，任何一个时间，所有城和都邑的总面积将会达到大约 400 平方千米。

城市地区就占了商朝领土总面积的约 0.3%。有人估算，商朝城市人口占总人口的 5%（陈梦家 1956：269－301; 刘兴林 1995：19）。我们知道，商代的最后一个统治者商纣王拥有一支 17 万人的军队（范文澜 1964 卷 1：131; 参看司马迁《史记·殷本纪》)。假设商朝的军队是从每一个五口之家招募一人来当兵，那么就有至少 85 万居民在为军队提供给养。若此数据正确，则商朝城市人口总量当为 5 万人左右（参看杨升南 1992：44－50）。 130

再来看青铜制造业。在冶金方面，商代的工匠们已经能够利用不同的金属比例制取铜（熔点为 1084.5 摄氏度）和三种铜基合金（锡青铜、铅青铜和锡铅青铜），利用它们不同的物理和化学特征，去满足不同的需求。商代工匠以木炭作为主要燃料，采用熔炉和坩埚来炼制提纯各个金属成分并提取青铜（张子高 1977：31－37; 杨升南 1992：第 7 章）。在殷墟的一个作坊里，已经出土了超过 600 件雕刻的玉饰，说明当时除了青铜的工具以外，硬金属制成的钻子、凿子等工具也已经投入使用了（宋新朝 1991：45；杨升南 1992：397）。在铸造方面，商朝人用石头、黏土（陶器）和蜡来制造模具（杨升南 1992：401－410），而且已经能够利用硬模浇铸和熔模浇铸（亦作“失蜡浇铸”）的方法来制造质量更高的产品。这些产品有时只需一次就能铸成，有时则需要分几个步骤。

以传统的标准来看，这样的操作规模已经相当大了。商朝的青铜制造者完全有能力生产大批量的青铜器。从已出土的标准化的箭头就可以看出，他们也确实做到了。商朝人还开发了在铜胚基础上镀锌的技术（张子高 1977：30）。在商朝曾经的都城——殷墟中，发现了一个重要的青铜制造中心的遗址，其占地面积达 1000 平方米。在殷墟共发掘出了 19000 个模具和约 2000 件已完成的青铜器（宋新朝 1991：45；杨升南 1992：397）。另外一处遗址发掘出了一个重达 875 公斤的青铜鼎（123 厘米 ×77 厘米 ×110 厘米）和 100 多个模具（郭宝钧 1978：14）。

在此背景下，商朝为何会整体迁移达 16 次之多（傅筑夫 1980 第 1 卷：26–29），并且迁都 10 次——其中有 8 次都在现代研究中得以确认，这些已经不再是一个谜（出处同上：23–24；宋新朝 1991：206–218，考古学证据参见 Guo 1986）。现代研究表明，商朝的迁移活动都是出于自愿，与洪水、干旱或是战争等天灾人祸几乎没有关系。事实上，商代的都城选址总是落在有铜矿的地方，这对青铜制造业来说是不可或缺的（傅筑夫 1980 第 1 卷：23–51；杨升南 1992）。相比之下，周代则只在公元前 770 年迁都了一次，并且那次迁都是迫于政治、军事和经济的危机。因此，商代的迁移活
131 动是出于高度商业化和产业化活动以及低度的农业化的经济需求。

中国擅长陶瓷的制作很可能始于商代。到目前为止，已出土 25 万多片陶瓷片。为了满足日常需要，陶瓷产品的种类多样，既有容器和炊具，也有建筑构建（张子高 1977：29; 杨升南 1992：471–492）。据估计，其中的一些瓷片大约是在 900—1000 摄氏度下烧制而成的，商代的工匠在他们的冶金技术中已经达到了这个温度（张子高 1977：27），他们也懂得如何为瓷片上釉（同上：24–29）。

考古发现表明，商代的工匠已经知道如何纺织平纹的羊毛、麻、棉和提花的丝绸。我们几乎可以肯定的是他们发明了织机。公元 1976 年河南发现了商王妻子妇好之墓，随之出土的有六种丝织布料，部分已经上色（佚名 1980a：18）。

众所周知，商朝人痴迷于运输车辆。传说第七代商王王海发明了牛车，第十一代商王湘涂发现了马车（范文澜 1964 卷 1：108）。人们认为王海驾驶着他新发明的牛车在不同的部落间进行贸易，直到他在路上被北方的蛮夷（狄）所杀（同上）。他是中国首位有历史

记载的因商业而殒命的国王。

商朝墓中发现的送葬马车反映出商朝已经把马车作为交通工具使用（Zhang R. 1987； 杨升南 1992：205）。目前至少已经有 40 处这样的考古发现。其中的一个墓中埋有 37 匹马（同上）。考古证据表明，不同地区出土的商代马车具有相同的轮距（两侧的轮子之间的距离），这说明商代有了标准化的快速公路系统。这一事实，加之货币使用的证据，意味着商代可能已经有了跨区域的市场。据传商代已经有了航行的能力，且航行范围不仅限于中国沿海，还能穿越太平洋。墨西哥、厄瓜多尔和秘鲁等地的一些发现可以佐证这个传说。目前，太平洋彼岸的遗迹中，除了新石器时代中国式的工具以外，已经发现了大约 140 个古老的中国字（房仲甫 1983; 林蔚文 1986; 也参见 Jennings 1978：350–365），表明古代的商朝人与中美洲及南美洲存在海上联系。由于航海技术很原始，对于商朝人来说，这是一项艰巨的任务，但是这种海上旅程也并非完全没有可能（Deng 1997：第 1 章）。

中国历史学家已普遍达成共识，无论是从规模还是范围而言，商朝都标志着中国悠久历史中第一次商业活动的高潮。中国典籍表明商朝都城殷的交易量最大（《尚书·盘庚》《诗经·商颂·殷武》）。 132
它有九个市场，市场里满是装着酒坛的牛车和装着烤肉的马车（李昉 983：卷 83《太平御览·帝王世纪》）。位于河南的商代都城出土的物品包括宝石、海龟壳、犀牛角、象牙、鲸鱼骨和贝壳，这些都源自离中国北部及其周边等遥远的地方，它们很有可能就是商代贸易的结果。最新研究确定，商代的马属于小亚细亚品种，虽然我们无法知道这些动物是如何被引入中国的，但很有可能它们也是通过贸易途径获取的（杨升平 1992：212）。

也有证据显示，商朝商业已经发展到了职业商人形成和使用货币的程度（这种货币称作贝和朋，很有可能是一种贝壳类货币），一处墓地发现了 6000 多枚贝壳类货币，充分证明了这一点（郭宝钧 1978）。商朝商人的活动范围非常广，包括了长江北岸的大部分土地以及现在朝鲜所在的区域（吕振羽 1983：60–61）。公元前 1030 年，商朝被周朝历史性地打败，但部落间的贸易并没有因此停止。被推翻的商朝上层贵族继续驾驶牛车进行远距离贸易，过着一种“肇牵牛车远服贾，用孝养厥父母”(《尚书·酒诰》)，并以此赡养家中的父母，商朝人积极参与贸易活动，汉字中的商（意为商业和商人）就是来源于此。

根据我们目前对商代农业的了解，商代的耕地面积估计已达 460300 公顷（约合 687 万亩）（刘兴林 1995：24）。保守估计商朝实行三年一轮的休耕制度，并且耕地的最大单位产量为每亩 150 斤（约合每公顷 1.2 吨），那么按照当时的生活水平（每天 500 克稻谷）计算，这些耕地总共能养活 941000 名成人。这一结果和根据士兵数量估计得到的最小人口数量 850000 相符（平均每户 5 口人有一个士兵，共 170000 名士兵）。就耕种技术而言，对商代甲骨文卜辞的考古研究表明，人们使用牛来拉犁耕作，他们耕种的作物包括小米、大米、小麦、大麦和豆类（Deng 1993a：46–47）。

商代甲骨文中也提到了大量的家畜，数以千计的绵羊、山羊、马和牛被用于祭祀神灵和祖先，这正是畜牧业经济繁荣的标志（郭沫若 1977：179; 郭宝钧 1978：41; 温少峰、袁庭栋 1983：234–237）。此外，有官差专门负责处理养马相关的事务，这在当时是一个很有声望的职业（杨升南 1992：50–51，255）。

133 然而，虽然农业在商王朝的领地上非常广泛，商朝统治的部落也十分关心雨水和收成，鲜有证据表明统治部落，尤其是部落男性群体真正从事大量的耕种活动。关于“众”或“众人”这一阶层的身份，中国学界存在着持久的争论。部分学者认为，这一群体属自由民，他们和平时期务农，战争时期打仗（侯外庐 1992：1598-1599），然而目前还无法确定这一阶层是否包括了商代的部落成员。因此，存在着自行耕种的自由民阶层并不能说明商部落是一个农耕部落。事实上，大量的商士兵违抗上级军官，说明军队的主体是从非商部落中招募的。

值得注意的是，考古发现表明，商朝统治下社会经济生活和印度的种姓制度相似，有 5 个按种族划分的阶层。显然可见，西部的游牧部落“羌”成了商王的牧民阶层的种姓，周成了农民阶层的种姓。商部落处于社会的顶层，因为军事上的征服者特别热衷于狩猎这种古老战争的演练形式（杨升南 1992：第 5 章）。

此外，一些学者将商代的耕种模式确定为“迁徙性农业”（shifting agriculture），其特点是妇女承担主要的耕种责任（傅筑夫 1980 卷 1: 23-51； 杨升南 1992）。即使该部落在一定程度上是农耕部落，部落的男性依然专注于非农耕活动。波塞鲁普认为女性渐渐退出了其作为农耕的主要劳动力的角色（Boserup 1970：26）。从逻辑上来说，如果按照考古学家和文字证据所揭示的那样，商部落没有从事过耕种，那么在农耕方面，商部落的男性成员可能从来没有替代过女性成员，也不可能有耕种行为。

商朝对农业存在一种相互矛盾的态度：（1）既存在商王视察其所直接控制农奴的现象——“幸田”；（2）又在每个秋季，军队去非商朝领地抢掠粮食前，商王都要派使者预测和搜寻小麦收成（杨升南 1992：121, 189, 250）。显然商朝统治者需要农产品，但他自己却不愿意耕种，连姿态都不屑于摆一个。而取代了商朝的周朝与之形成鲜明对比，周朝的法律规定了统治者需要举行农耕仪式（耕祭），并种植五谷（躬亲）（《礼记·月令》）。这种传统不仅仅在周朝代代相传，也自汉代起成了一项强制活动（季羡林 1955; Lee 1969; Merson 1989：12－13）。

134 这种非农业的偏向与商部落垄断金属工具的制造和销售模式是相符的。考古发现表明，商代大多数阶层享受着青铜时代的成果，军队配备青铜头盔、盔甲、长矛、戈、剑和箭；商人们佩戴铜制的护膝和护甲骑马，马上是青铜的装饰和马具；祭司用青铜器皿举行祭祀仪式；厨师有各种尺寸的青铜器皿，以及盘、杯、罐、瓶等铜质餐具；音乐家有铜钟、铜鼓和铜锣；工匠有针、凿、锛、斧头等用于不同材料的铜质工具。相比之下，商代的农民仍然生活在新石器时代，他们主要使用石头、木头和骨头工具（宋新朝 1991；侯外庐 1992：891－892）。殷墟一个青铜作坊出土的 2000 件青铜物品中，包括了礼器、兵器、乐器、工业用具和马车的齿轮，却没有发现一件耕种工具（宋新朝 1991：56, 88；侯外庐 1992：892）。目前在中国各地出土的商代铜器中，只有 32 件被鉴定为是专业的耕作工具，而出土商代农具总共有 4864 件，大多由木头、骨头和贝壳制成的，非金属工具和青铜工具的比例达到了惊人的 152∶1（杨升南 1992：132－137, 151－152）。这表明虽然商代工匠在制造农具上没有什么技术困难，但是他们仍不愿意为之。这种“金属歧视”不仅存在于不同领域间，也存在于不同区域间：考古证据表明，从都城和核心地区（现河南），到商的统治区域和其控制的附属区域，再到商的半统治区域的边缘区域，金属物品逐渐减少（宋新朝 1991：第 2－4 章；杨升南 1992：第 7 章）。这表明铜的供应是严格按商统治的部落来排序的。为什么呢？有人可能会说，在资源稀缺的情况下，金属被用于制造有很多附加值的产品。这确实可能存在，然而在一些事实面前这种假设却很难站得住脚：其一，根据管子书中记载，中国境内共有 467 处铜矿（战国时期《管子·地数篇》），现代研究已经鉴定36处铜矿位于商遗址（杨升南 1992：380）；其二，当重农的周部落把商赶下统治舞台后，这种“青铜差异”几乎一夜之间就结束了，青铜很快就开始用于农业工具（白云翔 1985）。最可行的说法是，从工具制造中我们可以看出，商统治者没有给予农业政策优先地位。

从上述观察中我们可以得出四点结论。首先，商王朝的统治部落如此多才多艺、灵活善变，在手工业和商业上又如此生机勃勃，整个中国历史上实属罕见，目前发现了总共154600片甲骨文和约 135
4700个汉字，这几乎是现代汉语所需的词语，由此基本可以认为商代精英们是识字的（宋新朝 1991：89-90）。其次，可以毫不夸张地说，商代的经济或者说大部分的商代经济是以市场为导向的。再次，商的统治部落对耕种的兴趣非常有限。最后，社会上没有明显的所谓农业崇拜。鉴于他们在手工业和商业上的领先地位和他们的统治地位，商朝人很有可能通过市场交换、税收和纯粹的掠夺结合的方式，从专业的农耕群体中获得他们的食物供给。从非铜器制造地区出土的商铜器看，这种交换频繁而广泛。

3.2.1.2 第一阶段：西周（公元前1046—前771）的改变

随着周朝农业的兴起，商朝的混合经济的发展中断了。周人定居于陕西，地处黄土高原西部，十分适合农业发展。根据现代的数据，黄土高原土壤厚度为50—150厘米，易于耕种，而且平均每年霜冻期少于4个月。除此之外，该区域的发展受益于中国两大主要河流形成的庞大灌溉网络（Lee 1969：28; Hsieh 1973：23-51; Geelan and Twitchett 1974：13; Needham 1961：第4章，1984：3-46, 1986：23-181）。公元1000年前，该区域的气候比现在的气候更温暖潮湿，因此也更适宜于农业的发展。

黄土高原成为中国古代南方农业发展的腹地并不是一个巧合。通过碳测定发现，早在旧石器时代（?—约公元前7500）（王致中、魏丽英 1995：69; 也参见 Ho 1969），黄土高原就出现了农业聚落。从地形上看，黄土高原海拔 800—1200 米，北接鄂尔多斯大沙漠，南临秦岭山脉，西靠六盘山和贺兰山，东近太行山脉，黄土高原四周的地形使得黄土高原是一个天然的城堡（Needham 1961 卷 1：69）。经济和军事的双重优势使得陕西成为中国政治史上重要的战略区域。历史表明，在分裂的时代，谁控制了陕西谁就有可能控制中国南方，从而统一整个中国。

相比商朝人，周朝人具有更出色的在干旱区域耕种的能力，也是更英勇的战士。周朝人的首领历代以来都在夏王朝担任农业主管，虽然这个传统在商朝被打断，但是这奠定了周朝人善于耕种的基础。现代观点普遍认为周部落的祖先弃传授了很多农作物的种植方法给他的子民。弃在死后被尊称为稷，稷是当时最流行的一个小米品种的名称，也或者是由于这种最流行的小米名称而命名他（《尚书·虞
136 书·益稷》)。迫于南部蛮夷狄和西部蛮夷戎，周部落建立了一支强大的军队。繁荣的农业部落和强大的军队为周王朝日后成为超级部落奠定了坚实的基础。周部落连续击败了众多蛮夷部落（狄和戎），最后于公元前 1046 年，凭借着 48000 人的精英部队和 300 多辆战车，周部落打败了更为强大的 170000 余人的商朝军队（范文澜 1964 卷 1：131）。

在周部落取得了历史性胜利之后，中国经济发展模式发生了一些重大的变化。第一，周朝建立了一个土地分配系统，标准单位是一块棋盘式的土地，称为井田。英语传统上习惯将井田制逐字翻译为 well-field system（“水井–田地制”），这种翻译是完全错误的，因为在田里根本就没有水井。实际上，井田中的井是表示土地被分割的方式与中国象形汉字“井”很相似。每块井田平均分为九块小土地，其中八块分给八户家庭自主耕种，余下的一块地被称为“公

田”，这块田由八户家庭共同耕种，而这块田的收成用于支付政府的税收（李剑农 1962：第 9 章；孙作云 1966; 傅筑夫 1981：第 1 章；马宗申 1985; 李文治 1994）。如图 3.3 所示。

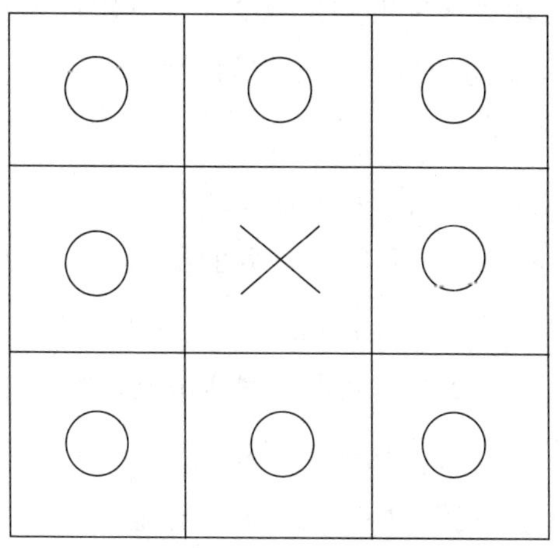

图 3.3　周朝的井田

注：圆形代表私田，即每个农户的土地，叉代表公田。

根据文字记载和考古发现，农民拥有家庭经济自主权以及一些
特定的财产权（谢维扬 1990：268—276）。因此，管理全国百姓劳动 137
的大司徒和管理地方百姓劳动的小司徒诞生了。大司徒和小司徒负责土地分配和劳动就业管理（《周礼·地官司徒》）。最新的研究发现，周朝的一块井田相当于现在的 18.7 公顷（参见朱绍侯 1985：92）。因此每家农户拥有 2.08 公顷的土地。以上的数字是针对肥沃耕田的，如果是中等肥沃的耕田，相比于肥沃耕田的农户，每家农户会分到两倍的耕田。同样，如果是贫瘠的耕田，每家农户能分到三倍（班固《汉书·货殖传》）。从棋盘式土地的组织方式来看，周朝很有可能是一个私有财产权和共同财产权共存的一个朝代。相比之下，商朝预测小麦收成（告麦）的惯例明显揭示了财产所有权的缺失（关

于“告麦”可以参见杨升南 1992：121, 189, 250）。

第二，周朝的农业是采用休耕制度的土地密集型农业，每隔三年，农户们将会流转到新的井田进行耕种（《春秋公羊传·宣公十五年》）。因此，土地肥沃度的测量以及土地分配成了井田制发挥作用的关键因素。为此周朝设立了相应的官职，开始了对土壤的研究，前者标志着中国第一个土地分配制度“井田制”的诞生，后者标志着中国农业史上第一次系统性的尝试（Deng 1993a：47–48，第 4 章）。此外，根据记载，在周朝官方的推动下，诸如耒耜、耦耕等耕作技术实现了一定程度上的统一。耒耜是一种翻土工具，上有曲柄，下面是犁头。耒耜需要两人共同使用（叫作耦耕），一个人将耒耜插入土中，另一人用曲柄拖动耒耜翻土。耒耜是从人工犁地向动物犁地的一个中间过渡阶段。耒耜两人作业的设计恰好符合农业家庭夫妻或父子的劳动方式和家庭结构（侯外庐 1992：1290; 王云森 1980：132–133：犁播 1981：21–26），这也为周朝在微观层面是自主农业经济的理论提供了依据。最近基于文字记载以及考古资料的研究证明周朝时期有以下几个特点（1）主要是父系家庭；（2）核心家庭和外延家庭是主要模式；（3）家庭是基本经济单位，每户约 2—7 人；（4）低层的家庭规模偏小；（5）公元前 4 世纪之前，户作为政府人口普查的基本登记单位在中国得到广泛发展（谢维扬 1990：第 7 章）。根据最近的研究，商朝的社会结构主要是以血缘关系和近亲结婚维系的原始社会（张树栋、李秀领，1990：7–8），而周朝的井
138 田制造就了更复杂的家庭结构，也是更复杂的社会经济单元。

第三，在井田制的基础上，在军队模式方面形成了一个更复杂的社会结构。每 10 个井田（80 户）组成一个团，叫作“成”（字面意思“10%”）；每 10 个团组成一个师，叫作“同”（字面意义“军”）；10 个师组成一个军队叫“风”（字面意义“大型军队”），10

个军队组成一个 80000 人的集团军，叫作“集”（字面意义“地方军”）。此外，根据法律，每 64 个井田会配有 4 匹战马、12 头牛和 3 套盔甲（翦伯赞、郑天挺 1962 卷 1：57）。在军事扩张的过程中，每当攻夺新领地的时候，周朝会采用井田制来管理新领地（斯维至 1957：167；杜正胜 1979：第 2 章）。周朝没有沿用商朝掠夺占领地收成的方法，而是用井田制保护了农民的财产权，包括私有财产、公有财产或者两者兼有。

因此，周朝的胜利是中国历史的一个转折点，主要体现在四个方面：（1）它显示了以农业为基础的经济军事实力优于混合经济模式下的经济军事实力；（2）空前地推动了农业发展；（3）土地产权得以保护；（4）出现了更复杂的社会结构。

3.2.1.3 第二阶段：春秋时期到秦代（公元前 770—前 206）的变迁

周朝自其第一任国王周武王（公元前 1046—前 1042 年在位）起，就建立了分封政治制度，它包括许多的行政单元（国），最多时有 71 个诸侯国同时存在，它们有义务向王纳税（侯外庐 1992：1286）。这为诸侯国内部的竞争埋下了伏笔，因为国家的数量呈现明显的下降趋势。公元前 841 年之前，中国实现了政治势力的均衡，包括东周王朝在内的 12 个政治经济单元，其中诸侯有 11 个（鲁、齐、晋、秦、楚、宋、卫、陈、蔡、曹和燕）。同时，由于以农业为基础，周的优势地位并不是十分稳固。周幽王时期（公元前 781—前 771），西面的游牧民族犬戎打败了周的军队，用武力征服了西周的领地。失去了西面的领地后，周幽王的继任者周平王于公元前 770 年将都城东迁，这标志着春秋时期（公元前 770—前 476）的开端。

随着周王统治势力的不断削弱，楚国统治者熊通于公元前 704 年自立为王。在接下来的战国时期（公元前 457—前 221），主要诸侯国数量减少到 10 个，它们彼此之间的紧张关系也随之加剧。到公元前 458 年，这 10 个国家分别是 2 个王国（周和楚）和 8 个诸侯国（秦、魏、韩、赵、燕、田齐、齐和晋）。到公元前 344 年，剩下 8 个国家，分别是 4 个王国（周、楚、魏和田齐）和 4 个诸侯国（秦、韩、赵和燕）。最终到了公元前 325 年，剩下的所有诸侯国都升级
139 了。公元前 256 年是一个转折点。第一个也是唯一的王朝，也是众多诸侯之王国的周王朝被秦所消灭。秦国随之成为一个超级王国，并在 35 年之后一统中国。大秦帝国的建立，把中国的经济从十字路口重新带回了周朝设计的道路。

秦与周的共同之处在于，他们都以旱田耕种地域陕西为大本营，种植技术相近，都存在重农偏见以及基于农业的经济和军事实力，秦与其他诸侯对比时，这些特点尤为突出。和先前的商朝一样，和秦同时存在的其他诸侯都明确地偏向于手工业和商业。例如，齐国以善于生产丝绸并控制了中国的丝绸市场而闻名（陈昌远 1995）。越国在计然和范蠡等商业巨头的带领下乐此不疲地参与商业贸易（司马迁，《史记 · 货殖列传》，也参见方杰 1995）。楚国、魏国、晋国和齐国十分注重保护商业利益，他们给予商人特别的权利和折扣（左丘明，《国语 · 晋语》《国语 · 齐语》《左传 · 愍公二年》）。公元公元前 651 年，在齐桓公的倡议下，各诸侯国签订了葵丘之盟，禁止政府干涉国与国之间的贸易往来。齐国的著名学者和政治家管仲（?—公元前 645）甚至提出（《管子 · 国蓄第七十三》）："万乘之国必有万金之贾，千乘之国必有千金之贾。"

秦国在很大程度上脱离了这场商业竞赛，它地处商业发展的边缘地带。秦国主要是被动地受益于从他国入境的商人。魏国（今河南）的成功商人吕不韦发现了秦国政治因缺乏金钱影响所造成的差距，抓住机会对秦王太子投资，并取得了丰厚的回报：吕不韦后来

被任命为秦国相国，其全盛时期实际上控制了全国的政治（司马迁《史记·吕不韦传》）。但商业方面的落后并没有阻碍秦国在各竞争国间作为霸主雄起，尤其是公元前356年秦孝公任用法家商鞅（约公元前390—前338）为政策顾问之后。根据商鞅的理论，耕种可以使得人思想简单，并因此在战争中更加可靠（商鞅，《商君书·农战》）。他进一步提出为了建立强有力的政治单元，农民最好能占全部人口的90%（《商君书·农战》），并把这作为自己改革的目标。商鞅于公元前359年策划了他的第一次改革。他采用激进的方法，旨在 140
打造一个有土地权、税负和兵役的农民群体。改革包括两个特点：（1）通过差别性税收“重农抑商”；（2）消灭大家庭，以小家庭作为征税单位。事实上，数代同堂的大家庭源于汉代，但从长远来看并非常态。这种家庭模式仅仅存在于极度富裕的家庭。所以商鞅变法并没有创造任何新的家庭模式，而只是简化了源于周朝的家庭模式（谢维扬 1990：270－271，276－278）。此外，商鞅的目标在于增加农业就业人口，这意味着改革之时，农民在全部人口中占的比例远远小于从前。

年后，商鞅推出了第二项改革：（1）使用家庭赋税制取代古老的井田制，由此使得农民更有能力生产更多优良作物；（2）实施土地私有化，允许交易土地产权；（3）通过税收优惠和私有产权，吸引其他国家的农民到秦国定居，最大限度地提高秦国军队招募男性的数量；（4）建立中央集权下的郡县制，使得秦国地方官员能够管理数倍于秦国核心区域的领地；（5）建立一个统一的户籍制度以满足征税和征兵的需要；（6）统一度量衡，降低征税的交易成本。

秦代农业方面的改革主要有三个结果：（1）强化产权；（2）放弃休耕；（3）传播犁耕。这些都紧密相关，废弃休耕和土地产权私有化显然是同步进行的。换言之，公有制下的土地鼓励休耕，而私有制的土地倾向于轮种。其根本原因就在于土地的稀缺程度，一旦休耕不复存在，土壤肥力的保持和提升在很大程度上就依赖于人力投入，使得原本用于开垦和播种的犁成为一种必不可少的工具。因此，到了汉初，已经把休耕视作落后、低效，甚至是野蛮人的做法也就不足为奇了。只剩下中国的边远地区还在使用休耕方法。皇帝下令推广使用犁，并鼓励基于轮种的精耕细作方式（参见 Deng 1993a：3–4）。

改革之后，秦国在粮食供应和军事力量方面获得了巨大的优
势，准备在东亚大陆缔造一个帝国。秦国一次又一次地敲开对手的
门户，犹如多米诺骨牌，势如破竹，彰显了商鞅新制度的威力所在，
141 其军事优势从秦始皇皇陵出土的真人大小的兵马俑可见一斑。这些
“军队”装备了当时最为先进的武器（已经发现了铜铸和镀铬的匕
首、战斧、矛、剑、弩机，以及马勒和步兵铠甲），包括近 6000 名
步兵和 2000 名配有战车和战马的骑兵，这的确反映了皇家军队之
成就（Guisso et al. 1989：56–69）。如果说周朝战胜崇尚商业的商
朝或多或少有些偶然性，那么秦朝并吞六国则是必然的，整个过程
谋划周详、实施严密。从能获得的数据可以看出，早期改革的影响
是复杂的：明清之际，中国多达 80%—90% 的劳动力就业在农业上
（Feuerwerker 1984：299, 302, 312–313; Chao 1986：第 3 章）。

尽管周朝与秦朝具有一定的连贯性，但在社会经济制度方面却迥然不同：主要体现在土地所有制类型以及国家结构与复杂性上。其一，周朝的农业经济以土地的共同使用或集体使用为基础，理论上讲这些土地资源隶属王权；而秦朝的农业经济则是基于土地个人所有制。据出土的秦简律法《云梦秦律》记载，当时家庭财产得到了明确界定和严格保护。比如，“家罪”条文中明文规定，当儿子实

施诸如伤害父亲的雇工或盗窃父亲的家畜等刑事犯罪时，只有在与父亲同住的前提下方可得到法律豁免。关于“从雇主父母处盗窃”的条文规定，佣人从雇主父母处盗窃时，只有在雇主父母不与雇主同住的前提下方可免于指控（见谢维扬 1990：269）。其二，周朝的管理体系具有分权制的结构特征，统治者掌握的权力非常有限，甚至无法为了征税而对领土实行有效管辖。有时统治者（如周厉王）甚至会被享有充分权利的百姓驱逐出境（司马迁《周本纪》）。与之截然相反，秦朝如同一部受到过分操控的国家机器，其行政体系效率远在周朝之上（杨善群 1984；郝铁川 1987），其主要特征便是中央集权的官僚体制，统治者位于冷酷无情的分级行政体系顶端。若想推翻统治者，唯有举国暴动方可实现。在传统社会，要想让这样一种中央集权的官僚体制有效运行，需要一定程度的社会同质性，中国官僚制度的建立，意味着秦朝土地所有制改革在一定程度上成功地巩固了农民土地控制和拥有土地农民在全国范围内的同质性。秦国国家机构的建立则反映了以下两点：（1）经济结构变迁业已完成；（2）农业部门开始在经济中占据主导地位。另外，除非发生某些重大变革，控制土地的农民与重农主义官僚，共同保证了社会几乎不可能回到商朝和周朝末期的那种经济缺乏调控的状态。我们将 142
在后面了解到，甚至连外来征服者也无法扭转这种相互联系的三元体系所造成的社会惯性。

较之于其他诸侯各国，秦国的社会制度优越性尤为显著。秦国并不是唯一一个进行社会经济改革的国家。春秋战国时期，事关生死存亡之际，所有政权实体都曾实行过改革措施。这些改革均受到法家思想的影响，且通常已在秦国之前付诸实施，在此列举如下：

年份	国家	改革家	政策
公元前 685	齐国	管仲	相地衰征（即根据土地产出能力征税）
公元前 594	鲁国	—	初税亩（根据开垦私田多少征税）
公元前 548	楚国	—	以产征赋
公元前 540	郑国	子产	丘赋（根据耕地征税）
公元前 435—前 401	魏国	李悝	尽地力、善平籴（最大化土地产出，控制粮食价格的波动）

毫无疑问，这些国家实行的改革措施几乎无一例外地催生出了更为有效的激励制度。然而，秦国以外的其他改革主要旨在对剩余进行分配与再分配，而非对土地资源进行分配及对所有权做出规定，事实证明后者对秦国的胜利起到了至关重要的作用。与秦国改革最为接近的是魏国由李悝主持的“尽地力”“善平籴”改革（班固《汉书·食货志》第一部分；李瑞兰 1986）。然而，魏国的改革过程中还是缺少了私有制这一关键元素。因此，这些国家在改革之后都仅仅享受到了短暂的繁荣期。鲁国和齐国是最好的例证，虽然它们为吸引移民而实行了负征税政策，但其国内经济没过多久就土崩瓦解了（左丘明，《左传·昭公二十五年》）。

除了产权外，那些没有推行重农主义的诸侯国也付出了沉重的代价。随后，秦国统治者们意识到自己也陷入了与秦始皇相似的境地。当年，秦始皇这位不可一世的胜利者，通过以下两种方式对 60% 的成年男子（主要是拥有土地的农民）进行极端压迫：（1）将多达 120 万的农民人口作为劳动力，强迫他们修建长城、“赤
143 道”（全国高速公路）、阿房宫及秦陵；（2）派遣由农民战士组成的 80 万大军攻打北方的匈奴和南方的百越。公元前 209 年，秦始皇的抑农政策激怒了看似温良恭顺的农民，引发了全国范围的武装叛乱（施伟青 1986：18–19）。最终，这场叛乱为秦国（公元前 841—前 206）长达 635 年的辉煌历史画上了句号。至此，中国历史才意识到

自己创造了一个怎样的怪物——一种能把整个体系重新引上轨道的机制。

秦国的君主与农民百姓都曾受惠于以农业为基础的国力和胜利果实。首先，秦国的胜利证明了重农主义——农业法则的成功性，因为这一法则让秦国获得了充足的税收，也为秦国培养了大量精壮强悍、训练有素的农民战士，而这些都成为秦统一六国的重要资本。其次，由于秦国统治阶层攫取了大片领土，因此，秦国在取得历史性胜利之后对农民立即予以嘉赏，于公元前216年在全国范围内实行了名为"使黔首自实田"的政策，规定"允许农民百姓请求获得并实际占有土地"（司马迁《秦始皇本纪》）。随着秦国政治制度在其夺取的原属战败国新地区内传播，土地私人所有制逐渐得以扩散和盛行。

总而言之，随着秦国的建立，与商朝时相比，中国在社会经济结构与制度方面取得了长足的进步。特别是随着秦国不断昌盛，商鞅变法对中国社会经济结构的建立产生了深远影响：它为三元均衡的运行机制提供了第一个切实可行的范本（参见 Sadao 1978：547）。因此，三元结构是在局势动荡的商朝后期（公元前11—前10世纪）及战国时期（公元前475—前221），在农业部落 / 国家与非农业或半农业部落 / 国家之间长期的军事斗争过程中形成的，周与秦国皆发轫于以农业为中心的军国主义。在混合型经济制度盛行的商朝，重农主义最多只是一种例外，并非社会规范，然而到了周朝，情况却发生了逆转。战国时期，混合型经济制度在相对较短的时期内曾占据主导地位，但随后秦王朝的建立开创了一个漫长的时代：混合型经济制度变成一种例外，而非常态。

至此我们可以得出四点结论。第一，无论高效的农业经济是如何出现的，都无法成为中国先民对其产生强烈依赖的充分条件；第二，对农业的倚重并不单单是一种为了提高生产力而基于技术层面的选择，而是一种结合了经济政治利益、激励与自然禀赋的制度选择；第三，农业占主导地位之确立，并非天生的自然实践，而是不同竞争集团之间长期暴力斗争制度选择的结果；第四，在东亚大陆
144 跨区域宏观经济的形成过程中，军事力量起到了至关重要的作用。

然而，这并不意味着军事力量与武力征服是中国“泛农”（Pan-agrarian）经济制度形成的唯一因素，这也不意味着一个军事集团能够全凭自身意愿改变经济制度。若要将大面积国土转化为耕地，军事力量是必要而非充分条件，但单凭军事力量是不够的，至少还要包括地理位置、气候模式和土壤类型等自然因素在内的其他条件。当相同的地理位置、气候模式和土壤类型，能够为农业、畜牧业和商业多种经济制度的繁荣发展创造条件时，军事力量在经济制度（生产、分配与消费）的选择过程中便发挥了关键作用。周秦时期，军事力量作用体现在通过高压政策降低由其他选择所带来的机会成本，这种依靠军事力量做出的选择并非总是行之有效，中国历史上南北朝（公元 420—589）和元朝（公元 1206—1368）便是最好的例证。南北朝时期最明显的特征便是连年战争与长期分裂，在这期间，北部和西部游牧民族的入侵致使中国四分五裂（Elvin 1973：44）。“五胡”之一的鲜卑族，攻占了中国北方地区，并于公元 386 年建立了北魏。在这一过程中，北方地区的农业经济陷入崩溃：生产停滞、农民被杀、耕地荒废。随着北魏领土扩张活动的停止，作为统治阶层重要收入来源的战利品便不复存在，三分之二的鲜卑人因此成为游手好闲之徒。农业的衰退加上战利品的枯竭导致了严重的经济危机。公元 485 年，孝文帝被迫实行改革，通过恢复农民的土地控制及土地所有制以期重振农业经济（唐长孺 1956；Elvin 1973：47–51）。有人向蒙古太宗皇帝进谏称“汉人无补于国，可悉空其人以为

牧地”（宋濂，《元史》，第 153 卷，第 146 号），随后蒙古在其占领地区实行了这一计划。经过对中原长达 40 年的征战，蒙古人最终于公元 1279 年将中原领土尽收囊中。战争前后，大面积的耕地被圈作牧地；原属汉人的马匹被没收充公，并且在汉人聚居区禁止养马；夏收过后，为使土地能用于放牧，北方地区禁止为二次播种进行秋耕活动（王圻 1586：Perkins 1969：23－24, 197－199; 中国农业科学研究院 1984 第 2 卷：51－53; 郑学檬等 1984：242－244, 254－255）。正是由于税收亏空，在耶律楚材这位有着波斯血统的重臣的建议下，这项中国农业经济转型政策才被迫中止（Wright and Twitchett 1962：19－20, 189－216）。因此，只有在特定条件下，依靠军事力 145
量做出的选择方能奏效：军事统治者只有有限的几种经济制度可以选择。尤其是当经济并未面临重大抉择，而是按照既定路线良好发展时，情况更是如此，这只是因为当经济在面临重大抉择时，比按照路线稳步发展时更为脆弱，这缘于机会成本，称为“路径依赖”（参见 Mokyr 1990：第 7 章；Rosenberg 1994：第一部分）。这一现象的出现，源于现存经济活动模式如资源分配、技巧与技术等产生的机会成本，当经济面临重大抉择时，由于产生的机会成本几乎相同，每种选择占有差不多相等的权重。而在一个健全的经济体制内部，重复运行相同的经济模式所产生的机会成本通常是最低的。因此，按照已有模式运行是理性的选择，除非已有模式面临严重危机，变革的机会成本随之下降。

基于以上背景可以看出，中国早期社会远不像人们认为的那样稳定统一；因此，采取这种选择的过程远没有人们想象的那么直接顺畅。从定居农业的产生到三元结构的创立，这段传奇的中国历史，起初混乱无序，很久之后才百川相汇，合流而行。从很大程度上讲，以农业为基础的中华灿烂文明真正始于周朝。

基于上述分析，中国先民选择定居农业即便是自发地受农业活动丰厚回报的影响，然而公有土地财产权（基于周朝的井田制）与家庭及个人土地财产权（基于秦国的私有化体系）的提出，以及东亚大陆上建立以农业为中心的政权绝非“自然而然”之过程，皆是敌国之间浴血奋战和施以暴政之结果。由于农业国在军备建设过程中能有效调动资源，因此它们的胜利似乎是必然的，毕竟，这是一场检验军事机器质量的较量。纵观历史，在通常情况下，中国农民军队都用事实证明，其自身具备与游牧民族同样高效的战斗力。

3.2.2 变革的本质

对于三元结构的起源，很大程度上应归结于法家，它通过颁布行之有效的政策，营造竞争氛围，让人们尝试不同的政治结构和制度。尽管当时法家的短期目标仅仅是维持那些政治集团的生存，但是不足为怪的是，从最激烈的竞争中幸存下来的政治结构或制度持续了 5 个世纪之久，并对长达 2000 余年的中国传统帝制产生了深远影响。

146 儒家思想对于这种政治结构的形成影响甚微。春秋战国时期，由于谋求高位的道路障碍重重，孔子及其弟子最多只能扮演说客的角色，并未参与任何改革实践活动。事实上，改革家们纷纷将儒家学者列入黑名单。商鞅将儒家思想视为异端邪说，并为弱化百姓的抵触情绪而将儒家著作列为禁书。更有甚者，秦始皇在统一全国的过程中不仅将儒家经典全部销毁，还把儒家学者统统活埋，史称“焚书坑儒”。造成这一事件的主要原因是儒家的调和思想与战时推行的政策格格不入。直到汉朝时期（公元前 206—公元 220），基于法家思想的、充满侵略性和扩张性的改革时代告一段落后，儒家思想才得以服务于最终胜出的结构，因为其调和的思想本质能够有效缓解政治体系内部的紧张态势。儒家思想与法家思想在不同时期发挥了截然不同的作用，并在异端邪说和正统思想角色上相互变换。

3.2.3 变革对社会的直接影响

基于上述分析，商人阶层后来受到不公平待遇的原因也就不言而喻了：尽管无论从宗主权（商朝）还是绝对数目（战国时期六国）来看，商业国似乎都比农业国更为强大，然而商人阶层及其保护者却先后被周朝和秦朝挫败和征服。因此，对商人及其商业活动的厌恶源于对商朝实行的商业化统治政策的不满，因为商朝统治的最大特点便是统治阶级骄奢淫逸的生活作风，及其对中国北方农耕区人民的剥削、掠夺和压迫。作为失势群体，商人阶层的社会地位大幅下降，随后的中国历史证明情况确实如此。这仅仅是因为，尽管战争已经结束，但为确保获胜一方能够攫取最大利益，需要继续打压商人阶级。如果人们认识到汉语词语中“商业”和“商人”的含义等同于“被打败的商朝”，就会明白这些词在商朝之后的时代其实是骂人的粗话。实际上，重农抑商政策对于这些遭受挫败的商人来说是一种提醒。在此，同样值得一提的是与商朝相比，周朝不仅在更大范围内实行车马陪葬制度，而且单纯为了仪式需要而大量屠杀马匹以代替献祭的牲畜。例如，在山东省淄博市（位于东经118° 2′、北纬 36° 41′）发掘的埋葬坑（宽 5 米，长 215 米）内盛放有多达 600 头马匹，在当时足够拉动 150 辆战车。已知在周朝军队内部这样的战车共有 1000 辆，即共有 4000 匹马来拉车，则用作祭品的马匹数量相当于军队内部马匹总数量的 15%（Chen 1984）。在陕西省扶风县（位于东经 107° 17′，北纬 34° 10′）的发现揭露了
一个令人毛骨悚然的事实，当时约有 100 匹成年公马被推入深达 147

12 米的埋葬坑中并严重受伤，随后遭到活埋［王兆林、边疆（音）1996］。几乎可以肯定的是，周朝时期马匹遭受虐待是由于商朝时期它们受人喜爱。尽管周朝时期大量屠杀马匹的行为听起来有失理智，但由于马代表商朝时期商人阶级的权力和活动，因此出于对商朝重商主义的抑制，这一行为是可以理解的。周朝实行的井田制进一步支持了上述观点，因为这一制度旨在把商人的活动范围局限在农业劳动之中，以防止商人阶级重新崛起。在某种程度上，周朝之后中国商人阶级受到的不公平待遇，正如同中世纪和早期现代欧洲犹太人遭受的反犹太主义压迫（关于法国农民对犹太人的态度，详见 Burns 1984：131, 136−137, 140−141, 151, 160−164）。

商人阶层在当时承受了过多的心理负担与政治压力且难以摆脱，这至少可以解释中国历史上的三种现象：（1）中国商人阶级虽然有时富得离谱，但几乎从未采取过任何措施与国家统治阶级相抗衡，例如为保护自身利益而在中国的领土之上修筑城堡或组建私人军队等，尽管这些做法对于他们来说，无论从经济上还是从技术上都不是难事。（2）流落他乡的中国商人自古便在中国境外发展得更好。（3）个体商人只有在加盟其他社会集团之后才能获得安全感。最典型的是，商户中的下一代通过接受儒家教育，并参加科举考试以跻身官场，而商人们自己则为了能与地主为伍而常投资于土地。

当面对政府高压政治时，与农民阶级所做出的反应相对照，更是一览无余地体现出商人阶级的软弱性。在秦始皇强制迁居的政策下，大量商人不得不扶老携幼，举家从城镇居所搬到边疆（谪戍，意为“被发配充军”），而秦始皇在实行这一政策的过程中并未遇到太多障碍（司马迁《秦始皇本纪》）。然而，当秦始皇开始以同样方式对待“定居的平民百姓”（闾左，字面意思为“经社区登记注册的居民”）时，情况则完全不同：这些以农民为主体的平民百姓不像那些商人一样软弱可欺，他们奋起反抗并推翻了秦朝统治（同前；亦见班固《汉书·晁错传》）。尽管农民阶级本身是被统治阶级，但其在对抗统治阶级施加的高压时却远比商人阶级更有信心，中国农民武装起义的历史一次又一次地体现了这一点。因此，我们需将商人阶级内在的软弱性归结于其在历史上遭受的挫败，而不应仅仅看到“重农抑商”这一长久性政策的表面价值。

3.3 理想的均衡状态 148

3.3.1 均衡变量与条件

按照常规方法，一种经济体制可以表示成一个关于许多变量的生产函数。例如，近代经济，或者任何一种经济体制，都可以写成如下生产函数：$Q = f\,(L, K, R, T, I, G, \ldots)$，其中 Q 代表总产值，L 代表劳动投入量，K 代表资金投入量，R 代表资源条件（包括土地类型和气候模式），T 代表技术，I 代表社会制度，G 代表政府政策，等等。目标是使总产值最大化。这种方法虽然非常实用，但无法满足当前研究的需要，因为当前研究强调的是变量之间的相互关系而不是总产值与变量之间的关系。而且，这些相互关系往往被视为达到均衡状态的条件，而非投入变量。故需要采用另一种方法，因此，目前研究不再仅仅关注变量本身，而是投入更多精力研究达到总体平衡的条件，可用如下形式表示：

$$F = f\,(x, y, z) \tag{3.1}$$

其中，可将 F 定义为在三元结构内部为实现社会和谐所需建立的目标函数。在这种和谐的局面下，社会可以实现个人或者集体效用最大化或接近最大化，因此，要实现效用最大化就是要使 F 达到最大值。该函数的三个变量分别是：（1）x 表示国内生产总值中农业产值所占比重，是反映经济体系中农业主导性的一项指标；（2）y 表示农村人口占总人口中比重，是反映农民群体大小的一项指标；（3）z 表示政府经济总支出中用于扶持农业的资金所占比重，是反映重农政策的一项指标。

众所周知，中国近代社会农村人口占绝大多数，其在不同时期占人口总数的比重从 79%—93.1% 不等，长期平均估测值为 86.6%（Chao 1986：第 3 章；亦见 Feuerwerker 1984：299, 302, 312–313）。因此，y 值已知。中国漫长的历史进程中（至 19 世纪上半叶）鲜有政府为商业项目提供资助的情况。尽管国家确实提供过服务（如对国土资源进行分配与再分配，修建及维护灌溉设施与水利系统，实行有效的赈灾方案及建立农业区），但政府在农业方面的资金投入情况却无据可考。因此，难以得到政府经济总支出中与农业相关的资金 / 投资数额（即 z 值）。同样地，除人口数量和政府外，国内生产总值中农业产值所占比重（即 x 值）也未知。

149 换一种方法，可以把政府税收总额中农业税收所占比重，作为衡量经济体系中农业主导性的一项指标，而农业税率的倒数可以作为反映重农政策的一项指标。因此，函数变成如下形式：

$$F = f(u, y, w) \qquad (3.2)$$

其中，u 代表从农业征得的税收所占比重，w 代表 $1/R$（$R > 0$），R 表示税率。在这三个变量中，需对 u 和 w 加以解释。如果国家税收主要由农业提供，那么农业很有可能在经济体系中占主导地位。由于中国人口结构中大部分是农民，因此户税（“户赋”或“户调”）和人头税（“口赋”或“丁银”）主要来自农村地区。而且，中国政府有时特意将户税或人头税同土地税合并征收，典型的例子包括唐朝颁布的“两税法”（两个季节性税法），明朝于公元 1581 年实行的“一条鞭法”政策（意为“将赋税和徭役合并为一条”）以及清朝实行的“摊丁入地”制度（“丁银与地税并收”）。这些做法体现了户税/人头税与地税之间的密切关系，也说明了多数农户拥有土地的事实。此外，农业税通常由司农（即农业局）征收，而司农兼有促进农业增产之职责（周伯棣 1981：183）。户税和人头税还常常以实物形式加以征收：例如丝绸或麻制品这些典型的中国农村地区家庭用品。这说明了农业部门对国家税收类型起支配作用，上述内容均体现了农业部门在经济体系中所处的真正地位。虽然缺乏数据，但毋庸置疑的是，来自农业部门的税收是中国近代政府税收的主要来源（参见 Murphey 1954：358）。

3.3.2 均衡条件

假设，在一个“一般平衡”状态中，使得函数最优的临界值 x，y，z（或 u，y，w）可以通过令函数的一阶偏导数等于零并联立求解的方法得到：

$$F_x = F_y = F_z = 0 \quad (3.3)$$

或

$$F_u = F_y = F_w = 0 \quad (3.4)$$

故：

$$dF = \frac{\partial F}{\partial x}dx + \frac{\partial F}{\partial y}dy + \frac{\partial F}{\partial z}dz = 0 \quad (3.5)$$ 150

或

$$dF = \frac{\partial F}{\partial u}du + \frac{\partial F}{\partial y}dy + \frac{\partial F}{\partial w}dw = 0 \quad (3.6)$$

这种三元均衡状态可以通过三维图像部分表现出来，图像在 e 点处达到最高点（见图 3.4）。

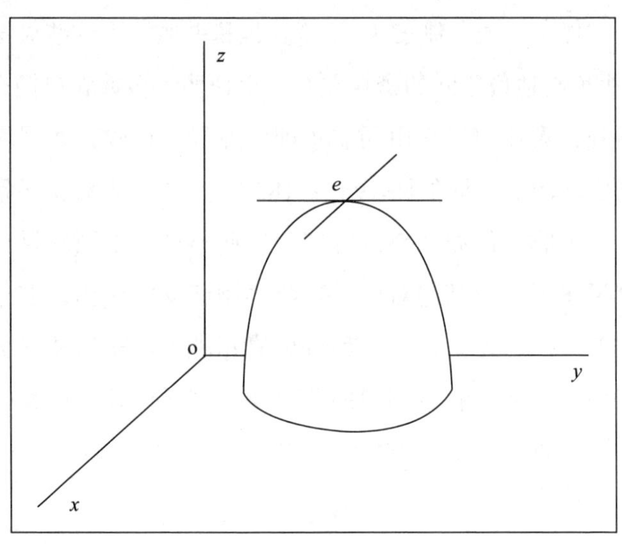

图 3.4　三元均衡

如果为了更生动地表现这一均衡状态而将时间因素考虑在内，则可补加一约束函数 $g(x, y, z)$ 或 $g(u, y, w)$。通过令约束函数等于零，将其乘以拉格朗日乘子 π 并将乘积与原函数相加，便可得到新的函数。即

$$F(x, y, z)=f(x, y, z)+\pi g(x, y, z) \tag{3.7}$$

或

$$F(u, y, w)=f(u, y, w)+\pi g(u, y, w) \tag{3.8}$$

151 通过设定一阶偏导等于零，同时解以下方程，得到方程关键的变量 x, y, z（或者 u, y, w）和 π 的最优解：

$$F_x=F_y=F_z=F_{\pi}=0 \tag{3.9}$$

或者是

$$F_u=F_y=F_w=F_{\pi}=0 \tag{3.10}$$

3.3.3 结构内的张力

在现实中，三元均衡并不是寂然不动的涅槃之境，三元均衡的设立与维持是高度条件依赖。内部的张力来自相互联系的因素：（1）土地的私人所有制和土地的有限供给；（2）农民的利益与政府和地主的寻租。

张力缘于一些约束条件。第一个约束是土地的可获得性：即只有当土地供给充足时，土地所有权方能满足不断增长的人口。土地供给约束既可以是土地的绝对短缺，也可以是土地的相对短缺。前者是土地供给的物理限制，后者是在农民之间进行土地分配。

第二个约束是维持最低的实际收入，或者对社会中个体的最少食物供给。一方面，与古罗马帝国不同，古罗马向居民提供免费食物，而饥馑时期以外，中华帝国大部分百姓必须自食其力，因为从春秋战国以来，中国就建立了土地私人所有制。另一方面，中央集权官僚体制导致了政府征税，而税收必须从居民收入中以零和博弈的方式获得。于是，传统中国的粮食问题经常会以税收政策和税收负担形式表现出来。尤其是，中国农民对于政府税收的反应尤其敏感，因为在每一轮种植周期（主要是农业年度收获）的最后阶段，税收是决定以食物衡量的实际收入的最重要外部因素。换句话说，税收通过与以食物衡量的实际收入相联系，税收负担内化为中国普通家庭的经济。这一税收和实际收入的相关性，反过来使得税收负担成为一种可以触摸和可精确度量的工具，用来衡量政府的绩效：良好的政府将通过免税或减轻赋税，以保证普通民众获得充足的食物，从而有益于中国人口增长（明清之际税收的减免，参见 Will 1990：245）。更为重要的是， 152
对于普通草根民众而言，中华帝国税收的统一性，使得全国范围内同时对各地政府绩效进行评价变得更为容易。稍后，我们会看到这种机制是理解中国漫长历史中民众同时造反的关键。

第三个约束是从其他经济部门竞争获取资源，这和社会的流动性紧密相连（参见 Eberhard 1962; Ho 1962; Hsu 1965）。除了过度寻租的政府，这通常会损害经济中的农业和农民，由于有时候会有来自不断发展的制造业和服务业的竞争，农业部门在经济中的主导地位受到削弱，这种情况便会和政府的重农政策不相匹配。进而，如有时会发生的那样，当大量控制土地的自由农要么由于赋税或债务过重而放弃土地，要么由于从事回报更高的商业而自愿放弃农业，这样便产生了农民的异化，这种情况会减弱农业的主导地位，并对重农政府构成挑战。

3.3.4 实现均衡的证据

均衡的维持是一件更为困难的事情，从任何一个领域产生的各种约束、张力和危机都可能导致系统的崩溃，而这一结构维系达 2000 年之久，令人啧啧称奇。因此，必然存在一种均衡，此种均衡并非只是想象的产物，它存在于古老中国漫长之历史中。达成这一均衡最有说服力的证据是朝代更替以及周期性的太平盛世的存在（参见沈玉成 1994）。

在费正清的周期性模型中，他正确地指出了中华帝国在绝大多数朝代中是稳定的（Fairbank 1965：第 4 章；Fairbank and Reischaver 1979：71）。更精确地讲，周朝统治中国达 790 年（包括西周和东周，公元前 1046—前 256），西汉 231 年（公元前 206—公元 25），东汉 195 年（公元 25—220），唐朝 289 年（公元 618—907），北宋和南宋各 167 年和 152 年（公元 960—1279），明朝皇帝统治 276 年（公元 1368—1644），清朝 295 年（公元 1616—1911）。这些主要朝代统治中国长达 23 个世纪，大约是商朝后历史（公元前 1046—公元 1911）的 80%，这个周期性模型的核心是中华帝国持续的稳定性。

每个朝代都存在一个太平盛世时期。第一个有历史记载的太平

盛世出现在西周王朝（公元前1046—前771），作为“成王和康王
之治，天下太平，不兴酷刑达四十载，秩序井然”（李民、杨择令等 153
1990：64）。汉朝，从汉惠帝（公元前194—前188年在位）到汉文帝（公元前179—前157年在位），以及汉景帝（公元前156—前141年在位），免赋税达60年，结果人口快速增加，政府粮仓很少使用以至于储存的粮食都烂掉；府库中的钱币久未使用，以至于穿钱币的绳子都烂断。在汉哀帝（公元前6—前1年在位）继位之后，皇宫和府库充盈，普通百姓也很富足。尽管经济并不如汉文帝和汉景帝那般好，人口却达到了历史水平（周伯棣1981：71, 73）。

这种稳定性在短命政权也同样存在。例如，隋朝（公元581—618）被视为极不寻常的一个政权，赋税繁重，腐败至极，权贵者飞扬跋扈，滥用权力，就这么一个朝代，在其开国初期25年（公元581—606）中，社会也曾是一片安宁，尽管多次遭受洪涝灾害，人口依旧增长，每年的商品集市商贾云集，占满了从河南潼关以及河北蒲坂到都城的道路。官方在公元592年出具的报告中称府库和粮仓皆满，为接纳新的物品又营造了新的仓储地（周伯棣1981：190—191）。

这种太平盛世的出现是基于二元均衡，这种状态不仅仅使得欧洲的到访者印象深刻（如13世纪的马可·波罗和17世纪以后的西方传教士），而且也使得中国模式成为后来18世纪欧洲追随的模式（Maverick 1946）。

太平盛世有一些共同点：农业蒸蒸日上、农民心满意足、良治政府和天下太平。对于一般的历史学家而言，太平盛世还应该包括稳定的疆土、学术和艺术的繁荣、公共设施增加、社会福利改善、有限的税收（参见Wright, M. 1957：43-44，也参见Feuerwerker 1976）。对于经济史学家而言，盛世之迹象有所不同，它包括：（1）稳定的食物价格；（2）政府粮仓的充实；（3）较轻的赋税；（4）人口的增长。

这里，问题出现了：如果均衡是周期性的，社会在经受诸如人口压力，商业化以及外族的入侵 / 征服这些冲击和干扰的情况下，是采用什么样的机制才得以回归均衡的？换句话说，中国在经历系统的破裂之后为何以及如何回归正常，它是如何改变自己做到的？这个问题对于理解中国的过去至关重要，我们将在第四、五、六章节中详加探讨。

154 3.4 内平衡

三元均衡的关键问题不是如何在这些抗衡力之间保持平衡，而是如何在每个抗衡力之内保持平衡。这样的平衡，可以界定为内平衡，对三元均衡也同样重要。

3.4.1 土地控制和土地所有权的分化与集中

3.4.1.1 中国的困境

在封建制度下，保持私人土地所有权和土地集中之间的平衡并不是一个问题，因为个人土地所有权和市场土地交易在很大程度上是缺失的。长子继承制使土地控制权和土地所有权永远不平等，因此也使得封建制度不平等。只要封建阶级控制了社会经济生活，社会稳定是可期的。

与封建制度相反，为了让三元均衡能够发挥作用，需要在土地所有权和土地集中之间取得平衡。但是这样的平衡取之不易：由于长子继承制的缺失，使得要取得私人土地所有权和地权市场的发展、稳定或均衡更为困难。一方面，由于在儿子中间实行平均继承制，土地的分割过程使得财富的累积更为困难（Cipolla 1970：275）。这种继承制度最早可以追溯到夏朝（约公元前 2070—前 1600），起源于上层阶级（参见李民等 1990：37）。平等继承权的危险之处在于，随着人口的增长，拥有的土地会越分越小，使其偏向于劳动密集型的农业（对于法国的情况，参见 Hohenberg 1972：233），一旦所拥有的土地低于某个最小值时，其所有者——农民的生活就处于危险之境。另一方面，由于市场机制的存在，土地便从一个集团转移到另外一个集团，最终造成土地的集中：最早自战国时期（公元前475—前 221）以来，土地所有者就能自由转让产权（周伯棣 1989：49），因此，传统中国同一个家庭对土地的保留很难超过两到三代人（Cipolla 1970：275）。尽管有夸大的成分，这个表述确实表明了中国经济通常的做法，大部分的土地交易是在和平时期通过市场交易实现的，而在动荡时期则不借助市场进行交易。无论采用何种方式，一旦这类交易大规模发生，拥有控制权和所有权的农民的稳定性就受到了削弱：就会出现土地的垄断阶层和没有土地的佃户。在一个功能性的产权市场，这个过程是不可避免的。显然，如果很多农民失去了土地，自由农为基础的农业便不可为继。然而，这种特例在长时间中并不存在：纵观中国历史，土地私人所有制和土地集中之 155
间能够取得了一种平衡（作为比较，参见附录 II）。

3.4.1.2 土地控制和所有权的稳定性

因此，对于中国小土地所有权自身在长期中能否生存下来的疑问，答案是肯定的。这可以参见表 3.1。稳定的概率是 25%（在矩阵的西北角 6.25%×4），不稳定的概率也同样是 25%（在矩阵的东南角 6.25%×4），半稳定状态出现的概率是 50%（在矩阵的东北角和西南 6.25%×8）。加起来，中国土地的所有权状况有 75% 的概率是可以控制的。最令人感兴趣的是，75% 正好是社会中土地所有者长期来讲的比重，这不大可能是一种巧合。中国出现政府土地所有权泛滥而不是小农所有权为主的概率（分类 III）或者大土地所有权泛滥（分类IV）的概率最高是25%。因此，假设中国的体制本质上是不稳定的言论纯属是无稽之谈，情况恰恰相反。

表 3.1 中国土地所有制类型的稳定性

B / A \ C	I	II	III	IV
I	稳定 6.25%	稳定 6.25%	半稳定 6.25%	半稳定 6.25%
II	稳定 6.25%	稳定 6.25%	半稳定 6.25%	半稳定 6.25%
III	半稳定 6.25%	半稳定 6.25%	不稳定 6.25%	不稳定 6.25%
IV	半稳定 6.25%	半稳定 6.25%	不稳定 6.25%	不稳定 6.25%

注：A. 土地所有权的类型；B. 所有权类型变迁的趋势；C. 结果。I. 小中型土地所有权占主导；II. 有利于小农的政府土地所有权占主导；III. 不利于小农的政府土地所有权占主导；IV. 大土地所有者占主导。比例是事件发生的概率。

这种稳定性也得到了经验证据的支持。首先，中国明清之际，土地的累积和集中是一个极为缓慢的过程（Chao 1981：727）。其
156 次，明朝公元1481—1640年间，尽管价格革命导致了食物价格的翻倍（参见附录B），但中国南方稻田的价格一直保持稳定，大约在每亩白银8.4—10两（313.3—373克；或者是每公顷4475.7—5328.6克）（同上：728），这就说明稻田产量的增加抵消了价格革命带来的通货膨胀效应。再次，公元1641—1681年间，当清朝还没有向农民开放迁徙，没有大量的新耕地之时，南方稻田的价格逐步下降达44%。大约花了90年时间，才使得土地恢复到了公元1641年的水平（同上：728–729），这个恢复速度远远慢于明末清初战争之后人口恢复的速度。如果把价格革命的通货膨胀效用考虑在内，直到公元1821年，稻田的价格才得以恢复。

3.4.1.3 措施、宏观社会经济政策和中国的发展轨迹

理论上，可以通过操纵或者使市场失效的手段，来获得控制权和所有权的稳定。中国便是如此，中国价值观和政府政策的相互作用延缓了异化的自然过程。

第一，个体农民总是不太愿意出售他们的土地，对于中国家庭而言，最糟糕的事情便是失去土地，用古话讲就是“上无片瓦，下无立锥之地”。丧失土地被视为经济灾难，这种不情愿的情结对于土地出售起到了抑制作用。

第二，政府的救济工程通常是向穷人和缺少土地者提供低息贷款和土地配给，有了低息贷款和土地配给，穷人便不再需要出售土地。另外，土地配给也帮助了失地农民重新直接获得他们的地位。实施这种政策的条件是：（1）政府在现金或者其他方面有足够的资源；（2）土地由政府处置；（3）政府能有效地甄别农民经济困难和实施上述各项任务。所幸的是，中国政府通常有资源来对付饥馑和其他短缺（参见，例如 Will 1990：2-3，以及附录 A）。通过战争以及内部拓荒获得新的未开垦土地；中国的官僚有足够的能力来实施这些艰苦的任务。政府贷款最好的例子便是王安石（公元 1021—1086）所发动的“青苗法”：当新的庄稼还在地里，而旧的已经被消费完了的时候，政府向农民提供廉价贷款，以帮助他们度过青黄不接之时（吴慧 1984）。从西汉（公元前 206—公元 25）开始，政府把控制的土地一视同仁地配给健全的国民，这一制度在北魏时期（公元 386—534）得以标准化，并在隋朝和唐朝（分别是公元 581—618，公元 618—907）得到继承（周伯棣 1981： 151—169, 193, 195, 198— 157
201）。政府土地的重新分配涉及两个方面：（1）和平时期，组织缺地农民从土地稀缺地区（狭乡）迁移到土地丰裕地区（宽乡）；（2）

战后，通过在战前农业区或者在新征服土地上大量的“无主田”建立农业屯田。

第三，通过市场调控，地权的买卖受到政府严格管制：土地买卖从来都是，要么是禁止的，要么是政府控制的。例如，西汉王莽时期（公元 9—23）和晋朝（公元 265—420）新政时期的法律制度下，配给土地的出售在“王田制”和“均田制”下是不允许买卖的（周伯棣 1981：116, 145－146）。进而，通过开垦边缘的土地以增加土地供给。到了宋朝时期，边缘土地的开垦已经达到了极致，以至于不仅经常开垦山丘和河滩，还发明了在湖上漂浮木筏上种植的方法（参见陈旉 1149/1981）。

这些措施有效地抑制了（由市场机制引发的）土地的集中，以及由中国平均继承制度导致的土地碎片化。到了清朝末年，绝大部分拥有土地控制权和所有权的自由农依然缺乏活力，尽管中国的人口已经倍增，耕地面积却大幅度萎缩（Deng 1993a：第 6 章）。

然而，这并不意味传统中国没有土地短缺危机，事实上土地短缺危机的确出现过。但在大部分情况下，这类危机是局部的和短暂的。如果成为普遍性危机的话，经济便会偏离均衡。由于农民会以起义方式做出反应，因此社会有时候会濒临危机。为了重新使得土地和社会状况恢复正常，中国农民会毫不犹豫地诉诸“打土豪分田地”等激进的手段（Mao 1967 卷 1：23－59, 87－90）。农民的总目标是重新恢复国家永恒的三元均衡。

在这个背景下，农民起义采用了各种符号，其中包括汉朝（公元前 206—公元 220）和晋朝（公元 265—420）时采用象征道家的“五斗米教”，元朝（公元 1206—1368）和明朝（公元 1368—1644）

时采用象征佛家的“白莲教”，清朝（公元 1616—1911）时采用基督教的“太平天国”（参见附录 J）。他们并不真正在乎所谓的“主 158
义”，他们真正关心的是“耕者有其田”。

然而，尽管我们对于传统中国地主占人口多大比例不甚了了，但可以确知，纵观中国历史，失地农民占农村地区人口的比例是非常小的。因此，由市场力量导致的土地集中和由政府干预导致的处于保护小农利益的土地平均分配之间，存在一个土地控制的长期均衡（李剑农 1957：第 7 章，1962：第 8–10，16 章；范文澜 1964；傅筑夫、王毓瑚 1982：第 4，11 章；郑学檬等 1984；高敏 1987）。

3.4.2 政府的权利和官员的腐败

3.4.2.1 良政与恶治

自秦始皇（公元前 221—前 210 年在位）统一中国后构建一个包括君主、官僚在内的中央集权治理结构以来，权力腐败便如幽灵般伴随着中国政治。官僚体制的各个层面都出现了腐败和滥权：从政府最高层的高官到最底层的地方官员。这就给人留下一个印象：中国是腐败的天堂。这就产生了一个重要问题——如何在政府权力和官员腐败之间取得平衡，这对于维持三元均衡至关重要。

任何一个政权都得在以下两类组合中做出抉择，抑或是高度的腐败 / 滥用权力与短命政权的组合，或者是较低的腐败 / 滥用权力与长期政权的组合。其关系可以用以下方程表示：

$$t = a + \frac{b}{K} \quad (a \geqslant b; b > 0; K > 0) \tag{3.11}$$

这里 t 是政权统治一国的时间长度，a 和 b 是常量，K 是腐败和滥权的程度。在其他条件不变的情况下，如果政权想长治久安，势必要控制腐败和滥权。换句话说，一个良好的政府代表了统治集团长期的利益，而腐败和滥权只代表短期利益，如果统治集团的目标是要让政权长治久安，那么需要力行控制腐败程度 K。

这个方程解释了中国看似自相矛盾的历史背后的真相：一方面，中央集权的政治结构产生了强大的力量，因此无法抗拒腐败和滥权，但是中国却是世界史上持续时间极长的国家之一。显然，中
159 国的体制容许腐败和滥权（K）共存。或者，更为正确的说法是，对这种滥权留有余地（$K>0$）。另一方面，为了存续，中国也有一些固有的机制来抑制腐败和滥权。于是，问题并不在于是否容许腐败和滥权，而在于如何在良治和恶治之间取得平衡。在传统中国统治集团内部：君主和官僚都易受腐败和滥权的影响。在环环相扣的监察制度下，中国的制度容许一方在任何时候进行腐败，而如果其他一方依然是“廉洁”的，那么腐败和滥权便会被控制在一个可控的水平上。当然很有可能双方同时腐败，但是统计上这种情况出现的概率不是很大。因此，尽管中国远远不是一个对腐败绝缘的区域，然而却延绵不绝长达千年之久。这在很大程度上要归功于政府自我调节系统的有效性：长期来说，可以在良政和腐败及滥权之间维持平衡。过度的寻租型恶治，也就是掠夺型政府并不是主流，这是国家在漫长历史的大部分时间里能够保持统一的主要原因。假定清廉君主出现的概率是 50%，那么出现完全稳定的概率是 25%（50%×50%，象限 I），半稳定的概率是 50%（25%×2，象限 II 和象限 IV）。这使得系统大概有 75% 的稳定概率，图 3.5 对此做了说明。

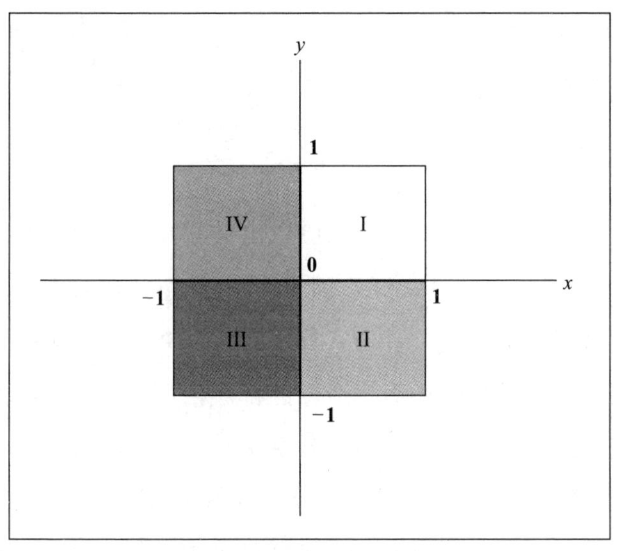

图 3.5　中华帝国稳定的概率

注：x 轴和 y 轴分别是官僚和君主，这是决定中国系统稳定的两个关键因素。情况（1）x 和 y 的作用恰当；情形（−1）是 x 和 y 质量。象限 I 是完全稳定区域（$x > 0, y > 0$）；象限 III 是不稳定区域（$x < 0, y < 0$）；象限 II 和 IV 是半稳定区域（$x > 0 > y, x < 0 < y$）。

这个观点挑战了莱昂·斯托夫（Leon Stover）的“替代论”，即中国是一个受传统主宰的社会，君主只不过是社会的囚徒（参见 Stover 1974）。而中国的君主的确有很多选择，并在社会—政治以及经济均衡方面扮演着重要角色。

3.4.2.2 中国的轨迹

中国历史上腐败和滥权以及过度寻租最好的例子就是秦始皇时期的秦朝，以及隋炀帝（公元 605—616 年在位）时期的隋朝。在《汉书》中记录如下：

古者税民不过什一，其求易共；使民不过三日，其力易

160 足……至秦则不然……又加月为更卒，已，复为正，一岁屯戍，一岁力役，三十倍于古。

（班固《汉书·食货志》）

从以上信息可以看出，秦朝成年男性劳动力的徭役时间大约为90天（30×3）。后来，隋炀帝时期徭役负担急剧加大。公元604年，征用数万名服徭役者挖掘一条贯通三省的防御沟渠。公元605年，征用200万徭役劳动力建造新的都城洛阳；征用100万徭役劳动力开挖大运河，另征1万名以备皇帝沿运河视察观光之用（范文澜 1964 卷3：30–47）。公元607年，征用50万徭役拓宽全国快速道路。对于890万户家庭而言，仅仅修筑大运河（全长2500千米）和新的快速道路系统（1500千米）两项就已不堪重负了（对于建造细节，请参见韩连琪 1986：14–15 以及 Cressey 1934：24–26；关
161 于人口规模，请参见梁方仲 1980：6）。如果我们假定所有的家庭都能胜任所有的任务，那么每户将承担0.28米的运河和0.17米的快速道路，另外还要加上远途跋涉和必需品的供给，必需品既可以直接由同一拨人口提供（通常根据徭役法，服役者自备所需），也可以间接地由政府通过征税来提供。

同年，又强制征用100万劳工修建和巩固长城；公元608年，虽然这个数字有所减少，但仍然达到20万人之众（同上）。此外，公元611—614年期间，隋炀帝发动了三次战争，大量劳工被强制征用。以公元612年的情况为例，该年入侵的军队规模达到1133800人，为军队提供补给的劳工数量约为军队人数的两倍（同上）。隋炀帝时期，平均每年被强制征用的劳工数约为200万，他们一年合计工作约7.3亿个小时。根据公元609年的人口统计，隋朝总共有8907546户（参见梁方仲 1980：6），共计46019956人，如果每户

都符合征用条件，则平摊到每户的时间约为 82 天 / 年，这与秦始皇时期相当。除此之外，隋朝还有 100 万—200 万人的军队，而这些士兵多为“府兵制”下被强制征募的青年农民（周伯棣 1981：184）。这些人每年合计共为军队工作 3.65—7.30 天。算上这些，隋朝居民每年被国家强制征用的时间总计为 1095 万—1460 万天，平均每户 123—164 天，相当于一年的 34%—45%。与之形成鲜明对比的是，在南北朝期间，每个体格健全的成年男子每年被强制劳动的时间仅 20—45 天（周伯棣 1981：180-181），仅为一年的 5.5%—12%，平均值只有 8.8%。据官方记录，至隋朝灭亡之时，政府所拥有的粮食储备足够维持全国的粮食供应若干年（徐天春、李亚伟 1995：308），秦朝和隋朝时期沉重的徭役与赋税表现出当时政府的腐败和滥权，这也是两个王朝为何如此短命的原因。

但是就长期而言，中国政治和社会总体稳定，自秦朝以来中国只经历过四次长时间的政权分裂，使中国人生活在非单一政府之下，它们分别是：三国时期（公元 220—265），南北朝时期（公元 420—581），五代十国时期（公元 907—960），蒙古、金和南宋时期（公元 1115—1279）。分裂的时期总共有 423 年，大约为中央集权统治时间（公元前 221—公元 1911）的 20%，略小于 25% 的理论值。这
种稳定性与政府通过自我约束来控制过度寻租的行为密不可分，从 162
土地税与户税（或人头税）的长期税率可以看出这一点。

表 3.2 给出了从汉朝到唐朝的土地税税率的估计值，可以看出，长期的土地税约为每户土地粮食产量的 0.7%—5.2%，平均为 1.6%—2.5%。有人指出，表中关于土地产出的数据是当时最高的水平，这使土地税负要小于实际税率。为了解决这一问题，我们将产量减半后再做计算，这使得土地税税率变为 1.4%—10.4%，平均 5.9%。即使这样，土地税的负担也是很轻的（参见附录 G）。

表 3.2　汉朝至唐朝时期土地税税率

时　期	税率[1]	转换后数值[2]	农业产率[3]	比例（%）
东汉	4	1.15	53.6—80.4	1.4—2.1
东晋	3	0.78	79.1—111.1	0.7—1.0
北朝[4]	3	1.05	79.1—111.1	0.9—1.3
隋朝（1）	3	1.57	75.7—113.6	1.4—2.1
隋朝（2）	7.5	3.93	75.7—113.6	3.5—5.2
唐朝	3.3	2.42	75.7—113.6	2.1—3.1
平均				1.6—2.5

来源：基于梁方仲，1980:7; 1981: 153, 158, 160, 195-196, 198-199; Deng 1993a: 160.

注：1 以每亩升为单位。

2 基于梁方仲，1980: 545, Chao 1986: 66, Deng 1933a: xxv。

3 估算土地生产率（参见 Deng 1993 a: 160）。

4 从东晋（公元 317—420）到北朝（公元 420—589），土地税和人头税是合在一起计算的，每个成年男性每年缴纳 5 石粮食。基于这一点，估计实际税率不超过每亩 3 升（基于长期的土地衡量机制所提供的信息，每户平均拥有 160.45 亩土地）。

汉朝时期，人头税约为每个儿童 20 钱，每个成年人 120 钱（周伯棣 1981：92）。东汉建安时期（公元 196—219），户税为 2 匹丝布和 446 克丝绵（即 2 斤，1 东汉斤 =223 克）（同上：153）。西晋时期（公元 265—317）户税为 3 匹丝布和 669 克丝绵（即 3 斤，1 西晋斤 =223 克）（同上）。南朝宋时期（公元 420—479）户税为 4 匹布。南朝梁、陈时期（公元 502—589）户税为 12.3 米（即 5 丈，1 梁-陈丈 =2.45 米）和 42 克丝绵（即 3 两，1 梁-陈两 =14 克）（同上：159-161）。之后的隋朝（公元 581—618），丝绸产区户税为 1
163 匹丝布加 126 克丝绵（即 3 两，1 隋两 =42 克）（同上：196），不产丝绸地区户税为 1 匹亚麻布和 2004 克亚麻（即 3 斤，1 隋斤 =668 克）。唐朝时期，户税为 6.2 米丝布（即 2 丈，1 唐丈 =3.11 米）外加 74 克丝绵（即 2 两， 1 唐两 =37 克）（同上：198），或者 7.5 米亚麻布（即 2.4 丈，1 唐丈 =3.11 米）外加 1791 克亚麻（即 3 斤，1

唐斤 =597 克）。公元 769 年，唐政府决定户税以现金形式缴纳，分为九个等级，从 500—4000 文不等（同上：206–207）。由于缺乏关于丝织物产量的材料，我们无法得知户税的税率。但是，现在的人普遍认为传统织布机的织布效率约为每小时 2—3 尺。按传统的度量单位，一匹为 50 尺或 100 尺，需要 17—25 个小时或 34—50 个小时才能织完，各时期的户税以及折合的工作时间已由表 3.3 给出。

表 3.3　汉朝至唐朝时期户税统计

时　期	布（尺）	当代尺[1]	工作时间[2]	工作日（12小时）
东汉	100—200	69.7—139.4	27.9—55.8	2.3—4.7
东晋	150—300	121.—242.6	48.5—97.0	4.0—8.0
北朝（1）	200—400	158.—316.4	63.4—126.8	5.3—10.6
（2）	50	40	16	1.3
隋朝	50—100	44.6—89.2	17.8—35.6	1.5—3.0
唐朝	20—24	19.8—39.6	7.9—15.8	0.7—1.4
平均		75.6—144.6	28.8—57.8	2.4—4.8

来源：基于梁方仲，1980: 7；周伯棣 1981: 153, 158, 160, 195—96, 198—99; Deng 1993a: 160

注：1 转换方式基于梁方仲 1980: 540—544。

2 基于织布平均速率每小时 2.5 尺的假设。

如果将麻类植物的种植和加工、桑树的种植、桑叶的采摘、蚕的养殖和蚕丝的加工考虑进来，工作时间的数据会远远超过织布的数据。如果我们认为织布前的工序所耗费的时间是织布所耗费时间的 5—10 倍，每户人家为缴纳户税每年需要工作 12—24 天或 24—48 天。进一步讲，假设每户人家有两个成年人和三个孩子，每个孩子的劳动量相当于 0.1 个成年人，则每户人家每年的工作时间合计为 839.5 天（365 天 ×2.3）。更进一步讲，假设每户人家一年合计工作时间只有一半（419.5 天）用在非粮食生产上，则户税税率估计为

164 非粮食生产工作日的2.9%—5.7%或5.7%—11.4%，平均为4.3%或8.6%。如果考虑一户人家的所有工作时间都用于非农业生产，上面的数据就要减半。

有时，土地税和户税是合在一起征收的。比如说，唐朝有“两税法”，明朝实行“税收与劳役结合”的政策，清朝有“摊丁入地”。根据公元769年唐朝实行的“两税法”，赋税为每亩7—11升粮食（周伯棣1981：206）（约为现代每亩5.14—8.07升）。考虑到当时的粮食产量（小麦约为每亩75.7升，水稻约为每亩113.6升）（Deng 1993a：160），税率应该在6.8%—7.1%之间。这比费维凯教授估计的农业占全部GDP的7.1%—9.3%（全国税率从4%—13%不等）稍低（Feuerwerker 1984：300）。总的来说，虽然一户人家的总产量时有波动，但基本保持在10%左右。这样的税率逐渐制度化，并被每个奉行儒家思想的王朝以自我约束的形式遵循着。

加重税赋历来被视为国家管理之大忌，有责任心的帝王或者官僚阶层都会心怀敬畏之心而极力避免（有关帝王方面的资料请参见赖琪、陈琛［编］1995：273-295; 魏在田等1995：279-285）。以清朝为例，据记载，公元1687年，陕西和江宁免税达到史无前例的600万两白银，康熙皇帝对此非常满意，说道：“这600万两足以表达我对子民的厚爱。”另一事件发生在公元1702年，当康熙得知国库还有500万两白银的剩余时，他命令户部减免云南、贵州、广西、四川四省一年的赋税（魏在田等1995：279, 283）。鉴于公元1685年全国土地税收收入只有24449724两（梁方仲1980：392），500万两相当于总收入的20.5%，600万两相当于总收入的24.5%。可见，所免赋税并非小数目。

清朝政府的财政来源主要有四个：土地税、贡粮、国内的商业税和食盐专营的收入。其中，土地税占了这四项总收入的三分之

二。土地税和贡粮的收入是固定的，商业税和食盐专营的收入也是
稳定的。当财政有需要时，清政府就通过卖官来筹集资金（Wright,
M. 1957：149），这样的行为被视为腐败 / 滥权。确实如此，但是，
如果卖官政策意在劫富济贫，救济穷苦的农民，哪怕甚至只是为了
稳固统治者的政权，这种腐败 / 滥权从道德上讲也是可以被农民接 165
受的。晚清时期，即 19 世纪 50 年代，太平天国起义席卷了最富裕
的地区，清政府损失了 90% 的常规收入，这对清朝统治构成了极大
威胁，对起义军队是极为有利的。中国历史上，武装起义往往都是
由繁重的赋税引起的，这也是为什么历朝历代都把增加赋税看作禁
忌的原因。公元 1868 年，有两位朝廷官员提高赋税，为同治皇帝
的“自强”改革运动（公元 1862—1874）提供资金，之后他们遭到
了审判并受到了严厉处罚：一位被罢免一切官职，另一位被流放至
3000 里之外的遥远省份（同上：155）。同治皇帝借机颁布诏令，宣
布清政府无论在什么情况下也不会增加赋税，并且将永远遵循税率
稳定的原则（同上：155－156）。在这两件事中，清政府的自我约束
是显而易见的。这种对于寻租的自我约束能力解释了费维凯提出的
悖论（1976：75）：一方面，清政府腐败和滥权是臭名昭著的；但是
另一方面，清政府并没有因为腐败和滥权而灭亡。一个政权的灭亡
往往是由其他原因造成的。

因此，在研究整个中国历史时，不应该过分强调腐败和滥权问题。然而，令人感到困惑的是，为何中国的政治体系一方面在很大程度上容忍腐败，而另一方面又保持自律性而不过分压榨农民（参见，例如 Moore 1966：171－172）。毫无疑问，无论是改变税法（这将造成全国范围内的影响）还是地方官员非法的滥权行为，都会加重农民的赋税负担。如果这样的事情发生了，政府就偏离了重农主义的路线，这样的政权结局往往是悲剧性的。

3.4.2.3 机制

中国能够维持稳定的秘密就是对于腐败和滥权的容忍：集权制度（如图 3.5 所示）。政府用四种武器打击腐败和滥权：（1）被普遍接受的儒家行为准则；（2）对帝王和官员一贯的分类方法；（3）畅通的信息传播渠道；（4）文官和君主之间的行之有效的监督制度。

儒家行为准则

儒家认为腐败或滥权是可控的，正如格言所说，“一日克己复礼，天下归仁焉”(《论语 · 颜渊》)。这里的“克己”和“复礼”指
166 的是，通过个人微观层面和社会宏观层面的控制来抑制腐败和滥权。当这两种控制相结合时，社会便会长治久安。因此，“克己”和“复礼”实际上是反腐宣言。儒家思想使统治者们认识到社会的需求（主要是农民的需求）以及国家的责任。明确这些需求和责任后，儒家思想便很容易作为行为准则而被遵循。这些行为准则的核心是让整个国家像一个家庭一样运转，这可以从儒家“修身、齐家、治国、平天下”的思想中反映出来，这里的每一步都是为下一步做铺垫（吴予敏 1988：213–215）。以家庭为基础的社会秩序往往给外人一种中国是“家庭化的国家”的感觉（Fairbank 1965：第 2 章）。考虑到儒家的行为准则在社会中广为传授，儒家伦理在各草根阶级中得以普及，普通民众便有了评判国家和官员行为的准则，这些准则也因此变成了打击各层次腐败和滥权的武器。当然，儒家的道德监督作用并不像现代民主社会中的法治那样有效，但是在传统社会中，对于中央集权政治结构而言，它是一种合理的安排，至少它非常人道，并具开放性。

在这种体制下，腐败以及滥权的主要表现形式是赋税过重。如果贪婪的寻租行为不受控制，公式（3.4）中的 Fw 就会大于 0，这意味着经济偏离三重均衡。另一方面，公式（3.11）中 K 的值就会

增加并且引起代表政权延续时间的 t 值减少。这就解释了儒家“修齐治平思想”也具体化为“轻徭薄赋”的原则。西汉著名儒家学者董仲舒（公元前 179—前 104）批判了秦朝的暴政，并要求恢复仁政以遵循“天道”（董仲舒《春秋繁露·制质》；班固《汉书·董仲舒传》和《汉书·食货志》），他坚持认为“薄赋敛，省徭役，以宽民力。然后可善治也”（班固《汉书·食货志》）。他提出这样的观点，原因很简单，当腐败滥权得到抑制时，王朝衰落的局面才能得以扭转，而控制赋税和徭役，腐败和滥权便得以抑制。

君王和官员的分类

运用儒家行为准则，帝国王朝的史学家和儒学家把帝王和官员分为对立的两类，帝王分昏君和明君，官员分贪官和清官。有两点值得一提：第一，明君和清官所做的事都符合三重均衡的要求，昏 167
君和贪官则不然；第二，在历史上，明君和清官受到赞扬，昏君和贪官都受到批判（李桂海 1987; 肖黎 1987; 李祖德，1990; SGC 1991; 牛创平、秦国经 1992; 史延廷 1992; 韦祖辉、颜吉鹤 1992; 李祖德 1993; 羊春秋、沈国清 1993; 章继光等 1993; 李世愉 1994; 孙言诚 1994; 董书城 1995）。相应地，除了官方的朝代史，有这么一批书是君臣写就，并为他们而作，用来告诫统治阶级如何避免错误。例如，吴兢的《贞观政要》，司马光的《资治通鉴》，毕沅的《续资治通鉴》，唐太宗的《唐太宗治国圣训》，宋太祖的《宋太祖治国圣训》，明太祖的《明太祖治国圣训》，康熙皇帝的《康熙治国圣训》，乾隆皇帝的《乾隆治国圣训》（赖琪、陈琛 1995; 梁吉充、王玉林 1995; 徐昌义、李跃武 1995；魏在田等 1995）。

信息渠道

在传统中国，官员和帝王可以利用一套信息收集系统，随时了解到外部社会的发展以及内部国家机器的发展，这是抑制腐败的又一利器。

秦朝时，丞相负责从所有政府渠道收集信息并将之报告给皇
168 帝（吴予敏 1988：95）。汉朝时，信息的收集与处理是由尚书、台中等级别的官员（郎）完成的，以便把高级官员对信息的影响降到最小（同上：96–99）。隋朝早期，谒者台下成立了一个机构，这个机构和一般的行政网络平行，可以作为与中央直接联系的替代性渠道（同上：96–97）。唐朝时，翰林学士和太监组成了另一条信息和沟通渠道。女皇武则天甚至成立了投诉机制：皇城的每扇门上都设一个检举信箱（匦），普通百姓可以通过信箱与政府沟通（同上：98–99）。同样是唐朝时期，皇家巡查官员（分四个等级：观察使、巡查使、按察使、采访使）被派往各个郡县以获取一手资料（同上：99）。之后的朝代（宋朝、明朝等）只是简单地复制了唐朝的制度，直到清朝使用“密折、密奏或奏书”的方式联系君主和官员，尤其是下级官员（同上：99–102）。关于地方和国家政策讨论的密奏，主要是为了让皇帝了解国家的不同地方发生的事情，什么事应做还未做，从而成为皇帝与官员沟通的一条重要渠道（同上：109–111）。设立这条渠道的主要目的是减少各级别官员操控信息的可能性，使国家机构在运作过程中少犯错误，并在一定程度上抑制腐败。中国历史上各主要朝代的稳定性说明这套信息网络行之有效。

监督体制

监督体制设计严密，对抑制腐败滥权、促进廉政起到了重要的作用。这一系统关系到社会的两个阶层：君主和官员。建立这套系统主要是为了解决以下两个问题：（1）如何限制君主和官员以权谋私；（2）如何保证权力不被滥用（彭勃、龚飞 1989；蒲坚 1990：第6–13章；祝晏君、叶林生 1992；唐进、郑川水 1993：第4–10章；田兆阳 1994：249–310）。儒官和君主在解决这两个问题中都起到

了重要的作用，解决的方案可以被定义为“士限制君”准则和“君限制臣”准则。

“儒士 vs. 帝王”：长期以来，儒士和历代帝王荣辱与共，紧密相连，富有使命感的儒士认为，人们能够并且应该接受教化，这样
世界才会变得更美好，教化也同样适用于帝王。当然，纵观中国历 169
史，对帝王的教化和监督成了儒士的使命。儒士告诫并约束帝王，使其为社会福祉担当责任，同样重要的是，还为世人树立楷模，实现和维系社会和谐。儒家的法则包括：（1）真正的儒者，其为政之道是实践儒学之道（施义行道）（阎步克 1986：146）；（2）真正的儒者，当遵从儒学之道而非听命于帝王（从道不从君）（荀况，238，《臣道》篇）。孟子将其解释得更加直白，“君子之事君也，务引其君以当道，志于仁而已”（《孟子·告子下》；比较 Lau 1984：211）。儒家教化和监督的最终目的是塑造“圣君”或者“模范君主”（参见 Dobson 1983：155—157）。为了达到这一目的，君王必须通过教育或培训以接受仁的思想。儒士还将教育王子王孙视为其连带的责任，以使所有皇室成员都信奉儒家思想（对于清朝的描述，请参见 Feuerwerker 1976：35–38）。

可想而知，儒家价值观时常和君王的意志相抵触。在这种情况下，一个真正的儒士会坚持原则，如果需要，他将采取辞官行动（Lau 1984：221；也参见阎步克 1986；张岱年 1987），在更为激进的情况下，甚至废黜君王（Lau 1984：219）。孔子自己也保持着正直的品行，就像孔子所说“志士仁人，无求生以害仁，有杀身以成仁”（孔子，《卫灵公》篇）。显然，孔子预料到了儒士与中国帝王之间永久的张力，前者代表了智慧与文明的力量，后者更多地代表了政治的力量，通常是军事力量。如第二章分析的那样，在“天”和“道”的哲学框架下，君王受到儒士的控制，做事得三思而后

行。实际上，汉朝以后，大多数的帝王遵从儒学的教诲，顺从天理，以求天下太平。这就解释了为何中国古代的帝王会用“下诏罪己”的行为以求得到人民的宽恕，这种行为对于东方专制论鼓吹者来说是不敢想象的。

对于皇帝的限制还体现在儒家学者参与国家最高决策这一方面。国家运作中往往是由皇帝和大臣一起做决策。以明朝为例，从五个
170 国家级学堂中挑选出的内阁大学士参与最高决策，皇帝对于腐败和滥权的限制也应运而生（吴予敏 1988：100）。对于一些复杂事务，皇帝会召开御前会议商议时政，通常与会官员多达数百位。汉朝，这样的会议召开了 127 次，平均每 3.4 年一次（同上：119）。其中最著名的要数公元前 81 年召开的盐铁会议，这场会议为之后各个朝代的政府商贸政策奠定了基础。

儒士对于帝王的限制主要通过谏诤，第一次有记载的谏诤发生在夏朝（公元前 2000—前 1520），当时暴君夏桀倾全国之力修造瑶台时，一位名叫关龙逄的大夫就此事进谏（李民等 1990：32）。最终关龙逄被处死，他也成了历史记录中第一个谏诤的牺牲品。谏诤因此也有了一种非常敏感的特性：如果君主昏庸，这个行为可能会付出仕途甚至生命的代价。儒士创立了两种进谏方式，一种是直谏，一种是曲谏，这取决于君王的性格。儒官根据帝王的品性把他们分为三类：第一类是圣君；第二类是明君；第三类是暴君。荀况在他的《臣道》中指出，与圣君相伴，不需要谏诤；与明君相伴，采用直谏的方式；与暴君相伴，采用曲谏的方式（事圣君者，有听从无谏争；事中君者，有谏争无谄谀；事暴君者，有补削无挢拂。）（参见吴予敏 1988：122）。由此可见，“儒士限制君王”的形式被儒士小心地守护着。留给他们的问题不是是否要监督君王而是如何去监督君王。

即便如此，正直的官员前赴后继地履行其谏诤之职，其中包括张敞（?—公元前 47），龚遂（？ —公元前 62），杨震（?—公元 124），虞愿（公元 426—479），乐运（生卒年不详），魏徵（公元 580—643），寇准（公元 961—1023），耶律楚材（公元 1190—1244）和海瑞（公元 1514—1587）（韦祖辉、颜吉鹤 1992：38－50, 75－82, 102－104, 119－124; 陈国恩、袁晖 1995：第 4－5 章；也参见栾保群、秦进才 1994）。为了显示他们的坚毅，南北朝时期的乐运以及明朝的海瑞在向皇帝谏诤时甚至带着棺材到大殿（韦祖辉、颜吉鹤 1992：121, 247）。在儒士的坚持下，到了唐代早期，唐太宗极力支持谏诤，并逐步将谏诤制度化，人们常引用他的话："受谏则圣。"（徐天春、李亚伟 1995：210） 171
儒士和皇帝之间的机制在一定程度上肯定了莱昂 · 斯托弗的看法（参见 Stover 1974），即中国的皇帝就像是社会中的囚徒，几乎没有摆脱所谓的"儒士监督"的自由，尽管斯托弗的观点失之偏颇，因为他没有考虑皇帝和官僚双方的权力平衡问题。儒士也常常被贴上"中国士大夫"的标签并从中受益，比如这一阶层可以享受减税优惠。清朝末期，税收减免幅度在 15%—46% 之间，平均减税率达 30.5%。

"士和君"的关系并非完全如此简单，偶尔皇帝会违反其规则而失去士大夫的支持。结果常常是灾难性的，第一位皇帝秦始皇要对臭名昭著的"焚书坑儒"运动全权负责，没有士大夫再会信任他（Guisso et al. 1989：164－167），他的暴行逆施迅疾令其政权灭亡。无疑外来的冲击，如民众的起义起到了最后的制约作用，这个问题将在第四章中详加讨论。

"君与臣"儒家的规范，无论是为了实现儒家理想还是为了王朝的长治久安，中国君王都需要扮演一个积极的角色。清朝乾隆皇帝（公元 1736—1795 年在位）指出：

> 若以国家治乱，专倚宰相，则为君者不几如木偶旒缀乎？且用宰相者，非人君其谁为之？使为人君者，深居高处，以天下之治乱付之宰相，大不可也。
>
> （徐昌义、李跃武 1995: 32–33）

中国皇帝通常是国家事务的最后裁决者，而不是最高管理者。这决定了君王扮演监督者的角色而不是日常事务政策决策者的角色。通常的印象是，中国皇帝日理万机，要对各类事务做出决断，实乃错误。事实上，此种帝国运作模式仅在秦始皇（公元前 221—前 210）时采用过，这位富有进取心的皇帝以其偏好于决断一切事务而著称。他在晚寝前，要处理 160 斤（大约是 31 公斤：1 秦斤 =258.24 克）写在竹简上的文档（Guisso et al. 1989：166）。此外，秦始皇为强化对新征服地域的控制，其中一项行动便是进行全国性巡视。公元
172 前 219—前 210 年间，他在沿海地区一共进行了四次大的巡视活动（《史记·秦始皇本纪》）。据记载，公元前 210 年最后一次巡视中，他从湖南九嶷山开始，泛舟 1600 千米抵达东海，随后巡游浙江、江苏和山东半岛沿海地区，又添行程达 1400 千米，终因疲劳过度死于途中。

秦以后，很少有皇帝像秦始皇那样卖命地工作，但是他们有了官僚队伍的帮助却更有效率。只要当地政府的活动符合儒家伦理价值，中央政府便会鼓励他们自治（Fairbank 1957：169–172）。最好的证明便是，当地政府通常会启动自己的一些项目，甚至各自强征赋税（Feuerwerker 1976：90–92；Deng 1993a：第 2，5 章）。对皇帝而言，控制庞大的官僚机器的原则是所谓的“大权独揽，小权分散”，这个代代相传的铁律使得传统中国得以存续。

然而，一旦实施“大权独揽，小权分散”的原则，便会产生危

险，官样文章、徇私舞弊和滥用职权便会在官员中泛滥，而且在高级管理者中尤为盛行，这会威胁到帝国的稳定。最好的例子如：（1）三国时期的司马懿（公元 179—251）是魏国一位有影响力的官员，他在魏国篡权，而当时魏国事实上由曹操操纵；（2）唐朝时期武则天（公元 684—704 年在位）原本是两朝皇帝的嫔妃，后来篡权执政。

在决策的分权（或者移交）和失去权力的困境之间，皇帝的政治活动成了一种艺术：中国皇帝必须依赖于官僚，同时，又必须小
心谨慎地关注官僚这部自动机器的一举一动，以确保官僚不会走得太 173
远。因此对于皇帝而言，他需要对下广开言路，有自己的监察网络，用来反击官员的徇私舞弊和滥用职权（吴予敏 1988：102-118）。

第一种战略是拆分政府部门的权力，例如，隋朝（公元 581—618）早期设立了“三省制”，包括尚书省（总理）、中书省（皇帝秘书）、门下省（皇帝联络办公室）三个部门，各自独立管理、司法和政策评估。首先由中书省起草某项政策，然后在颁布和实施以前，要由门下省讨论和评定。这三个部门的负责人（尚书郎、中书郎、侍中）在官衔上是并列的，都是宰相，所有人都对皇帝负责。这种安排的一个目的是使得官僚权力过大的可能性最小化，同时使获得不同观点和反馈的机会最大化。隋以后的各朝代继承了这个结构，只是做了些许改动（吴予敏 1988：96-98, 104）。

第二种策略就是对官僚作风和社会进行广泛的监督（明察），这种监督有两种意图：（1）从社会收集信息和政策反馈意见；（2）监视官员和普通民众，以防腐败、滥权以及造反。中国古代建立了四套制度（吴予敏 1988：105-111; 王晓天 1991）：巡幸法、侦缉法、密奏法、保甲法。其中巡幸法源于西周（公元前 1046—前 771）“旅行办公”（行人和酋人），派他们到各省，负责向皇帝报告各个地区的发展。巡幸官员在秦朝的时候称为监郡御史，天下共分 36 郡，每

郡安插一位。汉朝早期，汉武帝（公元前 140—前 87 年在位）将他的大臣作为刺史，派遣到全国各地了解情况，把国家分成了 13 个管理或监督地区并设置了“刺史”，这项制度一直运行至公元前 106 年（吴予敏 1988：107－109）。皇帝的刺探网络是中国古代的“联邦调查局”，明朝时期，这个刺探网络由依附于朝廷的皇家特别小组（东厂和西厂），以及各省和各政府部门监督机构构成，旨在经常性地监视、报告和起诉有非法行为的官员（吴予敏 1988：107－109）。而密奏法是对皇家刺探网络的一个补充，促使官员相互监视（同上：
174 109－112）。与前面三种制度不同的是，密奏法是专门针对官员内部监督而设计的，而“保甲法”是专门为控制平民百姓，防止叛乱而设计的。在这种制度下，一旦某个个体犯罪，他或她的家人和邻居就会受到惩罚。然而，为了编织监督网络，显然皇帝会更强调对官僚结构的控制胜于对平民的控制。

第三种策略是根据官位所执掌的权力来区分荣誉、俸禄和官衔。雇用低级官员主要用来充当皇帝的眼线，监督那些位高权重的官员，因为他们手握大权，更有徇私舞弊的可能。而随着这些年轻的眼线得到提拔，新鲜血液得到补偿，他们反过来又会受到新人的监视。低级官僚不断被引入官场，就是为了达到监督目的。作为监督制度的一部分，也会采用弹劾高级官员的方法（韦祖辉、颜吉鹤 1992；李世民 1994）。为了确保监督者能履行职责，有时会从正常的官僚渠道之外予以招聘。例如，五代时期（公元 907—960）唐庄宗（公元 923—925 年在位）雇用戏子，明太祖（公元 1368—1398 年在位）曾雇用和尚充当监督人员（吴予敏 1988：107）。此外，也常常利用太监来实施监督（余华青 1993）。把官僚内部特权阶层的徇私舞弊和滥用职权控制在一个可接受的程度之内是一项常抓不懈的工作。

在监督网络中，官员受到监视，其绩效受到考核。唐朝（公元

618—907）官员被分成九品，从最优秀的上上到最差的下下，以此来决定官阶和俸禄的晋升或降职以及罢免（鹿谞慧 1991：76－77）。随后几个朝代——宋、明、清都继承了这个制度。

有意思的是，隋唐时期，监督制度也承担了“规劝和警告”的作用，也因此成为官僚和皇帝的监察员（王晓天 1991：76）。唐朝时期，监督制度的影响半径扩张到：（1）考核官员的绩效；（2）实施人口统计和赋税评估；（3）检查农业生产和政府粮仓状况；（4）维持日常治安；（5）招募才华出众者为政府工作；（6）调查官员以及当地暴徒的非法活动，并绳之以法（同上：76－77）。

中国的皇帝要想运作权力腐败不断庞大的官僚机器，实在是困
难至极，如果我们能够理解这一点，便会觉得这种制度性抑制是很 175
关键的。如果官僚们所得的俸禄远低于他们所承担的责任［可以参考张德昌（1970）的一个例子］，诱惑有时候是难以抵挡的，因此，广泛的监督网络是必不可少的。

总体上，儒士会过于强调“士与君”准则的重要性，过于强调皇帝的职责；而中国的帝王会过于强调“君与臣”准则的重要性，过于强调臣子的职责。这个问题可以从公元 642 年唐太宗和他的高级顾问之间的辩论中得以体现（徐天春、李亚伟 1995：60）。皇帝问：“或君乱于上，臣治于下；或臣乱于下，君治于上。二者苟逢，何者为甚？”唐太宗以北齐为例，来回避他应分摊的职责，北齐皇帝是个昏君，但有杰出的丞相辅佐（齐文宣昏暴，杨遵彦以正道扶之得治，何也？）。魏征的回答是：“君心治，则照见下非。诛一劝百，谁敢不畏威尽力？若昏暴于上，忠谏不从，虽百里奚、伍子胥之在虞、吴，不救其祸，败亡亦继。”

但是双方都接受“士与君”以及“君与臣”两类准则；双方都承认，要让中国社会维系在三元结构中，需要一个精巧的平衡。“士

与君”之间的内在关系拒绝了东方的专制决定论（过于强调君主的重要性），也拒绝了儒家官僚决定论（过于强调儒家官员的作用；可参见 Stover 1974）。

3.5 三元均衡下的生活

三元均衡下的生活，可以考察以下五个方面：（1）领土的扩张；（2）农业部门的兴盛；（3）市场具备发展的空间；（4）人口统计的方式；（5）大众化的生活水平。

本节无意于探求终极的因果关系，而是从两个方面考察三元均衡下经济生活不同方面或者它们之间的相互联系：（1）诸如三元结构和均衡的多重制度中因果关系是模糊的；（2）在历史动态中，经
176 济生活的方方面面很大程度上是它们自身发展的结果。

3.5.1 中国的领土扩张

如前所述，三元均衡之维系有赖于新的土地。表 3.4 和表 3.5 的数据表示农业扩张的速度，用上一次农耕前沿和最新的农耕前沿之间的最大距离来度量。

表 3.4

时　期	持续时间（年）	扩散的距离（千米）	速度（千米/年）
西周至汉朝	930	2810	3.02
西汉至唐朝	900	940	1.04
唐朝至清朝	1000	1260	1.26

按照规模来衡量，清朝时期帝国已经比周朝疆域（公元前 1030）扩大了 27.3 倍，同一时期，农业区域扩大了 12.7 倍：

表 3.5

时 期	持续时间（年）	耕地面积（1000平方千米）	指 数	相比上一期的增长比例（%）	每10年增长率（%）
周朝	—	405.0	100	—	—
西周	930	2794.5	690	690	2.10
唐朝	900	3807.0	940	136	0.34
清朝	1000	5548.5	1370	146	0.38
1980	70	5346.0	1320	−3.6	−0.53

可以认为，中国的扩张速度要比同时期欧洲的速度要快，后者 178
大约是每年 1 千米（Cavalli-Sforza 1974; Lewin 1997：33）。

这里可以得出三点结论。首先，以地理扩展而言，约在 18 世纪末的清朝时期，中国农业区就停止了扩张。其次，自清朝以来，农业和非农业区之间的界限非常稳定，界限只会由于土地测量和气候的因素才会发生变更（参见陈敦义、胡积善 1983：51；ZKY 1987：附录 4, 7, 11–15）。再次，农耕区保持了较高的人口密度：超过每平方英里（1 平方英里约等于 2.59 平方千米）125 人（参见 ZKY 1987：附录 17；Smith 1991：图 7.2）。这意味着，传统中国在土地供应上是幸运的：只有到了晚清才出现了实际土地供给枯竭，并在所有方面都达到了自然极限。

这种随着时间的扩张意味着，在增加土地供给缓解土地绝对短缺方面，中国做得非常出色：随着土地扩张，土地供给绝对增加。最有意思的是，相比于其传统农耕区，中国当代的农耕区已有所萎缩，这也清楚地说明农耕区在过去达到了其极限。

在这个背景下，“土地的相对短缺”和传统中国百姓的日常生活息息相关。“土地相对短缺”这个术语意味着现存耕地的配置约束，土地配置一部分由人口状况决定，一部分由市场机制决定。然而，人口陡增的情况很少见，因为这需要生育的自然生理过程，以及社会集体努力，而市场机制的影响更快。个人土地所有权的维系取决于其财务状况，而这常常取决于他们的农业收成，而有时取决于他们满足市场供需的营销技巧。低技能和不太幸运的农民很难将收入维持在维生水平，这使得土地迟早会流向富裕的买家手中，这就是所谓的土地控制和所
179 有权的集中。这种集中会打破起初的农村人口中较为平均化的土地分配，使土地相对短缺。因此，出于税收、社会稳定这些显而易见的经济和政治原因，即便正统的重农国家倾向于以家庭为单位的平均化农耕方式，由于人口和市场的动态，呈现出强烈的偏离均衡态势。

在需求方面，正如前面所提到的，对于土地相对短缺所做的抗争，主要是通过对产权市场额外的经济干预来控制土地交易，以便使得小土地主中不可避免的极化程度最小化。在供给方面，相对稀缺在很大程度上受到以下因素的制约：（1）通过土地节约型农业技术的持续进步，提高单位土地产出水平，并雇佣和养活更多的人口（参见 Bray 1984; Deng 1993a），通过再分土地产权，在同一地块上创造了第二甚至第三产权的交易（参见第二章）；（2）通过政府资助的国内移民计划，让人口从土地稀缺之地（窄乡）迁往土地充沛之地（宽乡），从而使得土地重新分配。

但是，从整体上来说，要想获得新的土地通常更容易，华南以及中国西北边境的内部拓荒过程都说明了这一点。文本、考古和人类学研究证实了这种东亚大陆的内部拓荒。最近对汉族血液和基因类型的研究提供了新的证据，印证了"中国人种"并非起源于同一地区。相反，汉族是特定区域多起源的后裔，这和内部拓荒刚好吻合（赵桐茂 1986; 毛汉文 1987; 刘必马 1987）。因此，汉族更多的是一个文化和经济的概念，而非基因概念。为了维持农业制度的稳定，就需要抑制市场导致的土地主的极化，抑制的方法包括：在某个时期禁止土地交易，为财政困难的家庭提供信贷，等等。因此，从长期来看，为了使中国的土地控制和土地所有的农民经济得以周而复始、延续不断，通过领土扩张来增加土地绝对供给是非常有效的。

3.5.2 农业的经济绩效 180

传统中国农业的繁荣可以通过农业总产出和农业生产效率来揭示。

3.5.2.1 农业总产出

但由于缺乏数据，对于农业总产出我们完全不清楚，克服这个困难的一个方法是把人口和人口增长作为农业总产出的代理变量。

中国的人口增长非常惊人，但是外部的入侵和征服、内部的动乱和瘟疫肆虐有时确实产生了马尔萨斯式“积极抑制”人口的作用，它们常常一次就吞噬掉成千上万人的生命。为了反映中国的人口状况，我们将中国人口的峰值作为分析的基础是合理的。这些峰值点（参见附录 I）包括：西汉 5600 万，隋朝 4600 万，唐朝 5300 万，南宋和金朝合在一起是 7400 万，元朝 6000 万（定国号为元后），明朝 6300 万，清朝 39900 万（入关后）。

如果假设（1）成年人维持一天的生命需要 0.5 公斤（1 公斤 = 1 千克）去皮谷物，15 岁以下的孩子减半，（2）孩子占人口的三分之一，那么要养活 100 万人口每天就需要 425 吨粮食（成年人 350 吨，孩子是 75 吨），或者说每年 155125 吨。如果以此为标准，那么各个时期的粮食需求如下.

表 3.6

时　期	人口（百万）	食物总需求（吨）
公元前 206—公元 25	56	8687000
581—618	46	7135750
618—907	53	8221625
1127—1279	74	11479250
1271—1368	60	9307500
1368—1644	63	9772875
1644—1911	399	61894875

如果清朝是个例外，中国人口维持生活的食物平均总需求大约是910万吨。这些估计肯定只是生产、消费和征税的冰山一角而已。

181 从唐朝到明朝，每年的土地税都以大量的粮食形式征收；清朝才开始以货币形式征税（梁方仲 1980：284－285, 288－289, 304, 332－333, 344, 353－354, 356, 358），根据这2000多年间中国度量单位“石”的变化，土地税总额转变成公制单位。

表 3.7

时　间	每年以粮食形式征收的土地税总额	
	单位：石	单位：吨
公元前742—公元56	25000000	1040250
997	31707000	14744058
1021	32782000	1525035
1077	17887257	831579
1085	24450000	1136680
1329	10960053	509533
1393	29420970	2211280
1457	26560220	1996266
1502	29775519	2237928
1542	29206733	2195178
1578	26638405	2002143
1551	26085916	1960617
1628—1644	26396260	1983943
1633	28270343	2124799
平均		1659164

假设税率为每年全国粮食年产量的10%，则由上表的长期平均税收（1659164吨）可估算出，全国年平均谷物生产总量约1660万吨，远远超过全国年人均消费最低量的910万吨。除了作为税收的粮食外，中国仓廪制度也储存大量粮食。根据公元749年的记载，全国粮仓的总储量超过450万吨（108718840石）（梁方仲 1980：

287; 清代的资料参见 Will 1990; Will and Wong 1991）。由于储存的粮食需要定期更新的储粮，我们可以合理地假定全国粮食年产量在 2000 万吨左右，也就是说，自唐代到明代，每年的粮食剩余最多可达年产量的 50%（910 万吨 ÷ 2000 万吨）。

3.5.2.2 劳动生产率

公元 1000 年以后，尤其是宋代到清代后半叶，毫无疑问，农业生产总量的提高主要是依靠新技术带来的生产力提升（Deng 182
1993a：第 4–5 章）。从趋势上来看，精耕细作逐渐成为中国农业的主流，单位面积的农产量持续提升（同上：第 6 章，pt. B.4），它对中国农业产生了深远的影响，直至当代影响犹存。中国古代的一些农耕技术甚至被引进到第三世界国家，以帮助他们解决当今的粮食问题（Bainbridge, 1988）。综上所述，中国农业的发展模式为波塞鲁普的猜想提供了实证的案例（Boserup, 1965）。

由于缺少数据，传统中国的劳动生产率依然是个未知数。但是，如果我们有总人口和从事农业生产的劳动力数据，则劳动生产率可以通过以下公式计算：

$$Y_L = \frac{P_T}{P_W} \tag{3.12}$$

其中，Y_L 为劳动生产率，P_T 是总人口，它代表了农业食物总产出；而 P_W 是从事农业生产的劳动力总数，它代表了以某种形式（谷物）表示的工资总额。受制于数据的不足，要较为真实地估计从事农业劳动的人口总数就需要计算：（1）非农业人口总数；（2）农业内部依靠农业剩余生活的人口总数。这里，我们假设不同的经济部门具备相同的生活水平。

非农业总人口计算

根据赵冈的分析，传统中国非农业人口约占人口总数的 6.9%—

21%，平均 13.4%（Chao 1986：第 3 章）。将这一百分比用于来自官方的统计数据，我们可以估算非农业人口的规模（中国人口总数的变化表，详见附录 I）。同样，将人口峰值作为度量的基础，各朝代非农业人口总数依次为：西汉 386 万—1176 万人，隋朝 317 万—966 万人，唐朝 366 万—1113 万人，南宋和金 511 万—1554 万人，元朝 414 万—1260 万人，明朝 435 万—1323 万人，清朝 2753 万—8379 万人。各个朝代中国官僚占人口总数的比例在 0.03%—0.7% 之间，平均为 0.26%（金观涛、刘青峰 1984：26）。假设每个官员有 5 个家属，则“官僚相关联的人口”规模约为 8 万人（元代）和 519 万人（清代），如果把清朝排除在外，平均为 62 万人，如果把清朝包括在内，平均为 106 万人。

183 商人、工匠、仆人、官员及其家属等人在任何时候都是依赖农业剩余而生活的。基于上述信息，长期来看，非农业人口总数平均值约为 702 万—2137 万人（见表 3.4）。需要指出，中国长期的城市人口常常被一些学者低估，他们给出的数据几乎不随时间变化，因此无法解释所谓的“宋朝现象”（例如参见 Rozman 1973：102, 279–282）。

说到这里，读者可能会指出非农业人口问题是一个“先有鸡还是先有蛋”的问题，即很难说清非农业人口是三元均衡的原因还是结果，在秦以前这个问题可能确实说不清。但是，秦以后，显然受到制约的非农业人口数量是三元均衡的结果，三元均衡推动或阻碍了私人商业部门的兴起。

农业内部剩余（intra-agricultural surplus）抚养人口总数计算

人们一般把“农业剩余”的概念理解为粮食生产总量中，扣除维持农民及其眷属需求后的剩余部分。表 3.8 正是根据这一思路给出的。

184 根据这个定义，我们无法清楚地计算出劳动生产率，以满足我们当前研究的需求，因为它忽略了农业人口中的非劳动力部分。如果把农业人口中的被抚养/抚养人口——儿童、老人、残疾人、病人和孕妇等——也考虑在内，依靠农业剩余生活的人数会比之前的估计多很多。因此，我们引入了“农业内部剩余”（intra-agricultural surplus）的概念，用以估计农业部门内部剩余的上界。可以把它定义为“粮食总产量扣除粮食生产劳动力本身消耗后的剩余部分”，农业内部剩余是农业总剩余的一部分。如果任何时期，一个五口之家中至少要抚养一个人（比例为 20%），则根据赵冈的计算结果，农业内部剩余抚养人口数占中国人口总数约在 15.8%—18.6%，平均为 17.3%（Chao 1986：3）。如果农业人口总数占总人口的比例为 80%，则各朝代人口峰值时农业内部剩余抚养人口数分别为：西汉 885 万—1042 万人，隋朝 727 万—856 万人，唐朝 837 万—986 万人，南宋和金 1169 万—1376 万人，元朝 948 万—1116 万人，明朝 995 万—1172 万人，清朝 6304 万—7421 万人。这些数据代表了各朝代农业部门的“无谓损失”。

表 3.8　主要朝代的非农业人口数

朝代	年份	A[a]	B	C
西汉	公元前 2	3.86—11.76	5.37—18.63	12.00
东汉	157	—	—	—
隋	609	3.17—9.66	4.76—18.86	11.81
唐	755	3.66—11.13	3.44—17.56	10.50
宋	—	5.11—15.54	10.68—32.99[b]	21.84
元	1291	4.14—12.60	6.78—20.92	13.85
明	1381	4.35—13.23	7.06—21.90	14.47
	1474	4.35—13.23	6.39—20.74	13.57
清[c]	1833	27.53—83.79	5.60—19.70	12.65
平均		7.02—21.37	6.26—21.41	13.84

资料来源：基于梁方仲 1980:4-13; 金观涛、刘青峰 1984:26; 也参见 Chang 1955:

第 1 章；Marsh 1961:13–15; Ho 1962; Mousnier 1971:256; Feuerwerker 1976:48; Hsiao 1979：7; 经君健 1981:53; 吴慧 1984:64–66; Hucker 1985:1–96。

注：

A. 非农业总人口；B. 非农业人口中商业人口占中国总人口的比重；C. 均值。

a 单位百万。

b 根据公元 1110 年的人口统计数据计算得到。

c 基于清朝的人口峰值估计得到，总人口中官员的平均比重是 0.26%。

为了估计总的农业剩余抚养 / 抚养人口的数量和其占人口总数的比例，可以简单地把非农业人口和农业内部剩余抚养人口部分加起来。这样，农业剩余抚养人口总数占总人口的比例大约在 22.7%—39.6% 之间，平均 31.2%。该结果是根据赵冈的两个计算结果给出的：（1）非农业人口占人口总数的比例在 6.9%—21% 之间，平均为 13.4%；（2）农业内部剩余抚养人口数量占总人口的比例在 15.8%—18.6% 之间，平均为 17.3%（基于 Chao 1986：3）。

因此，在各朝代人口数量的顶峰时期，剩余抚养人口总数为：西汉 1271 万—2218 万人，隋朝 1044 万—1822 万人，唐朝 1203 万—2099 万人，南宋和金 1680 万—2930 万人，元朝 1362 万—2376 万人，明朝 1430 万—2459 万人，清朝 9057 万—15800 万人。这些数据对于确定中国农业的劳动生产率十分有用。

185 剩余抚养 / 扶养人口总数占总人口的比例在 22.7%—39.6% 之间，平均为 31.2%，由此可推算出农业劳动力总数（P_W）占总人口的比例在 77.3%—60.4% 之间，平均为 68.8%。因此每个农耕劳动力可养活的人数 Y_L 在 1.29—1.66 之间，平均为 1.48。换言之，每个中国农民可以养活 1.5 个中国人。

以上的分析是基于“80% 以上的农村人口都从事务农”的保守假设给出的，若农业部门中包含非粮食生产部门（如从事纺织），或者需要抚养更多的人口（平均每户多于一人），则实际劳动生产率会比先前的估计值高很多。例如，如果农村劳动力中有四分之一的人从事纺织业，则总的农业劳动者数量将减少 25%，这样农业劳动者数量占总人口的比例在 45.3%—58% 之间，平均为 51.7%。此时，Y_L 的值在 1.72—2.21 之间，平均为 1.97。这意味着每个中国农民可以养活约 2 个中国人，比之前的数据增长了 33.3%。另外，Riskin 和 Lippit 的报告称，20 世纪早期，在中国粮食生产总量中，超过其维持国民正常生活的部分约占其国内生产总值的三分之一，这清楚地显示出中国经济剩余的生产能力（Riskin 1975：74; Lippit 1987：第 4 章）。

实际上，把剩余抚养 / 扶养人口数量设定为常数（作为生命循环的一部分）加上副业发展，可能会低估 P_W 的值。此外，由于人口的增长必须依靠剩余生产能力的增长，以养活那部分剩余抚养人口，上述劳动生产率的估计是保守的，因此，应当把以上所给出的劳动生产率视为下限。战国时期的孟子（约公元前 372—前 289）曾说过，如果有一块 100 亩（战国时期的 1 亩 = 0.142 公顷）的土地，一个一等农夫可以养活 9 个人，一个二等农夫可以养活 8 个人，一个中等农夫可以养活 7 个人，而一个下等农夫只能养活 5—6 个人（《孟子 · 万章下》）。而根据《明史》的记载，4 万农夫耕种的政府所有的屯田养活了 19 万人的军队。把农夫也考虑在内，粮食消费者与农夫的比例达到了 5.75 : 1。再将这些农夫家中抚养人口考虑在内，这些农夫养活人口的生产能力肯定在 6 : 1 以上。

考虑到战国时期小麦平均每现代亩 0.067 公顷，土地产量为 0.732 石（1 石 =75 公斤），每 100 战国亩的粮食产量估计为 15.67 石，或者 1175.3 公斤（参见 Deng 1993a：60）。更进一步来讲，如果我
们假设一个成年人每年平均消费粮食 175 公斤，则这 1175.3 公斤 186
的粮食可以养活 6.72 个人，这一结果和《孟子》中提到的“中等农

夫”的劳动生产率相同（7 个人）。乔尔·莫基尔（Joel Mokyr）指出，公元 1800 年以前，中国的劳动生产率一直没有下降，这个论断是很公允的。而且我们可以合理地假设中国农耕劳动力的生产效率从未发生过骤减。最近一项研究表明，劳动生产率从秦代到清代翻了一番：明清时期，一个南方的稻农可以养活 9—10 个成年人（胡戟 1983：14–22）。

从中国劳动生产率的情况来看，人们会把中国视为一个低劳动边际产出的例子，并顺着新古典经济学思路做以下推断：（1）农业劳动边际产出的极低水平，意味着经济中劳动力没有得到优化配置；（2）较低的农业劳动边际产出，以及相应较低的农业工资，意味着农业存在剩余劳动力；（3）农业廉价劳动力的存在是社会需要转向工业化的一个征兆。然而上述论断只适用于资本主义经济体制，因此，仅仅是较低的农业劳动边际产出，并不判断是否有必要转向资本主义工业化转变，应当尽可能避免这种规范性的和历史无关的观点（见附录 D）。

3.5.2.3 土地生产率

根据人口总数和耕地总面积，可以由下式计算出给定时间耕地生产率：

$$Y_K = \frac{P_T}{K_T} \tag{3.13}$$

其中 Y_K 是耕地生产率，它用单位面积耕地可以养活的人数表示（耕地单位面积是亩，1 现代亩 =0.067 公顷），K_T 是耕地总面积，P_T 是总人口数，它代表了农业部门的粮食总产出。这里，我们假设不同的经济部门采用了相同的生产技术。显然，Y_K 值越大，耕地生产效率越高。

从附录 I 可知，Y_K 的值在各朝代依次为：汉朝在 0.104—0.094

之间，平均为 0.099；唐朝在 0.035—0.046 之间，平均为 0.045；北宋平均为 0.114；明朝在 0.067—0.156 之间，平均为 0.115；清朝在 0.030—0.435 之间，平均为 0.233（见附录 I，表 I.1 的 F 列）。若将汉代的 Y_K 值设为 100，依比例换算，可以明显看出 Y_K 的一个增长趋势：100（汉），45（唐），115（北宋），116（明）和 235（清），这表明了生产技术的进步和生产函数的变化。Y_K 的增长趋势和中国
粮食产量的增长趋势相一致，粮食产量在汉朝提高到 110%，金提 187
高到 151.8%，隋唐时期提高到 155.2%，宋朝提升到 189.5%，元朝提高到 263.3%，明清时期提高到 355.7%（参见 Deng 1993a：160）。

中国传统农耕技术发展的结果，使得单位耕地的产量几乎达到了最优值水平，这样，中国成了前现代世界最大的农业国。

随着耕地生产率的逐渐提升，养活人口所需最小耕地面积得以持续下降，因此：（1）一次次地消除时常所面临的耕地短缺危机（相对短缺和绝对短缺）；（2）宋以后的中国，呈现出普遍的“中农化”趋势（“中农化”是指从土地控制和生活水平而言，大部分农村人口都步入到“农民中产阶级”）。

3.5.2.4 对人口耕地比例方法的批判

人们常常用人口耕地比例（man-to-land ratio）解释在某些社会中，资本密集型生产或制造，以及资本主义工业化为何没有产生（Bray 1984, 1986; Chao 1986）。人口耕地比例方法流行的原因在于：（1）欧洲在工业化之前和工业化过程中具有适宜的人口耕地比例（Perkins 1969：13–17; Chao 1986：223）；（2）欧洲有相对较高的农业剩余作为工业化的经济来源（Kuznets 1966：103）；（3）长期以来，欧洲的农业产量发展潜力一直低于中国，而这反过来又成为其后来居上的优势（Gerschenkron 1962：72）。显然，（2）和（3）本

身与人口耕地比例几乎没什么关系；而仅仅（1）也不能解释欧洲的生产函数和生活水平。

基于以上分析，我们需要重新评估“人口耕地比例研究方法”（参见 Chao 1986），特别是当它应用于长期经济史研究时。从定义来看，人口耕地比例仅仅表明一种人口数量压力下土地稀缺程度，而人口耕地比例的变化是因为耕地的增加跟不上人口增长。虽然人口耕地比例可能与经济生产技术状态有某些关系，但它并不意味着生产技术的进步，或是生产函数的变化。毫无疑问，一方面，对于相同的人口耕地比例，会有各种可能的生产函数与之对应；而另一方面，不同的人口耕地比例可能对应着相同的生产函数。更确切地说，相同的人口耕地比例条件下，劳动边际产量可以不同；而在不同的人口耕地比例条件下，可以对应相同的劳动边际产出。对于资
188 本和土地的边际产出也是如此。综上所述，相同的人口耕地比例可能会导致完全不同的总产出。

显然，逐渐降低的人口耕地比例并不意味着农耕经济的衰退或生活水平的降低。理论上而言，只要资本边际产量随着生产技术的进步而增长，农耕生产力和总产值水平就会得到相应的提高，同时，（由边际产出递减规律导致的）劳动 / 资本的边际产出下降趋势就会相应地予以抵消（参见附录 D 中的 *TP*, *APL* 和 *MPL* 曲线）。因此，耕地不足的经济体并不一定会进入劳动密集型和低劳动生产率的恶性循环。纵观中国历史，科学技术的进步都呈现出农耕生产力提高的鲜明趋势（Deng 1993a），这意味着农业生产函数在持续地发生变化，而所谓人口耕地比例恶化之影响，也会随之被抵消或中和。因此，采用人口耕地比例研究方法来分析中国长期的经济发展史是有风险的。

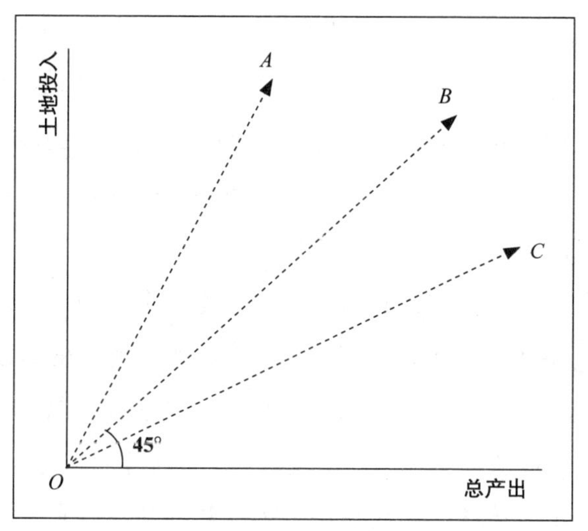

图 3.6　土地投入和总产出

注：*OB*. 生产技术没有变化；*OA*. 生产技术退步；*OC*. 生产技术进步，人口增长。

如果人口总数持续增长，则人口耕地比例的增长常常意味着技术的进步，而恒定的人口耕地比例则意味着耕地的扩张。例如，在图 3.6 中，*OB* 线代表了耕地扩张的同时农业生产技术并未进步，因 189
为耕地数量和粮食总产量的增长速度相同，于是人口耕地比例保持不变。*OA* 线代表了农业生产技术的退步，因为粮食总产量的增长速度小于耕地数量增长的速度。*OC* 线代表了农业生产技术的快速进步，因为粮食总产量的增长速度远远大于耕地数量增长的速度。从这一点来看，人口耕地比例和人口状况几乎没有关系。

仅用人口耕地比例作为人口过剩的唯一指标会令人产生误解，可以称之为“人口统计决定论”。不幸的是，在中国经济史的研究中，人口统计决定论者常常占了主导地位：人口过剩导致了劳动密集型生产方式，劳动密集型生产方式反过来又加剧了人口过剩。例如，布雷（Bray 1986）相信人口数量的增长和农业精耕细作之间相互促进：剩余劳动力和多茬复种方式完美契合。

此外，根据定义，社会的总体生活水平是用人均 GNP 而非人口耕地比例来衡量的。因此，在我们对 GNP 知之甚少的情况下，人口耕地比例持续增长并没有提供太多信息，从这个意义上说，人口耕地比例和我们的生活水平又丝毫不相干。

再者，诚然节省耕地的新发明和新技术改变了人口耕地比例，农民耕种更小面积的土地，即单位农产品生产所需的劳动力和耕地的绝对量减少。从这一点看来，多数的技术进步都同时节约了劳动力和耕地。所以所谓土地节省型发明只是一种相对概念。

需要指出，传统中国历史中，内战和外部入侵常常导致人口急剧减少，从而改变逐渐恶化的人口耕地比例（见附录 I），犹如时钟，每隔一段时间就会从零开始。例如，金朝女真人和蒙古人占领时期，中国，尤其是北部人口数量减少，当时的人口耕地比例似乎更有利于资本密集型农业的发展，但是它并未在中国发展起来。没有任何革命性的变迁能使中国步入原始资本主义农业阶段，情况没有像布雷预计的那样乐观（Bray 1984：587–616）。关键是当人口数量由于战争而下降时，耕畜、农具和农舍等资本也被破坏殆尽。所以，任何一个单一因素，例如人口耕地比例，并不能单独地解释农业的增长。更为重要的是，并没有可信的证据表明近代欧洲的技术进步都是劳动节约型的：在 18 世纪英国所有的专利中，只有 3.7% 的专利归为“劳动节约型”（Mokyr 1990：165）。这表明，工
190 业化进程中的英国有足够多的劳动力，而资本节约型和耕地节约型才是发明专利的主流。这一证据严重质疑了赵冈关于英国—欧洲工业革命是一种劳动力节约现象的论断。另外，“只要剩余的劳动力达到某一程度，整个产业结构就会转向劳动力密集型”的观点也因此受到质疑（Elvin 1973：306, 308, 314; Chao 1986：227; Merson

1989：79）。

传统中国的真正问题并不是为何人口耕地比例越来越恶化，而是在给定中国所达到的劳动生产率和土地生产率的情况下，为什么农业人口剩余部分没有从农业中释放出来去发展工业。如前面分析的那样，纵然中国农业发展到了一个农民可以至少养活两个中国人的程度，但是中国人似乎刻意停留于农业。换言之，所谓的中国问题更多的是制度性问题，而非技术问题。

3.5.2.5 农耕技术的进步

通常认为，中国的人口不断增长，耕地面积不断扩大，生产技术却停滞不前（参见 Needham 1954—1990; Chao 1986）。现在看来这个观点很有问题，因为现实中我们看到的是截然相反的图景：在人口持续增长和不进口任何粮食的情况下，无论是相对（从人口—土地比例的变化）还是绝对意义上（耕地总面积减少）中国的耕地面积都减小了。而这并不仅仅发生在分裂时期——例如唐代晚期和北宋——也同样发生在统一甚至扩张领土的时期，例如元代和清代。到公元 1662 年，中国的耕地面积减少到了 80 年前耕地面积的 72%。没有证据表明，这种耕地面积的减少是自然发生的。

这是一个严重的悖论：在人口增长率高和耕地面积有限的前提下，中国人为何抛弃他们已有的宝贵耕地呢？这种难以理解的行为只有一种可能的解释：中国生产技术的进步。放弃已有耕地的行为表明生产技术发生了革命性的进步。经验证据表明，无论是明清时期还是长期历史中，中国农耕技术发展的脚步从未停止。这些技术的变革，例如高产谷物的引种和多茬复种技术，意味着农民为了生产相同产量的粮食，需要种的耕地要少于以前（李伯重 1996a, 1996b）。

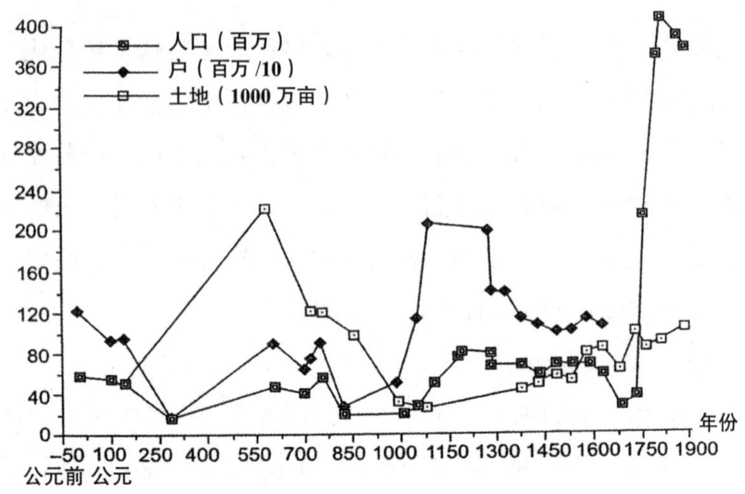

图 3.7 人口和登记的开垦土地的长期趋势

资料来源：基于附录 I 的信息。

191 而且考虑到随后的王朝人口增长没有停止，伴随着土地面积的缩小，中国需要用更少的土地面积生产出更多的总产出，因此技术进步率必然高于人口增长和土地缩小的综合变化率。此外，考虑到中国社会是由控制和拥有土地的农民所构成的，那么在由于弃耕而导致的土地总面积明显缩小之前，技术变迁必然要迅速而广泛地推广开来。这一现象因此也挑战了一种流行的论断，例如埃里克·L. 琼斯所认为的："12 世纪以后，技术停滞迅疾而来，漫漫长夜降临中国。"（Jones 1990：13）这一现象也对尹懋可（Mark Elvin）对中国过去的解释模型提出了质疑：即由于快速的人口增长，技术发展的收益最后被宋朝以后的人口增长所吞噬（Elvin 1973：第三部分）。

3.5.2.6 支出模式

尽管在传统中国，政府并不能随意挤占农民土地，但是政府确实有寻租的倾向，这可以从税收的周期性增长中反映出来。发生寻

租的时候，它降低了农民投资和再投资的能力。如果税后某个比例 192
用于农业投资，剩余的资金用于非农业投资，税收的增加总是会首先损害非农业投资。这可以 + 用以下方程证明：

$$I_{n+1} = I_{a(n+1)} + I_{b(n+1)} \quad (3.14)$$

$$I_{n+1} = Y_n - (i_n + \beta/K_n + W_n + R_n + T_n) \quad (3.15)$$

其中 I 表示投资总金额；I_a 和 I_b 分别表示农业和非农业投资；Y 表示年度总收入；i 表示资本回报率；β / K 是资本折旧；W 是工资；R 是地租；T 是政府的农业税收。开始的一期用 n 表示，n+1 表示下一期。假定其他条件不变，而税率增加了 30%，那么可用于下一期投资的资金就会减少。如果农民是优先投资农业而不减少农业投资（I_a）的话，那么他们唯一能做的便是减少非农业项目投资（I_b）。同时在某种程度上，对农民而言只要农业投资还在那儿，税收负担的增加是可以容忍的。换句话说，对他们而言，可容忍的最大牺牲是非农业投资 $I_b = 0$，因此 I_b 是税收的缓冲物，当然，工资和地租的增加也是如此。

更为重要的是，因为中国商人花费财富用于购置土地和官衔，他们被吸收到农业和官僚阶层中，这就降低了非农业部门的资本形成率。有时这些商人只是简单地从商业中全身而退回归农业。尽管埃里克 ·L. 琼斯认为，商人缺乏把资本完全从商业中撤出来的激励（Jones 1990：18），这种放弃贸易的行为并不表明中国忽略了对非农业部门的投资，而是中国的体制把贸易资金又引回到了农业。

尹懋可把人口负担和对非农产品与劳务需求不足相联系（Elvin 1973：312）：“人均剩余的下降，当然意味着除了满足生存需要以外商品人均有效需求的减少。”根据定义，我们可以通过人口效用函数的向内移动来实现这一点，就像现代商业周期衰退期通常出现的节俭花费那样。如果对非农产品和劳务的需求很弱，根本就不可能有投资，这是非农部门投资短缺的另外一个原因。

193 上述所有观点表明，传统中国社会非农业投资的短缺并不是因为技术或人口的因素，而是结构性的因素。

3.5.3 市场的空间及其特征

在三元结构中，中国的设置是为了保卫农业和自由农；重农主义是政府的主导性政策，并作为一个调节器来防止由于市场商业化和过度寻租导致的异化，因为商人阶层的兴起会威胁到这一制度，因此要予以消灭。因此大家都认同的一点是，三元结构扼杀了商业化的高度发展。

3.5.3.1 农业剩余的供给与需求

然而，商业化和城市化始终存在于中国，三元结构也的确能包容贸易活动，那些以颇有前景的城市化和商业化为特征的时代通常出现在三元均衡时期，在这个背景下，很容易理解为何从长期来看，中国商人阶层充其量是活跃的少数部分。

一开始，农业优势并不必然意味着中国缺乏品种和剩余不足，由于农业的高产和地区差异的变化，的确存在各种形式的农业剩余。如前所述，在北宋和清朝之间，政府的“漕运”项目平均每年要向北方运送 401000 吨的大米（梁方仲 1980：293–294, 303, 375, 394, 396）。在品种方面，清代官修综合性农书《授时通考》中记载了 3525 种稻米，217 个行政区域中平均每个区域为 16 种（鄂尔泰 1742：第 21–22 章）。假定中国的稻米只有两类（糯米和非糯米），而每一类又有三个子品种（早熟、中熟和晚熟），产生所有可能杂交品种的最少数量是 6 种。农业经济内部剩余和多样性的存在是市场活动的基础，即便是传统中国也不能例外（参见 Skinner 1964—1965, 1977）。

多样性并不仅仅只表现为谷物的种类，农业剩余也不仅仅体现
在谷物上。由于农业生产周期的季节性，中国农村地区从事副业和
手工业非常普遍，其中一样便是丝的生产，丝绸曾使得中国古代在 194
世界闻名遐迩。农村家庭传统的生产方式是“男耕女织”。这种模式最为显著的特征是，至少有一个成年人从事非农生产，而不仅仅是在空闲季节。这种劳动分工和草根层面的副业当然促进了农民的市场活动。这个模式也决定了每户家庭的税收支付方式：谷物与布匹。中国农民从未停止过副业，他们还进一步生产经济作物。以茶叶生产为例，中国南方茶叶生产的规模如此之大，以至于在公元 1750—1875 年之间，中国成了全球其他地方茶叶和丝绸的主要出口国（参见林满红 1991：12-15；Deng 1997：第 5 章）。这些农业家庭的经济作物实际上成为清朝对外贸易的中坚力量：公元 1760—1833 年之间，中国出口到英国的贸易总额中 90% 是茶叶和丝绸。

在需求方面，非农人口在 317 万—8379 万之间波动，平均是 702 万—2137 万（参见表 3.4），这一阶层形成了传统中国城市化的里程碑。以手工艺者为例，通过数代人的实践，一些中国工艺品日臻成熟，近乎完美。结果，对中世纪世界而言，中国给人的印象就是时尚、经典和富足，这在《马可 · 波罗游记》中体现得淋漓尽致（参见 Wright, T. 1854）。虽然略有夸张成分，但是莫基尔认为“欧洲总是希望得到只有东方才能生产的东西，但是东方的皇帝却对欧洲和他们的产品缺乏兴趣”（Mokyr 1990：231）。问题是中国的手工艺者必须靠农业剩余来养活，而且在其技艺达到能够生产高质量产品之前，农业需要维持这些手工艺者数代之久。在这种意义上，中国手工艺者，即整个中国非农业人口实际上就是农业剩余的产物。这里没有考虑农业内部的交换，这也绝非微不足道（参见 Skinner 1964—1965，1971，1977）。在斯金纳（Skinner）看来，中国多地

区、多层次的贸易网络是由多达45000个集市构成的，每个集市影响15—20个村庄（Skinner 1971：272-273），因此我们说经济中的农业剩余是稳定的。

3.5.3.2 非农业产品的需求和供给

汉朝以后中国农业技术水平状况的标志是金属工具（如锄头、犁、镰刀）以及机械设备（包括水泵、磨坊机械、织布机）的使用，如果没有这些非农业生产资料作为投入，农业生产将成为一项艰巨的任务（参见 Elvin 1973；Bray 1984; Deng 1993a）。一方面，这些
195 生产资料需要特定的资源和技能用于生产，并且它们肯定是由面向市场的工匠们制造的。另一方面，尽管经济中存在农业剩余，这些工匠并没有从税收中获得免费午餐，至少他们在一定程度上需要从与农民的交换中获得食物。

因此，无论是从必要的农业剩余出路的角度，还是从农业和非农业部门之间交换结果的角度，商业化无疑是存在并服务于三元结构的，这是中国城市和中国乡村相互依赖的一个例子。

然而，中国所拥有的充其量是一种原始市场经济。首先，允许贸易的地区是有限的，在中国，早自公元前以来，国家普遍控制市场，例如对国内一些关键性的农副产品市场，如盐、酒、铁和武器进行国家垄断（参见周伯棣，1981：51-57, 110-113, 173-177, 214-216, 268-276），还对对外贸易予以了管制（Deng 1997：第4章）。其次，要在非市场的基础上充分发展市场经济，关键在于市场的渗透和农业部门的市场化（Jones 1981：5），但传统中国经济中市场部门的发展从未达到这一水平。

3.5.3.3 农民的泛商人化

根据现代人类学的研究，传统社会的农民天性上就是活跃的市场参与者（例如参见 Kroeber 1948：284）。三元结构下的市场，其

最为显著的特征可称为“农民的泛商人化”，海量的积极从事交易的农民分散于成千上万的集市中（Skinner 1971：272–273; Gates 1996），以农业剩余或者季节性副业和全职性副业的形式所从事的家庭生产为此提供了支持。在帕金斯和费维凯看来，明清时期一直到20世纪，中国大约20%—40%的农业产出是用于交换的（Perkins 1969：115；Feuerwerker 1976：86）。

但是这一农民的泛商人化对专业化和劳动分工的发展起到了阻碍而不是促进作用。以棉花为例，明清时期它作为一种经济作物在长江流域广为种植，这一带的农民也就掌握了纺纱和织布的技能，但是尽管在棉花加工上技艺高超，但他们仅仅纺一部分纱用于自己消费，剩余部分都以原材料形式卖掉。盛产棉花的中国最终以进口国外棉花而不是出口棉制品而告终（Fairbank 1980 volume 11：17–18, 21）。在三元均衡中，尽管控制土地和拥有土地的农民可能是非 196
常称职的兼职商贩、手工艺者或者艺人，但他们并没有很大的动力来使自己离开农业而全职地从事其他行业。唯一的例外是加入到官僚队伍：让农家子弟接受良好教育并且通过科举考试当官是每个农民的梦想，无论穷富都是如此。这表明农民和官僚之间的联系有多紧密：农民看到官员阶层拥有社会中个体所能获得的最高地位，而政府把农民视为提供官员人才的活水源头，这显然是一种共生关系。两者都是基于农业，因此尽管农民以成为官僚为终极追求，但这只是其在农业部门职业的自然延伸。换句话讲，中国农民摆脱农业加入官僚阶层的机会成本下降了，因为中国的官僚在很大程度上是一群知识渊博的农民子弟，农民在同样程度上成为支持重农政策当权者的大多数人。

农民的泛商人化和政府垄断的结合形成了经济社会中的反商人市场联盟，没有给职业商人留下多少回旋的余地，结果便是把商人推挤出某一类市场，把他们局限在另外一些市场，这就抑制了商人阶层的完全兴起。商人阶层最好的反击是加入到控制和拥有土地的阶层，正所谓“如果你无法打败他们，就加入他们”。

因此，中国政府一年 365 天全天候监视和控制商人是一种错误的印象，因为如果那样的话，监督成本便会非常高。当然，传统中国缺乏一种健全的有利于商业发展的金融和法律制度。与欧洲不同，中国没有重商主义的思潮，但是这更多的是因为中国没有商人阶层，而不是政府无能造成的。不保护商人的机会成本或许很高，但是不保护农业的成本肯定更高，至少短期来看是如此。犹如伊懋可教授所指出的那样，政府的所作所为在很大程度上损害了中国沿海省份的经济，尤其是福建，于是可能也“剥夺了引发科技起飞的触发因素”（Elvin 1973：215），而普通农民兼职或偶尔经商的市场活动能力所造成的抑制作用却更为显著。就单纯从监督角度而言，普通农民成千上万双嫉妒的眼睛的监督，使得商人很难在农村地区长期藏匿巨大财富而躲开税收稽查员的眼线。如果他们决定迁移到另外的城市，他们立刻就会受置于市民监控之下。如商人们所做的那样，
197 他们会经常贿赂村民和市民来保护自己的财富，但是就私人财富的减少而言，贿赂无异于纳税。

中国政府有仅仅通过国家强制来抑制商人的能力，这种印象也是错误的。在中国历史中，只要商人是可控的，那么国家对于商人的活动会采取容忍的态度。例如，19 世纪政府还授予了一些商人爵位和官衔（Perkins 1969：479），而政府也并未对内贸课以很重的赋税（同上： 480）。但是，正如一些研究者所指出的那样，这并不意味着对于商人的普遍态度发生了革命性的变化（同上：479–480）。中国控制商人的成功秘诀是，通过综合的社会流动的和平过程来实现，官员和农业所起的作用，就像磁极的两端从商人阶层中吸收元

素：个体商人要么购买土地加入到农民队伍，要么购买教育甚至官衔来加入精英俱乐部。正如李约瑟（Needham 1969：202）所指出的那样，“财富并非智慧，在中国腰缠万贯亦不能带来威望。每个商人子弟的理想是成为学者，从而通过科举考试而在官僚中爬升”。结果是，中国商人阶层总是脚踩两条船，职业商人阶层倾向于最大限度地“去商人化”，商人们要么成为兼职农民，要么成为兼职精英。作为企业家精神，它的影响力在递减，中国缺少资本主义发展的领袖。

这种社会经济环境产生了一些悖论。例如中国商人开发出了范围广泛的市场营销手段，例如运用工作服、商标、店名、标签、包装、质量控制戳、交易术语和信用体系（Elvin 1973：162, 281, 294；吴予敏 1988：64–66），但是他们并没有一种欧洲式的自发组织：在中国即便是政府组织了商人团体，但是其功能更像是政府管理网络的一个分支罢了，并不存在欧洲式的商人之间的相互抱团，也没有像欧洲那样形成商人对价格、质量和产出的自我控制（Jones 1988：102–103）。至于商业活动，在有利可图的市场上，中国商人们不仅依赖政府来获得资金供给、许可和配额，而且也依赖政府汇票的发明和使用（郑学檬等 1984：371），这在西欧国家是无法想象的。欧洲在公元 1797 年才使用汇票，而这比晋商发明并使用汇票晚了半个世纪（同上：371–372；张正明 1995：167–182）。中国的商人是中性化的，已融入三元结构中，它从未成为一种成熟和独立的力量来挑战这种三元结构，或者改变经济发展的路径。

而相反，在严格的封建制度下，商人在很大程度上无法控制土 198
地，他们也就别无选择，只能纯粹地当全职商人。进而，他们不得不形成同业公会来保护自己，甚至建立城邦，这就是马克思主义关于阶级差别和阶级斗争的鲜明图像。而在中国，社会流动机制把各“阶级”混合在三元均衡中。在处理传统中国和现代中国社会经济发展问题上，阶级理论的方法总会让人非常困惑，其中一个原因就在于此。

3.5.3.4 假资本主义

三元制度有足够的灵活性，容许假资本主义开始发展，即中国历史上不同时期的一种专业化、商业化和城市化状态。例如，汉朝商人获得了 20% 的利润，都城长安根据商品属性和种类一共设有九大市场。这些地方繁华拥堵，车辆都很难通行。除了首都之外，临淄城有 10 万户居民，当地商人的富有程度甚至超过了长安的商人（周伯棣 1981：108–109）。有时，海上贸易商人富甲一方，甚至超过帝王（参见 Deng 1997：第 5 章）。

以商业化程度来衡量，中国曾一度在诸多领域领先于欧洲。当欧洲仍处于易货贸易，并在艰难地使用贵金属作为流通货币时，中国已经开始了货币经济，易货贸易不再是一种常态。为了应对货币供给不足，中国人开始发展信用制度（Elvin 1973：第 11 章）。进而，与欧洲和日本不同的是（公元 1000 年左右），中国南宋的沿河与沿海贸易更为发达，直到明代，中国一直保持着这一领先地位。同样在这一时期，兴建了诸如运河、公路这类公共品，这使得贸易大为便利（Jones 1988：78）。

尽管传统中国的商业化很大程度上是基于产品剩余，作为商业发展的第一阶段，这种基于剩余的商业化并非中国所独有。真正的问题在于，中国已经具备了市场、货币和信用等这些基本的要素，但为何中国没能走得更远，进入资本主义？显然，无论是从数量还是从技术来衡量，其原因并不是中国缺乏贸易活动，而是由于其他因素。这种情况在欧洲也并行存在：如意大利南部和荷兰部分地区，
199 虽也是早期商业发达地区，但并非资本主义工业化的发轫之地，毕

竟贸易只是资本主义发展的条件之一。

3.5.3.5 无能的城市和发展滞后的商人

在马可·波罗眼中，传统中国拥有众多令人印象深刻的城市，它们在规模、人口和组织方面都让同时代的欧洲城市相形见绌（Wright 1985）。但是欧洲和中国城市有一些根本区别。

第一，在欧洲城市营建过程中，商人阶层就已经参与其中，而中国城市建造主要是由政府当局来完成的；第二，虽然欧洲和中国的城市都曾是行政管理中心（Murphey 1954：350），但是欧洲的城市很快转变成为贸易中心，而中国的城市依然是行政管理中心（同上：351, 353）；第三，中国因此没有城邦的历史，而城邦制度在资本主义形成中扮演了重要角色（Hicks 1969：38），其主要原因之一是中国没有产生一个独立的资产阶级。

中国商人的地位和角色引发了一些关于中国政府和社会有意思的争论，最为普遍的观点是声称中国政府用铁腕手段来对待商人，扼杀了资本主义的趋势。换句话说，中国政府太过于强势，使得商人阶层羸弱无能。如果我们逐个分析影响因素，这个观点是有道理的，但无论政府是否把商人视为一种威胁，一个不能改变的事实是，在传统中国唯一能对政府构成威胁的是农民，而不是商人。即便是从力量平衡而言，中国政府也要让商人单独存在，或者与其结成反农民统一联盟。与欧洲不同，秦以后的漫长历史中，这种政府和商人之间的结盟从未在中国成功出现过，相反，中国政府倒是经常和农民结盟来反对商人。唯一的解释是商人阶层对于三元结构是一个异数，从而需要得到控制。

传统中国最多是零星的柔弱资本主义萌芽，或者说为假资本主义留下了些许空间，但从未为其成长创造任何余地。

3.5.4 人口模式

对非农业人口的分析揭示了长期的人口总结构，根据这一分析，我们很容易理解“人口过剩”（over-population）实际上只是一个相对概念罢了。根据定义，不管人口土地比例是多少，只要一个社会仍然
200 能够解决其人口的温饱问题，就没有人口过剩。因此，每单位土地面积的人口数，即“人口密度”可以是一个度量社会是否过度的误导性指标。如果按照农业社会的标准，工业社会的人口密度便过于拥挤了；而在从事打猎和采集的人看来，农业社会也显得过于拥挤了。此外，人口并不只是一个生物概念，还是一个社会经济概念，它体现了职业技能。较之于人口稀少的原始社会，拥有高级技能的大规模人口意味着更高的生活水准，因此人口质量和人口数量一样重要。

人口过多的一个征兆是，例如通过饥荒使得短时期（短于一代的时间）内人口快速下降。但如果以清代人口稳定增长的事实为例，这恰恰与此相反。当然，这一情况的产生是有条件的，社会需要和平、稳定。如果战争爆发，打破了正常的生产循环，均衡就不复存在，社会便在一夜之间人口过剩。自然灾害往往也会引发类似的效果，在这颗星球上人烟最稀少的地方，这种灾害导致的人口过剩现象也同样会发生，因此这应被视为非正常情况。所以判断一个社会人口是否过剩是看其是否能解决人口的温饱问题。人口增长是一个可靠的证据，可以用来驳斥人口过剩的概念。而人口温饱问题如何解决则是另外一个问题：前者是关于一个社会能够负担的人口规模；而后者是关于生活质量的问题，它不仅取决于人口规模，还取决于收入分配。如果用人均收入来衡量社会富裕的程度，会令人困惑。

按照人口模式，真正重要的是对于农业产出的波动，人口是如何做出反应的，可以把它定义为“农业产出的人口弹性”

（population elasticity to agricultural output, *PEAO*），其形式如下：

$$e=\frac{\partial P}{\partial Q}\cdot\frac{P}{Q}\ (\partial P\geqslant 0;\ \partial P>0;\ 1\leqslant e\leqslant 1) \qquad (3.16)$$

或者

$$PEAO=\frac{\text{人口变动百分比}}{\text{农业产出变动百分比}}$$

我们假设在正常情况下，农业产出的变化（∂Q）是正的，人口变化（∂P）非负；并且 *PEAO*（e）价值在 0—1 之间。如果 e 大于 1，那么社会就是人口过剩：即人口的增长超过农业总产出的增长。如果 e 小于 0，社会则出现了净人口下降（人口的负增长）或者净产出下降（农业经济的歉收）。而如果 e 等于 1，那么人口的增长刚 201
好与农业产出完全同步，社会便出现了零经济增长，或者说静态社会，除非人口扩张，那么这和魁奈—李嘉图模型所描述的情况相类似（Schumpeter 1954：243, 563－564）。因此，如果农业产出和人口增长或者下降在方向上和幅度上是相同的，那么一个社会便具有敏感的或者较高的农业产出人口弹性。如果农业产出增加，而人口增长是缓慢的或者静止的，或者甚至是减少的，那么这个社会具有较低的农业产出人口弹性。显然，农业产出人口弹性对于人口增长和以人均收入或人均产出衡量的生活水平有直接影响。

无论过去还是现在，中国农业产出人口弹性一直都比较高：人口数量紧跟农业总产出的增加而递增。正如前面提到的，传统中国社会的这种现象并非主要由意识形态或文化引起，而是取决于：（1）个人土地私人所有权；（2）平等的财产继承制度；（3）基层民众决策的自由；（4）成年人口的合理繁衍，这主要是由于对抚养/扶养人口（包括孕妇和未达劳动年龄儿童）有合理的营养和充足的剩余予以支持。

一般情况下，随着农业增产，普通家庭会有生孩子的强烈意愿，而且是越多越好，这主要是出于经济原因。如果没有先进技术，食物就难以长期储存，于是人们把谷物晒干，存放于干燥阴凉处，这样最多可能保存 10 年，而加工过的肉类保存的时间就更短了。存储剩余农产品的另一种方法是，通过家畜或新增的家庭成员来消费食物，从而利用食物链将剩余转化为更能持久保存且 / 或更有价值的物品。如转化成家畜，定会受制于农场空间大小，以及家畜工作或宰杀的最佳年龄等因素，此外，通过家畜来转换肉类颇为困难。而若是用剩余的粮食和肉类养育更多孩子的话，这种转化会更有价值也更能持久。因此，当现代食品存储技术和剩余粮食或剩余肉类市场尚未出现或规模有限时，抚养 / 扶养额外的家庭成员是一种处理剩余农产品的理性方法。

经验证据确实表明，对孩子进行投资所产生的回报不但会延迟很久，而且非常有限。印度最近的一项研究表明，直到 20 世纪 80 年代，未开化的印度农村仍把孩子视为一种“投资品”。他们 5 岁开始工作，15 岁时产出净经济回报（Balasubramanyam 1984：19）。假定印度公元 1981 年婴儿出生时的预期寿命为 52 岁，故 52 年可以看成是一个平均生命周期，投入的时长可能差不多是人一生总长度
202 的三分之一（15∶52 或 29%）。在绝对和相对意义上，其投资期限都要远远长于那些役畜的投资期，所以这可能不是一种非常有利可图的回报获得方式，更何况事实上，一个 15 岁小孩的净产出基本上不够用来赡养双亲。充其量印度的年轻人充当了他们父母在生命最后时刻无法养活自己时的“养老金方案”。所以，在孩子身上投资不但周期长，而且回报非常有限。而印度农村，人们却依然如此热衷于此类投资，这不能说不是一个悖论。这里，普遍忽视了孩子与剩余产品管理相关的功能，简单地说，是生产周期的“剩余物管理”。

生育更多孩子的习惯，不仅是出于“养老金方案”和剩余产品管理的需要，同时也由制度，主要是产权制来决定。私有产权制下，仅仅是为了要让所有权留在家族内部，普通家庭便会有动力生孩子。由于较高的农业生产率和私人所有制，中国经济结出了粮食和孩子这两颗果实。因此，较高的农业产出人口弹性是中国体制内在的产物。

相比而言，在封建社会中家庭扩张存在制度上的壁垒。后来，由于农业的技术进步伴随着人口低增长率，产生了剩余，其中主要是农产品的剩余，它的增加还受制于存储、贸易或从事贸易激励方面的限制。此外技术和劳动生产率的提高，有时会使一部分劳动力变为冗员，这便产生了农业中的剩余劳动力。这两种剩余为工业化奠定了基础。工业化反过来也为农业生产带来了更多的技术革新，此过程周而复始，直到大部分乡村人口被吸收到工业中，经济的重心转移到工业部门，这便是所谓的“经济结构性变迁”。它适用于明治时期的日本，在那里，作为工业化的一部分，控制土地的农民出现了，即所谓的“日本的生产方式”（Tomlinson 1985：677–678; 同时参见 Hayami and Ruttan 1971：1），而不是像中国周秦时期“田地均分”之类的政策。

因此，判断农业部门人员是否过剩，更多是以非必需和失业的劳动力为标准，而不是以人口和土地比为标准。纵观历史，农业部门中这种失业和非必要劳动力的存在，一直是工业化和资本密集型农业产生的先决条件。如果和封建制度一样，农业人口并不与土地产权绑定，那么农村剩余人口可在短期内被遣散而离开其土地。因此，工业和资本密集型农业兴起的最可怕敌人不是人口规模和密度，而是“人束缚于土地”。因此，人口密度不一定是一个阻碍更多资本
密集生产方式的必然因素。根据定义，在农业社会中，只有当农业 203

能够提供的剩余人口达到一个最小的规模，工业才能获得稳定的劳动力供给并发展。相反地，在古代中国，因为私人土地所有制和平等继承制的存在，这种人与土地之间的束缚是特别强的，使得农民有很大的动机来维系与土地的这种束缚关系，而不愿意寻找其他谋生的职业。如果问中国农民为什么不愿离开土地，就好比在问地主为何不想放弃自己的财产。最终，问题就好像在问，土地作为一种经济资源有何价值。根据这一分析，很容易看出将人口密度视为中国非资本主义的发展趋势是极其肤浅和误人子弟的。

因为人口产出弹性很高，传统中国的技术发明创造带来了农业剩余，但并非同时就形成了非必要农村人口，农业剩余成为人口增长的一个源泉。于是，技术越发达，总产出越大，人口规模也就越大。

值得注意的是，当今大多数的第三世界国家“人口收入弹性”都比较高，这是人口产出弹性较高的另外一种表现形式。其效应众所周知：人口紧紧跟随收入增长的步伐而增加。虽然根据“人口转型模式”（demographic transition model）（参见 Osborn 1960：90−91），可以认为这种现象通常是现代经济增长必须经历的第一个阶段。这种现象说明人口产出弹性较高并非中国独有，它并不来源于儒家思想或其他传统价值观。中国实施计划生育国策以控制出生率，现在很明显这一宏愿并不成功，因为改革开放屡次推动私人土地所有制，中国农村重新出现了较高的人口产出弹性趋势。因此那些中国传统价值观最多是强化已有的高人口产出弹性，并使之合理化罢了。

综上所述，人口决定论依据的是错误的因果关系。中国的人口规模的确和传统中国经济发展状况毫不相关，也和中国人口行为模式毫不相关，这两点都不是问题的起因，而起因与三元均衡密切相关。事后看来，封建主义对资本主义工业化而言是因祸得福。尽管英格兰在公元 1650—1750 年间技术发展迅速，但人口增长不多，显然，英国的人口保持适度增长，至少它的继承制度是部分原因。因此，由于较低的人口产出弹性，社会能将剩余收入投入到刺激市场的非农业活动中（参见 Jones 1968：59）。

3.5.5 总体生活水平 204

随着农业技术的不断进步（参见 Deng 1993a），具有较高人口收入弹性的人群并不一定会导致生活质量的下降（Mokyr 1990：219）。至少在 18 世纪前，没有证据表明中国长期遭受粮食短缺。因此，虽然中国人口的庞大规模和不断增长的趋势反映了中国农业的产出水平，但它并不必然意味着中国人的生活水平比邻国（例如，中国的邻国，包括德川日本在内）要低。一些比较研究表明，18 世纪中叶，中国（和第三世界加总）的生活水平与欧洲同类的国家一样高（Bairoch 1993：95），同期，中国发达地区的生活水平要领先于欧洲发达地区水平数十年（Pomeranz 1997），当时欧洲访华者的可靠自述可以证实这一点（例如，参见 Barrow 1804：527; Ellis 1818 volume 2：28－129; Bairoch 1993：106－108）。

3.5.5.1 藏而不露的富足

生活水平至少是四个变量的函数，即：（1）产出水平，（2）技术，（3）人口规模，（4）收入分配。家庭消费模式也可以加进来，尽管数据往往不容易获得。为了看清其趋势，学者们通常比较人口增长率、耕地面积和反映产出水平的技术进步因素。如果耕地面积和人口以相同的速度增长，技术水平保持不变，人们的生活至少不会更糟。而如果耕地面积比人口增长更快，根据假设，人们会生活得更好。如果耕地面积保持不变，技术进步和人口增长对生活水平的影响是类似的。若技术水平和人口都保持不变，在总产量一定的条件下，收入分配决定了人们的生活水平。一个糟糕的收入分配系统会缺乏激励，从而抵消较高科技水平和较少人口压力产生的优势。同时，合理的收入分配制度会提供激励，从而克服技术不足和人口压力的影响，使得人们能够享受与技术更先进、人口更少的社会一样的生活水平。在现实中，这三个变量有不同的变化趋势和不同的发展程度，产生的组合复杂多样。

典型的说法是：（1）宋以后中国农业技术的发展趋势不仅仅是放缓而且是停滞了；（2）中国耕地面积的扩张难以跟上人口的增长
205 速度，尤其是在明清时期；（3）生活水平必然一直下降。传统中国常被视为马尔萨斯危机的经典案例（参见 Chao 1986）。然而如前所述，有证据表明传统中国的技术发展并未停滞，这就动摇了马尔萨斯假设的基础。

更令人鼓舞的是，根据帕金斯（Pekins 1967）和莫基尔（Mokyr 1990）的观点，农业总产值、收入水平或生活水平的大幅下降并没有在中国发生过。一项研究明确指出，按照现代标准衡量，中世纪中国的收入差距最小，而且在 18 世纪以前，普通中国人可能比同时期的欧洲人享有更高的生活水平（Bairoch 1986）。尽管缺乏传统中国生活水平的相关数据，我们仍可对帕金斯-莫基尔的一些假说进行测试。从逻辑上讲，如果没有国际贸易，由于儿童需要成人提供资源，因此一个社会必须要有足够的剩余来维持额外的人口，妇女在怀孕时期以及刚刚生完小孩的时期也属于非自给自足人口。因此，即使仅仅是维持现有人口数量的替换（也即人口增长率为 0）也需要一定程度的农业剩余，否则，社会将不能维持正常的生命周期。考虑到农业生产的季节性特点，尤其是一年收获，农业产出的延迟性消费成了一种生活方式，这也是家庭经济的基本管理方式。两次收获的时滞使得粮食储存至关重要。这种延迟性消费与季节之间的储粮也导致了家庭层面“藏富”的可能性。

模式 1：进一步退一步

假设一对年轻的农民夫妇第 1 年便建立家庭并生育一个孩子。那么这就意味着以下事实：（1）这个家庭在经济上成功支撑了妻子怀孕及坐月子的阶段；（2）这个家庭为了支持一个新增抚养人口，需要在 1 年前就留有足够剩余。而剩余是隐含的，因为现在剩余就体现在了十月怀胎和新生婴儿的生命中。但从理论上讲，这个家庭必然在发展之前就已富足。至于这类剩余随后替换成或物化为新增抚养人口（孕妇和婴儿）则确实是另一回事，因为原来的可支配剩余同样可以存起来，由这对劳作的夫妇消费或投资，而不用于与婴儿有关的新开销上。该关系可由以下方程表示：

$$I_{(i)} = Q_{(t1+t2)} + S_{(t1+t2)} = A_{(i-1)} - \left\{K_{(i-1)} + E_{(i-1)}\right\} \quad (i = t1 + t2) \qquad (3.17)$$

$$I_{(i)} = P_{(i)} = P_{W(t1+t2)} + P_{D(t2)} \quad \left\{P_{(t1+t2)} = Q_{(t1+t2)}; P_{D(t2)} = S_{(t1+t2)}\right\} \qquad (3.18)$$ 206

其中 $I_{(i)}$ 代表在 i 时期内的总收入，它可以分成两个子时期（$t1$ 和 $t2$）和两类总和值（Q 和 S）：$Q_{(t1+t2)}$ 是在 i 时期内工作人群维持生活所需的（工资性）花销，而 $S_{(t1+t2)}$ 是农业内部剩余，$A_{(i-1)}$ 代表前一时期（$i-1$）内的总产出。$K_{(i-1)}$ 是 $i-1$ 时期内资金支出，$E_{(i-1)}$ 是 $i-1$ 时期内的物质支出。$P_{(i)}$ 代表了 i 时期的人口规模，P_W 代表劳动人口数，P_D 代表抚养人口数。从逻辑上讲，抚养人口只可能在子时期 $t2$ 出现。隐含的财富可由农业内部盈余量 $S_{(t1+t2)}$ 或是抚养人口数 $P_{D(t2)}$ 来衡量。

整个 i 时期内的生活水平用人均的 M 值来度量，而 M 是总产出即收入（I）与总人口（P）的比值，表示如下：

$$M_{(i)} = \frac{I_{(i)}}{P_{(i)}} = \frac{Q_{(t1+t2)} + S_{(t1+t2)}}{P_{(i)}} \tag{3.19}$$

然而，整个时期 i 中，收入量并不保持恒定不变，在子时期 $t1$ 和 $t2$ 之间，其值有相当大的差异。在子时期 $t1$ 中隐含的财富以可支配收入 b 的形式存在，人均收入衡量的家庭生活水平提高了，从而有：

$$h = M_{(t1)} - M_{(t2)} \tag{3.20}$$

$$M_{(t1)} = \frac{I_{(t1+t2)}}{P_{W(t1)}} > M_{(t2)} = \frac{I_{(t1+t2)}}{P_{W(t1+t2)} + P_{D(t2)}} \tag{3.21}$$

只要社会的人口增长率是一个最小值，子时期 $t1$ 用 b 值表示的生活质量就要比子时期 $t2$ 高。由于农业生产和人类繁衍的周期性，故而时间间隔保持不变，因此隐含财富（b）必然在其中一个子时期存在，故不可忽略。

根据这种时滞法，在宏观层面，因为在物质资料丰富的前提下才有可能生更多孩子，所以在每次出生潮之前，人均收入都会有一波上升阶段。当然婴儿潮随后会抵消这种生活水平的提高。不过这是结果，不是起因。换句话说，必须先有人均收入的提高，然后才
207 有人口的增长；否则，人口的任何增长是不可能实现的。因此，即使考虑了最严格的马尔萨斯理论条件，这种循环都必须以富裕为起始状态。

考虑到中国社会大部分是由控制土地的农民组成的，而且任何特定时期的人口增长都主要归功于农民，故而几乎可以肯定，全国范围内普通农户的生活水平始终在不断改善。如果我们考察清代中国人口的快速增长，就会看到这个理论在此时尤为适用。在公元 1680—1833 年这

150 年中，人口以每年 2.05% 的速度（见附录 I）增长了 22.33 倍。这样巨大规模的增长可转换成农业剩余。从时滞角度看，人们的人均收入会出现周期性增长。在我们的例子中，收入水平以每年 1.5% 的水平增长（不论这种生活水平是高是低）。因为明末全国性武装起义及清初外族入侵造成了大量的人口损失，所以 17 世纪下半叶可视为一个例外。因此，人口的快速增长主要是由人口基数低所造成的。这个问题可以通过忽略 17 世纪下半叶的数据来回避。即便如此，中国人口增长也非常迅速：从公元 1626—1833 年，总增长 6.72 倍，年均增长率 0.99%。

显然，传统的马尔萨斯方法是静态的，它往往表明中国陷入了一种人口僵局的陷阱。而现在的方法更为动态化，表明中国的问题可能在于“人口崇拜”：尽管普通人有可支配的农业剩余，有机会去持续提高生活水平，但对于中国社会普通百姓而言，却缺乏动机去少生孩子而追求更高的生活质量。换句话说，中国人生活水平的提高远远落后于农业剩余所能保证的潜在水平。

根据时间滞后法，常有学者提出人口问题可能与精耕细作农业做法本身没有关系（参见：如 Bray 1986; Chao 1986）。即便是劳动边际产出趋向于甚至达到零的时候，农民仍有可能会有意留在农业部门（见附录 D），而采用精耕细作耕作方式的根本动力就是防止劳动力边际产出为零。

在这种模式下，假设剩余仅够满足妻子孕期、产后休整以及新生儿所需，那么人口的人均收入在 $t1$ 子时期内前进一步，而在 $t2$ 子时期内会倒退一步。因此，剩余最终在家庭建立的阶段（$t2$）消失。收入水平一直随时间变化而上下振荡，且在长期中处于停滞，其振
荡的条件：（1）总是有可供开垦的土地，开垦速度与人口增速一 208
致；或是技术改进与人口增长速度保持一致；（2）天灾人祸都在可接受的限度内，从而该循环可以周而复始。

模式 2：进两步退一步

如果一个社会设法以比人类繁衍（出生率减去最小婴儿死亡率）更快的速度去生产食物，那么就会使得其人均收入逐渐提高，也即“进两步退一步”。如果我们同意波塞鲁普模型，从而赞成 $M = f(L)$，收入（M 为人均 GNP）是人口规模或劳动力投入值（L）的函数，那么这样的结果是可以预期的。说明如下：

$$M_{(i+1)} = f(L_{(i+1)}) = n \cdot M_{(i)} f(L_{(i)}) \tag{3.22}$$

因此

$$M_{(t2')} = \frac{I_{(t1'+t2')}}{P_{W(t1'+t2')}} > M_{(t2)} = \frac{I_{(t1+t2)}}{P_{W(t1+t2)} + P_{D(t2)}} \quad \left\{P_{W(t1'+t2')} \geqslant P_{W(t1+t2)}; P_{D(t2')} > P_{D(t2)}\right\} \tag{3.23}$$

其中 $t1'$ 和 $t2'$ 代表循环中下一轮的子时期。由于在 i+1 时段内会产生更高的收入，即使有更多的孩子出生，人均收入水平也依然会更高。即便是在帝制的最后几个朝代中，人口快速增长，这种情况仍很有可能会发生。

3.5.5.2 生活水平与人口快速增长

现阶段收入的增加值与前一阶段的收入值之间的比值［公式（3.20）］可作为“人均收入水平变化率”（μ）。

$$\mu = \frac{M_{(i-1)} - M_{(i)}}{M_{(i)}} \tag{3.24}$$

如果技术水平保持不变，那么根据收益递减规律，μ 值将是负数。并且随着人口的增长，人均收入迟早会降至生存线以下，正如马尔萨斯范式所指出的那样，人口将停止增长。然而，如果社会设

法产生新技术，如果技术进步的速度就等于人口增长的速度，μ 值 209
可以为 0。如果技术进步的速度快于人口增长的速度，那么 μ 值为正。

由于缺乏中国古代生活质量的有关数据，很难评估科技进步带来的收益，尽管有证据表明这种技术进步从未停止（Deng 1993a）。只知道人口规模和增长率是没用的，因为如果要了解真实的生活水平，就必须知道农业总产出。因此，μ 值无从知晓。不过，尽管 μ 值不能通过人口规模得出，在人口增长的速度中我们还是可以找到它的蛛丝马迹。

人们普遍认为妇女的生育能力是其营养状况的函数，而妇女营养状况是生活质量的函数。从逻辑上讲，清代中国人口的快速增长意味着清代妇女比前人有更强的生育能力。如果我们比较古代中国人口增速的所有峰值，那么这一点就会变得更清楚：

时期	增长幅度（%）	年增长率	30 年增长幅度（%）
705—755	42.50	0.71	23.62
1053—1100	101.48	1.50	56
1426—1484	21.04	0.33	10.38
1680—1833	2232.00	2.05	83.86

清朝的增长率无疑是古代中国最高的：相比第二高的时期（北宋），年均值要高出 37%，代际值要高出 50%。其年均值和代际值分别高出数值最低的明朝 4.2 倍和 7.1 倍。鉴于宋时期的新儒学家朱熹（公元 1130—1200）的影响力日增并在明清时期保持主导地位，这意味着可以消除由文化因素导致的行为干扰。根据这种分析，快速增长时期的 f 值可估计为正数。

要达到如此高的人口增长率，清代妇女必须身体健康，以便能更密集（频繁）地在其较短生育期内生子，或者更为普遍的是延长她们的生育期限。生育状况的改善应被视为营养与医疗状况改善的证据，这也体现出那个时代具有相当的生活水平。

210

3.6 评论

与中国之谜有关的最重要因素和特征不在于思维方式、技术水平、人口规模、物理环境、人均收入水平、市场等等，而在于中国土地继承体系、自由农与重农政府以及随之而来的三元均衡。三元结构来源于经济禀赋以及军事实力，或者更确切地说，来自中国北方的军事、经济和权力，该体系最主要的特征是其平衡和自我调节机制。

三元均衡的影响是多方面的，要一分为二来看。一方面，就收益而言，它培育了传统世界最成功的农业——中国农业的发展。它同时包含了活跃的市场活动与较高的城市化水平。因此这个均衡为一个历史悠久、不断传承的文明打下了繁荣的基础。这种繁荣持续到了 17 世纪后期，延续了至少 1500 年。直到 18 世纪，欧洲人都认为中国社会是世界上最有序、最有创意、最勤奋、生产力最高的社会，是欧洲追随的榜样（Waverick 1946）。

另一方面，就其成本而言，该均衡加剧了各种问题：包括对农业的过度保护，科技与经济的片面发展，非农业部门的投资不足。三元均衡现象与中国所谓的“农民经济长期化”“资本主义难产”“工业难产”问题密切相关。由于三元体系的惯性，像汉朝和宋朝那样的间歇性增长很快就凋零了。

现在，从这些因素及其功能来评判费正清—李约瑟的“官僚决定论”的话，很容易发现为何对中国官僚的指责是一种误导，以及为何中国传统的官本位改革无论过去还是将来，其影响都非常有限。中国的这三个长期问题需要一系列的改革。

第四章　失衡、灾难和复苏 212

通常而言，控制和拥有土地的自由农与重农政府能够携手共进、和谐相处，这是农业的基础。农业繁荣昌盛，农民的权利得到保障，统治者得到充足的税收和政治平和，这便是皆大欢喜。中国历史上，这种均衡滋养并孕育了一个个技术与文化发展的高峰，铸就了灿烂多姿的中华文明。

然而，这种均衡是动态的：它与内部的矛盾斗争息息相关。这种三重均衡会有 25% 的概率遭受破坏。因此中国并非一个能保持静态均衡之国，实乃饱受周期性危机与苦厄之邦，政治与经济的动荡有时会使国家之运作偏离正常的轨道。

> 统治阶级先后丧失了符合儒家政府高标准的意志和能力，而日益增长的穷奢极欲之需求使国库日趋紧张，那些本应用于农业灌溉、洪水治理、维持公共粮食储备、通信、军用支出的

资金被中饱私囊。由于斗志削弱，腐败变有恃无恐。

（Wright, M. 1957：44）

通常，随之而来的便是社会、政治和经济的全面危机，事实上，费正清的朝代循环论就是反映了这种周期性危机（Fairbank 1965：第 4 章；Fairbank and Reischaver 1979：70−75）。

但是，帝国最终总能幸免于难，所以，本章旨在研究这种失衡如何产生，为何产生以及均衡如何恢复。

4.1 失衡：三元危机

4.1.1 危机的特征与本质

大体而言，这种三元危机表现在：（1）国家机器普遍性腐败
213 （同时包括君王和各层级官僚的腐败），官员过度寻租，并与大地主们沆瀣一气；（2）自我规范的监察机制失效，直接导致了治理机构形同虚设，腐败得不到抑制而猖獗肆虐；（3）税收负担增加，土地高度集中化，随之而来的生活标准降低，导致百姓普遍不满；（4）叛乱爆发，首先是地区性的、小范围的，接着范围扩大，甚至蔓延至全国；（5）人员和资本损失巨大，经济活动一落千丈。

纵观中国历史，即便在鼎盛时期，中国也依然存在经济困难，理解这一点十分重要。然而，中国是否会发生三元危机取决于整个政府的表现。中央集权的帝国机器就是用于应对这种突变，只有当调节机制不起作用时，危机才会真正出现。治理制度的失效很大程度上应该归咎于君王与官僚机制共同腐败，沆瀣一气。这里所说的腐败是广义上的腐败，包括了失职、滥用权力、贪污、挪用公款等等。

一方面，谈到中国的国情，经常出现问题的常常是财政政策，

官僚阶级时常出现的权力滥用导致大范围的税收负担加重。中国历史上第一个有案可稽的案例在秦朝，当时的财政扩张使得税收负担前所未有地增加，比以前整整增加了 30 倍（班固《汉书·食货志》；同见于周伯棣 1981：564－565）。这种类型的财政危机为朝代史学家和中国当代学者所广泛认可（Wang 1936）。

另一方面就是土地拥有集中化，随之而来的就是土地控制权和所有权的危机。重农政府日益变弱，使得地主阶级获得了更多权力，这对小土地主和小土地所有者的生存构成了威胁：随着土地集中化进一步加剧，农村失地贫困人口增加，农民们觉得他们受制于当地的当权者，丧失了财产、自由和以前的生活方式。商业化和城市化也会在一定程度上侵犯农民们的利益（Landsberger 1974：31）：农民们有时能感受到来自商人的竞争威胁，尤其是在商人们投资地产并与农民们在零和博弈中起冲突时，不幸的农民便会把商人视为入侵者。所有的这些都会破坏社会稳定。以清朝为例，曾有人估计 19
世纪 80 年代，25% 的耕地归外地地主所有，这是土地控制权和所有 214
权高度集中恶化的表现（Chang 1955：477）。

通常，财政和土地所有权问题相互交织。典型的情况是：（1）政府偏袒大地主，赋予他们免税的特权；（2）通过压榨小土地所有者获得经费，以维持军备支出和官僚阶层福利；（3）小土地所有者破产率飙升，导致税基减少；（4）随着对小土地所有者的进一步压榨，恶性循环得以形成；（5）贫困农民们被迫起义阻止这种恶性循环。

自然灾害，例如恶劣的天气和瘟疫在其中也扮演了重要的角色，证据显示它们可能会触发一场三元危机，但它们并不是危机产生的根源，这点稍后会详细说明。

4.1.2 腐败的类型和原因

腐败有两种：权力拉动和低收入推动。富有争议的是，中国官员的收入是参照中农收入而定的，这种标准的做法称为“低薪制”。在意识形态上，这种低薪制受到了平等主义和重农主义的推动。就财政而言，政府预算名义上保持在一个较低的水平，它反过来又导致税收降低。重农主义对低税率有决定性的作用，而三重结构对重农主义有决定性的影响。因此，中国官员收入过低的悖论性只是一个错觉。

直到明朝，官员薪水的主要来源是根据其官衔所获得的归国家所有和由国家分配的“职田”，土地租给承租人。租金收入涵盖了官员自身的薪水、行政开支，其中包括了行政人员的雇用、差旅和娱乐等费用。下面的数据表明最高级别官衔和最低级别官衔获得的耕地面积（根据 CBW 1978：51; 也参见梁方仲 1980：292, 472–475, 488–492）（已把亩转变为现在意义的计量单位，圆括号中的数字按照公顷计算）。

时　期	最高级别（亩）	最低级别（亩）	平均（亩）
北魏	1500（75 公顷）	600（30 公顷）	1050（52.5 公顷）
隋	500（38 公顷）	100（7.6 公顷）	300（22.8 公顷）
唐	1200（64.8 公顷）	200（10.8 公顷）	700（37.8 公顷）
宋	2000（116 公顷）	200（11.6 公顷）	1100（63.8 公顷）
金	2000（174 公顷）	200（11.6 公顷）	1600（92.8 公顷）
元	1600（112 公顷）	100（7 公顷）	850（59.5 公顷）
明	1600（112 公顷）	100（7 公顷）	850（59.5 公顷）

215 如果以中国良田丰年粮食平均产量为标准，按照五五分成作为一种常态来近似计算所有时期的官员收入数据（吴慧 1985：194; 参见 Deng 1993a：161），那么官员的总收入如下（括号中的数字是按照吨计算）。

时　期	产量（斤/亩）	最高级别（斤）	最低级别（斤）	平均（斤）
北魏	—	—	—	—
隋	257	128800（64.4 吨）	25760（12.9 吨）	77280（38.6 吨）
唐	334	400800（200.4 吨）	66800（33.4 吨）	233800（116.9 吨）
宋	309	618000（309.0 吨）	61800（30.9 吨）	339900（170.0 吨）
金	—	—	—	—
元	338	540800（270.4 吨）	33800（16.9 吨）	287300（143.7 吨）
明	346	540800（276.8 吨）	33800（17.3 吨）	287300（147.1 吨）

当然，实际上的总收入取决于当地的天气情况、土壤类型、耕作模式和承租人的技术。虽然官员获得的工资总额无从知晓，然而其数额是有限的。

清朝的工资收入记录提供了一个很好的参考，清朝官员年货币收入在 33.1 两白银（即九品官员是 1234.6 克）到 180 两白银（即一品官员是 6714 克）之间（孙翊刚 1988：192-193；也可参见 Feuerwerker 1976：65）。与之形成对比的是，清朝王爷一年的生活费用是 10000 两白银，是官员收入的 55—301 倍 [1]（参见孙翊刚 1988：192—193）。明清时期的巨商开销甚至更大。到目前为止，已知：（1）明清时期登记在册的每艘大型货船往返一趟的平均贸易值为 55000 两白银（与日本交易）和 200000 两白银（与南亚和西亚交易）；（2）毛利润在 100%—500%；（3）清朝的船员与乘客的比例在 21—90 之间（孙光圻 1989：601）。海上贸易商人的收入（I_m）可 216
以由每年每艘船货物的价值（V_t）、利润率（r）和商人的数量（n）计算得出，据此有以下公式：

$$I_m=\frac{rV_t}{n} \qquad (4.1)$$

[1] 根据费正清的转换，一等官衔的工资水平约等于现代的每年 300 美金（Fairbank 1983：115）。

根据这个公式计算出的每个商人每年的收入是600—13700两（每年22.4—511公斤）。这个数据只是一个参考而已，因为海货商人的年收入是不封顶的。这与政府的税收估计范围（500—10000两）相差不大。海货商人每年的回报从几百到数万两白银不等，具体由他们的资金投入决定（朱德兰 1986：157–158）。

官员们承担了许多社会责任，一个地方官员治理的地区和一个欧洲国家相仿（韦庆远 1989：第一部分；蒲坚 1990：第6–13章；杨志玖 1992：第5–18章；唐进、郑川水 1993：4–10；田兆阳 1994：91–112；也参见 Chu and Saywell 1984）。一个底层官员承担了许多职责：（1）地方教化；（2）作为当地法庭判官来实施法律；（3）促进农业和养蚕业发展；（4）征税（郑自明 1938；鹿谞慧 1991：75）。

所以一个官员的职责并不能从其收入中得到体现，其收入亦不足以支持较高的社会生活。清朝京城任职的中等阶级官员常常需要亲人们的救济，甚至不得不辞职回到家乡去维持生计（张德昌 1970：46–54）。官员的相对贫困并不只是清朝独有的现象。早在西晋，官员们的实际收入就不足以养活家庭，他们不得不上书要求增加收入，这可能是世界历史上第一次有记载的官员罢工行动。公元971年，宋太祖（公元960—975年在位）对此还下了一道圣旨：

> 吏不廉则政削，禄不充则饥寒迫，所以渔夺小利，蠹耗下民，傜兹而作矣……自今诸道州幕职官，并依州县官例置俸户。
>
> （赵匡胤 976/1995：57）

更早一些，公元970年，赵匡胤根据同一问题曾说过，“在官员
217 薪水如此少的情况下，要求官员不腐败毫无意义”。但是很少有人能

挑战这个低收入制度。一种陈词滥调的说法就是过一种康熙的《庭训格言》所提倡的简单而清贫的生活：

> 若夫为官者，俭则可以养廉。居官居乡只廉不俭，宅舍欲美，妻妾欲奉，仆隶欲多，交游欲广，不贪何以给之？与其寡廉，孰如寡欲？语云："俭以成廉，侈以成贪。"此乃理之必然矣！
>
> （玄烨 1772/1994：264）

在中国，权力可以获得额外的收入已不是什么秘密。一般而言，权力是腐败的温床，与分权相比，集权更容易滋生腐败。中央集权政治结构中，处于收入饥渴状态的官员更容易走向腐败。更进一步而言，社会生活奢靡之风对官员去获取物质享受具有"示范作用"。此外，短时间内未对腐败有效遏制，致其肆意蔓延。总体上说，对于那些中央集权统治下，有权有势但又缺乏收入的官员们而言，腐败的机会成本是最低的。这些因素中国都有，它们混合在一起，使得中国官僚阶层高度腐败。

有估计显示，清朝官员的实际总收入比他们的"合法收入"（包括薪水、奖赏和津贴）要高出 12 倍之多，这些额外收入主要来自权力滥用和寻租（Marsh 1961：64）。权力越大意味着能获得的法外收入越多。根据费正清的研究，一个清朝官员的实际收入可以比他的正常收入高 140 倍（Fairbank 1983：115）。举个极端的例子，清朝宰相和珅（公元 1750—1799），贪污获得了 8000 万两白银的资产，比他的收入高了 40 万倍（Marsh 1961：65；Feuerwerker 1976：74）。伴随着这些极端个案，中国官僚阶级进入了"有组织的腐败"（Fairbank 1965：第 5 章）。

鉴于腐败是不可避免的，并在很大程度上是可以忍受的（第三章中曾提到过），这些分析告诉我们反腐取得的胜利都是暂时的。最终，严重腐败使得旧的社会制度走向灭亡，但腐败很快又会在新的社会制度下蔓延开来。这就形成了一个腐败的循环，它和费正清的朝代循环在很大程度上是重合的。

因此中国统治者有两面性：仁慈和冷酷。当统治者能充分意识
218 到社会政治机制时，他乐于尊崇儒家的传统教诲，去伸张正义。而当他不能抵挡百姓赋予的权力的诱惑时，他会不择手段地进行寻租，但很快社会机制就会用暴力方式提醒他。

4.1.3 从腐败到危机

但是，获取非法收入并不总是会伤害到农民和三重均衡。获得非法收入的另一个选择是盘剥商人阶层，以更少的成本博取更多的利益。首先，大量的财富可从为数很少的商人那里榨取而来。举个例子，据记载，南朝时期广州知府每次检查港口都能获得海运商人贿赂的 3000 万青铜币（钱）（“世云，‘广州刺史但经城门一过，便得三千万也’”，萧子显《南齐书》卷 32，列传 13，王琨传）。其次，这种类型的盘剥很容易得到农民们的赞同，也不会对三重平衡造成太大的影响。中国古代商人地位一直较低，居无定所，并不会有很强烈的念头去反抗经济压力。他们只是去尽量避开来自官府的剥夺者。在广州港的例子中，商船的获利下跌到过去的 3%。纵观中国历史，三元危机从未因为官府盘剥商人而爆发过。

而当腐败转向农民，尤其是那些小地主时，其结果便会是爆炸性的。一旦这种扭曲失控，三重稳定显然会遭到破坏，社会将陷入一种无序状态。通常有两种常见的民众叛乱：（1）针对财政压力的减税运动；（2）针对权力不受约束的“大地主”的土地占有权叛乱，而针对

租金过度的租户叛乱（租金起义）是土地占有权叛乱的衍生物。

如果帝国机器能够及时解决失衡，平衡就能够得以维持。儒家认为解决失衡是君主和官僚之法定职责，它同时亦为百姓所认同之政府职责。在这个背景下，帝国的监督制度在维持社会稳定中扮演了重要角色。中国历史上，有许许多多的腐败案件被公之于众，受到的惩罚是财产充公，贪官问斩（参见成晓军等 1994; 梁吉充、王玉林 1995：214–217, 264–265; 魏在田等 1995：151–157, 161–171; 徐昌义、李跃武 1995：241–265; 徐天春、李亚伟 1995：317–328）。关于财产充公的一个很好的例子，就是曹雪芹在小说《红楼梦》中对于贾家没落的描写。死刑的例子也很多，公元 1693 年康熙 219
指示广西、贵州、四川、云南四省巡抚全部免除这四省公元 1694 年所有应征的地丁税，并告诫说这种违法征税是犯罪，犯罪的官员要予以揭发并得到严惩（魏在田等 1995：433–434）。公元 1781 年，乾隆处理了一起甘肃省的违法征税贪污案件，贪污资金超过 1 万两的涉案官员都被枭首示众（徐昌义、李跃武 1995：254–255）。公元 1786 年，乾隆处决了涉嫌违法征税的巡抚王丹齐，其他牵连的官员也都“畏罪自杀”（同上：261）。

除了整治贪官，各个时期政府常常发动全面改革来清理机构。最好的例子就是这一长串改革者的事迹：汉代有桑弘羊（公元前 152—前 80）、刘秀（公元前 5—公元 57）、王莽（公元前 45—公元 23）；北魏有李冲（公元 450—498）、拓跋宏（公元 467—499）；唐朝有刘晏（公元 718—780）、杨炎（公元 727—781）、王叔文（公元 753—806）；五代有柴荣（公元 921—959）；宋朝有范仲淹（公元 989—1052）、王安石；金朝有完颜雍（公元 1123—1189）；元朝有耶律楚材、忽必烈（公元 1215—1294）；明朝有夏原吉（公元 1366—1430）、周忱（公元 1381—1453）、欧阳铎（公元 1487—1544）、张居正（公元 1525—1582）；清朝有田文镜（公元 1662—1733）、胤禛（公元 1678—1735）、载淳（公元 1862—1874 年在位）。其中刘秀、王莽、拓跋宏、柴荣、完颜雍、忽必烈、胤禛、载淳是皇帝。

有时候，一个不受欢迎的皇帝必须下台。就像费正清所描述的，当剩余收入被用于腐败，并且许多统治阶级成员们找到了逃脱税收机制的新方法，就会增加纳税人的负担，这时候人们会认为皇帝没有遵从儒家教义，因为大部分百姓很愤怒并希望能有所改变，于是就会推选一位新帝来解决这一问题（Fairbank 1965：93）。根据孟子所说，改变皇权的途径掌握在儒家士大夫的手里，用他的话说（《孟子 · 王章下》），"君有大过则谏，反覆之而不听，则易位"。孟子的意思是不仁不义的君主应首先在道德上罢免自己；因此"诛杀纣王就像诛杀普通的恶人，而不是诛杀一国之君"（残贼之人，谓之一夫。闻诛一夫纣矣，未闻弑君也）（同上：《梁惠王下》）。

这些改革家都会毫无例外地通过处理税收负担和土地集中化的问
220 题来避免三元危机，最后一次的改革是由载淳（即同治皇帝）发起的"同治中兴"（公元 1862—1874）。改革是多方面的：第一，土地税大幅度削减 30%；第二，参与改革的官员采用了各种手段去改进积重难返的农业部门，包括扩大耕地面积，提高土地生产力，改进治水，改革土地税；第三，重修"中华之殇"的黄河大堤，减少洪水对邻近耕种地区的威胁。此外还建议，通过水利工程对北方（天津和直隶）30000 公顷荒地进行改造（参见 Wright, M. 1957：163－164）。需要指出的是，与那些重农政策相反的是，同治政府没有任何商业复兴政策。

但是，有时候腐败的力量太过强大，国家本身不能将之消除，需要一种更有效的补救。就如芮玛丽所言（1957：44），训练有素的官员可以抑制腐败；但是，如果腐败到了无法控制的地步，百姓会通过叛乱表达他们的不满。作为一种补救手段，大规模武装暴乱会以颠覆整个社会的灾难方式进行。

4.2 灾难：大范围的武装民变

与其他国家相比，传统中国最为显著的特征可能要算大范围的民众武装起义了。作为传统中国的一个现象，学者们对此予以了关注。但是由于数据的缺乏，很少有人知道究竟发生了什么。无人知道中国历史上究竟发生了多少次起义。仅仅是公元 613—615 年的三年时间中，官方记录的事件多达数千件，每年大约 1000 件（魏徵 656:《隋书 · 经籍志》）。

处理该问题的一种方法是只计算重大的起义事件，标准如下：（1）按照起义人数来衡量起义规模；（2）按照受影响的区域来衡量起义的范围；（3）起义的持续时间。然而，不需要非常死板地来套这些标准。例如，有些小规模的起义组织试图袭击皇宫或者占领大的地方，或者持续了一段较长时间。在这些案例中，负责记录的官员有意低估了起义人数，以掩盖危机的严重性。在附录 J 中收录了 2106 年中 269 次主要的起义事件，使得这里的分析具有可操作性。

4.2.1 一个比较性综述 221

和其他文明国家所发生的民众起义相比，中国人的起义规模更大，更广泛，更频繁，持续时间更长。

第一，和其他国家和社会相比，中国民变（popular rebellions）参加的人数常常更多：在中国，大的民变参与人数可以成百上千，有时甚至达到百万之多。大规模的叛乱在英格兰、爱尔兰、印度和日本很少见（Moore 1966：254–275，330–341，353–370; Clark and Donnelly 1983; Dobson 1983; Bix 1986：21–22; Bagchi 1992：34–

37）。例如在日本明治时期，多数农村抗议事件中人数一般为3000—10000人（Bowen 1980：16, 30, 50）。在俄国哥萨克人起义中，起义的人数也只在15000—42000之间（Landsberger 1974：231, 245）。尽管法国公元1637—1647年农村起义号称参加人数达55000人之多，然而其中农民组成的军队人数仅为8000人（Berce 1990：114, 322）。英国公元1381年农民起义的规模更大，人数在20000—100000人之间（Dobson 1983：160, 244, 263, 381），但与中国相比则是相形见绌。就起义部队和政府部队暴力冲突而言，最为接近的是公元1773—1774年发生在俄国的"哥萨克农民大起义"，在这场起义中，起义者像一支正规部队一样和沙皇军队作战（Landsberger 1974：第6章）。古代社会，由于中国起义的英雄故事比其他社会都要多，从而产生更多的起义殉道者，诱发了更多起义。根据各种记录，政府成功镇压以后，起义殉道者数以万计（参见张绍良、郑先进 1983）。

第二，中国起义涉及的地区很广：每一次大的起义所影响的地区与整个日本或者一个欧洲国家相当。这在传统世界史上是绝无仅有的。

第三，任何一个其他国家的起义都不具有中国这种高度的规则性。中欧和英格兰的确爆发过农民起义并动摇了国家，例如英国的瓦特·泰勒（Wat Tyler）起义和罗拉德（Lollards）起义，法国博韦的"雅克"起义和诺曼底的"乡巴佬起义"，德国的托马斯穆兹起义，以及俄国的斯杰潘·拉辛（Stenka Razin）起义和普加乔夫（Pugachev）起义（Chesneaux 1973 ：7；Landsberger 1974：第2部分；Clark and Donnelly 1983; Dobson 1983）。然而，这些事件相当偶然。考虑到印度甘地的非暴力抵抗运动如此盛行，这仅仅是一次性事件，它是殖民时期种族和民粹意识的产物，可以将之归为另外一种类型的起义。

第四，中国农民武装叛乱比其他社会如欧洲和日本持续时间都 222
要长，例如公元 1773 年俄国的“哥萨克农民大起义”以及日本福岛事件，两者都持续了一年时间（Bowen 1980：8）；而公元 1381 年英国的起义时间只持续几天或两周（Dobson 1983：第 III–V 部分）。在 19 世纪的爱尔兰，两次大规模起义持续了数年之久（Clark and Donelly 1983：25），这可能已经创了欧洲的纪录。而中国较长的起义，如刘备（公元 161—223）、李特起义（公元 301—347）、王刚起义（公元 1630—1671），持续时间长达 40 多年。

第五，以结果而论，中国的民变摧毁或者更替了政权。公元前 209—1864 年之间，他们至少建立了 48 个政权，其中有四个变成了主要的朝代：如西汉、东汉、唐和明（参见表 4.1）。

表 4.1　传统中国起义建立的政权一览表，公元前 220—公元 1911 年

名　称	建立者	时　期	影响的区域
1. 张楚	陈胜	公元前 209	安徽、江苏
2. 西汉 *	刘邦	公元前 206—公元 8	全中国
3. 更始	刘玄	23—25	湖北、河南
4. 复汉	隗嚣	23—35	—
5. 龙兴	公孙述	25—27	—
6. 建始	刘盆子	25—27	—
7. 东汉 *	刘秀	25—220	全中国
8. 蜀	刘备	221—263	四川
9. 成汉	李特	303—347	四川
10. 兴平	唐寓之	485	浙江
11. 建义	雍道晞	500	四川
12. 真王	破六韩拔陵	523—526	甘肃
13. 天建	莫折念生	524—525	甘肃、宁夏、陕西
14. 真王	杜洛周	525—528	河北
15. 广安	葛荣	526—528	河北
16. 鲁兴	鲜于修礼	526	河北
17. 永汉	刘敬躬	542—543	四川

续　表

名　称	建立者	时　期	影响的区域
18. 大世	刘迦论	614	陕西
19. 昌达	朱粲	615	安徽
20. 秦兴	薛举	617	甘肃
21. 魏	李密	617—618	河南、河北
22. 夏	窦建德	617—623	河北
23. 梁	萧铣	617—618	湖南、广东
24. 唐 *	李渊	618—907	全中国
25. 明政	李子通	620	山东
26. 宋	辅公祏	623—624	江苏
27. 宝胜	袁晁	762—763	浙江、江西
28. 罗平	裘甫	860	浙江
29. 齐	黄巢	878—884	山东、河南、安徽、湖北、湖南、浙江、福建、广东、江苏、陕西、江西、广西
30. 应运	李顺	994—995	四川
31. 得圣	王则	1047—1048	河北
32. 永乐	方腊	1120—1121	浙江、安徽、河北
33. 天载	钟相	1130	湖南、湖北
34. 大圣	杨么	1133—1135	湖南、湖北
35. 天顺	杨安儿	1214	山东
36. 天启	徐寿辉	1351—1360	山东、山西、河北、陕西、甘肃、四川、辽宁、福建、浙江、江西、湖北、湖南、广东、广西
37. 周	张士诚	1354—1357	长江下游地区
38. 宋	韩林儿	1355—1366	安徽
39. 明 *	朱元璋	1368—1644	全中国
40. 龙凤	田九成	1397	陕西、甘肃
41. 东阳	黄萧养	1449—1450	广东
42. 德胜	刘通	1465—1466	湖北、四川、河南、陕西
43. 大成兴胜	徐鸿儒	1622	山东
44. 大顺	李自成	1644—1645	陕西、河北、河南、山西、山东、湖北、江苏、广东
45. 大西	张献忠	1644	四川

续 表

名 称	建立者	时 期	影响的区域
46. 永和	朱一贵	1721	台湾
47. 顺天	林爽文	1786—1788	台湾
48. 太平天国	洪秀全	1851—1864	江苏、江西、湖北、湖南、广东、广西、四川、福建

资料来源：基于附录 J。
注：星号表示通过起义就直接建立了王朝。

通过比较，欧洲、印度或者日本没有一次农民起义能成功推翻政权，只是对不合时宜的社会经济结构产生了影响。中国与欧洲或日本相比，农民起义的本质和结果也有所不同。欧洲和日本的多数“起义”充其量是一种请愿，而不是政权更替之手段（Landsberger 1974：第 3 章；Dobson 1983：371; Bowen 1980; Bix 1986）。最佳的例子便是公元 1381 年的伦敦起义，以及公元 1637—1641 年法国佩里戈尔起义。伦敦起义的人数大大超过了理查德国王的警卫，起义领袖瓦特 · 泰勒（Wat Tyler）看起来也有领袖才能，而当时的国王年仅 14 岁。然而，国王与其大臣很快扭转乾坤，不费多少周折便平息了起义（Landsberger 1974：第 3 章；Dobson 1983：第三部分）。要是在中国，如果一位年幼的国王只有为数不多的警卫，故事版本将会截然不同。在法国的例子中，在国王部队的镇压下，起义公社只维持了一个月（Berce 1990：124–129, 145–148）。欧洲的农民可能仅仅在公元 1789 年法国大革命和公元 1917 年俄国革命中起到了决定性的作用（Landsberger 1974：35–36）。但是在这两个例子中，法国和俄国的社会经济结构都正在经历巨大变迁，也可以用同样的话来评价发生在 20 世纪上半叶当代印度甘地的非暴力抵抗运动。

中国以外叛乱的爆发主要是针对富有阶层而非国家，公元 1875
年印度的德干骚乱（Deccan Riots）的目标便是一些为富不仁的
高利贷者，而不是英国的统治政权，因此它无意于改变殖民政权
（Rothermund 1993：46；也参见 Bagchi 1992：34－37）。公元 1918
224 年日本的大米骚乱（Rice Riots）是为了遏制牟取暴利的米商，日本
政府则毫发未伤（Francks 1992：56，105，144）。这些和此处要研
究的起义不可相提并论。

4.2.2 长期模式

从附录 J 中表 J.1 的数据可以看到，从朝代的崩溃中可以识别出
三种模式。第一，自汉代以后参与的人数趋于下降，相对稳定。这
意味着在汉代以后参与叛乱的人数更少，却能达到同样的目的（参
225 见图 4.1）。换而言之，无论是对起义绝对效率（从参与人数来看）
还是相对效率（相对于人口增长）而言都提高了。

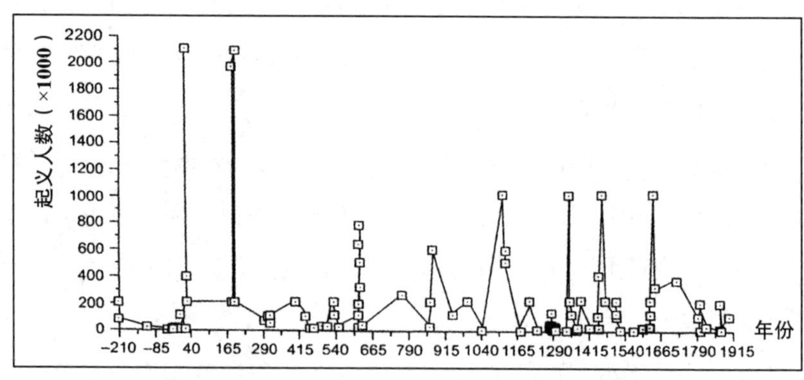

图 4.1　起义总人数随朝代波动图

第二，当把起义参与人数表示的规模波动形态和起义波及范围变动（以涉及省份表示）相比较时，结果显示，自南北朝以后一直

到明朝，起义变得更富有流动性（参见图 4.2）。这种流动性的提高反映了起义更富有效率。

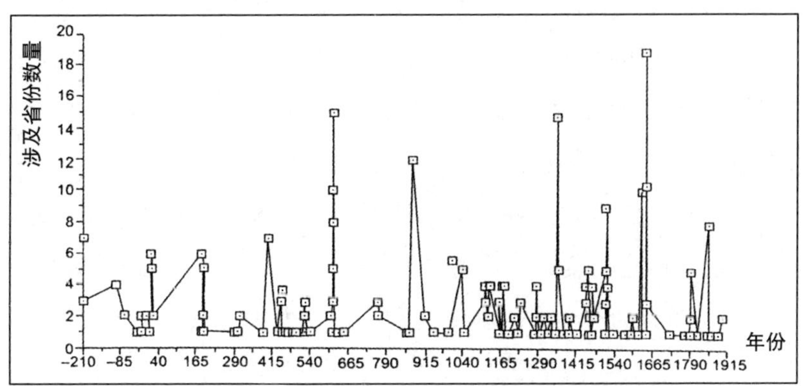

图 4.2　起义规模的变化

资料来源：基于附录 J。

第三，起义中有两个高潮（参见图 4.3）。第一个高潮发生在东汉和西晋之间；第二个高潮在清初。这两者之间保持着较长时期内相对平稳，这意味着中国政府和起义部队之间取得了一种平衡。 226

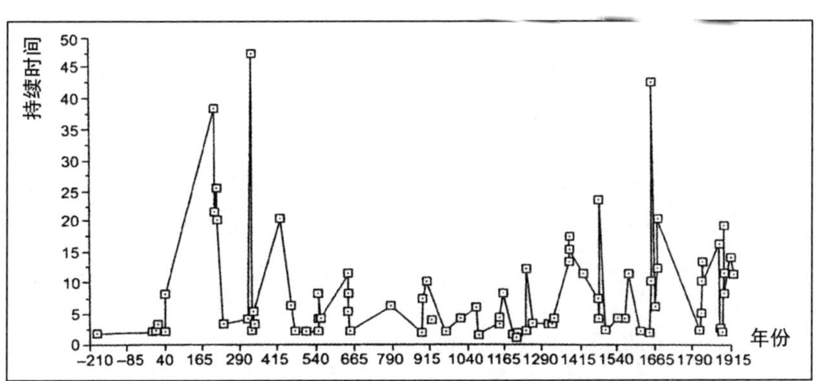

图 4.3　各朝代起义总持续时间

资料来源：基于附录 J。

4.2.3 参与者的身份

由于缺少官方的记录，很难精确地指认参与起义者都是哪些人，尽管很多研究表明几乎所有的起义都起源于中国农村地区，而且大部分起义参与者是农民（如：谢国桢 1956; 李光璧等 1958; 谢天佑、简修炜 1980; ZNZ 1982, 1985; 张绍良、郑先进 1983; 李伯重 1985; 朱大渭 1985）。这个观点得到了数据强有力的支持。

出于研究的目的，可以根据地形特征用 5 条分界线把中国划分成 4 个宏观地区（表 4.2）：东北区、西北区、东南区、西南区。

227 超过 70% 的起义发生在东北和东南这两大区域，它们分别是以旱作农业（自公元前 1000 年起）和水稻农业区（自公元 700 年左右起）著称的区域（Buck 1968：187）。这和传统中国主要是农民参与起义的观点高度吻合。

表 4.2 公元前 210—公元 1900 年地区性武装起义爆发一览表

时期	时间	事件	NE[b]	NW[a]	SE[a]	SW[a]	其他	范围[b]	规模[c]	持续时间
I	公元前 208	2	2	—	—	—	—	7	270	3
II	公元前 99—公元 191	42	19	11	5	3	3	13	7332	113
III	294—399	11	2	1	3	1	4	11	750	75
IV	432—544	27	5	7	4	11	—	11	1109	21
V	611—620	43	27	9	6	—	1	12	2548	24
VI	621—875	12	5	1	4	2	—	13	1100	26
VII	920—942	2	1	—	1	—	—	3	100	1
小计（1）	800	139	61	29	23	17	8	70	13209	263
VIII	993—1278	45	30	2	12	1	—	17	2490	33
IX	1280—1353	22	8	—	12	1	1	16	1509	49
X	1375—1646	46	8	5	27	5	1	19	5070	146

续　表

时期	时间	事件	NE[b]	NW[a]	SE[a]	SW[a]	其他	范围[b]	规模[c]	持续时间
XI	1721—1898	17	4	2	6	—	5	15	988	99
小计（2）	810	130	50	9	57	7	7	67	10057	327
总计	2106	269	111	38	80	24	15	137	23266	590
平均		—	—	—	—	—	—	—	2115	54
百分比		100.0	41.4	14.2	29.8	9.0	5.6	—	—	—

资料来源：基于附录 J。

注：

表中数字只保留整数。朝代：I—秦；II—汉朝；III—晋朝；IV—南北朝；V—隋；VI—唐；VII—五代；VIII—宋；IX—元；X—明；XI—清。

a 东北，西北，东南，西南，与图 4.4 一致。

b 按照当代中国省份来计算。

c 数字 ×103。

d 按年加总。

4.3 起义的原因 228

上述数据分析表明，可以明确的是：（1）中国的起义现象在规模、范围和频率上都是独一无二的；（2）大部分参与者是农民。另一个需要研究的问题是为何要造反。

4.3.1 是由于自然灾害还是人口增加？

中国朝代史学家经常把农民起义的爆发归咎于自然灾害（例如洪水、旱灾、蝗灾、庄稼病虫害、瘟疫等），以及人口的压力。这里的研究将对这一观点提出挑战。

量化数据显示，自然灾害对于起义而言其作用是中性的：不仅起义运动的总体趋势和自然灾害的方向是相反的，即便是在唐朝以后自然灾害频发的情况下，起义依然表现得波澜不惊（参见图 4.4）。因此，自然灾害并未导致起义的爆发，它们最多仅仅是降低了起义爆发的门槛。

人口压力说也是类似的。图 4.5 揭示出人口增长和起义农民人

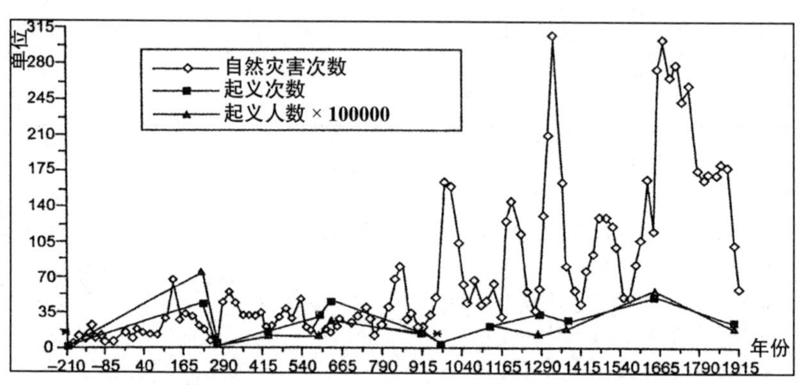

图 4.4　公元前 210—公元 1915 年自然灾害与起义

注：自然灾害是加总数据，其中包括洪灾、旱灾、瘟疫和其他。

资料来源：基于表 2.1 和陈高佣 1939。

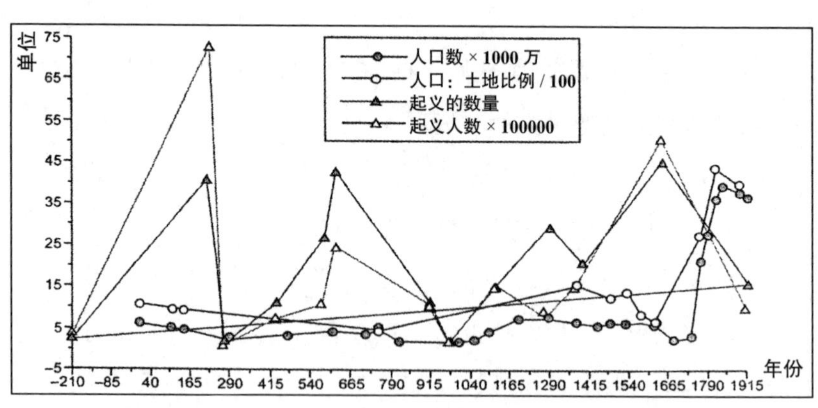

图 4.5　公元前 210—公元 1915 年人口压力与起义

资料来源：基于附录 J；梁方仲 1980：4-11。

数或者与起义数量之间没有相关性。该图同时也表明人口土地比例和起义农民人数以及起义数量之间没有相关性。 229

值得讨论的是，“灾难推动说”和“人口推动说”事实上企图掩盖起义的真实原因：朝代和断代史学家很自然地将之归咎于天气原因和生物原因。

4.3.2 赤贫

从表 4.2 的数据来看，许多中国的起义的确持续了很长时间，这意味着能从某个人或某个地方获得经常性的物质支持，而这些剩余资源的存在与“赤贫”观念恰恰相反。因此，从逻辑上讲，从纯生物系数而言，是预期的饥荒而不是实际的饥荒导致了起义。因此较为妥当的说法是，相对贫困，而不是绝对贫困导致了中国的起义。

与赤贫导致起义的观点恰好相反，强有力的证据表明恰恰是那些 230
境遇稍好一些的农民起义可能性更大，这从起义地区的地理分布图就可以看出。中国的起义高度集中在大部分经济最为发达地区，而不是偏远和欠发达地区。其中包括以下三个区域。（1）黄河流域中游和下游北方四省：河北、山东、河南和陕西。（2）长江中游的中国中西部两个省份：湖北和四川。（3）南部沿海三个西南省份：广西、广东和福建。

北方四省涵盖了黄土高原和北部平原的大部分地区。这些地域 231
是中国历史上非灌溉农业的主要耕作区，也普遍被认为是华夏文明的摇篮。位于中国中部和西部的两个省组成了广阔的灌溉农业高产区，其中四川被誉为“天府之国”。东南三个省份是最富饶的多茬复种水稻生长区域，这些地域在面积上大致相等，在汉朝之前早已人口密集（参见 Fairbank 1965：6）。

所以，最具反叛意识的农民并不是那些生活在土地贫瘠区域或极度贫穷的“边缘化农民”。原因是多方面的：（1）人口密集度高的农业发达地区拥有大量的农民，因此也就成为暴动中心，因为农民数量远超帝国军队数量；（2）更好的教育和更丰富的资讯使得发达地区的农民更能够意识到经济和政治危机；（3）更多的剩余使这些发达地区有更大的能力来支持起义，因为起义在很大程度上建立并严重依赖于农业经济。

4.3.3 三元结构的失衡

一方面，起义与中国人口数量增长和人口土地比例毫不相关，这一点毋庸多言，因此，尽管马尔萨斯人口论和自然灾害解释很流行，却缺乏解释力。另一方面，众所周知的是：（1）在大多数情况下，农村相对穷困者是农民起义的发起者，他们充当了叛乱煽动者的角色（汪灏 1936）；（2）如果境况未得到大幅度改善，起义便不可避免；（3）若起义成功，社会大众便会把这些起义的“草寇”视为正义的力量（参见 Wright, M. 1957：44）。因此，即便把“农村贫困人口”淡化为“相对贫困农民”，我们仍然可从中感受到某种因果联系。

正如我在第二章和第三章中所证明的那样，正是以下这些制度，使得中国有别于封建制的欧洲和日本：（1）拥有土地控制和土地所有权的小农；（2）中央集权的官僚。两者皆是构成中国三元结构的要素。本章前面部分阐述过，封建制度下的欧洲和日本，武装聚众叛乱不仅罕见，而且在推翻政权和取代君主方面也难有成效。事实上，古代世界的范围内，没有哪个国家的农民能和中国农民一样强大，多次推翻国家政权。这些信息都提供了一个线索，即在传统中国的起义原因是制度性的，并且和三元均衡崩溃直接相关。

图 4.6 说明了农民武装起义和三元结构危机的相关性，它包含

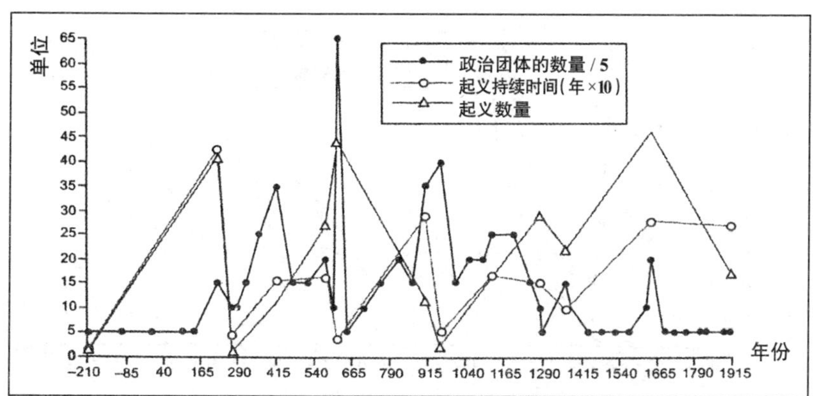

图 4.6：公元前 210—公元 1910 年的政治团体和起义事件

资料来源：基于附录 J，辞海编辑委员会 1989，第 2345–2405 页。

了 2000 多年中政治团体与大规模武装叛乱的波动数据。根据定义，232
若无外族入侵，帝国的分裂折射出的要么是三元均衡的衰弱（农业的衰弱，政府的无能以及农民的贫困），要么就是这个结构的崩溃。在四个 500 年时间段内（公元前 210—公元 290，公元 290—790，公元 790—1290，公元 1290—1790），起义事件数量也随着政治团体的数量增减保持同样的趋势。一个重要的例外出现在公元 665—790 年。而起义总的持续时间或多或少和起义数量的变动趋势是一致的。图 4.7 进一步揭示了这种相关性，鉴于皇帝的更替通常意味着政府的改弦易辙，那么皇帝的频繁更换则反映了社会政治的不稳定性，这种不稳定性和起义发生概率的波动是一致的。

通过对（1）起义和同时期在中国共存的政治团体的数量，（2）起义和皇帝易位这两个变量相关系数的测算，对图 4.6 和图 4.7 中总体的可视化趋势做进一步分析，公式如下：

$$r=\frac{S_{xy}}{\sqrt{S_{xx}}\cdot\sqrt{S_{xy}}} \qquad (4.2)$$

$$S_{xy}=\sum_{i=1}^{n}(x_i-x)(y_i-y) \qquad (4.3)$$

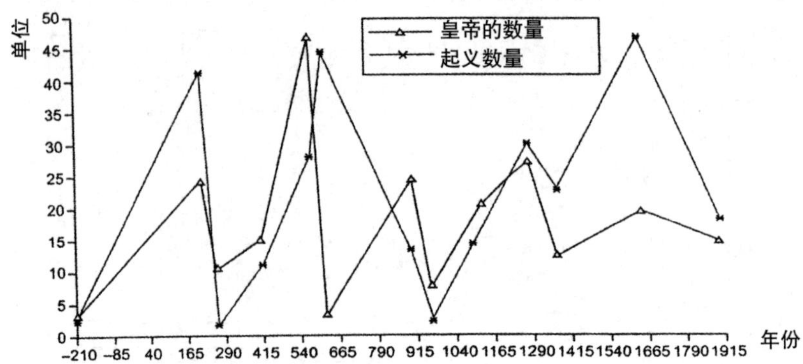

图 4.7：公元前 210—公元 1910 年的起义与皇帝更替

资料来源：基于附录 J，辞海编辑委员会 1989，第 2345-2405 页。

233 $$S_{xx}=\sum_{i=1}^{n}(x_i-x)^2 \tag{4.4}$$

$$S_{yy}=\sum_{i=1}^{n}(y_i-y)^2 \tag{4.5}$$

S 是总量，x 和 y 是两个变量，x_i 和 y_i 是变量 x 和 y 在 i（$1-n$）这一段上的值，x 和 y 是变量在（$1-n$）这一段上的平均值。r 是相关系数，它的值（$0 \leqslant r \leqslant 1$）反映了两个变量（$x$ 和 y）之间相关性的大小。0 和 1 分别表示毫无相关性和完全相关。结果如下：

类　别	S_{xy}	S_{xx}	S_{yy}	r
政权数量（x）和起义持续时间（y）	27.04	11.79	42.21	0.05
政权数量（x）和起义事件数（y）	142.88	11.79	54.76	0.22
皇帝更替数量（x）和起义事件数（y）	673.94	41.10	54.76	0.30
子周期 I（公元前 210—公元 600）	810.40	34.04	34.51	0.69
子周期 II（710—1400）	261.40	16.67	20.41	0.77

从中可以得出三个要点。其一，起义持续时间和作为帝国衰落征兆的共存政权数量的相关性并不十分显著。其二，起义事件和政 234
权数量的相关性并不显著。那么，其中的含义很明显，即农民起义军并未直接导致帝国的崩溃，或者简单点来说，起义矛头所指并非推翻帝国。事实上，农民需要帝国，因为帝国象征着农村家庭经济增长与存续所需要的一种制度。其三，尤其是在两个子周期内，起义事件和皇帝更替的关系比起义事件和政权数量的关系更为密切。公元 700—1400 年期间 r 值的提高表明了这种相关性的加深。这也说明起义并不危及社会经济的基本结构，而只是导致了朝廷在人事和政策的变化。换言之，农民们需要的是皇权和三元结构的均衡，而不是统治机构的腐败。因而这些参数和我们分析的三元结构，及其三元结构均衡和自我调节功能是高度一致的。

4.4 起义的主要特征

4.4.1 农民行为二元论

以当代西方的标准来看，用费正清的话讲，太平年代中国农民在极其贫困的条件下维持着一种高度教化的生活（Fairbank 1983：21），并对权威极端服从。但在困难年景，他们便变得极度激进好战。这种行为二元性时常困扰学者，因为他们看不出这两个极端之间有什么联系。然而有证据表明，17 世纪以前甚至以后，中国人所享受的生活水平并不低于西欧（如 Mokyr 1990：9; Pomeranz 1997）。所以，以现代西方的生活标准去假定中国人曾经生活得很糟糕和不幸，或理应生活得很糟糕和不幸，已纯属是无稽之谈。

这种错觉首先来自儒家的孝悌之义，人们常常把它理解为家庭内外的顺从原则（Fairbank 1965：第 2 章）。但是，如果我们能明白儒家的孝悌并不是一种从弱势下层到权势上层的单向关系，而是一种下层和上层的双向交换时，这种疑惑便冰消雪融。

在中国家庭生命周期中，最初阶段，父母是子女的抚养者和引导者；作为回报，父母期待子女孝顺。然后，等父母这一代老了要依靠年轻一代时，潮流就改变了：尽管年轻一代仍然保持对老一辈的尊
235 重，但绝大多数的决定都是由年轻一代来做出的。就做出决定而言，年轻一辈的顺从和老一辈的干涉就都消失了。当然，这个循环又会在下一个代际互利关系里继续。本质上，这种孝悌之义不是一种统治与被统治的关系，相反，它是一种相互理解和相互扶持的依赖关系。

类似地，儒家提出的仁与礼的概念，被认为是孝悌之义的延伸。虽作用方式相同，但超越了家庭亲属这个限制范围。因此，圣人之仁并非一种施舍者的慈善行为或者强势者的善举，而是一种基于相互理解和相互支持的，从社会金字塔自上而下的交换行为。当人们只是从弱者角度去看这种关系时，所呈现的强迫性是单方面的，义务和权利就永久地割裂了（参见 Fairbank 1965：第 2 章）。事实上，我们很难想象，一个源远流长的文明会建立在幼者和弱者仅有义务而无权利的基础之上。

这种相互依赖关系需要一些基本的条件才能发挥作用，在实际生活中它为社会和家庭的反叛设立了一个门槛（家庭方面的例子可参见《红楼梦》中的贾宝玉）。在社会政治和经济形势恶化，强势阶层单方面违背义务，将弱势群体推向反叛边缘之前，弱势阶层的行为都是顺从的。这是理性的，因为就单个农民来言，本来就很难与有组织的国家暴力机器相抗衡，它们专为管理大量人口而设立。但是，一旦成千上万的农民被逼到了叛乱的临界点，政府的错误举动就变成了导火索，农民们为了保护自己当下和未来的利益，会组织起来反抗腐朽的统治机器。这同样也是理性的，因为一旦不满的农

民数量超过了政府的军事数量，起义在全国范围内取得胜利的代价就大大降低，起义获得胜利的机会就会大增。在这种情况下，起义不仅能提供希望，而且战争已然胜利在望。总的来说，中国农民对政府的顺从不是因为他们备感绝望和无权无势，而是因为他们颇为满意。当他们不满意时就会趋于激进而好战。因此，帕森斯指出，起义爆发的主要原因不是宗教问题，而是农民们已经对腐败的统治机构忍无可忍（Parsons 1970：199）。

分散于各地的中国农民将他们的起义领袖集结起来，为了起义的共同目标而浴血奋战，这同时也带来一个矛盾，那就是，在通常情境下，对他人福祉毫不关心的自私自利的农民（商晓原 1989：
26-28），却在周期性的起义中团结在一起，变得强大有力，为集 236
体利益奋不顾身（李光璧等 1958；刘泽华等 1979；张绍良、郑先进 1983）。有一点是可以肯定的：这种凝聚力并非永远存在，它是极度临时性的，并非自愿团结，而是“强迫的团结”。只有当农民们面对高压的时候才会出现，这种现象叫作“钻石效应”：农民们就像石墨，平时是柔软而无形的，但在高压下石墨变成了自然界中最坚硬的物质——钻石。中国的二元结构失衡就提供了这种压力。如果中国政府忽略了这种“自然法则”，那么肯定也就会面临这枚钻石将国家机器轻易粉碎。

这留给了我们一个令人困惑的问题：为什么中国农民可以拥有这种压倒王朝专制权力和主宰无数政权命运的力量？用欧洲 / 日本模型是无法找到一个令人满意的答案的，因为在这些地区，个人土地私有化程度还没有发展到中国秦以后的水平。秘密在于：（1）根深蒂固的个人土地私有制度和它衍生的土地私有形式；（2）悠久的中国历史中，农民一直是社会主导阶层；（3）公众对于公平正义政府的观念。所以，农民的力量是由中国的制度，主要是土地所有制和三元结构决定的。

中国跟封建制度下的欧洲、日本做对比时，这种行为二元论显示出很多意义。比如，在工业化之前的英国，庄园主有法定权利驱赶自己土地上的农户，正是这项权利使得圈地运动成为可能（Moor 1966：467；Critchley 1978）。即使用生命作赌注，农民们也无法阻止圈地者驱逐农户，集中土地（Moore 1966：20—39）。这种驱逐农户的圈地运动并没有导致农村地区爆发起义，与之相反，它促发了农业的商业化，农民向都市流动，并最终导致了英国的“工业革
237 命”（Chambers 1972； Jones 1974；Yamamura 1979）。同时，分权的封建制度下，个体农民束缚于小型分散的政权之下，而这些政权常有明显的政治经济差异，这些因素都阻止了任何有组织操控大片地区大量农民的企图。中世纪的欧洲农民并没有必要通过组织大规模起义来改变难以忍受的社会状况，因为还有许多其他非流血方式，可以挣脱封建主义的个人束缚。比如，通过反抗单个的主人或封建领主来获取更好的待遇，或者直接逃跑，成为“用脚投票”的自由中产阶级者（Moor 1966：256）。还有，既然这些自由民在中世纪欧洲并不是社会主要群体，那么他们就无法拥有和中国农民群体一样强大的影响力。从自由日耳曼公社和斯拉夫社会（Germanic and Slavic communes）方面来看，人们没有必要起义，因为欠发达的私有制阻碍了政治势力从公众利益中分化出来（参见 Engels 1942）。这个对比给人总的印象是，欧洲、印度和日本普遍存在农民起义的制度障碍，但这种障碍在传统中国很大程度上是不存在的。

4.4.2 起义重心的转移

用起义频率来衡量，中国国内起义的一个有趣特点是，起义的重心会随时间而改变。以宋朝为界，存在两个各具特色的历史时期。

宋朝之前，起义集中发生在河北、山东、江苏、安徽、河南、
山西、陕西和四川 8 个省份。宋朝之后，起义集中发生在山东、山
西、河北、河南、江苏、湖北、湖南、广西、广东和福建 10 个省
份。这种起义重心的变化表明起义和经济中心如影相随。

起义重心迁移的时间值得我们特别关注。有证据显示，唐朝以前，
在绝大多数领域，比如科技、经济、艺术和学术等方面，中国北方
（俗称中原）地区的发达程度都超过了中国南方地区，北方地区主宰着
中国经济。宋以后，南方地区在以上各方面的发展都赶超了北方地区，
一跃成为中国经济的支柱力量（张家驹 1957; ZNK 1984 第 2 卷：4－5;
郑学檬等 1984：161－163）。宋代所谓的“棉米革命”导致了南方农业
的急剧变化：（1）早稻品种改革了旧的耕种模式，中国南方开辟出了
多季种植新领域；（2）棉花代替传统的丝和麻，成了日常生活中的主 238
要的廉价纤维，从而改变了一成不变的谷—桑—麻耕作模式（李剑农
1957：36－43; 张家驹 1957：156－160）。从养蚕和丝麻加工等活动中
节省下来的多余劳动力便成了多季种植所需的劳动投入。

中国南方地区的优越性从其农业绩效可见一斑。隋朝以后通过
大运河（漕运）从南方到北方的谷物船运量就是最为明显的例子
（参见表 4.3；也可见 Needham 1971：317－318; Elvin 1973：54－55,
58－59, 102－103; 周伯棣 1981：189）。无论是从数量还是从南北方 239
比例来看，南方粮食产量都高于北方。同一时期，长江流域一个省
的人口密度比黄河流域一个省的人口密度要高出 2.5—3 倍，我们也
可认为南方土地生产率更高，正因如此，南方地区才可以养活更多
人口（张家驹 1957：159）。

明朝以前，南方农民生产的粮食约占中国粮食总产量的 70% 240
（宋应星 1637/1978：1）。明朝时期，来自南方的土地税收可以证明
这一点。苏州府耕地面积占中国耕地面积的 1.1%，但它上交国家的

地税却占国家总税收的10%。也就是说苏州府的农业生产率高出同期平均水平10倍之多（张家驹1957：159）。

经济重心变化后，农民起义中心也随之迁移，至少有以下两个原因：（1）中国南方成为农民的主要聚集地；（2）南方地区开始承担大量的国家赋税。因此，宋朝不仅是传统中国南方确立其经济重要性的分水岭，也是一个起义分布区域的分水岭。宋朝以前，起义主要集中在中原地区，宋以后的元明清时期，南方地区的起义就统治了中国的政治舞台。

表4.3　上交国家的粮食数量

朝　代	年　份	北　方（石）		南　方（石）		南北方比例（%）
宋	1065	1007000[a]	（668749）	5755000[a]	（3821896）	5.71
元	1299	2932945[b]	—	6890311[b]	—	2.35
明	1578	4412105[a]	（4737277）	10674633[a]	（11461353）	2.42
清	1753	668652[a]	（692389）	4076182[a]	（4220886）	6.10
	1766	521084[a]	（539582）	4266679[a]	（4418146）	8.19

资料来源：基于梁方仲1980：293-294, 303, 375, 394, 396。

注：S∶N—南方∶北方。

a运往京城的粮食。

b税收种类。

这两个时期中东北五个省份是重叠的，山东、山西、河北、河南和江苏都是起义的轴心区域。这就产生了一个问题，即农民起义者为什么总要在中原地区踩上一脚。这与中国官僚机构的神经中枢位置有关：从秦朝开始，不论领土如何变动，中原地区都是王朝的政治中心。正因如此，当起义者试图推翻统治者，并掌控国家政权时，该地区就成为觊觎之对象。

4.4.3 农民组织者

中国社会始终存在合法或非法的农民组织。国泰民安之时，在诸如宗族或帮会等各种大旗下，那些神秘的社团蛰伏于地下，并不危害国家权力。农民组织和农民的自由民地位是相兼容的，然而它 241
们总是具有准军事能力，例如中国朝代史早期旷日持久的“五斗米教”，以及朝代史后期的白莲教（参见附录 J）。

观察家们常常感到困惑的是，这些农民社团的非正统立场——或者是非儒家的立场，因为无论从意识形态还是纲领来看，它们都似乎与上流阶层格格不入。从表面来看，它们确实与上流阶层不同。然而，从中国农民起义的作用来看，这些差别只是反映上下阶层的不同品味罢了。只要农民们能大规模起义，他们以何种方式聚集起来就不再重要。这又是一次对实用主义的验证：大的动乱平息之后，中国农民又无一例外地拥护以儒家为中心的政体，其中包括汉、唐、宋、明。于是费正清夸大了农民起义组织的名义和农民政治诉求之间联系的重要性，从而竟把白莲教和太平天国视为一种新的模式（Fairbank 1965：第 7 章；Shih 1967; Feuerwerker 1975：20−23, 28）。

伴随着一场危机的白热化，所有观望的暗藏的社会关系网都开始形成一种凝聚力来组织零散的农民。考虑到许多农民曾经在军队服役或者接受过功夫训练，这些组织可以在极短的时间内组织起一支组织严密的部队。巫术也十分盛行，秦朝第一次大规模起义的领导者陈胜和吴广，很大程度上借助于巫术来动员手下的农民（张绍良、郑先进 1983：7）。

但是，外界的压力是必要条件，只有当中国农民持续普遍地同时受到上层的压力，他们才会愈加团结。随着团结程度之增加，农民也变得越加好斗，这便是农民军事化（Kuhn 1970：第 3 章）。由于官僚网络的瘫痪，或者税收收入的大量丧失，政府无力镇压，反抗者便可齐心协力，击败并推翻政府。

在个体层面上，三元均衡时期，起义者和农民组织一样，都蛰伏起来。然而，一旦时机成熟，起义爆发，许多普通农民就会彰显英雄本色，展示其领袖才能，成为高级指挥或官员的候选人，甚至问鼎中原加冕称帝——比如明朝开国皇帝朱元璋。

242 4.5 起义的性质

中国农民武装起义的本质，在其起义的权利、目的、主旨和动机中加以反映，下文将对此做一一阐述。

4.5.1 起义的权利

在中国，法律固然存在，但往往最后是道德说了算。因此，中国法律和政策的有效执行最后要依赖于道德权威（Fairbank 1957：172；1965：第5章），这一点是千真万确的。有多方面原因：首先，它是宗族传统的一部分，在宗族内部，族长权威和习俗合二为一，儒家“内圣外王”（内心做圣人，外面做贤明的统治者）的理论很好地诠释了当时的这种背景；其次，由于中国社会的基础是相对同质性，因此社会很容易接受共同的习俗和行为规范；再次，中国的政治集权结构是无法给独立司法系统留下很多空间的，因此法律实践的结果是灾难性的，秦朝暴政便是其中一例。道德高要求和法律低约束相结合是秦朝以来的国家统治策略，这种结合的优点在于，政府权力受到广大民众的监督，他们可以振臂一呼来制止暴政。所以，在中国漫长的历史中，道德经常战胜法律。

准确地讲，由于缺乏控制政府腐败的法律，当统治阶级不能代表好的道德和政策标准时，被统治阶级就有权起来造反，并根据人民的意志推翻不得人心的政权。这就解释了为何农民起义尽管违法，但是在道义上却是正当的。在这一背景下，大规模的武装起义发生时，受到道德谴责的往往是统治阶级，如中国古话所谓的“官逼民反”。马什（Marsh）曾正确地指出，当普通百姓感受到被压迫时，旧朝君主统治中国的大权便会旁落，进而被推翻，事实上也确实如此（Marsh 1961：43; 李祖德 1993; 孙言诚 1994）。结果，中国的三元均衡更多的是一种道德导向的均衡，而非法律导向的均衡。要恢复这种均衡需要的往往是起义这类非法运动。因此，频繁起义之原因是结构性而非情感性的。而且，在法律缺乏的中国，起义成了社会经济政治体系中固有之元素，这使最平凡的百姓也有起义的权利（Fairbank 1965：54）。

早在公元前，中国就已存在对造反权利的承认、定义和认同。这是多方面原因造成的。首先造反权利反映在中国百姓的思想中。 243
《三国演义》《水浒传》和《西游记》中的英雄人物都是造反人士。《水浒传》中的一百零八将都是因为这样或那样的原因被迫向朝廷宣战。《西游记》中，猴王孙悟空出身卑微，因为破坏玉皇大帝执政的大庭而受到惩罚，成为唐僧去西天取经的保镖（Tang C. 1979）。孙悟空平常对师父效忠，但当遇上妖魔时，他便会造师父的反，不顾师父训导，大战妖魔——而这便是《西游记》故事的主体——孙悟空大闹天宫，赢得“齐天大圣”的名号。有趣的是，许多妖魔鬼怪常是腐败君主和官员等曾经的正面角色的化身。在文学作品中，造反如果不是使命的话，也是普通人的神圣权利。

其次，中国社会并没有排斥农民成为领袖或统治者的可能。在这一背景下，可以毫不夸张地说，中国农民天生拥有造反的“基因”。值得争议的是，这种基因是古代中国社会流动性所致——而此种流动性使得篡位易主成为可能（李祖德 1990; 羊春秋、沈国清

1993；朱大渭 1994）。中国古话说，“皇帝人人做，今天到我家”，只要凭借力量（无论其地位还是出身）“皆可打天下”。只是大部分人并没有遇到良机，获得成功而已。

最后，儒学把造反权利理论化为相互联系的两个方面：（1）摆脱腐败之朝廷；（2）恢复旧有之秩序。而这两方面皆需暴力，这也是看起来平和的儒家为何会对武术格外关注的原因。军事理论也是儒家经典之一，尤其体现在战国时期荀子所写的《荀子》上。儒家课程就包括了一系列骑射类的武术训练（中国大百科全书编辑委员会 1985：229－230）。如果只是把儒家弟子训练成为文官，那么便无习武之必要。在某种意义上，儒家也随时准备造反。百姓针对政权腐败而发动的造反不仅是必要的，而且是合乎天道的（Mousnier 1971：240）。儒家有句执政名言：“君者，舟也；庶人者，水也。水能载舟，亦能覆舟。”（《荀子·哀公》）汉朝大儒董仲
244 舒（公元前 179—前 104）在其著作《春秋繁露》中说：“尧舜不擅移，汤武不专杀。”（即如果君王暴虐殃及百姓，上天便会剥夺其统治权利。）儒学也将造反和战争视作构建秩序与和平的途径。《论语·子路》明确指出：“如有王者，必世而后仁。”（意为统治者首先要通过战争来建立秩序和和平，然后实行仁政）因此，儒家算是对百姓造反颁发了一张许可证。值得注意的是，儒家的正义造反论也包含了弑君的实践。弑君在儒家思想中是一种英雄行为，早期的例子有公元前 227 年荆轲刺秦王。而相反，霸主或者军阀造反导致国家分裂的行为会遭到儒家谴责，儒家标准的表述是“僭越”和“礼崩乐坏”。

这么一来，儒家思想就向普通百姓传递了两个截然相反的信息——对政权的一致服从和对当权者的造反——这形成了另外一种矛盾。所以大多数学者会忽略掉儒家思想中反叛的一面，因为这

和中华文明的总体印象大相径庭。而实际上无论是顺从还是反叛，儒家思想都是有条件的：若朝廷清明，则百姓当顺从；若朝廷腐败，则百姓当造反。儒家这种双重性反映了中国社会的复杂性和三元均衡的条件性。在这种背景下，正统儒家思想的核心概念——天意——实际上就是民意。这种民意会以两种形式表现：在均衡时期，表现为百姓要对统治机构支持和顺从；而在动荡时期，表现为要反抗和造反。最好的例子是那些起义军的口号：（1）公元184年，张角、张宝和张良领导的黄巾军起义的口号是“苍天已死，黄天当立”（张绍良、郑先进 1983：435）；（2）公元1120—1122年，宋江领导起义的口号则是“替天行道”（明初，施耐庵）。

儒家对造反的这种认可尤其重要。第一，它承认了农民的政治经济权利。第二，它维护了儒生参与农民起义的正义性。据记载，孔子的后人孔鲋就作为陈胜的顾问而参加了起义军来推翻秦朝（CBW 1989：1262）。许多精英不仅加入起义军，还在军中担任要职。缺少了儒家思想的支持，中国农民起义的胜算便大大降低。因 245
此，儒家思想应是中国古代起义的重要组成部分。若说儒家思想是统治阶级为一己私利而专政的工具，则是天大的误解。

第三，基于上述原因，中国皇室史官不但不否认造反的存在及其行径，反而习惯性地把中国历朝历代重要起义领袖的个人传记（陈铁民 1994）和所有由造反起家的君主一并收录其中（朱大渭 1994），这是对起义权的终极确认。

第四，和法国对乌托邦的向往不同的是，中国的黄金时期和儒家教育使得农民确立了判断是非的标尺，可帮助他们看清楚谁是社会动乱的罪魁祸首，并确立造反的目标。从史实记载来看，中国古代起义鲜有未达成目标者。

中国文化中，农民起义的正当性与拥有和控制土地的自由民的社会地位是相容的，这也成为社会底层百姓的普遍观念。因此造反在很大程度上被制度化了：社会便会期待发生暴力起义，取代恶化的社会经济状况。这种对待大规模军事起义的态度在欧洲和日本几乎是难以想象的。举例来说，在英格兰公元 1381 年的瓦特·泰勒农民起义之后，人们把这类事件视为不幸或运气不佳（Dobson 1983：3334）。中国统治阶级十分了解这种起义的机制，甚至有时故意利用或操纵其力量来达到自己的目的，公元 1889—1900 年间的义和团运动便是其中一例，它起初被当作是扶清灭洋的头号旗帜来利用的。

4.5.2 目的、主旨和动机

儒家教育和第二章、第三章中中国三元均衡结构的分析，揭示了经济、社会政治和社会经济结构的大众意识。中国百姓从来不会盲从朝廷之政令，相反，中国政府的表现时常处于百姓和三元结构的监督和评价之下，而评价的标准便是儒家的圣人之仁。所以，相比欧洲和日本的起义者，中国起义者的政治经济目标和实施计划似乎更为清晰——他们知道什么是他们想要的，以及如何去争取。

246 起义的短期目标便是阻止政府腐败，这一点可以从起义军为推翻朝廷对朝廷重要机关和军事设施全力进攻反映出来（李祖德 1990; 羊春秋、沈国清 1993; 朱大渭 1994），这得益于中国中央集权政治制度给了百姓一个明确的可辨认的目标。在封建主义的欧洲，因为大部分人口受分权的系统管辖，很少发生由单个原因而导致的大多数人不满意的情况。此外，中国古代官员的选拔标准主要是看人品，而不是看财富与血统。这意味着，普通中国百姓倾向于轻视他们，而不是对官僚敬若神明，所以起来反对官员在心理上毫无障碍。这种叛乱的最终目的就是通过改朝换代来提高农民地位（李祖德 1990;

羊春秋、沈国清 1993; 朱大渭 1994)。实际上，中国农民起义自汉代以来都遵循一个模式，包括基本的过程：(1)组织普通百姓；(2)攻击政治和军事目标；(3)推翻旧朝，建立新朝；(4)重建旧的社会经济体系。

中国起义军的动机从起义宣言上就能看出。如表 4.4 所示，“均平”二字被频繁使用。我们应该在中国三元均衡的背景下理解这个词，它和共产主义的乌托邦无关。正如之前提到的，土地私人所有制是传统中国土地占有的主要形式，也是自由农民的根基。这一点和封建时期的欧洲、日本都不相同，对于欧洲和日本地区的大部分农民而言，土地私有遥不可及(Landsberger 1974：第一部分；Critchley 1978)。所以，在中国起义者看来，经济平等意味着平等的土地分配，耕者有其田。公平的呼声不断被重复，说明了其高度标准化和顽固性。这一点在农民起义军成立自己的政权后表现得更明显：新政权常常以建立或复制控制或占有土地的家庭农庄为要务。

毫无疑问，儒家“不患寡而患不均”的思想(《论语·季氏》)进一步助长了农民平分和拥有土地的需求。

在三元危机中，造反的激励往往很强烈，其中部分原因是腐败(使得轻徭薄赋不复存在，土地所有权和控制权的侵蚀和丧失，社会流动的希望荡然无存，生活标准下降，失业的威胁，饥馑的可能性)，这些都降低了造反的机会成本。造反的所得是显而易见的，这是部分的原因。大众起义意味着，无论是在当地还是在全国范围，公民对于现有社会秩序全部否定，导致了：(1)对于国家权威和大地主权利的否定；(2)对税收和租金有组织的违约；(3)对政府和 247
上流阶级财产的再分配(以收入和产权形式)。所以，至少从短期来讲，造反的回报丰厚。

起义的目的、主旨和动机都揭示了传统中国的大规模武装起义本质上是对于三元非均衡的回应。从起义爆发的角度来看，这些动机和激励都是内部因素，而朝廷施加的压力是外部因素，只有内外因素兼备时，起义方能出现。

4.6 起义的成效、成功率、作用和后果

4.6.1 起义的成效

在传统中国，起义作为一种暴力，它能极为有效地左右王朝政权的命运。尽管起义在本质上是对中国腐败朝廷的本能反应，拥有和控
248 制土地的自由农民是打击腐败的政府力量最强有力的均衡力量。本书前面已提到，武装起义至少推翻了六个王朝，并且在各个朝代中推翻了众多的政权。血腥的起义是促使不得民心的腐败政权下台的有效方法。从本质上说，正是农民起义的武装力量为三元危机提供了最终的解决方案。

4.6.2 起义成功率

尽管在中国历史上没有什么比促使改朝换代的民众起义更剧烈，更有决定意义，但并非所有的起义都能推翻腐朽的政权。附录 J 的数据显示，通过起义来建立一个新政权和缔造一个长治久安的王朝之间的比例是 12∶1（或者说 8.3%），而起义和成功建立一个新政权之间的比例是 5.6∶1。所以总体而言，通过起义缔造一个长治久安的王朝的成功率为 1.5%。

因此，一方面，就推翻和更替不得民心之政权而言，条件（包括内外两方面）非常苛刻。最重要的是，一场大型起义想要成功获得国家政权，需要四个主要内部因素：（1）有才能的领导人，（2）军事优势，（3）普通大众的支持，（4）士大夫的支持。为实现起义目标，这

些因素都需要获得合法性、人力和收入支持。为达到这一目的，起义军的首领通常许之以和平、土地、轻赋税和复兴重农国家。至于如何让一揽子政策发挥最佳效果，中国历史上有充足的例子可以供未来的新君们效仿，而这些例子都遵循三元均衡。而另一方面，就逻辑而
言，如果起义军的确成功推翻了腐败政权，在这次起义过程中，为了 249
赢得民心的功能性模式所具有的势头就会重建三元结构。整个过程都高度契合和标准化，起义本身就是三元基因的载体。

起义成功的外部条件很大程度上是由政府反腐败和反叛乱的行为决定的，通过处理政府腐败来弱化全国暴乱的辐射效应从而遏制更多更大的起义，这一点在前面已经有所论述。在对待起义方面，朝廷是胡萝卜加大棒的软硬兼施。起义军一次又一次地被朝廷镇压。

然而，有一点不能忽略，不论朝廷对起义的镇压多么行之有效，除非政府机器完全崩溃，现存国家政策总会因奇异而发生变化，并朝着恢复三元均衡状态发展，可供国家选择的其他余地很小。而如果没有明显的向三元均衡状态的某种回归，起义将会蔓延，或者有新的起义爆发。

所以，无论更替一个不得民心的政府看起来是多么不容易，从成功的概率来看，不能把起义胜利仅仅定义为推翻政权。考虑到农民起义本身就足以改变朝廷的官员任免制度和政策，使腐败得以抑制，政权更替不失为一种选择。总体来说，只要三元结构和均衡在起义后得以恢复，农民就会平静下来，恢复家庭农耕，而无所谓新政权是什么年号，也无所谓农民起义是取得了军事胜利或者遭到惨败。在这种情况下，中国农民武装起义总是达到了目的。

4.6.3 起义的作用 250

中国历史上的起义有若干政治和社会经济功能：遏制腐败，推

动改革，终结分崩离析的局势，财富再分配和复兴旧体制。既然这些要点常被引用，我们就用它们来简要地支持本章的观点。

第一，由于起义爆发的权利、动机和组织的存在，潜在的起义是悬在统治者头上的达摩克利斯之剑，而非真正爆发的起义。证据显示，中国的君主和官僚对此都很敏感且有清晰的认识。尽管中国政府没有防范错误和防范分裂的措施，但时刻铭记秦朝灭亡的教训。例如，唐太宗在他的《自谏录》中写道：

> 见其（指太子李治）乘舟，又谓曰："汝知舟乎？"对曰："不知。"曰："舟所以比人君，水所以比黎庶。水能载舟，亦能覆舟。尔方为人主，可不畏惧！"

这无疑是从《荀子·哀公》中摘录而来的。隋朝易代时，太宗也评论道，"此皆朕耳所闻，目所见，深以自戒。故不敢轻用人力，惟令百姓安静，无有怨叛而已"（徐天春、李亚伟 1995：427），"地广非常安之术，人劳乃易乱之源。此乱之始也"。所以，尽管潜在的起义尚不对推翻朝廷构成真实的挑战，起义可能性本身就足以警示朝廷。

第二，尽管起义所打击的朝廷最终可能会占上风，但是起义是触发时局变迁之媒介。毕竟，如数据显示的那样，朝廷在大乱之后安然无恙的概率占 82%（起义者建立政权的概率占 18%，见附录 J）。在这 82% 的危机生存中，起义激活了国家的自我约束机制。一旦此机制又开始运作，国家和起义军之间通常就会展开拉锯战，最终重归三元均衡局面。朝廷的优势通常在于信息、专业管理和政治经验——这些都为当朝政府的执政能力加分。一个极佳的例子就是清
251 代同治中兴和相关改革，这场改革是为应对公元 1368 年以来最强大的太平天国起义而启动的。朝廷和起义军双方都提出赋税减免、土

地重新分配和更好的吏治，最后是清政府胜出。但起义的催化作用和对腐败的威慑作用再次彰显。起义的成功率可以很低，但我们不能低估失败的起义在恢复平衡过程中的重要性。它还表明三元结构和均衡的维持不完全依赖现有朝代的覆灭和更迭，自我约束机制同样有效。这种自我约束机制常靠农民起义来激活。

第三，起义是腐败国家机器的掘墓人。农民阶层摧毁腐败的国家机器不仅仅是为了出一口恶气，它是改变政府经济政策的一种方法。一个有目的、在起义支持下建立起来的政权必须凭借改革税收和土地所有权制度来实现起义的目的。

第四，起义使得财富进行再分配。不管起义是否成功推翻腐败政权，起义控制地区通常都会进行财富重新洗牌。

第五，即最后一点是，起义是迈向恢复三元均衡的第一步。起义不仅是一股破坏力量，它也会建设新的朝代。就像孟子主张的那样，起义必然会引导社会回归正道。战争是为了将人们从危机中拯救出来，并且以重建基于小土地占有和土地所有制经济体制而告终（《孟子·梁惠王》）。因此，中国式起义不仅在量上，还在质上有别于世界其他地区发生的起义。

图 4.8 阐明了这一过程，这张图描绘了两个极端，并没有包括政府和起义军势均力敌的情况。从危机的角度看，可以把起义看作是“（王朝）结束的开始”，而从一个新政权的角度看，可以把起义看作是“开始的结束”。因此，中国不会长期处于失控状态。如果国家成了维持均衡的唯一工具，而没有起义作为国家腐败最有效的制衡者，那么就会像我们所知道的那样，中华文明可能在很久以前就灭亡了。

三元均衡的恢复与起义相伴而行，它包括：（1）回归农本思想；（2）确保农民间土地的再分配以及重建土地及财产权利；（3）

重新限制贸易、减免税收和减少乡村徭役等措施。以税收为例，秦朝的税率大约是家庭产出的50%，这一税率在大规模起义之后的汉初急剧下降到3.3%，下降幅度达93%（张绍良、郑先进 1983：20），毫无疑问，新政权大大满足了起义军的要求。相比之下，尽管
252 据记载18—20世纪的爱尔兰经常爆发农村抗议，但是并没有清晰的新模式出现（Clark and Donnelly，1983：25-26, 73）。日本的起义也类似：日本前现代期间（公元1590—1884），在农民骚乱的鼎盛时期，有多达3001次骚乱，但仍缺乏模式更新（Bowen 1980; Bix 1986）。换句话说，这些起义均不是社会经济机制的有机组成部分，也不能用以调节社会结构和社会生活，它们最多是对系统进行外部的冲击。

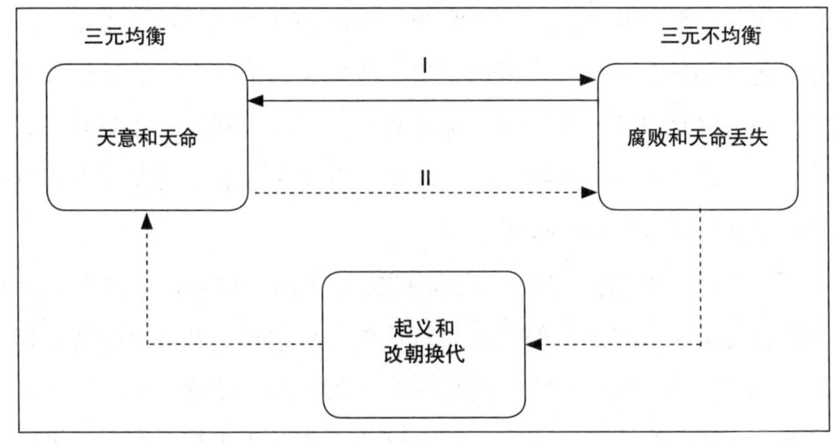

图 4.8　均衡的完整循环

注：

两个循环：（1）通过政府自我调节的回归；（2）自我调节机制失败之后，通过农民暴力干预的回归。

值得指出的是，恢复三元均衡所需的要素在中国社会大部分时

期都是存在的：农民起义、儒家思想以及对于三元均衡黄金时代的记载或记忆。秦代农民起义使得上层建筑坍塌，而这正是当初建立三元系统的前提。儒学为秦代农民起义之后的社会重建提供了道德和理论支持（包括社会经济结构的重建和政策体系的恢复）。这就形成了中国朝代的循环模式。因此，忠于执政精英的训练有素的常备军和由常常是乌合之众凑成的起义军之间的流血冲突不仅是危机时的主要形态，还是解决体制弊病的主要途径。

4.6.4 后果

作为一种不可抗力，起义造成的后果主要有两方面。第一，起
义定期地重新将农民阶层作为社会的主导阶层。第二，起义定期地 253
将中国带回三元均衡，使得所谓处于“农业僵局”的经济定期重新开盘。中国经济虽然绝对不会静止不变，但它始终被限制在三元局限范围内变动。

起义后，在任何有劳力和可耕地的地方，农业总是第一个得以恢复的经济活动，而且拥有土地使用权和占有权的农民群体总是先于其他社会群体之前崛起。因此，农民群体总是在争取自身利益时更具优势。不仅如此，为了生存，非农民阶层通常在内战后立即转向从事农业。打个比方，起义就像是澳大利亚定期发生的森林大火，只对桉树有利，大火消灭了其他竞争树种，唯独桉树得以萌芽。此外，就像桉树总是在大火后更为适宜的天然环境中生长起来，在内战后更良好的社会经济形势下，中国农民阶层也总是得以复苏。因此，不管起义给其他阶层带来多大灾难，对于农民阶层来说，那的确是上天的恩泽。

显然，起义并不影响中国的社会结构，这也是中国农民武装起义的本质（参见图4.8），农民起义作为一种反对腐败君主和官僚的途

径，从来不会背离帝国的三元模式。在危机和起义期间，统治阶层、农民阶层和三元关系不会一起消亡；它们之间的关系得以重新调整。因此，起义的作用是结束三元危机（李祖德 1993; 孙言诚 1994）。

起义的副作用同样重要。从经济学角度看，定期的人口下降至少有三个后果。其一，在宏观层面，由于战争破坏不可避免地导致生产总量下降，但人均资源（特别是人均土地）会增加。其二，在微观层面，劳动力损失使得基层单位缓解了劳动力边际产出恶化和总产出的报酬递减。其三，结合宏观和微观机制，由于资源条件和劳动生产率改善，战后经济肯定走向繁荣。毫无疑问，这是中国经济生态的一部分。有了良好的制度、政策和技术，这样的繁荣甚至会发展成为社会经济的太平盛世，这正是古代中国公认的黄金时代。内战后，所有这些都能在三元框架内完成。

因此，我们很容易理解，即使中国经历了一些技术和结构的
254 巨大变化，像“汉代经济改革”（Bray 1984）和“宋代经济增长”（Elvin 1973）这样突出的事件，即使中国的人口土地比例时不时地急剧增长，中国人口也遭受周期性的严重损失，中国既没有形成欧洲那样的工业生产模式，也没有进入半资本主义阶段（Hartwell 1963, 1967; Elvin 1973; Skinner 1977; Ronan 1978：54; Bray 1984）。

这里就出现了中国为什么没有发展工业资本主义的一种解释：中国固有的生产模式和相互关联的制度之间的均衡使它无法生存。这个所谓的三元均衡模式下的任何巨大改变，都会被统治者或农民阶层视为对现存社会秩序的威胁。这个均衡是结构性和制度性的，而不是技术性或理论性的。这种结构性的均衡有效地防止了农民失去土地，也就是排除了工业改革的先决条件——为工业提供所需的劳动力。这也就大大排除了中国本土商人阶层崛起的可能性，并推动市场经济发展的可能和空间。

4.7 进一步讨论

4.7.1 模型的动态

我们已经在第三章检验了三元均衡的作用，在那个阶段，为了便于分析，我们假定均衡是自我校正、自我调节的，并假定中国是一片安宁之地。现在，这个模型中增加了腐败和不均衡因素，很显然，这样的一个均衡充满了危机和混乱。由此，三元均衡应该被重新定义为灾难——均衡循环。

4.7.2 新的观点 255

中国式起义在世界历史上鲜有雷同，这一现象被政治和经济历史学家广泛认同（例如参见 Fairbank 1957，1965；Elvin 1973：245–246）。但是很少有人把起义视为中国社会经济体制的一部分。起义充其量被看作是体制所导致的结果或者是对于该体制的外部冲击。经常会被忽略的一点是，中国商人阶层默默地忍受住了国家压力，使"作用力与反作用力"范式不能解释。本研究的主要贡献是将传统中国的起义和社会经济结构联系起来，而以前的研究往往缺失这一点。

J.A. 戈德斯通（J.A.Goldstone）所写的《早期现代世界的革命和起义》，是至今为止研究武装起义最好的书。该书采用比较的视角，将其作为欧亚经济史的一部分加以讨论，并认为武装起义是一系列社会经济体制失灵的结果。然而，起义的最终驱动力是人口增长和资源短缺。而且戈德斯通认为他所研究的欧亚社会没有结构性差异：各民族因为同样的原因进行起义，时间上甚至也是同步的。此外，戈德斯通没有意识到明清时期中国武装起义有着更悠久的传统，这可以追溯到公元前 208 年的陈胜吴广起义，这次起义终结了辉煌的秦朝。有证据表明，直到公元1840年，频繁的中国起义几乎都是完全独立于外部影响的（参见附录J）。而本研究的另一个贡献是说明了独特的制定环境是中国起义与众不同的原因。

第二，传统观念认为起义打破了中庸、和谐与秩序的儒家规范。本书的研究提出的新想法是：起义恢复了而并非打破了儒家规范。或者更确切地说，考虑到“以人为本”、重农主义和起义者权利等思想，起义是儒家规范的一部分，有罪的一方恰恰是打破儒家规范的腐败政府。但在古代中国，起义的正义性并不等于起义是进步的。两者并无必然联系。再者，起义的动荡仅是手段，目的是均衡和稳定。两者并不互相否定。

第三，费正清的中国朝代循环论中，循环过程中谁扮演着核心角色并不清楚，统治集团和农民阶层似乎以一种看似巧合的合作方式运作着（Fairbank 1965：第4章；Fairbank and Reischaver 1979：
256 70–75）。本项研究表明，农民阶层在朝代循环中扮演着重要角色。在费正清模型中，中国从政府掌权到混乱的起义再回到政府掌权（Fairbank 1965：第4章；Parsons 1970：256）。现在，可以把这个过程看作是中国从均衡转向非均衡再回到均衡，这才反映了中国朝代循环的动态本质。在这种情况下，如果说中国是个保守的国家就未免过于肤浅，中国的各种社会力量实际上都是在寻求三元均衡并以三元均衡为行动的目标。

在印度和中国农民阶层的差异问题上，巴林顿·摩尔（Barrington Moore）是对的（Moore 1966：339）。村庄种姓制度下的印度农民并不真正需要政府，而中国农民却总是需要一个“好”的中央政府作为他们谋生的基本条件之一。因此，“获得一个好的政府”是中国定期爆发农民起义的全部目的。本文提供了一种新看法，频繁的基于农民阶层的起义构成了传统中国宏观经济体制的一部分：起义具有暴力、政治性的特征，但是从帝国的民生来看，起义在本质上却是一种实实在在的经济行为。

4.7.3 均衡循环中关键因素的作用

这里的关键因素有起义、农民阶层、中国哲学家和儒家精英。这些因素或多或少结成了一股三元均衡循环的合力。

4.7.3.1 均衡循环中起义的作用

长期来看，起义的频率暗示着三元危机发生的规律性。反过来，规律性的三元危机暗示着三元均衡的定期重建，倘若没有这种三元均衡，中华文明很早之前便已消失。均衡与不均衡的农民起义在两个极端之间建立了一个过渡连接。在欧洲，政治分权抵消了国家的功能失灵（Jones 1981：237）。然而在中国，如果统治机构（君主或者官僚）不能阻止体制的失灵，社会不得不在很大程度上依赖起义去完成这件事。因此，起义是帝国自我调节机器的内生因素，中国的农民起义组成了王朝变迁的轴心，该模式很具中国特色。

中国发生的这些事件很容易让其成为起义的王国，然而，那些起义很少为社会经济进一步发展带来任何显著变化，中国民众武装起义仅仅是维系三元均衡的保障。一个普遍的误解是认为中华帝国时不时地瓦解（Fairbank and Reischaver 1979：70－71）。如果我们 257
允许短期调整的话，那么瓦解的只是朝代，而不是帝国。随着起义的爆发，朝代定期更替，而帝国长期保持它的完整性。

所以，中国的保守很大程度是由起义导致的。在欧洲和日本，起义通常要求一些新事物，比如说起义之前严重缺乏的政治经济平等和底层阶级的产权，这意味着要终结封建制度。一个很好的例子是公元 1381 年英国农民起义要求平等（Dobson 1983：164－165, 365－366, 371），虽然听起来很“浪漫”，但这确实是革命性的（同上：363）。相反，相同的平等观念在三元均衡下映射出一个永恒的中国“黄金时代”，既无革命性可言，也无浪漫主义色彩。

4.7.3.2 均衡循环中农民阶层的作用

从事中国研究的学者们已经意识到中国混乱最终会导致均衡。但是他们没有说明的是：（1）打乱现存秩序的起义实际上是实现三元均衡的必要过程；（2）农民阶层负责保障和重建均衡。中国总会定期经历严重危机。在这个意义上，农民阶层是中华帝国的拯救者。从制度主义的观点来说，武装起义在保护中国社会经济结构的过程中发挥了重要作用，在这个结构中农民阶层是受益者。

从农民起义的作用来看，很容易就可以判断出中国农民的素质。从根本上来说，以任何标准衡量，他们都是保守的，都不具革命性（参见 Moore 1966：第 9 章）。用赛斯内欧（Chesneaux）的话来说（1973：9–10），“（在传统中国）农民叛乱，并不是为了威胁业已建立的秩序，而旨在有用并最终有助于在乱世中建立秩序”。在这里，赛斯内欧所说的“乱世”无疑是指那些三元危机的时期（参见 Fairbank 1965：第 7 章）。马什（Marsh）的结论甚至更加直截了当：

> 中国人是最具反叛精神但却最缺乏革命精神的民族：即使是一个王朝的覆灭也不能使基本的、具有革命性的变化合法化……它象征着向传统回归、向理想状态回归，它们正是在王朝循环向下摆动中被激发的。

因此，把中国的毛病归咎于精英和农民的普遍保守性是明智的，
258 这一新想法从根本上区别于把一切病症归咎于上层阶级的传统理论（例如，Fairbank 1965; Qian 1985）。毕竟，农民阶层按照三元均衡

重新设置中国经济的钟摆，因此，农民起义者绝非为社会抛弃之土匪或亡命之徒，他们承载着巨大的历史使命。

4.7.3.3 中国哲学在均衡循环中的作用

在结束三元危机的第二阶段，中国的黄金时代和儒家学说扮演了重要的角色，它们也是中国制度和秩序走向恢复的第一步。黄金时代和儒家学说为重建三元均衡提供了一幅蓝图，并设有一系列标准，包括如何建立一个好政府和社会需要怎样的经济政策等信息。儒家学说扮演这样的角色，不是因为它是黑格尔所说的“绝对精神”，而是因为它使得中国社会长时间以来所偏爱的三元均衡合法化。“共同生存和追寻和谐的社会政治框架”（Mitchell 1977：46）的儒家价值只有当农民阶层是社会主体时才有意义。

有趣的是，起义之中和起义刚结束时，道教在政府制定政策时通常扮演着十分重要的角色。道教信奉管理的“道法自然”或是“无为而治”（字面意思是“少加干预以促成良好的秩序”），意味着少税或无税、少干预或不干预农民的生活，它使得钟摆摆回到三元均衡。汉高祖（公元前 206—前 195 年在位）和汉文帝（公元前 179—前 157 年在位）对此原则极为信奉，这两位都被视作中国历史上明智的统治者，他们的政策获得了理想的结果（肖黎 1987：147-184）。历史学家通常把这种向道教的转换视为儒家统治阶级为了安抚、安慰农民阶层做出让步的结果（范文澜 1964；Bai 1982）。然而，在秦以后的道教政策时期，中国社会结构并没有陷入无政府状态，社会也没有发生任何结构性的变化。比较而言，实行道教所实现的经济复苏之目标与儒家是相同的。这表明儒学和道教在中国政治方面是多么一致。道教不同于儒学的仅是策略：前者用有形之手操控社会力量，而后者用“无形之手”。

4.7.3.4 均衡循环中杰出人物的作用

儒家精英在三元均衡重建中扮演着重要的角色。暴乱之后，中国农民习惯性地把权力交给精英，随后精英负责建立一个新政府以
259 实施先前统治阶级未能执行之事，而农民阶层则悄悄地退出政治舞台。

有些学者责怪中国的上层阶级在血腥的暴乱后“劫持”农民事业，“偷取”底层阶级的成果。这种说法引出了一些有趣的问题：（1）中国的农民为何总是失去他们的最终战利品，就好像他们肯定会被上层阶级愚弄一样？（2）如果农民永远被困在这样一个必输无疑的结局之下，那么他们未来为什么还不断地起义？

如果我们理解起义的后果，那么这种错觉就会拨云见日。首先，农民作为主力部队其任务是挑战和摧毁不合格的政权。其次，一旦完成了这个任务，重建工作就转交到拥有建立行政构架知识和技能的专业精英手中，精英成员同样是最有资格担任官僚机构的工作人员。国家机器设计和运作这两个关键的领域是普通农民最不擅长的领域。

尽管农民移交权力是一项常规，但是精英需要人民的委任，尤其是起义军，通常他们都是内战时许多精英阶层的战友。只要新统治阶层做的事确实满足了起义者和大众，那么农民阶层和精英阶层之间的利益差异就会变得微不足道。所以，这是合作，而不是劫持或是盗取。

这样的劳动分工所能导致的最糟糕之事就是精英阶层的背叛。但是游戏规则是，如果农民阶层对新政府不满，他们会回来，再次捣毁国家机器。这使得朝代循环的存在变成可能。所以，总的来说农民阶层总是赢家。

4.8 与公元 1789 年之后的法国比较

第三章、第四章从不同角度揭示了中国土地占有模式，以及随着时间的推移中国农民阶层的政治经济影响力。中国的这一体制在世界历史上极为独特。但很明显，秦以后的中国与公元 1789 年后的法国有许多相同之处。

曾经有人争论道，公元 1789 年的法国《人权宣言》标志着土地个人主义的胜利，把私有产权和个人自由的原则写入其中（Moulin 1991：29），随后发生法国土地改革（同上：27–32）。尽 260
管小型土地私有已经出现，但公元 1789 年法国大革命后的“土地分割”即国有土地出售计划铺开以后，确实造就了数量众多的小自耕农（Wright, G. 1964：5–6; Hohenberg 1972：235; 也请参见 Dallas 1982：120、123, Moulin 1991：30，31, 36，37, 41）。正如巴林顿·摩尔所指出的那样，法国大革命摧毁贵族地主的同时也造就了小农产权（Moore 1966：107）。这场称为“土地碾碎机”的改革持续到拿破仑时代（Wright, G. 1964：6）。据估计，第一波改革之后，到公元 1802 年，一半的土地落到了小自耕农的手中（Moulin 1991：36）。同时，在大革命十周年之际，人们试图把丰收后村里的公用土地的公有产权私有化，这些变化是戏剧性和决定性的（Wright, G. 1964：5; Moulin 1991：30）。安妮·穆兰（Annie Moulin）说，“大革命为之后 150 年，家庭农业占主导的乡村经济社会政策在法国占了上风”（Moulin 1991：47）。尽管这期间有一些阻碍，比如旺代（Vendee）地区农民抗拒改革（公元 1793—1796），还有波旁王朝时期，贵族土地所有制的短暂恢复（Moore 1966：92–94, 106）。

最显著的是，公元 1804 年的《民法典》把摧毁封建制度、废除封建领主权利、确立土地私有制这些改变都制度化了（Moulin 1991：36, 40, 47）。拿破仑法典废除了长子继承权，建立了平等继承权，迫使每一个农民将土地平分给他所有的儿子，这确实壮大了小农阶层，尽管那时候的法律到底具有多大效力还是个问题（Wright, G. 1964：6; Moulin 1991：40）。与这些变化同时发生的是，重农思想逐渐在社会中盛行起来，并结出了公元1801年《法国乡村法典》这一硕果（Moulin 1991：29, 40）。这些都对法国经济理念产生了深远的影响。正如格雷戈尔·达拉斯（Gregor Dallas）所指出的，与英国不同，法国的"财产"概念不仅包括土地，还包括完整的地籍记录。这有两个功能：（1）法律承认土地所有权；（2）法律规定纳税义务。显然这是国家向农民提供政治保护和农民向国家提供财政支持之间的一种互惠交换（Dallas 1982：198）。他甚至说，在法国，"家"（home）的概念意味着私有土地，而在英国，它仅仅意味着居住地（dwelling-place）（同上）。

分　区	产权规模（0.01—25公顷）占总数的百分比	指　数	产权规模（25.01—100公顷）占总数的百分比	指　数
Orleanais				
1822—1837	96.5	100	2.2	100
1913	97.2	101	1.9	86
Nantais				
1821—1844	97.7	100	2.1	100
1913	98.6	101	1.2	57

大革命之后的一个世纪，法国小农场的数目高达350万个，农民约1600万，也就是说，平均每4.8人拥有一个农场。可知公元1836—1886年期间，Orleanais和Nantais地区平均每个家庭分别有3.9和4.3个人（Dallas 1982：146），可以确定其中家庭农场比

例很高（Wright, G. 1964：6, 9 和图片 1-3）。正如卢瓦河乡村公元
1821—1844 年以及公元 1913 年两本地籍簿所显示的那样（Dallas 261
1982：76-77, 210-211；并参见 203, 208, 212-215, 218），这种土
地所有的模式在历史上的发展十分稳定。

这种稳定性也反映在全职农业人口占地区总劳动人口的比重上，公元 1851 年，这一比例为 78%—81%。公元 1901 年，这一比例保持在 70%（Dallas 1982：23, 115）。

用农业部门占法国经济的权重表示，依然存在类似的跨地区稳定性。此处引用之数据虽不完整，然其形式依然可鉴（基于 Wright, G. 1964：13; Burns 1984：12; Moulin 1991：57, 114, 141； 与 Heywood 1981：361, 362 相比）：

年　份	小农占所有农户的比重	土地所有者占农民比重	农民占所有劳动力比重	农村人口占总人口比重
1826—1858	84%—86%	—	—	—
1882	—	75%	—	—
1891	—	—	45%	63%
1900	—	—	45%	—
1931	—	—	49%	—

有了这种稳定性，对于 20 世纪 60 年代早期，法国依然存在大量的小土地所有者这一情况就不会感到意外：超过 50% 的农场其土地面积小于 10.1 公顷，另外 30% 小于 20.2 公顷（Wright 1964：178, 231, 248）。直到公元 1985 年以后，中等规模土地所有者（20—50 公顷）占全部农地比重才与小土地所有者（5—20 公顷）比重持平。即便如此，在法国中小土地所有者所占比重总体上仍然超过大土地主所占比重的 10%（Moulin 1991：203）。这为现代农业和落后

农业“两种农业”并存之现状奠定了基础（Wright, G. 1964：147-148）。

262 要改变拥有土地的农民是很困难的。法国土地集中过程进展也非常缓慢。其原因有三个方面：其一，法国农民热衷于维持有利于自己的所有制形式。其二，农民至上的教条或者农业原教旨主义“在法国人的情绪中得以保留并强烈地浸淫于其中”，因为大量的小土地所有者“是国家稳定和强大的必要条件”（Wright, G. 1964：1, 148），这当然包括军事力量在很大程度上依赖于服役的青年农民（Moulin，1991：46，103，117，118，133）。其三，法国的法律倾向于保护低效率的小农（Wright, G. 1964：164-167，169）。在这个情况下，在公元 1848 年法国大革命之后，拥有土地的农民的政治影响力达到了顶峰：普遍的选举权使得农民成为“国家政治生活的仲裁者”（Moulin 1991：84）。这种影响力一直维持到 20 世纪 40 年代（同上：151-154）。此外，农民有时也展示了其力量，如公元 1789—1791 年，公元 1791—1793 年（同上：23，26-27，33-34），以及公元 1961 年农民为保护其既定的利益而进行了暴动（Wright, G. 1964：164-167, 169）。

在 19 世纪的法国，占有土地农民阶层的形成，造就了 19 世纪上半叶的农业革命（Newell 1973），这类似于日本明治时期土地税改革后的现象（Francks 1992：120-128）。然而，法国农业革命对国家经济绩效的积极影响，一定程度上由于农民土地所有制度另外一个后果的影响而被削弱了：即一种对于工业化进程和城市化的冷漠态度以及如卡尔·马克思所希望的法国无产者社会革命（Wright, G. 1964：9-10）。法国农业部门内部始终抵触英国和美国中西部式的农业类转型，英美模式要求土地集中，它对于获得规模经济和现代化至关重要（同上：178）。人们所普遍认为，法国农民或者法国农业小土地所有者在放缓经济现代化步伐方面扮演了主要角色（Hohenberg 1972：236–237；Cameron and Freedeman，1983：17–19；也参见 Crafts 1984）。

很显然，法国在土地所有权类型、国家哲学以及政府政策方面也存在一个结构性均衡（或者说一个近似均衡），此等均衡的特征或矛盾之处在于，微观层面的灵活和宏观层面的稳定，以及部门内部某种程度的二元主义（Hohenberg 1972：238–239; Heywood 1981），因此中国并非个案。

264 # 第五章　外部压力与冲击：形式的强化

5.1 农业中国：对入侵者持久的诱惑力

纵观历史，中国北部和西部边境的游牧部落时常的入侵、掠夺与征服，对中原王朝定居农业构成了威胁（Hegel 1975：192－193；McGovern 1939；Lattimore 1962； Fairbank 1965：68－82），表 5.1 包括了公元前 215—公元 1684 年，中原王朝和游牧民族之间共 1109 次大的军事冲突，它充分证明了这一点。

对入侵者而言，中国如此具有吸引力主要有两方面原因：首先，较之其游牧邻居们，中国作为定居社会，明显更为富裕，掠夺中国比从事打猎和畜牧业的回报率更高；其次，以拥有土地自由农为基础的中国社会，本质上是个人主义的，在带集体主义倾向和军事色彩的游牧部落前面是脆弱的。这就是北方游牧民族军事优越性和富足经济之间对决的问题。

表 5.1 中国和游牧民族之间的主要军事冲突

时 期	冲突次数	时 期	冲突次数
公元前 215—前 116	23	785—884	11
公元前 115—前 16	36	885—984	22
公元前 15—前 84	22	985—1084	39
85—184	96	1085—1184	66
185—284	26	1185—1284	109
285—384	56	1285—1384	107
385—484	74	1385—1484	60
485—584	21	1485—1584	89
585—684	54	1585—1684	145
685—784	53	总计	1109

资料来源：基于傅仲侠、田昭林、张醒、杨伯时 1985,1986。

值得注意的是，中国的上流阶层和游牧民族上流阶层之间相互 265
通婚和自发的贸易（丝绸、茶、马等）历史久远，这些主要是和平性的活动。由于这些活动并未对中国构成什么威胁，因此我们对于这些关系并不做过多的探讨。

5.2 外部压力及其内部化

5.2.1 城墙内的帝国

万里长城普遍被认为是我们这个星球上最长的城墙，它的修筑和维护最能明确地证明中国迫于外族侵略和征服压力所做出的防御性反应。长城晚近的一次大规模修筑是在明朝，使之绵延 14000 里（7300 千米，参见 Yu 1986：81－82; 郭汝瑰等 1988：225－233），明城墙有两条，外墙称为“边墙”，内墙称为“次边”。它们横亘于东经 94° 到东经 120° 度之间，从河西走廊（大草原和祁连山脉之间狭长的绿洲地带）的敦煌开始到渤海之滨的山海关（图 5.1）。理由很简单，华北平原并非抵御外敌入侵之天然屏障，实乃入侵者之康庄大道。

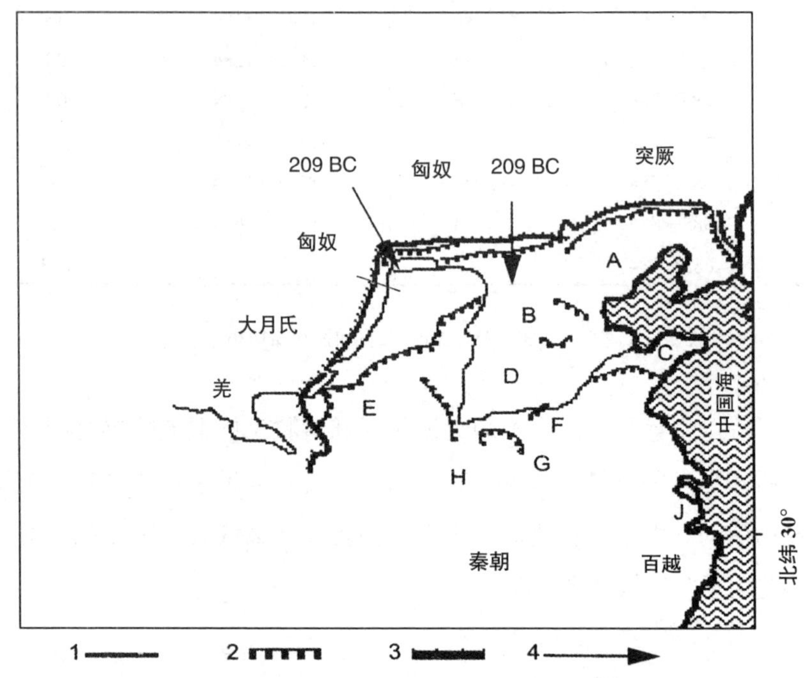

图 5.1　战国和秦朝时期的长城，公元前 475—前 207 年

注：

1—黄河（图上显示的是现代流向）。2—长城，公元前 400 年。3—秦朝时期统一的长城，公元前 207 年。公元前 400 年各诸侯国：A—燕国；B—赵国；C—齐国；D—魏国；E—秦国；F—郑国；G—韩国；H—楚国；J—吴国。4—游牧民族主要入侵时间。

资料来源： 基于 Yu 1986：97; 中国地图出版社 1990; 赵秀昆等 1991：69-84, 111-113；侯外庐 1992：784, 1332-1333。

数座长城（Great Walls）这一术语使用复数形式是正确的，因为 17 世纪以前在华北和西北边境至少有四座主要的城墙。更为重要的是，复数形式表示了城墙的修筑是动态的，它随时间而重新修筑或维修。这些城墙是专门为抵御北方游牧民族而修建的；尽管非汉族，如苗和百越也在中国南部活跃，然而在华南边境却没有修筑类似的城墙。战国时期各国（燕、赵、齐、魏、秦、郑、韩、楚、吴）利用各自的朝向突厥、匈奴、大月氏、羌的城墙形成集体的防御体系（参见图 5.1）。这里最显而易见的是，战国时期的中国虽然内部天下大乱，而华夏各个族群共同的敌人来自北方大草原。换句话说，长城是战斗力较弱的中国士兵的最后替代品，它对于中华文明之存续乃是必要条件，而绝非是一件奢侈品。

长城是中国人民一项长期坚持的任务，原因有两个方面：首先，从战国时期开始决定修建长城起，长城的崛起不晚于公元前 400 年（Yu 1986：97）；其次是战国结束以后一直到明朝为止，长城至少修了三次——分别是在秦朝、汉朝和明朝（同上：97-98）。在这几次大修之间，长城经常加以维护。因此，长城成了世界历史上存续时间和空间最为长久的永久性防御线（McGovern 1939：113-114，Lattimore 1962：97-118），中国成为世界上唯一一个用城墙围起来的帝国。

因此，长城的修建和维护是为了使中国免遭入侵，而不是为了 266
防止农民起义。但是长城在构筑、维护和保卫方面成本很高。明朝政府发起了 18 个主要工程项目重新修筑长城，这些项目从明朝公元 1368 年开国时开始，持续了 200 年时间，或者说占了明朝 72% 的时间（赵秀昆等 1991：247）。为了说明长城的重要性，明朝开国皇帝朱元璋派他的两个皇子燕王和晋王到北部边境负责长城防务，两个
人一辈子的事业都消磨在那里了（赵秀昆等 1987：408）。 267

中国北部和西部防线的修筑过程可以划分成四个阶段，在这些防线上，长城扮演了重要角色。第一阶段，公元前 400—前 207 年构筑了牢固的防御线，地面工事是由战国时期各诸侯国完成的。秦

朝所取得的成就包括：（1）连接三条已存在的朝北的长城；（2）将黄河河套剩余地区围入长城以内（参见图 5.2）。考虑到新围起来的河套地区的土壤属于劣质耕地（中国科学院 1978：附件 3），这个扩张主要是基于其军事重要性。第二阶段，公元前约 100 年的西汉时期，最重要的进展是，随着中国军队在公元前 121—前 119 年间的四次主要军事战役中战胜匈奴军队，中国的军事防线沿着北部和西北边境渐次向外扩张（司马迁《匈奴》卷；班固《匈奴史》；也参见侯外庐 1992：313）。为了确保取得胜利，公元前 102 年，沿着新的边境线修筑了一条相互并行的长城（侯外庐 1992：579）。中国历史上著名的外长城，随汉朝的防线大幅度地向北和向西扩展，包括了一部分的草原地区和所谓的“西域地区”，而西域传统上是游牧民族的地区（同上：312-314，1265-1267）。此后，中国西部边陲便不再依靠黄河作为国家的防线，而是把海拔 3000—5000 米的山脉变成了防御线，显然要在这些地区建立长城已非中国力量所能及，而这些地区游牧民族力量薄弱而且不构成威胁。最后，公元 83 年，西域都护府正式成立，统治西域地区，保证这一区域是亲中国的，这一统治制度一直持续到 5 世纪，到游牧民族入侵并占领中国西部地区为止。这一制度在唐朝和北宋又得以恢复。后来，西部地区成为蒙古帝国的一部分，一直到明代都归蒙古。到了清代又再次为中国所控制（参见侯外庐 1992：320，478，971）。中国新的防线因循东汉时期的防线证明是有效的：公元 91 年最后一次军事力量抗争后，被击败的匈奴从大草原回撤，并向西迁移出东亚之舞台，这亦是后来大草原上所兴起的鲜卑族（同上：328-329）。

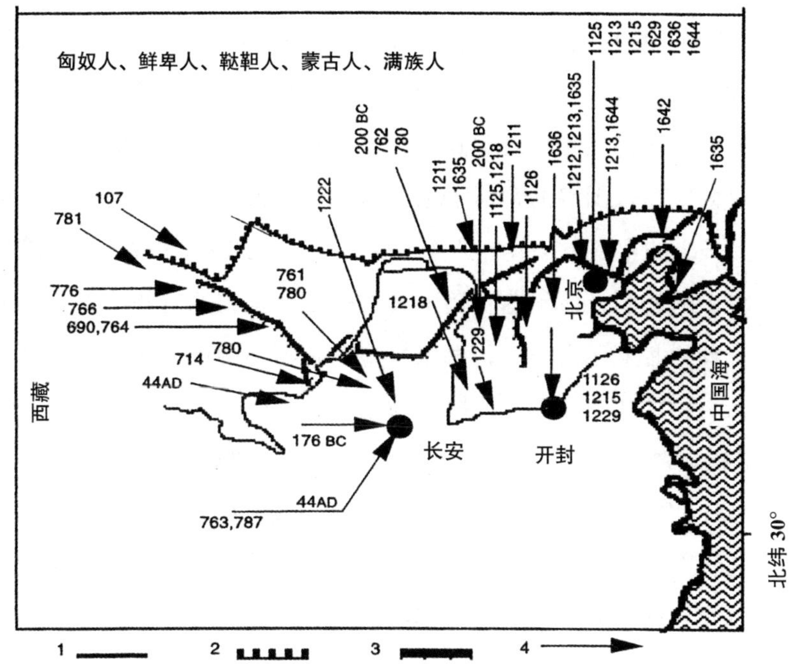

图 5.2　汉朝到明朝的长城和外族入侵，公元前 206—公元 1644 年

注：

1—黄河（显示的是现代流向）。2—汉城墙，公元前 100 年。3—明城墙，1560。4—西部和北部的主要游牧民族入侵及其年份。不同时期的三个都城：长安（公元前 202—公元 190，公元 304—420，公元 535—907），开封（公元 960—1126，公元 1214—1235）和北京（公元 1414—1911）。从匈奴到蒙古的主要游牧部落根据年代顺序排列。

资料来源：基于 Yu 1986：98; ZDC 1990; 赵秀昆等 1991：111-118, 244-248; 以及侯外庐 1992：312, 452-455, 580, 805-806, 1120-1122, 1332-1333。

然而，在唐朝的第三个阶段，从公元 659 年以后，尽管唐朝和西藏连续签署了四个和平协定，游牧民族还是从西部大规模卷土重来，通过迂回取道河西走廊和山脉地带，挫败了中国边境的守卫， 268
袭击了河西（今甘肃）、陇右（今青海）和剑南（今四川）。因此，北疆貌似固若金汤的防线和现代法国的马其诺防线存在相同的弱点。唐朝太强大了，以至于不需要长城的这种说法是无稽之谈（参见 Waldron 1990：第 1 章）。唐朝对于北疆的防线过于自信，为此付出了沉重的代价，公元 763 年和 768 年，都城长安就曾遭受两次袭击（参见图 5.2）。由于没能修筑长城，中国戍边部队只能沿西面边境修建城堡和带围墙的营房，用于抵御第一波的外敌入侵，这消耗
269 了中国一半的常备军（侯外庐 1992：1120–1122）。这种影响暴露了中国防御的软肋，该问题在接下来的一个半世纪的时间一直困扰中国，一直到北宋建立为止，都城长安和黄河上游中国西部省份被占领（同上：1121–1123）。到那时为止，尽管中国的北部防线没有变化，它的防线从西面退回到秦朝初始的防线。在明朝的最后一个阶段，尽管河西走廊得以保全，西边领土的重新占领弥补了北疆领土的丢失，中国的北部防线或多或少退回到了秦朝时期的防线。这是蒙古人在 13—15 世纪征服中国的一个有争议的结果，它影响了中国边界。

大约经过了 2000 年的斗争，游牧民族和汉族之间大体打成平手，这个现象和游牧民族持续存在的威胁相一致。

长城自身仅仅是汉族抵御游牧民族防线的一部分，它们也需要人来防卫。在明朝，中国由五层制度构成：（1）镇；（2）路；（3）关；（4）城；（5）台（长城复杂的防御体系请参见赵秀昆等 1991：111–136, 244–279）。根据明史记载，军队沿长城部署了 11 个战略点，具体人数如下（基于张廷玉《明史》）。

区　位	省　份	军队数量
北镇	辽宁	99875
迁西	河北	107813
长平	河北	19039
保定	河北	34697
玄华	河北	151452

续 表

区 位	省 份	军队数量
大同	山西	135778
太原	山西	57611
榆林	陕西	8096
银川	宁夏	71693
固原	宁夏	126919
张掖	甘肃	91571
总计		6976644

平均而言，长城每千米部署了 134 名士兵，平均每 7.5 米一名。就此而言，长城防线不仅是资本密集，也当属劳动密集的项目。

这还不是全部，明朝还有另外一种编制的军队称为禁军（即守 270
卫首都的军队），共 40 万—50 万名战士，被分成 72 个师，驻扎在离京城不到 100 千米的居庸关长城沿线（赵秀昆等 1987：411-414, 417）。这意味着，明朝时期与守卫长城相关的士兵达到了 140 万到 150 万人。假定明朝的军队人数为 180 万—280 万（同上：404），长城的常驻部队占了中国军队总数的 50%—83%。

值得注意的是，明朝不是一个边防繁重的非正常时期，据估计，秦始皇时期（公元前 221—前 210 年在位）和汉武帝（公元前 140—前 87 年在位），中国边兵数量达到了 80—90 万（黄今言、陈晓鸣 1997：91）。考虑到：（1）通常北部边境军队占了中国军队总数的 30%（同上）；（2）四分之一人口有义务在军队服役；（3）公元 2 年，中国人口增长达到高峰，约 60 万人（梁方仲 1980：4）。由此得出，中国军事防御的参与率至少达到了总人口数的 15%。在一些时期，单单是长城的防御体系就占了总人口数的 19%（Chao 1986：50）。鉴于帝国的大规模和漫长的防线，军队在北部和西北边境的密集部署说明来自游牧民族的压力之重。

5.2.2 关于长城及其重要性的争议

长城作为传统中国研究的焦点之一，引起了广泛关注和争议。西方学者对于长城在传统中国历史中的重要性存有一些疑虑，这些疑问体现在最近由阿瑟·沃尔德伦（Arthur Waldron）撰写的《中国长城：从历史到神秘》（1990）一书中。就方法论而言，沃尔德伦的工作是对明朝早期和现代观察考证案例研究的补充。作者提出的主要观点及疑虑如下：第一，明朝以前中国是否已经完成了长城的修建（更为准确的说法是从公元前 221 年到公元 1368 年）；第二，中国是否能真正负担得起修筑和维护长城的开支；第三，即便是中国北部边境可以得到明确界定，中国人是否真的利用它御敌守疆；第四，长城是否能有效挫败或阻挡北方入侵之敌。总之，他颇为怀疑长城作为国家或政治象征之外的功能。要正确评价入侵者和征服者对于中国社会经济结构之影响，目前的研究需要首先澄清上述疑问，这一点至关重要。

271 第一，大多数先秦时期的长城不是通过研究中国古代的史料确认的，而是通过现代考古发掘确认的（赵秀昆 1991：69－84），而明朝之前的整个历史都缺乏关于长城史料的一致记载。基于那些考古发现，人们自然会问哪种更可靠呢？是实物记录还是文字记录？这并非什么新问题。从很大程度上来说，正是基于这个问题，考古学才作为一个学术研究领域应运而生。即使中国历来有记录历史的传统，也不能消除这一问题，我们有理由认为实体遗迹比文字记录更可靠一些。仅凭中国文献记载来判断是很有风险的。毫无疑问，中国在公元前 221 年秦朝完成大一统很久之前就已经开始建造长城。

第二，这些早期长城一开始显然更为短小，人力和物力投入方面的负担更能为社会所承受。毕竟，在整个先秦时期均没有相关的记载表明，由于不堪忍受建造长城的沉重徭役，起义频繁发生。一方面，需要再次强调的是，第一批长城开建的时期是很重要的：这个时期中国文明刚刚进入铁器时代；呈现出新的增长水平，它标志着中国农业产量快速增长，新的私人土地所有制刚刚确立。伴随着新技术和新制度的出现，大量剩余产生，中国成为北方游牧民族充满诱惑力的劫掠目标。另一方面，随着铁器的使用和农业剩余的增加，中国修筑这些城墙的技术和财力障碍就不复存在。从战国时期的情况来看，修筑长城必定是一种低成本保险政策，能抵御游牧民族，捍卫其农业地区和新累积的财富。因而毫无意外，战国时期（公元前475—前221）所有大的诸侯国都忙于修建长城，到中国第一位皇帝秦始皇统治时期，长城修建活动达到第一个高潮，而此时中国能完全承担修建长城的开支。

第三，为了弄清楚长城的功能，我们需要追溯到先秦时期：（1）为何中国人或者中国先民把长城朝向一定的方向，而不是其他方向呢？（2）为何诸侯国不像图5.1所示，彼此之间修筑长城呢？唯一合理的解释是，中华文明作为一个整体感受到了来自北方游牧民族的共同威胁，对于定居农耕的中国人而言，修筑长城是保护其免遭游牧部落入侵的共同策略。值得注意的是，长城第一轮修筑时间是在战国时期，据中国历史记载，这是一段持久内战的最混乱时期，因此来自北方的威胁必定是真实的。此外，这种北方游牧部落 272
的威胁肯定要大于来自内部诸侯国之间竞争的威胁。倘若如此，修筑永久性的防御工事的必要性和动机必定是真实的。

第四，公元前200年以后，长城就充分体现了它的作用，所有的游牧民族征服者（匈奴族、鲜卑族、羯族、氐族、羌族、女真族、蒙古族）都必须毫无例外地越过长城。正如图5.2中所呈现的，汉朝到明朝期间，沿长城一共有45次大的游牧民族入侵。换句话说，这些长城无疑成为抵御游牧异族入侵农耕地区的永久性物理屏障。

相比之下，满族人只用了一条长 1300 千米的单线柳条栅栏（建于公元 1644—1700 年之间，叫作柳条边），就阻挡了农耕民族对满洲的渗透。满族的柳条边与中国的长城想法一致，唯一的不同在于所使用的材质。这也就是说，为了划清汉民族与非汉民族政治边界，人工建造防御封锁线是很有必要的。材料使用的不同，取决于敌人的体力强度，显然，为了抵御用马匹武装军队的北方游牧民族，所需的材料体积要更大。因此相对于柳条边，砖砌的防线更适合汉民族进行防御。

第五，为了理解缺乏长城记载的现象，必须知道中国的文人讨厌某些话题，而且不愿意去触及它。而长城正好是这样一个话题，其原因至少有两个。首先，源于儒家的天下大同思想，以及儒家教化汉民族和非汉民族的使命感。由于这种思想和使命感，文人们认为本质上没有必要将蛮夷阻绝在外。这一点在周朝统治的“五服”中（记载于儒家经典《尚书·禹贡》中）得以体现。周朝的统治体系以周朝王畿为中心，向四周辐射。统治的辐射区域分五个区，每个区半径 500 里，总覆盖面半径达 2500 里（周朝的一里相当于 346.5 米）（梁方仲 1980：540-544），也就是说对周朝有进贡义务的地区达到 2356222 平方公里，占到当今中国领土的 24.5%。五个区的领土分别称为天子之土（甸服）、贵族之土（侯服）、诸侯之土（宾服）、蛮夷之土（要服）、戎狄之土（荒服）。不同的区域向王畿交纳的贡品的数量和种类也是不同的。有意思的是，甸服以外的地区不用交纳谷物。也就是说，随着与王畿的距离变远，农耕的土地也在减少。周朝的统治体系是一个开放的系统，因此也就没办法用城墙来划定出不同的区域。孔子和他的弟子们认为周朝的统治体系是最理想的社会秩序，同时也是他们教化四方民众的理想实践基地。
273 然而，早期儒家学派的人没有预料到中国在春秋末期进入铁器时代，劳动力和土地生产率激增。结果，农耕汉民族和非农耕游牧民族之间的差距急速扩大。对游牧民族来说，虽然中国以前并不是如此具有吸引力的掠夺对象，但在春秋末期，它显然成了那个极富吸引力的掠夺对象。儒家学派无视这种新的发展，依然把“五服”作为原则，墨守经典。因而，在意识形态上，长城被视为不合理的，并被摒弃于儒家著作之外。其次，原因在于长城修建项目本身，在随后的秦朝时期，长城的修建在一定程度上导致了中国历史上第一次大规模的推翻统治王朝起义的爆发。从那以后，长城的修建和维护就与人民的苦难紧密地联系在一起：因为修建万里长城，朝廷强加给普通民众的徭役负担过重，法家的高压政策在国家管理中横行一时。中国文学中广为流传、感人至深的孟姜女的故事就反映了这种状态。年轻的姑娘孟姜女跋涉千里来与为修建长城而服徭役的丈夫团聚，却发现丈夫劳累致死被埋在了长城城基中。她悲痛欲绝的哭号竟使得埋葬她丈夫的那段长城倒塌。在统治阶级看来，长城的修建与暴政紧密相连，会给统治制度带来灾难性的后果（参见班固《汉书·食货志》）。因此，不管是对被统治者（就人类所遭受之苦难而言）还是统治者（王位的废除），秦长城也因成为“哭城”而备受谴责。秦以后，长城的修建或多或少地成了一种政治禁忌，即使修建长城是为了帝国之存亡而势在必行，这种行动也是低调而非大肆公开的。这种矛盾的态度也就解释了为何长期以来，中国的文学作品和官方记录会有意地彻底忽略长城的修建记录。

第六，如果我们相信长城在挫败和抵抗游牧民族的入侵上总是有效的，那就太天真了。面对强大的金国人，北宋的防御一溃千里，长城被纳入金王朝的领土之内。在元朝蒙古对金国领土做“黄雀在后”式的征服之时，长城的作用再次失效。明朝将领吴三桂（公元 1612—1678）引清入军山海关要塞，长城再次失效。清王朝进一步将自己的领土向北拓展到西伯利亚地区，向西北拓展到突厥地区。结果，明朝修建的长城如今屹立在中国内地，再无抵御外来入侵的功能。所以，中国传统历史中至少有 520 年（从金到元的 253
274 年，清朝的 267 年），长城是被废弃的，整个长城的废弃时间超过了 600 年。那么当长城失去防御作用时，它的命运会如何呢？中国人对长城进行了再利用——更准确地说，用长城的砖、石板、木材等来建造房屋、寺庙、桥梁和坟墓。这种再利用已是公开的秘密。毕竟，一旦戍边的守卫撤离，长城就属于那些“搭便车”的人了，这是“公地悲剧”的一个例子。一旦墙体表面的砖被切开，土质的主体就会被迅速风化和腐蚀。所以并不奇怪——从金到元时期，差不多十代人的时间，宋朝的长城就消失了。而明朝，不得不重新开始修建。类似地，在清朝统治十代人的时间中，那些远离城镇中心以及处在偏远山区的明长城，也大部分都消失了。鉴于清朝的法律只保护明皇陵，不保护明长城，所以实际上拆卸长城的砖石进行再利用是合法的。因此，20 世纪以来，现代观测者们看到的都是长期被人们再利用后残留下来的长城。如果他们曾经探访过明长城沿线方圆 500 里内的村庄和城镇，他们就会知道明长城是怎样脱胎转世的。邓小平时代（公元 1978—1997）最终逆转了这种再利用的过程——政府停止明长城的再利用活动，转而首次对其进行保护。

第七，中国通过定期的边境贸易（榷场）和联姻（和亲）奉行与游牧邻国和平共处的政策。这项政策差不多与长城一样历史悠久。但是我们不要把奉行这项政策视为中国放弃了对北方的军事防御。明朝和近代的数据表明，中国的国家安全与领土政策是基于武力之上的（Wilkenfeld et al.1988）。根据孙武的谋略，这种和平共存的政策只是对长城防御的一种补充。孙武是春秋时期的军事理论家和理性经济思想家，认为“百战百胜非善之善者也，不战而屈人之兵，善之善者也”（参见田昭林等 1990：82；也参见 Griffith 1963：vii）。所以，认为中国在备战方面不及其游牧邻国是错误的。在孙武思想的指导下，中国只是比那些游牧民族更加深谋远虑，用一种相对妥协的策略来与外来者进行交往，甚至有时是屈辱性的（通过外交、和亲、贸易、赔款等方式）。就经验而言，当妥协策略的成本高于战争时，中国是会毫不犹豫地从和平政策转为暴力手段的（Johnson 1995）。

有趣的是，中国历史上大多数的民族女英雄在抗击北方游牧民族或与之和亲方面大有作为。关于前者最好的例子，一个是大约南 275
北朝时期传奇将领花木兰。她女扮男装，代父从军，在中国北部边境服役 12 年（参见王镇远等 1992 卷 1：414-416）。另一个例子是北宋时期杨业（公元 923—986）家族的传奇女将们。而关于后者最好的例子，一位是王昭君——汉朝皇帝的一个宫女，她在公元前 33 年自愿出塞嫁给呼韩邪单于，以达成汉朝和匈奴之和平。另一位是唐朝的文成公主（？—公元 680），她于公元 641 年嫁给了吐蕃国王松赞干布（约公元 617—650），以加强两国的联系。

因此，就长城的存在和效用来说，过分强调中国文字记录的重要性是不符合史实的；同样，只考察被废弃数代之久的明长城的遗迹来判断中国万里长城的功能也是不符合史实的。而将和平共处作为中国北方防御政策变化之根基亦是不正确的。

5.2.3 对军事竞争力和经济的影响

5.2.3.1 军事竞争力

整个东亚大陆的历史上，来自北方边境游牧民族的威胁和压力使汉民族和非汉民族之间形成一种竞争。这种竞争刺激着汉民族为了寻求国家防御而进行更多的发明创造。从这个层面上来说，这种与游牧民族的竞争无疑使得周朝和秦朝磨炼出极具竞争力的边境战斗力，两者在它们所处的历史时期分别处于抗击匈奴、突厥、大月氏和羌族人的前线。周和秦所处的陕西地区，在中国内陆地区中最为特殊，相比于其他的前线地区，陕西地区面对着来自游牧民族两侧的压力，周和秦也因此承受着双倍的压力。毫无疑问，与游牧民族的竞争使得周和秦尤其强大，处于这种环境，方能够轻易打败在中国内陆的竞争者。由此，在唐朝以前的东亚大陆上，有严密的强弱顺序划分开地理区域：（1）从大草原上来的游牧民族；（2）处在前线地区的汉族人；（3）处在内陆地区的汉族人；（4）处在南方的非汉族人（参见翁独健 1990）。

重要的是周和秦保持了作为农耕民族对耕地的热爱，这也激发
276 了它们的军事能量（参见第三章）。这种来自游牧民族的压力也由此内化并从一开始就有助于中国三元结构的形成和扩散。

5.2.3.2 对经济的影响

修建长城防线的资金和劳动力投入对经济的影响是深远的。现代研究表明，秦汉时期，长城总长度超过 5000 千米。明长城显然更长，达 7300 千米（Yu 1986：81–82; 郭汝瑰等 1988：225–233）。如图 5.1 所示，战国时期长城也长达 5000 千米。所以，战国、秦汉和明朝时期，长城总长度达 22300 千米。这一数字可以用来估算其投入。

物力的投入

长城的总长度背后是巨大的建筑材料的投入（土、沙、砖和石块）。据估计，修筑明长城的材料总计超过了 2 亿立方米——这些材料可以用来建造 1 米厚、5 米高，可环绕地球赤道一周的墙（Yu 1986：82），简单地说，就是能把地球围起来。保守地假设，从公元前 400 年到公元 1367 年修建长城的投入是明长城投入的两倍，那么修建长城的总材料投入达到 6 亿立方米。我们已知相应的修

建长城的总时间是 1960 年（公元前 400—1560），平均每年投入约 306100 立方米。据了解，公元 57—1560 年，中国人口平均水平长期维持在 40 万—70 万（梁方仲 1980：4-10）。以这个数字为基础，在 1960 年间，每年的人均投入量足以修筑一座体积达 7530.7 立方厘米的长城。事实上，几乎可以确定地说，总人均投入一定比这个大得多：（1）材料的总投入估计会大大超过 6 亿立方米；（2）资金的投入还未考虑在内；（3）将建筑材料运送至边境各个修筑点所需的资金和材料未包括在内；（4）长城日常保养的资金和材料也未考虑在内。

宋朝和明朝时期，作为中国的精英部队的戍边常驻军装备有最好的武器——包括弩和火器（韦镇福等 1993：第 3 章）。所以，驻守部队至少需要 1400 万—1500 万件的武器。为了维持军队的战斗力，需要一个最低武器库存，用于抵消非战斗造成的武器损耗。据《宋史》记载，这个库存一年共有 1270 万件（《宋史 · 兵十一》）。据 277
记载，公元 1007 年积累的武器库存足够接下来 30 年之用（韦镇福等 1993：164）。武器上的资金和材料投入也应该被算到整个北方防线的总投入中。

劳力投入

根据公元 801 年汇编的《通典》记载，修建一段 2 立方尺（即 0.0602 立方米；唐朝的 1 尺 = 0.311 米）用于军事防御的长城需要一个人一天的工作量（杜佑 801，《通典 · 兵第五》）。上面所提到的 6 亿立方米的工作需要 99.7 亿个人工，即在 1960 年中平均每年 51000 个人工。为了说明这种劳动力投入占整体经济的比重，我们不妨假设总人口的一半是劳力，如果用长期人口平均值 40 万—70 万人来计算，用于建造长城的劳动力总投入因此有可能占到中国年劳动力总量的 163.3%。此外，如果 99.7 亿人工的报酬是按照每人每天 500 克粮食这样一个维持基本生存的水平来计算的话，就一共需要 500 万吨粮食，这是修建长城的劳动力投入的最低成本，这些粮食足够维持 2730 万人一年的生活。

如果一个劳动力每年工作 300 天，每年要用 61.05 亿个人工。这里还不算每一个劳动力前往修筑点路上所花的时间，也不包括定期维护长城所需要的工作量，而这两者所需工作量并非微不足道。公元 607 年，100 万的劳力被遣派去维修长城；一年后，共雇用了 20 万人去从事维修工作（范文澜 1964 第 3 卷：30–47）。这些很可能是保守的估算，因为有证据表明，20 世纪 20 年代，每个农村劳动力每年只工作 172 天；而在 20 世纪 50 年代不合理的公社体制下每个农村劳动力每年出 250 工（Stover 1974：273）。

鉴于长城是在有限的时间内迫于军事紧急状况而建造的，所有的投入（包括资金、劳动力和材料）都是一挥而就，而不是细水长流式的，因此，一定要有充足的经济剩余来对付这种开支激增情况。以明朝的状况为例：明朝用了 200 多年才修完长城，每年的材料投入很可能达到 100 万立方米，是长期以来平均水平 306100 立方米的三倍。这 100 万立方米的城墙需要每年 1660 万个人工日，或者说需要 55370 个全职劳动力。如果把 1400 万—1500 万的戍边守军和军工劳动力也计算在内，长城防线上的总投入就更大了。

278 对农产品剩余的需求

建造长城的工人和戍边守军要依赖于农业剩余来养活。如果假设所有的建造者和守军按照每人每天 500 克粮食这样一个可以维持基本生存的水平来发放薪酬，那么：（1）每年用于建造长城而发放的食物工资总数为 2545 吨（按 509 万个人工日来算）；（2）每年 1400 万—1500 万的戍边守军给养成本为 255500—273750 吨。这两项合起来就是明朝每年粮食投入的水平，即 258045—276295 吨。

据《明史》记载，按照士兵和农民4.75比1的比例（《明史·食货》），一支190000人的军队需要40000名农民务农养活。照此比例，1400万—1500万的长城驻军需要294700—315800名农民来供养他们。再加上17000个全职的长城修筑劳力，还需要3580名农民。此外，这些粮食需要运送到军队的驻地。这就又需要一个后勤部队来完成这项任务，这支后勤部队本身也需要粮食的供给。还有，为长城守军提供武器的军工产业的工人们也同样要依赖于农产品剩余。根据一项现代调查可知，现代22300千米长城长度仅仅是不同的历史时期修筑的长城总长度的一半而已（同上）。当今中国内蒙古地区，曾是汉民族和北方游牧民族的一个交战地，该地区的长城总长度约15000千米（Yu 1986：82）。因此，我们以上所有的估计无疑比实际情况低很多。

最终，长城建设、武器制造和边境巡逻上的所有劳动力投入都依赖于中国的农业及其收成。更准确地说，都依赖于中国的农业部门和它的表现。事实上，万里长城本身就是中国经济长期以来剩余的一个具体表现。显而易见，中国策略便是将以剩余来衡量的持久的经济优势转化为军事优势，如同交保费一样——以必要之代价抵御风险。

5.2.3.3 对公共支出和政府政策的影响

用于北方戍边部队的防御支出

据估算，西汉时期（公元前206—公元25），用于80万—90万人的北方边境部队的军事防御开支约是2130万石粮食，即国家以谷物形式征收的土地税的39%；还有60亿枚铜钱，相当于中国货币税总收入的92.3%（黄今言、陈晓鸣1997）。如果土地税是粮食总产量的10%，并且农业生产占到整个国民生产总值（GNP）的70%—80%，那么仅粮食一项支出就占到中国国民生产总值的 279

2.7%—3.1%。如果国民生产总值中剩下的 20%—30% 的非农部门也采用同样的税率，那么用于军队的现金支付可能占中国国民生产总值的 1.8%—2.8%。总的用作军事防御的开支占到国民生产总值的 4.5%—5.9%。记住，这仅仅是西汉整个军事防御开支的三分之一而已。

对政府政策的影响

从公元前 400 年一直到明朝末期，虽然修建中国北方防线，造成了巨大的经济负担，但是作为应对外族入侵和征服的威胁，这个防御性反应促使中国农业部门生产得更多更好。如果中国农业部门的剩余产量低于最低水平，那么中国的北方防线将会遭殃，其后果通常都是灾难性的。繁荣的农业意味着更加强大的国防，早在秦始皇统一中国之前，中国人就已经意识到这种相关性（范文澜 1964 第 2 卷：第 2 章）。商鞅（约公元前 390—前 338）的“耕战政策”便是一例。历史上，汉武帝时期（公元前 140—前 87 年在位）经济改革成功的同时，抗击匈奴战争也取得了成功，这也是这种相关性的经典例证。与之相反，中国防御的失败往往间接或直接源于农业经济的疲软。金、宋和明的改朝换代便是很好的证明（Lee 1969：33－133）。

通过对外来威胁的防御性反应，来自外部的压力被内化在中国经济中；外来的压力成为一种刺激因素，从制度的角度看，来自野蛮民族的威胁使得中原王朝有动机强化三元结构。

5.3 外部冲击及其内化

5.3.1 冲击

然而，中国北部防线所能做的只是把入侵和征服减到最低程度，却不能完全消除入侵和征服。纵观整个中国历史，从秦至清，持续时间超过五年的游牧民族政权总共有25个（辞海1989：2357-2405，也参见翁独健1990）。从公元前215—公元1684年间，汉民族和游牧民族的主要军事冲突总共有1109场，也就是说游牧民族的成功率大约是2.3%。长期以来汉民族和游牧民族在长城沿线打成平手。尽管游牧民族的胜算很低，但他们还是成功过。 280

外部的入侵和征服会对中国带来会计成本（就其劫掠和破坏产品、生产生活的要素等来说）和机会成本（就如果没有入侵和征服的经济发展来说）。在现代观察者的眼中，这些成本对社会经济是灾难性的（Jones 1981, 1988），入侵和征服也因此被视为中国体制的外生冲击。

在外部压力的作用下，这种来自入侵和征服的冲击也在中国的体制之中内化。首先，为了抵御入侵，中国人被迫要更重视农业、重农政府和保护自由农民，远远超过不存在入侵威胁时的重视程度。结果，在正常时期，三元均衡得以更好地维持。其次，一旦入侵和征服真实发生，由于征服者接受汉民族社会经济生活方式，通过文化融合的过程，这种三元结构得以幸存或重建。所以，游牧民族的入侵和征服主要是军事上的胜利，征服者无法在文化和经济上取得胜利，这种结局一直到18世纪末都无例外。所以说，入侵和征服所造成的破坏都只是暂时的，中国文明总能劫后余生。

5.3.2 融合的例子

中国三元结构的“融合性”最好的例证就是南北朝时期（公元420-589）的鲜卑族，以及清朝的满族（白翠琴1987）。

5.3.2.1 鲜卑族 281

南北朝是一个战乱与分裂的时期，中国的西北部被“五胡”征服，一分为五（Elvin 1973：44），游牧部落的一支鲜卑族代替了大草原上的匈奴，于公元 386 年征服了中国北方，建立了北魏政权，存续时间达半个世纪。

最初的侵略和攻占时期，大批农民遭到杀戮，耕地遭到抛荒，北方的农业遭到野蛮地瓦解。鲜卑军队凯旋之后，开始发生一些微妙的变化。公元 386 年，鲜卑族统治初期，道武帝（公元 386—408 年在位）启用了一些汉族学者作为他的朝臣。政治上，皇帝制定了鼓励农业发展的政策以安抚国民（务农息民）（范文澜 1964 第 2 卷：455）。与此同时，从经济角度来讲，鲜卑族的牧民意识到耕作比放牧有更高回报。因此，公元 400 年，道武帝像汉族的最高统治者那样，通过亲自耕种的方式为所有的鲜卑族人做示范（同上：458）。公元 485 年，孝文帝时期，政策上有了巨大的突破。他采纳汉臣建议，发动了一场经济改革，改革的核心就是要确立均田制，以保证所有的国民都能得到国有的土地。这样，所有有劳动能力的成年汉人和鲜卑人都平等地获得基本土地资源，以用来满足日常农业活动需要，政府也开始获得税收（唐长孺 1956; Elvin 1973：47-51），于是中国家庭农业得以重建。更有意义的是，在这一制度下，鲜卑族人自动地从他们以前的放牧活动中分离出来，并成功地转变为以耕地为生。由于均田制实行得非常好，随后的三个世纪中，各朝代都沿袭了这个政策。

均田制的建立标志着北魏农业在经历外族入侵和占领而退化之后的再一次复苏。在均田制下，中国农业技术也得以重生，其中最具代表性的是中国历史上第一本综合性农业专著——《齐民要术》的诞生。该书作者贾思勰是一位为鲜卑国效力的汉族官员，在序言中，贾思勰向读者重申了重农主义：

> 盖神农为耒耜，以利天下；尧命四子，敬授民时；舜命后稷，食为政首；禹制土田，万国作乂。……
>
> 《管子》曰：“一农不耕，民有饥者；一女不织，民有寒 282
> 者。”“仓廪实，知礼节；衣食足，知荣辱。”
>
> （贾思勰 534/1985: 1, 5）

从鲜卑的政策来看，统治阶级完全接受了这种重农思想。

类似的融合过程也发生在其余四胡：氐（建立前秦政权，公元350—394；建立后凉政权，公元386—403），匈奴（建立前赵政权，公元304—329），羯（建立后赵政权，公元311—314），羌（建立后秦政权，公元384—417）。很不幸的是，这些政权维持的时间太短了，都无法完成这种转变。但是，自从他们的领土逐渐被势力强大且最终完成了转变的鲜卑族吞并之后，我们可以有把握地认为，游牧民走向融合是一种常态（翁独健 1990：第 2 部分）。

5.3.2.2 满族

早在满族南下之前，汉语经典如《四书》《五经》《资治通鉴》以及汉语法律典籍——《明会典》，甚至是汉语小说《三国演义》等都已译成满文（左步青 1986）。所以满族人在跨过长城入关之前就已开始接受汉族文化（Fairbank 1965：77），并最终推翻了明王朝。

满族自发地与汉族结合并不仅仅是为了赢得汉族支持而做的表面文章。清朝严格地继承了明朝的政治制度；汉语成为官方语言；皇帝自小就接受了汉族学者的严格教育（左步青 1986）。明朝的皇宫（紫禁城）保存完好，无论是建筑本身还是花园的名字。在皇宫
的庭院里，几乎没有破坏的痕迹，也没有专为新的统治者修葺的 283
痕迹。

某种程度上，满族精英比普通汉族人更懂儒学：他们设立了 40

个专门的官职——孔庙执事官来负责日常的典礼活动，这在中国近代史上还是第一次（吕宗力 1994：190, 911–913）。这些执事官被分等定级，从正三品（两人）到正九品（十人）一共七个等级。类似地，北魏鲜卑创立了一个双重等级系统，并一直沿用到唐朝，这个系统在每一品中都有正和从两个次级官衔，已容纳更多的精英从政。考虑到省巡抚为正二品官员，那么儒家事务在清政府看来显得格外重要。从康熙皇帝的行为中也可以看到这种儒家化倾向，公元 1684 年的冬天，康熙皇帝朝拜了明朝开国皇帝朱元璋位于南京的陵墓，以表达其个人的尊敬。据说康熙皇帝去陵墓走的不是大道而是旁道，并命令随从一律下马步行。他随后在墓前屈尊行了三跪九叩的大礼，这个最高的礼节在官员和臣民眼中是只能对王者行的礼节（魏在田等 1995：193）。康熙皇帝表现得非常谦逊，并不像一个狂妄自大的征服者，他用实际行动向明朝和汉族人民表达了歉意。康熙皇帝还给了明代皇陵和自己满族祖陵同等待遇。公元 1716 年，康熙皇帝下令直接以砍头和绞刑的方式处死了两位明陵的盗墓者，并强调若是有任何扰乱明代陵墓的人一律处死（同上：251）。

不出意料，清朝的政策非常强调农业的重要性，政府制定政策时，始终优先考虑农业问题。每年皇帝都会应邀出席耕祭礼，并在先农坛主持纪念典礼，充分体现重农主义的姿态（鄂尔泰 1742/1956：1073, 1077–1078,1083–1084）。康熙皇帝非常精通耕作，他甚至在自己的丰泽园里开发了一种新的早熟水稻品种（Elvin 1982：14）。

284 5.3.3.3 蒙古

蒙古族在元朝建立的过程中曾经赢得过两次战争。第一次是在长江以北战胜金人。在此之前，金人曾在公元 1126 年击败北宋，获得了北方半壁江山。蒙古军队在公元 1234 年战胜金人之后，就开始进攻南宋统治下的区域，这个过程花去了他们近 40 年的时间，才统一全国。

在行政管理上，蒙古族对原住汉人的歧视给经济造成了进一步的损害。当元朝的高级朝臣——来自波斯的耶律楚材说服蒙古人放弃政策之后，事态出现了转机。

政府在这样一个背景下，制定了新制度来促进中国农业发展。公元 1261 年，蒙古人建立了劝农司来推广农业。公元 1270 年，劝农司升级为司农司，有四个下属检查机构（巡行劝农司）。公元 1271 年，机构再一次升级为大司农司，负责农业、桑蚕计划和生产、水利以及赈灾救济（李长善 1370,《元世祖传》，第 4, 7 卷；吕宗力 1994：34）。这些机构的使命，也正如它们的名字一样，是为了重建和保护中国的农业。

说到观念的转变，我们不得不提及元政府为了提高全国农业产量而出版的汉语农业专著。公元 1273 年，在皇帝勒令下，第一部官方资助的农业图书《农桑辑要》完成并出版（石声汉 1980：50–51）。此书汇集了宋以前汉民族的耕作知识，这与当时修复农业的迫切需求是一致的。书中还有有关棉花的种植和加工的章节，这也是中文典籍中第一次对棉花的生产进行系统描述（附录 K；也参见纪昀 1782 第 730 卷：220–221）。鉴于元朝急需获得足够的蚕丝进行高利润的对外贸易，棉花成为民间衣料的代用品。这一新的信 285
息在整个农业地区广为传播。此书以其高品质而闻名于世，被誉为古代中国历史上最重要的五部农业典籍之一（胡道静 1985：58–59）。这同时也表明政策逐步转变，并对农耕和汉族农民给予极大重视。

元朝多次印刷该本书，印本首先是在北方和西部（包括黄河谷地和四川盆地）发行，随着南宋的征服，南方也开始印刷此书（曲直生 1960：51-52; 石声汉 1980：50, 55; 李长年 1982）。随后，在公元 1279 年，元朝控制了中国全部的 11 个省和 1110 个县（梁方仲 1980：178-184），这本书的复印本在县一级范围内流传开来（参见表 5.2）。按当时的标准来说，该书传播的范围已非常广泛。

表 5.2 《农桑辑要》及其历史上的出版情况

版　本	年　份	印本数	接收者
第一版[a]	1273	—	—
第一版[a]	1286	1000	—
第二版[a]	1314	1500	朝廷和省
第二版[a]	1316	1500	—
第二版[a]	1322	1500	—
第二版[a]	1329	3000	—
第二版[a]	1332	1500	—
第二版[a]	1339	—	—
第二版[b]	1314—1323	—	—
第二版[b]	1372	—	—
加总		10000[c]	

资料来源： 基于胡道静 1985：57-68; 韩儒林 1986：372,373。

注：

a 中央政府资助出版。

b 当地政府资助出版。

c 最少印数。

《农桑辑要》不是当权者发布的唯一技术指南，公元 1318 年，仁宗皇帝（公元 1312—1320 年在位）下令印刷了 1000 本《栽桑图说》，也在全国范围内发行（《元史 · 仁宗传》）。

蒙古人也对另一本农业图书《王祯农书》予以推广，这很好地体现了他们对农业的新态度。这本书的作者是一位汉族的学者——

王祯。元朝的成宗皇帝（公元 1295—1307 年在位）甚至为王祯的书 286
发布了一个告示：

> 王祯，承事郎信州路永丰县尹，东鲁名儒。年高学博，南北游宦，涉历有年，尝著《农桑通诀》《百谷谱》《农器图谱》等书，考究精详，训释明白，备古今圣经贤传之所载，合南北地理人事之所宜。下可以为田里之法程，上可以赞官府之劝课。虽坊肆所刊旧有《齐民要术》《务本辑要》等书，皆不若此书之集大成也。若不流布，恐失其传。若将前项文书发下学院钱粮优羡去处，依例刊刻流布，诚为有益。
>
> （王祯农书 1304/1981: 446）

元朝皇帝如此公开地赞扬一位汉族儒家学者的作品是非常罕见的。值得注意的是，在其序言中，王祯回顾了一些过去的重农思想，观点如下：

> 农，天下之大本也。“一夫不耕，或授之饥，一妇不织，或授之寒。”古先圣哲敬民事也，首重农，其教民耕、织、种植、畜养，至纤至悉。
>
> （同上：1）

王祯和成宗皇帝在重农主义上肯定达成了一致，这也是汉化的另一个标志。

这种汉化还进一步表现在公元 1313 年汉族的科举制度被元朝所效仿，尽管因为某些政治原因，原先的一些规则被稍加改动。元朝的科举考试每次产生不止一个状元，而是两个。从公元 1315—1366

年，总共举行了16场科举考试，蒙古族和汉族状元的数量也基本保持平衡。在16场考试中，其中15场都有蒙汉状元各一个，唯一的
287 例外出现在1354年，这一年有两个汉族状元（周亚非1995：406-429）。在稍低一级的考试中，有更多的汉族考生通过考试——至少占总考生人数的四分之一（邓嗣禹1967：195-199，337-338）。这表明元代末期儒家的汉族人终于能够在朝廷获得官职。所有这些现象都是与蒙古的游牧文化以及蒙古人最初对中国和汉族人的计划背道而驰。

为了说明这种变化的特性，我们可以看到，元代17位著名的汉族诗人中有16位做官，占总数的94%（王镇远等1992：1584-1669），这说明效力于元朝的汉族人不仅仅是蒙古人的合作者，而且成为文化主流。转化后的元政权在很大程度上把自己看作是与汉族本土的社会经济生活相融合的政体，因此就吸引了大批的本土学者为其效力。三位蒙古诗人跻身于20位最著名的元朝诗人行列，他们的汉化程度很高，作品中几乎看不出自己的民族和政治背景（同上：1614-1624，1634-1638）。萨都剌是这三位蒙古诗人之一，他写过一首名为《早发黄河即事》的诗篇，其中这样写道：

晨发大河上，曙色满船头。
依依树林出，惨惨烟雾收。
村墟杂鸡犬，门巷出羊牛。
炊烟绕茅屋，秋稻上陇丘。
尝新未及试，官租急征求。
两河水平堤，夜有盗贼忧。
长安里中儿，生长不识愁。

从诗中可以很容易判断出萨都剌生活在以农业为基础的城市中，与蒙古族的草原游牧生活方式截然不同。

也许在一开始的时候，蒙古族对于汉族农业的推广只是权宜之计，是一种策略。但是随着慢慢地接受汉族的重农思想，他们开始逐渐地在社会经济生活上都与汉族合流，统一起来。

5.3.4 准三元结构和全三元结构

真正关系到本书研究的并不是民族融合本身，而是三元结构和三元均衡的恢复。有史实表明，游牧民族以对中国的征服开始，却以建立起一个准三元状态或者完全三元状态告终，这种历史发展模
式表现于以下三个方面：（1）农业技术所体现的中国农业的复苏和 288
增强；（2）发明新的重农制度；（3）家庭农业经济的复苏。

5.3.4.1 从农业技术的视角来看中国农业的复苏和增强

中国农业的复苏与中国农业技术的提升有着正相关性。所以北魏、元和清的一个共同点就是，政府都很强调农业技术的复苏和增强。前面提到的《农书辑要》就是中国历史上第一部由中央政府资助项目出版的农业图书（石声汉 1980：50—51）。所以从这个方面来看，在历史上，一些伟大的农业专著出自鲜卑、蒙古和满族政权之手就不是一个巧合了（参见 Deng 1993a）。

满族的君主对于中国农业推广的投入是史无前例的。雍正皇帝（公元 1723—1735 年在位）下令编纂《古今图书集成》，该书于公元 1726 年完成；公元 1782 年，乾隆皇帝（公元 1736—1795 年在位）促成了《四库全书》的出版。这两本书都收录了历代农业名著，其中有《齐民要术》《陈旉农书》和《王祯农书》（Lo 1986; Guy 1987; Deng 1993a：第 5 章）。此外，在圣谕下又有许多新的农业专著诞生，康熙皇帝和雍正皇帝以同一个题目“耕织图”，资助了两个不

同系列的图志编纂，这两位皇帝都亲自写序，并为书中农业耕作过程的图解配以艺术性诗文。康熙皇帝还编纂了一本植物学的百科全书——《广群芳谱》：其中有关谷物、桑麻、蔬、菜、竹子和树的篇章占了全书篇幅的43%，全书包括25种小麦和大麦、100种水稻以及167种粟稷。

推广农业技术的个人行为也受到鼓励。除了中国的农学家，诸如北魏的贾思勰和元朝的王祯之外，还有维吾尔族人鲁明善，他以色目人的身份[1]为蒙古政权效力。公元1314年，他编著了一本名为《农桑衣食撮要》的图书，主要参考了中国南方的农业技术来向广大
289 农民传播最好的技术方法。考虑到他的游牧民族背景以及他出生于西北，此书是中国第一部用通俗易懂的非汉语写成的农业图书。那么，元朝官员与中国固有社会经济生活方式的融合是不可否认的。这也同时意味着，原为汉族独有的知识，第一次被游牧民族系统地破解。他的作品也反映了行政官员开始意识到中原农业的重要性，一些非汉族的官员也逐步与汉族官员完全相融合：他们精通汉语，了解汉族社会和文化。鲁明善的农学成就无疑是从支持汉族农民和汉族农业的政治氛围中派生出来的。

中国农业技术的增强（归功于先进技术的发明创新和好的实践方法的广泛传播）可以在表5.3中的数据中得到证实。忽略估量的差异，在这些饱受谴责的征服期间，中国小麦和大米产量的上升趋势是毋庸置疑的。

---

[1] 色目人的名称在当时适用于瞳孔有色的小亚细亚地区的高加索人。蒙古人大量雇用他们承担不同级别的行政管理职责。这正是马可·波罗被任命为高级官员从而为元朝皇室效命的原因。

表 5.3 谷物产量的估计

时 期	小麦（亩产）	变化指数	稻米（亩产）	变化指数	均值（亩产）	变化指数
前秦	0.732 石	100	—	—	—	—
汉	0.804 石	110	0.536 石	100	101 斤	100
魏 * 晋	0.791 石	108	0.791 石	148	172 斤	170
南朝	—	—	1.111 石	207	—	—
北朝	0.686 石	94	—	—	258 斤	255
隋唐	0.757 石	103	1.136 石	212	334 斤	331
宋	0.694 石	95	1.387 石	259	309 斤	306
元 *	0.964 石	132	1.927 石	360	338 斤	335
明清 *	1.302 石	178	2.604 石	486	—	—
明朝					346 斤	343
清朝 *					367 斤	363

资料来源：基于余也非 1980; 吴慧 1985：194; ZNK 1984 第 1 卷：242。

注：星号表示外族征服的时期，石是度量体积，斤是度量重量。

5.3.4.2 设立新的重农制度

新设的最重要的重农制度包括：（1）鲜卑的均田制；（2）蒙古的大司农司；（3）清代的农业专家系统。 290

均田制

鲜卑族发明了均田制。公元 477 年，北魏政府正式确立了均田制（《魏书·高祖纪》）。一开始，这种新制度只是为了重建受损的乡村经济而采取的应急措施，通过资源分配的方式保证家庭农业的可持续发展。政府的监督涉及方方面面，从每个农场的大小到可以种植的作物。例如，公元 485 年，这个系统允许每一对已婚夫妇最多拥有 80 亩地，其中 60 亩用于种谷物，20 亩用于种植 50 株桑树、5 株枣树和 3 株榆树。如果环境不是很理想，每户得到的土地面积可以加倍（称为倍田）（《魏书·食货》；高敏 1987：186—219；赵德馨等 1990：225－226）。均田制的好处就是它降低了重建家庭农场的门槛。

我们不能被其土地所有权的表面现象所迷惑。均田制的本质有两个方面：（1）它是一种终身制；（2）通过私有化，它可以转化为私人土地。终身租赁是继私人土地所有权之后最好的制度，可以确保农户拥有耕种土地，而不受到市场机制的影响。作为一种好的选择，均田制在隋朝、唐朝得以继承并推广（李隆基 738，第 3 卷；梁方仲 1980：476–485）。它不仅推广到鲜卑族难以抵达的中国南方地区，而且以法律手段增加了每户的耕地：根据梁方仲（1980：7）的统计数据，唐代（公元 755）每户平均土地面积是 160.45 亩，比鲜卑族正常的户均耕地面积要大很多。

更为重要的是，当政府监督成本不可控时，如唐代那样，国家也就很容易把土地私有化（郑学檬 1984：171–193）。唐之后，广泛的均田制在金朝和明朝分别实行了两次，两次都比较短暂，因为监督的成本实在是太高了，或者说是因为收入减少了。金朝的制度是“计口授田”，这主要是针对金人自己设计的。在把游牧征服者（现在中国北方）转变成定居农民的过程中，这种制度发挥了重要作用，土地也很快被私有化（赵德馨等 1990：444–445）。作为重建家庭农业的临时性手段，明朝政府在公元 1307—1372 年采用的制
291 度是“计民授田”，战乱结束后，这一计划推广到未开垦的土地，这些土地也随之被私有化了（同上：497）。但是这种制度实际上是汉代“拓荒屯田”的延续形式，唐朝之后的各个朝代都确立了这种制度（Lee 1969：73, 85–86, 104, 113, 117；梁方仲 1980：322–328, 360–364, 420–422, 464：赵德馨等 1990：444–445, 497）。到了公元 1887 年，清朝的农业拓荒已经从 18 个省推广到了 23 个省，共达 340 万公顷（509300 顷），约是全国耕地总面积的 6%（梁方仲 1980：384–385）。对于拓荒的土地，也采用了相同的土地长期租赁原则，同样倾向于土地私有化。

大司农司

元朝之前，中国的官僚体系中长期以来都设有掌管农业生产的官职，但是这些官员并没有运作一个专门处理农业事务的政府部门。公元 1200 年是一个转折点，金朝设立了“劝农司”，这个新的机构起起落落维持了 5 年时间，大约在公元 1200—1222 年之间（吕宗力 1994：189, 313），金人似乎在管理上出了问题，新的制度没有时间完全发展起来，他们还未能解决这些问题，蒙古人就来了。

但是这一想法却没有随着金国的灭亡而消失，蒙古人吸收了这个思想，并且发明了一个网络结构完备的顶层管理机构——大司农。中层设有大司农卿以及大司农少卿，底层是数量众多的官吏。低阶农业官员被赋予了专门的职责：屯田司负责在偏远地区建立和维持农业屯田，而都水庸田使负责南方的稻田耕种（吕宗力 1994：664, 901-904，也参见 Langlois 1981：41）。在基层，元代农村人口每 50 户被编成社，任命有经验的农民长者为社长，负责耕种和治安警戒（郑自明 1938：202）。考虑到好战的蒙古人的强制性纪律，他们恢复和推动中国农业增长的动力的确很大。

大司农司的设立表明元政府农业政策的优先权。这一点可以在
元朝不同时期，掌管农业最高官员的官衔和其他官员的官衔比较中
体现出来（参见表 5.4）。大司农的官衔是从一品，仅次于宰相，在
整个中国历史中，这是农业官员所能得到的最高官衔。元代农业 292
官员的官衔明显比其他朝代的农业官员的更高（人数更少，官衔更
高）。农业促进新政策和制度为他们自己带来了丰厚的回报。公元
1282—1329 年之间，户部从南方征的税收以及管理的谷物共为 620
万吨（相当于 8300 万石），根据政府的粮食供给计划，大量谷物从
中国南方运至北方（参见梁方仲 1980：329-330）。南方谷物供给
的重要性体现在以下两个方面：（1）为确保安全，运输是以军事化 293

的方式进行的；（2）当农民起义切断谷物运输线路后，蒙古政权就立即瓦解了（李长善 1370：《食货 · 海运》）。

表 5.4 农业官员的官衔比较

时期	名称	等级
夏	农事	—
周	农正	—
	稻人	—
春秋	农	—
秦	农丞	—
汉	大司农臣	5 品
三国	典农中郎将	6 品
晋	大农	6 品
宋（南朝）	大农	6 品
时期	名称	等级
北魏	大司农卿	3 品 +
北齐	司农卿	3 品
隋、唐、宋	司农卿	3 品 +
金	全农使	3 品 +
明	司农司卿	3 品 +
清	—	—
元	大司农	从 1 品—
	大司农卿	正 2 品 +
	大司农少卿	从 2 品—
	屯田使	正 3 品 +
	都水庸田使	正 3 品 +
	大司农臣	从 3 品—
	营田使	正 5 品 +
	大司农司经理	从 5 品—

资料来源：《周礼 · 地官篇》；中国文化研究所 1963，1893；吕振羽 1983：313, 400−401, 497, 664, 850, 871, 874, 878, 881, 890, 898, 901−904。

注：双重官衔制度，每一个官衔或增或减。

元政府控制了内贸和外贸，向中国百姓征收丝绸的实物税收，由政府专卖，向阿拉伯人出口获利。中国的丝绸业来自农业。

在后期，农业主导和重农传统得以重新确立，可以将之定义为一种准三元均衡结构。朱元璋和他的起义军推翻元朝后，他做的第一件事就是兑现早年向农民承诺的土地与土地所有权，这种承诺是和中国的经济复苏相联系的。不久以后，明朝纯正的三元均衡结构得以建立。值得注意的是，14 世纪的元代重农和明初的重农之间的差别已经很小，即便没有明朝起义的干预，只要给蒙古人足够的时间，钟摆也依然会摆回三元均衡。

清朝农业专家系统

依照大清律例，成功的农民会被视作耕作专家并被授予八品官员职位，以帮助士大夫进行农业规划与管理（Cheng Q 1865 第 9 卷：635; Lee 1969：117）。证据表明，一些农业专家官至朝廷。经验丰富并精于双季稻种植者李英贵成为康熙皇帝的私人朋友，他被委派参与一种高产大米的全国性推广项目，而这一大米品种正是由皇帝本人所发现的（孔祥贤 1983）。

5.3.4.3 恢复农民家庭经济

均田制下，自由农开始发展农户经济，贾思勰的《齐民要术》对此有所阐述。首先，农民在耕作上拥有广泛的选择范围。在贾思勰的书中，这些选择包括 16 种谷物、18 种蔬菜、15 种果树和 10 种家禽家畜。其次，贾思勰罗列了一些堆肥制作的细节（包括 4 种植物的播种、培育和收割时节），在家庭精耕细作下保持泥土肥力很重要，这体现了家庭农业的自给自足的特性（缪启愉 1982：24, 111, 128, 143）。最后，作者极为重视家庭经济的管理，并用全书 37% 的篇幅来描述这一部分。有关交易管理的说明阐释了贾思勰的观点：

> 294 常于市上伺候，见含重垂欲生者，辄买取。驹、犊一百五十日，羊羔六十日……恶者还卖：不失本价，坐赢驹犊。还更买怀孕者。一岁之中，牛马驴得两番，羊得四倍。
>
> （贾思勰 534/1982：319）

通过对如何掌控市场活动的说明，贾思勰明确地表示："以贫求富，农不如工，工不如商"（同上：350）。毫无疑问，个体家庭经济在鲜卑均田制下得以恢复和繁荣，这种制度是与中国三元结构高度兼容的。

众所周知，清朝是一个人口超速增长的时代：大约在公元 1740 年之后，人口飞速增长。它并不仅仅超过了中国长期以来 4070 万的人口平均数，截至公元 1833 年，甚至已呈指数增长至将近 4 亿（参见附录 I）。鉴于以下几点（1）中国人拥有很高的收入人口弹性（参见第三章）；（2）任何中国人口的显著增长都取决于广大小农的普遍收入水平；（3）公元 1850 年，中国食品进口与向海外迁徙人口的影响都很小，可以忽略不计。那么，清代人口增长是对普遍收入水平的近似反映，也是对农业家庭经济绩效的近似反映。中国农民的家庭经济不仅从清朝早期的动乱中恢复过来，还发展到了一个前所未有的水平。

5.4 三元结构的强化

通常人们指责说，由于诸如侵略与征服之类的外部冲击，经济发展受到损害并被迫中断，但是在 19 世纪前，我们可以把中国所遭受的侵略与征服视为延缓经济发展"预期过程"的因素。一个可靠的检验是看中国所发生的根本性变化是否是由外部冲击引起的。如果磨难之后，中国仍重归昔日轨道，那么无论此冲击何等不幸和具有毁灭性，它们对社会长远结果或命运并未产生足够的影响。因此，对于前现代化中国资本主义工业化未充分发展的原因，仅仅凭侵略与征服来解释并不那么可信（参见田昌五 1986）。

中国遭受的外来侵略与征服最初是毁灭性的，但是中国体制的恢复与社会经济生活的复苏，很大程度上抵消了这些征服的负面影 295
响。其秘诀在于中国体制的内化能力，或者更为准确地说，在于中国体制内化外部冲击的才能。所有游牧征服者，无论他们是多么不情愿，都在融合进程中以被中国的文化和经济吸纳而告终。中国社会经济结构的多次恢复（尤其是在官僚体制和土地所有制方面），延绵不绝的中华文明（尤其是表现在对汉语的使用，对于中国国家哲学的采纳，以及对颠覆王朝的正史编撰）清晰地证明了这一点。

最终起决定作用的是汉化过程中的“物质回报”。这种物质回报诱导了游牧征服者们与中国的传统融合，这些回报正是三元结构作用的结果。对于中国而言，这样的融合也是抗击被征服的过程。其本质是中国长期的经济胜利，超过游牧民族直接而短暂的军事大捷。前者更具价值。

正如同农民起义那样，未开化的征服者 他们曾经粗暴和野蛮——实质上巩固了多元结构与均衡，这个结果与这些侵略者的初衷是截然相反的。此种现象被称为“特洛伊木马效应”：中国的文化与经济成就如同那只被捕获的木马，战争掠夺带来的意外结果却有利于木马所有者。值得讨论的是，这种结局主要依赖于中国传统社会长期以来在科技与经济上无可争议的，超乎其邻邦游牧民族的优越性。

应该说，中国农耕民族与游牧民族之间的竞争最终推动了中国的科技繁荣。正如图 5.1 和图 5.2 所阐述的那样，长远来看，由于北方游牧民族在长城一线的持续压力，中国的优越性非但没有被破坏，反而得到巩固。对于中国三元结构而言，只要所受的压力与冲击是来自其文明先进性逊于中国的经济体，无论如何中国都处于双赢局面。

因此，直到欧洲人入侵东亚之前，中国体制一直得以存续，几乎坚不可摧。

296

5.5 对第一个中国之谜的回答

中国制度的恢复力深深地根植于中国体制的微观与宏观组合之中，前者是拥有土地的家庭农业，而后者则是三元框架。显然，中国体制能够调控内部腐败（通过和平或者暴力的方式）与内化外部冲击（只要这个冲击来自劣势经济）。所以，中国体制经历了屡次重生，回归原状，并使中国在前现代世界中独占鳌头。这为理解有关中国的第一个悖论提供了关键点：中国体制与冲击/灾难期共生，并得以永存。

第六章　结论：经济发展中的僵局

297

6.1 三元结构的超稳定性

本研究旨在展示意识形态（包括儒家思想）、政府（包括君主和精英管理阶级）和土地控制制度（包括“永租权”或“永佃权”）三者是如何相互作用并相互匹配的，以及它们对经济的影响。

三元结构的建立，将中国经济、社会与政治生活巧妙地编织在了一起，这正是长期试错的结果。在这个过程中，东亚大陆政治单元相互竞争，持久的军事力量发挥了决定性的作用。此后，胜利者小心翼翼地守护这一体系，首先是周朝为中华文化打下了根基，之后的秦朝则开创了中国皇朝先河。自汉朝以后，这个体系通过自我调节手段，即要么是自上而下政府的推动，要么是自下而上采取民众起义行动，抑制制度腐败与外部冲击，使之日臻完善。而这种自我调控的机制亦产生了一种附带作用，即能够内化游牧民族的侵略与征服。

三元结构在以下四个方面造福中国社会：（1）从王朝经济的稳定性来看，三元结构使得劳动力、土地与资本得以合理配置；（2）中国人口增长与经济扩张证明，借助于上述要素配置，三元结构为人口提供了就业，确保普通百姓在绝大多数时间中能充分维持基本生活水平；（3）从发达的商业化、城市化和经济货币化以及数量稳定的常备军与政府官僚队伍的维系来看，三元结构在绝大多数时间内支持了社会的非农业活动；（4）18世纪前中国周期性的繁盛与荣耀显现了三元结构使得普通民众生活水平得以提升。这四个方面的成就形成了中国体系最终得以延续不绝的存在理由，这些存在理由中，既有社会政治因素也有社会经济因素。

298 这个结构下更主要的成就仍是周期性的三元均衡，尽管这一均衡是有条件的，尤其是结构内部压力下的平衡。这个结构主要有两个主要结果：（1）就空间而言，中国领土的扩张达到了农业经济运作的极限；（2）就时间而言，帝国永存。所以即便经历了一场又一场的灾难，帝国依旧得以延续，这使得中国与其他王朝相比——古埃及、古巴比伦、拜占庭帝国、罗马帝国和玛雅帝国——高了一筹。

中国三元结构的核心是土地所有制，而可以把国家和意识形态（这里是指儒家思想）都视为维护这种结构的经济手段（参见North 1981：第3，5，6章）。正如第二章所介绍的那样，土地所有制的根基在于“绝对的土地所有权”（absolute land ownership，这个术语参见Macfarlane 1978：第4章）。正如我们所知的那样，这种所有权形式随着中国农民阶级的形成、发展与永存共存。而在英国，这种所有制的发展却标志了传统农民阶级的消亡（同上，尤其是第94页）。就中国体制形成方面而言，中国农民的确为农业王朝周和秦的早期胜利做出了贡献。游牧征服者又对该制度进行了微调，这在均田制等制度上有所体现。

作为一种宏观体制，设计三元结构的目的在于使得社会与私人成本均等化，平衡社会和私人利益，以此回馈私人与社会，这个体系能够降低管理交易成本（参见 North 1981）。三元均衡中，交易成本到达最低点，中国经济繁荣所达到的高度使得其他传统社会难以望其项背。在社会经济表现衰落过程中，通常情况下，中国政府仅仅是从国家利益出发，为了避免出现危机，发现并修正了偏差。如果这种手段失败了，农民起义则会重置这种结构。尽管情非所愿，游牧民族的外来侵略与征服也每每强化了这个结构。目前研究表明，本土农民阶层与外来游牧民族都积极地参与到中国三元结构的维护中，所有这些都使得三元结构得以收敛、有弹性，并且保持稳定，只要看看中国 19 世纪末之前 2000 年的历史记录便一目了然。

此外，中国三元结构有足够的灵活性，可以驾驭横跨七个时区、三个气候带与十种土壤类型的东亚大陆。在 19 世纪末之前，耕种一直在中国经济中占主导地位。这个结构也足够灵活地容纳商业化，
以及来自政治腐败、军事起义、侵略征服的内外压力与冲击。这个 299
结构并不是一个封闭的系统，中国时常张开双臂欢迎外国的思想、技术以及民族，例如：在 5—10 世纪前后大规模吸收佛教；从史前至近代持续引进和推广小麦（中亚传入）、茶叶（印度传入）、高粱（非洲传入）、棉花（中亚和东南亚传入）、玉米（美洲经东南亚传入）、甘薯（美洲经东南亚传入），以及灌溉方式。

毫不奇怪，直到 19 世纪的最后 25 年，中国的政治、军事与经济力量在三元体系的制衡下，很少遭遇邻邦文明的真正挑战。来自北方的游牧民族，与其说是要用武力消灭中国，不如说是用武力敲开中国的大门，以便加入中华体系，分享中国的富足。这种独特的体系使中国（富足而稳定）远胜于古埃及（稳定但贫困）与古罗马

王朝（富足但是不稳定）（参见 North 1981：第 9 章）。这是除了前面提到的空间、时间维度的成就之外的第三个成就。

但是，中国的稳定性却意味着，中国的体制没有能力掌控长远的持续发展与变革。然而，如同第二至四章中描述的那样，在中国的“宿命路径”上，偶尔也会闪烁其他路径的光芒，如汉、宋、清时期那样。最有意义的是在宋朝，那时，中国先于欧洲经历了多种变化：农业更加高产，经济作物种植加速推广，灌溉系统与交通系统得到改善，劳动分工与专业化水平不断提高，内部移民与城市化增加，贸易扩张。宋朝还完成了包括信用与纸币在内的全新发明与创新（参见 Hartwell 1963, 1966; Shiba 1970; Elvin 1972：第 2 部分）。根据埃里克 · L. 琼斯的理论，宋朝时期的中国在经济、贸易、交通上以及公共产品投资上全方位领先于西欧（Jones 1988：75）。最为重要的是，宋朝经济似乎能够很好地通过自己的方式，摆脱其对于农业部门始终如一的依赖（Jones 1988：83）。中国非常接近工业化初级阶段的生产水平：宋朝全部的生铁产量（11 世纪）已达 150000 吨，几乎等同于 700 年后的公元 1700 年，工业革命前夕的欧洲的生产水平（Jones 1981：202）。假定 11 世纪上半叶中国人口从 1630 万增至 2330 万（梁方仲 1980：7–8），中国的人均铁产量很有可能达到 6.7—9.2 千克。尽管对于经济绩效表面价值的比较有时会存在误导（印度的例子可以参见 Chandavarkar 1985：628），但宋朝的经济增长是实实在在的。宋朝经济的枯萎如同其绚烂绽放一
300 样，变化速度之快，令人措手不及，这要另当别论。

就宋代历史而言，最吸引我们的是两个相互关联的疑惑。首先，宋朝的发展为何凋零得如此之快？或者说，即使明清经济发展同样令人印象深刻，为何在鸦片战争之前，中国却未能重演宋朝的经济奇迹呢？其次，传统中国“经济革命”之间的间隔何以如此之

久远？汉朝与宋朝之间相隔有 1000 年（其中汉朝以新式铁犁的使用和新的耕种制度为代表的农耕技术的发展而著称，而宋朝不仅发生了技术变革，而且经济结构也有很多变化），从宋朝改革到下一次有突破点的改革——洋务运动（公元 1870—1895）和公元 1898 年的百日维新，又是一个 1000 年过去了，其中洋务运动与百日维新是中国的“明治维新”，它们均由包括同治皇帝（公元 1862—1874 年在位）、光绪皇帝（公元 1875—1908 年在位）在内的高级官员策划，其目的在于移植西方技术与制度，以期增强本土制度之力量，而其成果却被三元体系所吸收。显而易见，从中国的经验得知，“充分的时间”并非是中国走向现代化的充分条件。

考虑到中华帝国生命跨度很长，汉宋时期的革命性变革如同白驹过隙，极为短暂，这表明在支持持续的集约型增长以及工业化方面，中国的门槛要高于欧亚大陆的其他国家。作为第四个结论，帝国时空的成就与其长远发展之间是一种权衡，中国是对于经济集约增长与工业化开花结果充满敌意的国度。

从本质而言，第一章中所讨论的中国之谜，以及中国的僵局是 301
硬币之两面：中国之谜是一面，而中国发展僵局是另一面。不应当用西欧的发展标准来判断和衡量中国经济的绩效，它并不适用于中国持续的集约型增长、工业化和资本主义。为深化我们对中国历史的理解，有必要对宋朝经济的变革进行回顾。

6.2 宋朝及其不寻常之处

宋朝挑战了中国完全没有可能出现过工业化和商业化的观点。我们最关心的问题是，宋朝是否是一个正常的王朝。如果是，为什么这些常态并没能得以重现？如果不是，那么宋朝与主流的朝代为何如此不同呢？

6.2.1 宋朝是如何建立和延续的？

宋朝（包括北宋和南宋）是一个长期危机四伏的时期：政府极度虚弱，来自金朝和蒙古的压力达到了空前的程度，土地所有者的分化也达到了创纪录的水平。但是，仅是这些因素也不能使宋朝变得如此特殊，因为这些情况在宋朝之前也不同程度地出现过。因此，这些因素本身并不可能在中国体制中打开一个缺口，让工商业得以空前发展。宋代的特殊性在于：（1）政府结构的变迁；（2）土地控制权结构的变迁；（3）北部和南部之间人口分布及再分布的变迁，它们都与宋朝的制度紧密相关。

302 6.2.1.1 北宋

政府结构变迁、原因与影响

中国历史上，宋代的朝廷以其无能著称，这点在王朝建立之初就已表露无遗。戍边失利，迫使宋朝将整个中国北部拱手相让，这是其无能表现之一。一方面，开国皇帝赵匡胤（太祖皇帝，公元960—975年在位）的政策直接导致了政府的无能，赵匡胤是一个精明的阴谋家，通过军事政变夺取了皇权（《宋史·太祖》)。他担心自己的政权被颠覆，便效仿秦始皇有计划地除去了军队将领和文职官员的权力，调兵权、财政权、司法权收归朝廷独揽（赵秀昆等1987：293-354；唐进、郑川水1993：第7章）。宋朝的行政管理改革实际上旨在动摇军队将领和士兵间的联系，将官僚的官职与其行政责任分离。这一政策的执行贯穿北宋始终。

另一方面，宋朝的合法性始终都存在问题，赵匡胤需要获得百姓的认可和支持，尤其是身为管理阶层的儒生的支持。为了获得文人对篡权政体的支持，并补偿他们所失去的权力，宋朝政府实施了一揽子计划：相比于其他朝代，宋朝不仅为官员提供更高的俸禄，根据宋朝的官方记载（脱脱.1345：《宋史·职官九（叙迁之制）》；徐松 1957：《宋会要辑稿·职官》；《辞海》1978：151），除了烤火费、置衣费等各种常规补贴之外，宋代俸禄不菲，参见如下（公元 1063—1077）。

官　位	月薪（用铜币表示）	俸禄田（亩）
左 / 右丞相	300000—400000	—
丞相	200000	—
左 / 右尚书	150000	2000（116.0 公顷）
权六曹尚书	50000	—
骠骑大将军	60000—200000	—
左右位上将军	25000—80000	—
郎将	20000—30000	—
知县	12000—22000	100—200（5.8—11.6 公顷）

比较而言，清朝最高级别官员——一品官的俸禄也仅 150 两白 303
银，相当于 559.5 克（孙翊刚 1988：192－193），按名义价值计算，合 150000 到 300000 铜钱。考虑到通货膨胀的因素，清朝的俸禄可能更低。

宋朝还设置了额外的官职以吸纳文人。官职数成倍增长，州县一级官职数增长了五倍，一个空缺的官职同时可以安排十名官员，他们收俸禄但无所事事（杨志玖 1992：283；田兆阳 1994：228－229）。此外，官职也可世袭，很大程度上使得基于科举制度的官员录用体制和择优晋升机制形同虚设，从而颠覆了社会流动和政府的重农色彩（蒲坚 1990：378－379；杨志玖 1992：277－279）。

这一政府结构的改变，有别于中国汉代以来延续千年的官僚制度的发展趋势。在很多领域，它冲击了汉以后的传统。第一，自从宋朝开国以来，中国社会迫切需要一个复杂有效的官僚机构来管理国家。宋朝对官僚机构的重塑必然会扰乱甚至颠覆已有的社会基础和社会秩序，这一点从地区之间的大规模人口转移可见一斑。第二，10 世纪之前，中国的经济形势越来越复杂，仅凭一个单一的中央机构根本不可能为整个国家做出所有决策。这样做的企图只会使制度瘫痪，并且极可能陷入无政府状态。宋朝的国防和行政管理就一度处于完全崩溃的边缘。第三，自秦朝以降，中国与北方游牧民族 1000 年之久的竞争，使双方在技术和战术上出现“棘轮效应”[1]，长城防线任何一个弱点都会造成毁灭性的打击，这对农业中国的国防来说尤为正确。如上一章表 5.1 所示，公元 985—1284 年间，中国和游牧民族间共发生了 214 次大规模军事冲突，是历朝历代中频率最高的。很明显，长城边防的弱点给了游牧民族攻打帝国以可乘之机。最终，宋朝不得不自公元 1005 年起每年给金朝进贡，但这也没能停止宋朝被进一步入侵和征服的命运（田兆阳 1994：228）。事实上北宋丧失了一半的国土，足见其代价之大。北方游牧民族和中原王朝的持续交战提升了这些游牧部落的军事优势，蒙古入主中原后，成为欧亚当时军事
304 技术最先进的国家，横扫大部分欧亚大陆也绝非偶然。

宋朝的做法实质上是有计划地对官员大规模行贿。这种做法在中国历史上也曾出现过。它虽然能有效地防止军事政变的发生，使臣民忠诚于皇帝，但也带来了一些严重的副作用，主要体现在以下四个方面：（1）为控制腐败而设计的官僚监督系统崩溃，由此造成了不可控的腐败；（2）官员失职以及政府无能，而这恰恰是宋朝曾力图减少或避免的；（3）由于缺乏对经济的重农控制，三元结构破裂；（4）削弱了中国的国防，而中华文明之存续和发展又极依赖于

[1] 棘轮效应（ratchet effects），此处指军事力量的竞争，弱的一方将受到另一方攻击，结果双方的军事力量不断提升。——译者注

此。政府的无能又为游牧部落战胜中国创造了机会，而这反过来加剧了中国的内部危机。

土地所有结构改变，原因及影响

随着政府对农业监控的崩溃，土地所有结构也发生了改变。根据政府人口普查记载，公元 980—1037 年，土地租佃率超过 40%，这是历史记载的高租佃率持续最久的时期。

租佃率的上升，部分是源于政府对土地集中控制的放松，或更准确地说，源于政府的无能。尽管朝廷受到来自金朝的压力，但北宋的领土开始时比较稳定，大小与汉、隋、唐相当。并且北宋初时人口也比汉唐少一些（公元 2 年汉朝人口 5960 万，公元 175 年 5650 万；而公元 755 年，唐朝人口 5290 万），与隋朝差不多（4600 万）（梁方仲 1980：4–8[1]）。因此，宋朝初期人–地比例绝对恶化和土地绝对短缺的情况没有发生，但到了宋代中期，人口大爆炸，这就不成立了。确切地说，宋朝比中国正常的土地租佃率高了 5—10 个百分点，原因是少数土地所有者拥有了大量的土地，因而造成了土地相对短缺。

这种土地所有结构的变化造成了大量的流民，它始终是一个棘
手的问题。由于土地控制和土地所有权的恶化，公元 990 年到北宋 305
末年（公元 1127）发生了几次大规模的起义，起义领袖包括王小波和李顺（公元 993），王伦、张海（公元 1043），王泽（公元 1047），方腊（公元 1120—1121）和宋江（公元 1120—1127）（参见张绍良、郑先进 1983：450–451；傅仲侠 1986：24–25, 41, 71）。

政府对土地租赁问题以及由此产生的起义所采取的措施就是扩充常备军。宋朝武装力量从公元 960 年的 120000 人上升到公元 976

[1] 有学者推算出唐朝的人口达到了 8000 万，宋朝是 1 亿（参见，例如葛剑雄 1993：43）。

年的 378000 人，继续上升至公元 997 年的 666000 人（当时丁口为 1600 万人[1]），公元 1021 年之前上升至 912000 人（当时丁口为 1990 万人），公元 1048 年上升至 1259000 人，公元 1049 年最终达到了创纪录的 140 万人（其时丁口为 2230 万）（梁方仲 1980：7-8；赵秀昆等 1987：300-301；田兆阳 1994：228）。按绝对值计算，年均增长率达到了 2.8%，共增长了 11 倍。按相对值计算，士兵占全部人口的比例上涨了 150%。这一决策可谓一石二鸟：（1）减少了失业率，从而减少了动乱；（2）强化了国防实力以降低外来侵略的冲击。

宋朝士兵的待遇特别好。据记载，治平年间（公元 1064—1067），每位禁军士兵的俸禄是每年 5 万铜钱，普通士兵（厢军）为每年 3 万铜钱。根据宋朝法律，未满 61 岁者均有服兵役的义务（赵秀昆等 1987：334），军队可以终身免除徭役。我们可以合理地假设：（1）每个士兵有五名直系亲属；（2）这些家庭都能够靠士兵的俸禄生活。因此，宋朝的国防预算可能养活丁口的 21%—32%。为了维持这笔巨大的军队开支，宋朝每年要花费 480 亿—500 亿铜钱，大约是政府全部开支的 80%（参见赵秀昆等 1987：334-335；王圣铎 1995：771-773；比较 Smith 1991：8）。毫无疑问，这样做很大程度上抵消了高租佃率的影响，将失业率控制在了一个较低的范围内，但与此同时，也给经济带来了巨大的负担。同时，为维持和平而向金朝进贡的白银（每年 10 万—20 万两，或者是 3.7—7.4 吨）和丝绸布料（每年 20 万—30 万匹），增加了财政开支（田兆阳 1994：228）。但是，政府的土地税收却随着小土地所有者数量的增多而下降。势力强大的大土地所有者享有免税特权，税基严重缩水。

[1] 丁口指可以纳税和从军的男性人口，而非人口总数。

据估算，在王安石公元1069年土地税改革之前，只有30%的耕地在缴税（周伯棣1981：249）。宋朝从开国以来政府财政超支成为常态（基于王圣铎1995：678–686）：

年　份	收入（100万铜币）	支出（100万铜币）	余额
北宋			
997	70883	86950	−16057
1007（?）	47211	49749	−2538
1021	140298	168044	−27746
1048	122592	111785	10807
1049	126252	±126252	±0
1064	101906	100399	1507
1065	116138	120343	−4205
1086	82491	91910	−9419
南宋			
1190	68001	±68001	0
1253（?）	120000	250000	−130000

为了增加实际税收收入，财政部（度支司）进而采取了优惠的 306
税收政策（折税），优惠幅度达到了50%（郑学檬等1984：255），并且，规定年龄在20—60岁之间要交人头税。公元1011年，人头税收入达到了4500万枚铜钱，是农业税（夏税）的三倍（侯外庐1992：913）。这些办法却都无济于事，无甚裨益。据记载，公元1065年，宋朝财政赤字达到了1572亿枚铜钱（《宋史·食货篇》）。从宋朝国防预算的数据（每年48000—50000亿枚铜钱）和其占政府开支的比例（80%）来看，赤字相当于政府2.5—2.6年的总支出。毫无疑问，在王安石实施土地税改革之前，宋朝朝廷几近破产。

为了扭转这一危机，宋朝朝廷不得在传统农业外，选中了商贸

作为收入来源。自从金朝和蒙古占领了丝绸之路——连接中国和中
亚传统的陆路贸易路线后，宋朝不得不在南方开辟新的贸易路线，
通过水路连接中国与南亚、东南亚以及东非。宋朝统治者把海上贸
易看作是增加收入的捷径，并且采取各种方法来促进海外贸易。根
据赵汝适在公元 1125 年撰写的《诸蕃志》，宋代陶瓷出口的海外目
的地多达 17 个，北宋时期中国海上贸易第一次得以蓬勃发展也就顺
理成章了。官方还有一些配套措施。第一，政府主动吸引海外商人。
公元 987 年，宋太宗（公元 976—997 年在位）派八名朝廷官员沿
着四条路线去海外宣传中外贸易机会（参见徐松 1957:《宋会要辑
稿 · 职官四十四》）。第二，公元 1080 年，政府设立海关法以保障商
人的权利，包括让商人相信，官员不会干预经商活动，而且商人会
享受固定的低税率（李长善 1370:《元史 · 食货志（市舶）》）。北宋
307 的商品贸易税在 2%—5% 之间（《宋史》，《食货》篇；或者参见李
兆超 1991），这对商人十分有利。第三，对商人恩威并施。对能够
吸引进口的人授予官衔（《宋会要辑稿 · 职官四十四》），授衔者不乏
外国人：例如，一位来自阿拉伯地区的商人辛押陀罗被授予归德将
军头衔（参见邓端本 1986：86）。同时，海关官员密切监视商人的
行为。某些情况下，官员从政府登记的花名册中选出一批商人，并
用武力迫使不情愿的商人出海经商（《宋会要辑稿 · 职官》《宋会要
辑稿 · 刑法卷》）。第四，将获益少的市场留给了职业商人运营，政
府则把主要精力放在收益最高的市场。前者包括传统的垄断市场，
例如盐、茶和酒（周伯棣 1981：269–275），后者包括药品进口。
宋代《市易法》规定，太医局垄断进口药物（王慧芳 1982：64）。
公元 1077 年，依靠这个制度，仅广州港就卖出约 19 吨（32000 斤）
乳香（梁廷楠 1861：第三卷）。而公元 1076—1078 年间，宋朝政府
向国内市场卖出了价值 153.7 亿枚铜钱的乳香，平均每年 51.2 亿铜

钱（参见邓端本 1986：100）。第五，政府直接投资以谋取暴利，公元 1125 年，这种商业活动达到了很大的规模，政府在宁波、杭州和广州三个市舶司各投资 1 亿枚铜钱（《宋会要辑稿·职官四十四》）。假设：（1）如同公元 1125 年那样，三个市舶司的年均总投资为 3 亿枚铜钱（同上）；（2）所有的投资都用作乳香贸易。那么，官营商业的利润率可达 70%。第六，港口城市都成为为政府“下金蛋”的工具，福建泉州就是其中之一，仅在公元 976 年，泉州上缴给国家的赋税就包括：（1）105 吨（176000 斤）的进口货物，其中有 6 吨（10000 斤）的象牙；（2）61000 匹丝绸布料。除此之外，还有 1 吨白银（27000 两）和 20.1 亿枚铜钱的货币收入（参见庄为玑等 1989：16–19）。公元 980 年，泉州共有 96581 户（梁方仲 1980：135），则户均承担 1.8 斤进口货物，0.6 匹丝绸布料，0.3 两白银及 20800 枚铜钱。

与此同时，宋朝政府采用了通货膨胀的政策，持续增加货币供给。从公元 1024 年起，北宋政府定期发行交子，以应对货币需求，308
保持经济增长。第一批发行货币的面值合计 38.8 亿枚铜钱，公元 1103 年及 1105 年面值均达到了 133.2 亿枚铜钱（刘森 1993a，1993b：21–26）。

显而易见，宋朝的贸易政策本质上是缓解政府财政危机的权宜之计，而非出于促进经济发展而制定的周全之策。从根本上来说，这种危机是由于政府结构及土地所有结构的改变引起的。从“强迫商人做生意”以及“垄断进口药物”等做法可以看出，商人的活动并非完全自由自愿，对港口城市收重税也进一步揭示了宋朝贸易政策的寻租本质（参见 Smith 1991：305–318）。尽管如此，宋朝的重商主义的确为大规模的贸易增长创造了条件。

大规模的人口南移：原因及影响

10 世纪后，唐朝时期，帝国的南扩行为逐步停止。新的领土得到开拓，南方农业依靠水稻业得以发展，北方人南移，并获得新土地来谋生。北宋期间，北方受政府的控制，沉重的赋税扼杀了农民的耕种积极性，南方受政府控制较轻，而且，南方的土地也较少受到有权势的土地所有者的控制，对农民更具吸引力。北方的移民被冠以“逃户”之称谓，这是对宋代南北区别做得最好的注解（李剑农 1957：184–185）。可以说在很大程度上宋代的移民是被制度驱使的。

宋代人口南移规模巨大，据记载，公元 996 年共有 10285 户为了逃避赋税，分别从山西省的 14 个乡县“出逃”（李剑农 1957：185）。由于北方和西北边界被金朝封锁，这些逃税的人几乎全部坚定地奔向南方。同期，中国最南部的广南东路（即后来的广东省），北方移民占总人口的 40%（田方、陈一筠 1986：49–50；也参见 Eberhard 1962; Elvin 1973：204–215），他们基本都说客家话（字面意思是“移民的方言”），这一北方方言成为广东省内仅次于粤语的第二大方言，在去往广南东路沿途的省份（如湖北、湖南、江西、福建和贵州）也都同样受到移民潮的严重冲击。

宋代移民热潮迅速地改变了中国人口的分局。北宋伊始，北方和
309 南方居民的比例接近 1（0.91∶1）。公元 1102 年，官方人口普查显示，这一比例变成了 0.5∶1（梁方仲 1980：152–160），南方人口超过北方人口，达 115%，其中有 70% 的人口居住在长江流域（参见表 6.1）。南方很快变得拥挤不堪，土地稀缺问题日益严重。根据公元 1149 年陈旉撰写的《农书》的记录和建议，南方绝望的农民用木筏建了小块土地，以便利用水上的空间耕作（纪昀 1782 第 730 卷：174）。

放弃了重农主义的控制后，北宋政府在制度方面并未采取任何缓解土地短缺的措施。但是，北宋政府确实为提高谷物的产出水平，缓解南方人口压力做出了努力。据记载，仁宗皇帝（公元 1023—

1063 年在位）曾派使者携带珍宝从福建出发去占城（位于现在的越南中部），用以交换早熟水稻品种，而后在长江流域广泛种植。不出 310
所料，随着外来品种的引入，南方的土地利用率大大增加了（参见 Ho 1956; Eberhard 1977：254–256）。但尽管早熟水稻品种在中国广泛传播的影响是革命性的，[1] 南方的人口压力也没能完全消除。诚如我们所见到的，南宋时期农民为了能够拥有土地，出现南方人口移回北方的现象。

同时，许多迁移到南方的农民不得不放弃耕种，开始从事农业以外的职业，例如丝绸加工和丝绸贸易。在这种趋势下，南宋政府降低了农业税的地位，将重点放在征收人头税上（侯外庐 1992：913）。所幸南方的农业生产率很高，养活大批非农业人口不成问题。这与珀金斯（Perkins）的估算是完全一致的：宋朝 20%—30% 的中国农业产品进入市场交换（1969：117），而且相当肯定，多数是在自耕农和当地非农业人口之间进行交换。

在这一背景下，不仅官僚对商人的态度改变了，甚至经济富裕的官员也积极投身于贸易活动。据记载，追逐经济利益成为宋代官僚的第一要务，他们参与贸易活动，贪赃枉法（《宋史》），所从事的商业活动包括开客栈、贩酒、在国内外市场批发与零售茶叶及盐（唐克亮 1993）。为了从事商业活动，官员不仅贪污公款，中饱

[1] 第一，在南方和北方多季种植制度成为可能，作物的产量大幅度提高。第二，边缘土地的利用成为可能，例如一些季节性的闲置不用的洪泛区。第三，它大大减少了台风等受灾风险，因为生长周期的缩短，作物暴露在风险中的概率就下降了。第四，它大大提高了与灾难做斗争的成功机会：在生长季节的期限内，一种作物的失败将会由于其他作物的成功。第五，在已经存在的中季成熟和晚季成熟品种情况下，新的早熟品种为中国的农民品种选择提供了一个完整的品种链，这显然是提高了他们的资源配置。最后，几乎在一夜之间，新品种从稻米种植带延伸到了黄河流域，并且继续北移，这些地区有限的无霜期不再是种植高产稻米的障碍（参见 Deng 1993：第 4 章，B 节）。结果是，稻米在当今中国的种植分布范围是南到北纬 18°（海南岛），北到北纬 50°（黑龙江）。

私囊，而且还在政府机构甚至禁军内建立血汗工厂（同上：120-121）。尽管朝廷曾做出一些努力抑制“官僚机构商业化”，并象征性地撤职甚至处决了一些臭名昭著的官员[1]，但宋代官员的行为却丝毫未变。有观点认为官员猖獗的商贸活动削弱了禁军的军事实力，并将此作为北宋时期北方边防失败的原因（同上：122）。让韦伯主义者觉得诧异的是，整个宋代，正统的儒家思想未能对官商勾结的趋势起到丝毫的抑制作用：对于北宋的当权者来说，他们关心的不是是否应该禁止官员的经商行为，而是是否允许官员与民争利，在市场交易中获得更多的利益（参见唐克亮 1993）。这种对传统儒家思想的背离也是宋朝制度变革的一部分。

结果便是，在很短的时期内，市场力量被释放，实现了史无前
311 例的商业发展，宋朝的经济出现转型。

6.2.1.2 南宋

几乎一夜之间，由于北方领土悉入金人之手，南宋的财政收入来源极度削减。鉴于北方成熟的产粮区——黄土高原和华北平原尽入敌手，宋朝经济遭受毁灭性打击。然而，北宋的一些发展趋势一直延续至南宋，包括政权更替、领土所有制变迁、商业兴起，甚至政权无能、国防凋敝、苛捐杂税、财政赤字等问题也一并继承，而唯一的变化就是老百姓迁移的方向。

从表 6.1 中可以明显看出，自 8 世纪早期至 14 世纪，长期以来国内的人口总体上朝南方迁移。然而令人困惑的是，南宋期间，即当金和南宋政权对立并存时期，迁移的浪潮由北向南调了个方向。首先，鉴于两种政权并存，人们很自然地以为汉族人口会举家南迁，

[1] 其中包括澧州刺史（白金绍）、监秦州税（曹匪躬）海陵盐城西监屯田副使（张藹）（唐克亮 1993：123）。

以躲避北方的外族入侵者；其次，因为南方不是战争区，人们都认为南方不会出现人口大量外移；最后，考虑到外族入侵的暴力行径，人们可以想见中国北部将失去相当大比例的人口，并且要很久时间方能恢复。然而，到了公元 1187 年，金人控制下的北方人口与公元 1102 年相比增长了三成，并至少保持每年 1.3% 的增长率，犹如战争从未发生过一样。如果考虑到战争征服期间的人口损失，北方的人口增长率当然更高。相比之下，很大程度上维持着和平的南方，在公元 1102—1159 年间，人口却下降了 46%，平均每年为 1.4% 的负增长率。从百分比来看，双方的增减幅度很相称，甚至有些过于对称了。但如果南北方的人口自然增长率相似且保持不变，便会发生这种现象。这种戏剧性的人口数转变表明两件事：第一，南宋减少的人口很大程度上迁移到了金国；第二，中国人口的这种反向迁移是自发的，并不受种族问题的影响。

人口反向北迁的原因

至少有四个关键因素导致人口反向北迁，两个来自宋朝，两个
来自金朝。首先是由于北宋时期的军事无能，国家受到削弱导致了
北方半壁江山的沦丧。随着宋朝在长城一带保卫疆土的战斗屈辱性 312
惨败之后，政府在人民心目中的形象一落千丈，其可信度、合法性、
权威性都遭到严重削弱。

其次，当宋朝的流亡政权撤退到南方时，大量的官僚和军队也随之而来。过度开支和财政赤字的老问题在南宋再度上演。有证据表明，在公元 1196 年，南宋政府的俸禄名单上大约有 42000 名文官和 40 多万名武官。这两类官员的俸禄清单总计分别达到 50 亿和 800 亿枚铜钱，均大大超过北宋时的数额（王圣铎 1995：144−145）。另外，为了抵御金人进一步入侵，南宋政府在长江沿岸紧急建立起一道新防线。公元 1274 年，仅鄂州（现湖北武汉）的军舰就达 10000

艘，另外1万艘位于营城（现湖北嘉陵），同时一支由2500艘军舰组成的舰队在长江负责巡逻。因此，宋朝在长江的军舰共有13500艘，建造与维护费用相当高昂。宋代一艘15.4米×3.7米（5丈×1.2丈）的小型军舰花费40万枚铜钱，中型军舰花费100万枚铜钱，大型军舰花费1000万—2000万枚铜钱（《宋会要辑稿·食货志》；林士民1990：33）。假设所有军舰都是花费100万枚铜钱的中型军舰，宋朝军舰的原始成本就达到135亿枚铜钱。花费还不止这些，有证据表明，每年军舰的维修开支约是原始购买价格的一半（陈希育1991：56）。所以，每年的维修费用约为67.5亿枚铜钱。仅官员俸禄总和与海军舰队开支这两项，约达到910亿枚铜钱。

可想而知，所有这些费用都转嫁为南宋人民的赋税。仅仅凭俸禄
313 总和（50亿—800亿枚铜钱）与67.5亿枚铜钱的军舰维修费这些有限的数字便可以估算出纳税负担。考虑到南宋平均人丁2380万（参见表6.1），所以每年每丁平均纳税至少3800枚铜钱。根据南宋学者、朝廷命官李心传（公元1167—1244）记载，南宋的收入从公元1127年仅有的不到100亿枚铜钱激增为1189年的653亿枚（李心传1202/1956：《建炎以来系年要录》卷14），62年中每年3.1%的增长，共增650%有余。北宋公元1068—1085年间税收岁入最高峰值为600亿枚铜钱，南宋在领土减少一半，人口锐减的情况下，也能征同样数量的赋税，一定是赋税加倍征收的结果。朝廷命官李勋曾公开承认，南宋前三年土地税率为唐朝的七倍（《宋史·食货》）。从附录G可知，唐代土地名义税率为3.3%，因此南宋土地税率为23.1%，与重农主义相去甚远。这使得现代学者认为南宋政府是个寄生政府（Smith 1991：313）。

随着国家机器的南移，南宋加强了对南方的控制，使得南方不再成为避税天堂。同时，南方也无法避免土地集中之流弊。北宋期间，拥有580公顷（1万亩）土地就算是大地主了，而在南宋，军

官张俊竟有私人土地 37120 公顷（64000 亩），这在北宋是闻所未闻的数字（李剑农 1957：192–193）。更有甚者，南宋政府也加入了抢夺土地的行列。根据法律，国家有权购买落入特殊阶层手中的三分之一的土地。在这种体制下，政府为了获取租金，从六个辖区共收购土地 203000 公顷（350 万亩）。未出所料，底层群众对土地所有权、农业税、军役的司法纠纷急剧增加（McKnight 1971：47）。

再次，在奥尔森看来（Olson 1982：第 3–4 章），金人在中国北方的战争铲除了宋朝的行政机构、势力官员、大地主和既得利益集团。在中国人心中，这些人比外来入侵者还难以容忍。在金人掌权的北方，采用三元结构，并计口授地，这使得北方对汉族农民更具吸引力。

最后，金朝能使汉族农民感觉相对舒服一些，因为政府有几种 314
方式主动鼓励农耕：（1）猛安谋克制度，即金人拥有土地，汉人租赁；（2）相对合理的纳税政策，沿袭自唐代的两税法；（3）继承唐朝的限制商人活动制度。

因此，出于对宋朝政府空前的不信任，以及为了逃避赋税和重新占有土地，内部移民的方向开始调转。意想不到的事情发生了：大量中国人投向金人。多数迁移者都是佃户和商人，因为无土地者或者近乎无地者迁移的机会成本通常比土地拥有者的机会成本低很多。由于往北迁移的人口数量巨大，进一步削弱了南宋政府。从南宋和金朝的人口普查的质量来看，南宋人口明显少于金（参见梁方仲 1980：130–131，167–174）。可以说，人口迁移方向的逆转也是制度推动的结果。

反向迁移的影响

人口反向迁移使宋朝更加注重商业发展，以弥补人口的损失和税收的减少。政府依靠财政稳定其政权，于是就更加依赖于贸易。

在此情况下，为加强官商的联合，情况发生了一些改变。北宋共有八个市舶司，分别位于杭州、明州（现宁波）、广州、泉州、密州（现山东诸城）、华亭（福建省）、镇江（江苏）、平江（现苏州）（《宋会要辑稿·职官四十四》）。南宋时期，即使领土减半，仍有七个市舶司，按人均计算达到了中国历史上的最高值。除此之外，在公元1163—1276年间，当时海上贸易最发达的泉州，在一个多世纪的时间里产生了14位朝廷一品官员（丞相），平均每八年一人（傅宗文1991：128）。已知在公元1123年，福建省人口占中国南部总人口的13.5%（参见梁方仲1980：57），而泉州只是福建的一小部分，人口约占全省人口的20%（以公元1102年人口为参照，参见梁方仲1980：157），或不到南部总人口的3%。如此不成比例地高产一品官员，可
315 见泉州在南宋行政管理中的强大地位。有个著名的例子：从阿拉伯移民到南宋的蒲寿庚，被任命为泉州提举，任职长达30年之久（吴自牧1334）。

对商业的支持还来自高层。据记载，宋高宗曾说：

> 市舶之利最厚，若措置合宜，所得动以百万计，岂不胜取于民！朕所以留意于此，庶几可以少宽民力尔。
>
> （《宋会要辑稿·职官四十四》）

此时，鉴于大量“纳税百姓”离开南宋，选择从海上贸易牟利是一个明确的选择。因此，当阿拉伯商人蒲亚利公元1137年在中国经商发财后，决定离开时，皇帝还下旨劝他继续留下来从商。

为加强对贸易活动的刺激，南宋政府采用了各种创造性手段。贸易税被削减（李兆超1991）。南宋政权知道海上贸易的税收收入与贸易船舶的周转率之间的关系，就于公元1164年建立“饶税”以激励海上贸易的周转率；如果船舶在五个月内返回，就征低税；如果

一年后返回，船主将受到官方调查（《宋会要辑稿·职官四十四》）。

毫无疑问，至少从短期效益来看，南宋贸易增长显著。从地理范围看，考古学家发现南宋的贸易活动延伸到了印度洋北部的大部分地区。20 世纪 70 年代中期，在福建泉州湾发现了一艘南宋时的中型船舶残骸，船上满载着从海外进口的原料——调料、香料和药品（林更生 1982）。样本的色谱分析表明，一些商品来自非洲东海岸（章文贡 1982）。虽然我们缺少南宋的商品贸易数据，但在公元 1242 年，一艘满载着 1 亿枚铜钱（10 万缗）的宋船赴日本贸易，这等于 12 世纪宋朝国库一年的货币供给（罗雅萍 1992：80；刘森 1992：117）。根据南宋的铸币标准，铸造 1000 枚铜钱需要 2.5 斤铜、 316
1.94 斤铅、0.19 斤锡、5 斤木炭（王圣铎 1995 第 1 卷：371–372）。由于宋代 1 斤等于 596.82 克，1 亿枚铜钱需要用掉 276.3 公吨金属（149.2 吨铜、115.8 吨铅、11.3 吨锡）以及 298.4 吨木炭。日本只是南宋众多贸易伙伴中的一个，因此南宋的外贸总额肯定更大。

南宋贸易政策的结果也可以从政府收入的组成看出来：商业活动的成分呈指数型增长。这从来自海上贸易的税收可以反映出来（基于王圣铎 1995：723—724）。

时期	每年税收（10万铜钱）	增长率（%）
1087—1099	416	100
1102—1106	1110	267
？—1159	2000	481

到了公元 1131 年，仅对海外贸易课税就达到政府总现金收入的 20%，而贸易税收占了政府总税收收入的一半（Merson 1989：61）。据南宋学者王应麟记载，12 世纪末，向茶叶、盐、红酒等日用品征收的间接税收就达到了 449 亿枚铜钱，约占政府总收入（653 亿）

的 70%（王应麟:《玉海·食货》)。

随着商业的繁荣，南宋造船业也迅猛发展。这一部分是因为长江防线的需要，一部分是因为海上贸易的增长。除了前面提及的 13500 艘军舰外，公元 1276 年蒙古军队在福建海岸俘获了 7000 艘宋朝的海船 (《元史》第 62 卷:《高兴传》)，这也表明南宋的舰队至少有 20500 艘舰船。根据后来的明清法规，政府运输船只有十年服务寿命，第十年必须更换 (《明史·食货志》，王冠倬 1991：43)。因此，不考虑维修需要，一支舰队每年必须更换 10% 的船只。这样就很容易算出南宋造船业的规模：仅保证舰队规模不变，造船业就必须要有每年至少生产 2050 艘船舶的能力。

如果考虑到例行维修，造船业的能力要更大。事情似乎确实如
317 此，宋代的造船与维修技术都不高，因此每年船舶都要停止服役进行维修，频率是明清时的五倍 (《明史·食货志》；陈希育 1991：56)。鉴于宋朝时的维修成本大约是船只原始购买价格的一半（陈希育 1991：56)，每次维修都要使用相当于造船一半的劳动力和原材料。如果把所有的维修船舶工作量都转化成造船的工作量，南宋的造船业需要拥有每年建造超过一万艘船的能力。维修工作量的估算如下：

$$W = s \cdot mn \qquad (6.1)$$

其中 W 代表转化成造船的工作量，s 代表现有船只，m 代表维修率，n 代表转换率。在我们的案例中，s 的值为南宋海军舰队的 20500 艘船；m 的值为 90%（舰队的 100% 的船只减去 10% 的更换)；n 的值为 50%，因为轮船维修与建设成本之比为 50 : 100。因此 W 的结果为 9225。把这个数字和 2050 艘新船加起来总共为 11275。

贸易与造船业只是众多发生变化的领域中的其中两个。为促进贸易，必须生产丝绸、陶瓷、文具、金属制品（包括铸造钱币）等

用于交易的商品，这会在经济领域引发连锁反应。

商业化也波及并渗透到中国人生活的其他领域。为了增加收入，宋朝政府大规模向公众兜售度牒（僧侣的官方证明）和官衔。以下数据表明了度牒的销售量以及由此带来的收入（王圣铎 1995：741-743）：

时　期	售出度牒数	总收入（×10万铜钱）
1057—1067	78000	—
1068—1075	89000	11570
1078—1083	50918	6619
1001—1002	36000	7920
1109	30000	6000
1129	20000	2400
1134	10000	1200
1139	—	2000
1163—1169	120000	48000

因为不管是度牒还是官衔都意味着免税和免除徭役的特权，它
是一种有利可图的投资，甚至存在这两种商品的黑市交易（王圣铎 318
1995：745）。在法国，据说亨利四世（公元 1589—1610 年在位）和路易十四（公元 1643—1715 年在位）为税收目的而出售公职，导致官僚机构商业化，从而使资产阶级得以掌握经济和政治大权，最终令法国体制产生裂变（Moore 1966： 57-59）。而宋朝的行为似乎产生了相似的后果。

南宋收入来源的改变和产业的增长暗示着经济领域的结构性变革注定会发生，宋朝的革命还在继续。然而，我们不应该对南宋的商业成就评价过高。与北宋相比，南宋政府更热衷于通货膨胀。公元 1161 年之后，当发行的纸币面值（237.36 亿枚铜钱）首次超过北宋的峰值时，通货膨胀的危机已回天乏术。公元 1127—1255 年，49

次发行总计面值为6089.173亿的铜币，是北宋总额（934.497亿铜币）的5.5倍（刘森1993b：24–26, 56–59）。如果将其与税收增长一起考虑，人们可能认为通货膨胀减轻了纳税负担。在宏观或国家层面确实如此，但对某些阶层却不是如此。由于间接税来自每天消费的低价商品（如茶叶、盐、酒等），普通百姓被压得喘不过气来。通货膨胀使南宋的贸易增长很大程度上被抵消了，这也包括了发行大量纸币所依赖的印刷业。

6.2.2 繁华何以落下帷幕？

从商业发展的角度看，南宋确实朝着经济的广泛转型迈进。然而，就像1000年前汉代的先辈们一样，宋朝的经济变革不幸夭折了。这场经济变革的本质是政府、土地所有制和人口分布的变化，这些变化仅仅促进了短暂的繁华。宋朝的非持续性发展可归结为三个因素。

第一，宋朝对待商人阶层采用威逼利诱的方式，这表明商业领域没有产权。如果我们拿得到良好保护的土地财产权作为参照物，这种现象就显得尤为突兀。从大量人口从商业发达的南宋迁移到商业欠发达的北方这一事实，我们可以判断出南方的交易成本和经济风险或不确定性太高了。

第二，整个宋朝时期（包括北宋和南宋），从最初的南向移民到
319 后来的人口北向返迁说明政府的经济政策是失之偏颇的。这也表明，中国的人口和经济高度依存于三元结构。中国人需要联合起来破除根深蒂固的观念，方能发动一场经济领域的结构性变革。破除旧的思想不仅需要时间，还需要与之相符的制度。宋朝的消极政策表明，如果它不是完全没有创造性，至少国家在推行新的制度方面是非常无能的。最明显的是，宋朝不能将贸易增长转化为军事力量，而军

事力量正是帝国驱逐金人和蒙古人所迫切需要的东西。

第三，姑且不考虑文化、种族和政治的差异，大量人口由宋流向金，显然是两种经济在互相较量。南宋政权不得民心是因为，在抛弃固有的三元结构时，南宋政权并没有使人民看到预期的收入增长和生活水平的提高。值得注意的是，在公元1130—1135年间，南宋政权刚刚建立不久，钟相和杨幺就率领20万农民在南方起义了。南宋派精兵镇压了叛乱，但是在公元1143年、1165年、1176年又发生了多起起义（张绍良、郑先进 1983：452-453）。

人口反向迁移本质上是一场和平起义，它绝对比暴力血腥的起义要“廉价”得多。宋朝政权擅长于贿赂官僚和士兵，这些人最多时可达总人口的40%，但他们却不能赢得多数。如果我们采用官员和士兵的最大数值，那么假设如下：（1）140万军队（如公元1049年）；（2）2万官员（如公元1196年）；（3）总丁口约2230万（如公元1049年）；（4）平均每个官员/士兵有5位直系家属（李涛 1183：第301卷；梁方仲 1980：7—8；赵秀民等 1987：300-301；田兆阳 1994：228）。如果是这样的话，受贿的比例为总丁口的32%。换句话说，宋朝政府无法在总体上平衡“社会成本”“个人成本”“社会利益”和“个人利益”（North and Thomas 1973：1-3）。宋朝不仅在与外来入侵者对抗中败北，而且也在和宋之前已经成熟的中国三元结构的对抗中败下阵来。

本书的一项主要发现是南宋出现人口反向迁移，即宋朝人口流向到金国。迄今为止，宋史对于中国人口的这一变化置之不理。更 320
为严重的是，那些迁移到金国领土的宋人被排除在中国人口之外，由此造成了12世纪早期到13世纪末的中国经济绩效的错误计算和错误度量。这至少有四处含义。一、参与到宋朝经济变革的中国人口远低于我们过去所认为的水平。换言之，变革的规模和影响都有被夸大的趋势。二、由于人口大量流失，宋朝的人口与资源比例变得更有利，这无疑有助于这场变革。换句话说，宋朝不是单打独斗，它最好的合作伙伴便是金人，金国帮助宋朝承担了人口负担。因此，提到宋朝的经济变革时，我们必须充分考虑金国的作用。三、许多宋人要权衡宋和金两边的政治和经济因素。考虑到成为“天朝弃民”的后果，人们选择投靠金国必然是经过再三的权衡。四、北方人口的增长帮助维持并巩固了金的三元结构。换言之，人口反向迁移表明摆锤摆回旧的体制（现在由金人所代表）的时间远比想象的要早。所以，宋朝的经济变革最终是被自己的人口外流所破坏的，而这些人本应该是这场变革的受益者。

从另一方面看，金国政权所扮演的双面角色（既是三元结构支持者又是宋代改革的竞争者）在决定宋朝经济变革的命运中起到了极其重要的作用。

321 基于目前的分析，显然宋朝的衰落并非仅仅是由于蒙古入侵的外部的冲击，内在的因素也扮演了同样重要的角色。特别是，宋朝的经济变革没有为经济发展提供一些基本的条件：（1）在平衡政府预算和控制通胀之间建立最低程度的货币金融稳定性；（2）在经济增长与民众分享经济成果之间建立最低程度的均衡；（3）为经济可持续增长所建立最低程度的社会经济与政治稳定性；（4）为保证宋朝经济增长免遭异族入侵和征服建立最低程度的国防；（5）建立最低程度的公共品供给。宋代的公共品成本奇高，但公共品供给奇差。就公共品成本而言，宋朝的记录表明：（1）官员的总工资额占所有政府开支的 20%；（2）另外 80% 是国防预算（王圣铎 1995：771－773）。

因此，宋朝的经济增长本质上是属于特权所有、所享的。它没有使宋朝摆脱社会经济危机，没有收拢人心。这种不得人心最后以宋朝政权的灭亡为代价：宋朝在外族入侵以及民众的武装起义与和平叛乱（避税移民的形式）交叉作用下走向灭亡。

6.3 总结性评论

6.3.1 宋朝经济增长的本质

宋朝经济增长的本质是一系列离经叛道的变化。表 3.4 显示城市化的跳跃式发展折射了这些变化：从公元前 2 世纪以来的所有主要朝代中，宋朝非农业人口占总人口的比例是最高的。宋朝至少有 10% 以上的人口居住在城市中心，因此宋朝的城市化水平达到了公元 1800 年欧洲的城市化水平（关于欧洲的情况，请参见 De Vries 1984：表 2.2，3.1，3.2，3.5，3.6 以及附录 1）。伴随着工业产出和贸易活动的增加，这种人口的增加意味着经济结构性变化。宋朝的公共支出和通胀政策在宋朝经济变革中，无疑扮演了重要角色。此外，市场的扩张也起到了重要作用。

有观点认为宋朝经济现象毫无戏剧性可言，而仅仅是前期增长
态势基础上逐步累积之产物。 我们在对宋朝经济增长现象详加考察 322
之后，便会否定这一观点。例如，根据摩根·凯利（Morgan Kelly）的观点：（1）宋朝之前，中国水路四通八达，市场星罗棋布，技术繁多，而无一能充分实现其商业与生产之潜力；（2）宋朝时才达到了一个数量变化的转折点（Kelly 1997：952–962）。然而，他的研究并未考虑制度性因素及其变化，好像宋朝的经济增长纯粹是技术累进导致的，如果这样，类似的增长也同样可以出现在别的朝代，而并非为宋朝所独有。凯利的观点还认为，就像任何斯密型增长那样，宋朝经济增长的终结是因为强弩之末，难以为继，这和他的技术至上论是一致的。本书研究结果恰恰相反，数量众多的汉人前所未有地从繁盛的宋朝背井离乡，反向移民，重新进入到金人控

制下的三元结构的世界，这也明确表明制度的影响非常强烈。就本质而言，宋朝不仅仅是拥有新的生产技术，以及新的生产可能性前沿的新时代，也是一个社会经济制度大变迁时代。宋朝所经历的短暂经济增长并不是由于斯密型增长的耗竭，而是由于外部入侵和内部起义相互交织的结果。这就意味着，宋代制度经历了的一个急速的 U 型转变，向中国的旧制度回归。在宋以后的元、明、清各朝，钟摆又摆向常态，中国城市人口长期平均比例说明了这一点（参见表 3.4）。这一切意味着宋朝的经济变革仅仅是一次性事件，这种一次性的经济增长在中国历史上至少还出现过一次：西汉就达到了欧洲公元 1500 年的城市化水平（关于欧洲的情况，请参见 De Vries 1984：表 2.2, 3.1, 3.2, 3.5, 3.6 和附录 1），然而，城市化水平从东汉以后到唐朝之前一直下降，这和中国自西汉后期王莽（公元 9—23 年在位）实行“王田制”，晋和唐推行的“均田制”是吻合的。因此，如果我们采取一个长期的观察视角，宋的经济增长是一个意外的插曲，是中国主流以外的偶发现象。

中国历史上的这种一次性现象至少意味着三件事情。首先，英国工业革命之前，只有当一组条件满足之时，才会随机或者偶然地出现经济的集约型发展或者原始工业的可持续性增长。由于带有随机性，所以存在高度的“伤亡率”。就像亚历山大·格申克龙（Alexander Gerschenkron）所揭示的那样，在工业革命成功，对于后来居上者有可供其因循之蓝本之后，这个过程就变得易为人所控制和规划，随机性消失。由于随机性的消失，产业革命“伤亡率”才会大幅度下降。中国西汉和宋代的经济超常增长仍带有随机性，
323 处于高伤亡率的试错阶段，它们的失败也是可以理解的。其次，即便人们把汉朝和宋朝事件的随机性考虑在内，那么中国在其两次充满希望的尝试上 100% 的失败率说明，传统中国并非是可持续性集

约型增长的沃土，一直要等到 18 世纪末，这种增长才得以再度出现。相反，在中国久经考验的是三元结构，该结构迫使离经叛道的发展和变化向它回归。再次，宋朝经济增长的命运表明， 在三元结构的故乡中国，商业和工业繁荣偶尔达到更高的程度，犹如沙漠中的许多生命形态，它们只有在偶尔短暂的降雨出现时方会现身。因此宋朝也好，汉朝也好，工商业、都市化的繁荣仅仅是受赐于偶尔的降雨。中国不存在让工商业、都市化持久增长绿洲。简而言之，中国的问题是内部或是内生的缺陷问题，主要是结构和制度性缺陷。

在中国独特的久经考验的三元结构的大背景下，把宋朝的插曲视为一种传统中国“自然”发展阶段是有误导性的。否则，很难解释中国有如此强大的抵抗力来抗拒宋代的发展模式，这一点从宋朝之后中国重返旧途的一系列事实中可以得到证实：（1）大约在 19 世纪下半 324
叶，当中国精英认识到了变迁的必要性之后，中国依然经历了漫长的岁月，忍辱负重，步履蹒跚地走向现代化；（2）尽管中国已经尝试了几乎所有的主要外来发展模式，中国改革的成功率依然极低。

6.3.2 第二个中国之谜的回答

与重重灾难和中华体制延续性共存之谜不同，中国从发达退化到不发达之谜的答案并非可以直截了当地给出。我们需要跳出中国来考察这个问题，因为身处三元结构中的中国看起来是“一成不变”的。而只有当观察者使用一个中国之外的参照物或基准来度量中国时，中国才变成一个谜。和欧亚其他传统社会相比，中国是一个发达国家：500 年之前，中国的技术一直称雄欧亚，即便在 200 年前，中国的生活水平仍然领先于大部分的文明国度。工业革命后，西方超越了中国，中国随即被边缘化了。许多发展中国家也超越了中国

（Bairoch 1977：36, 38, 75, 84, 193, 246–249；Tan 1996：27, 115）。我们使用的参照物或比较的基准是资本主义工业化。结果是，中国不再受到尊重，也不再被视为欧洲发展的借鉴模式（18 世纪以后的情况，请参见 Waverick 1946）或者是日本发展的借鉴模式（公元 1840—1842 年鸦片战争之后的历史请参见 Francks 1992：第 2 章），由于外部情况的变化，中国成为一个欠发达国家。因此，发展之谜只是一个相对术语，中国的停滞只是相对的。在三元结构下，的确发生了以总产出（GDP）为表现形式的经济增长，更多的产品和劳务（包括国内和国外）进入市场，出现了更多的都市中心，养活了更多的人口。随着技术和实践的进步，中国也偶然出现过要素生产率的提高（例如，来自新世界的新作物所带来的意外收获）。问题是中国的增长路径是什么？这里，我们故意避免使用“路径依赖”这一术语，尽管它捕捉了一些中国过去的特色。更好的一个术语应该是“向均衡的动态回归”。

显然，那些让中国经济得到发展并领先于传统世界其他国家的特定增长路径，也有效地阻碍了中国进一步与现代西方社会相抗衡。根据宋朝和宋以后的经历可以判断，中国的发展处处受制于三元均
325 衡。宋朝跌宕起伏的故事表明，即便科学、技术、产出剩余、城市化和商业化一应俱全，它们也未必是资本主义工业化发轫的充分条件。制度性因素——包括社会经济结构、产权、意识形态、价值和政府政策——决定了社会的发展路径，这些制度性因素反而最终决定一个社会是否能够发展资本主义工业化。中国的三元结构和均衡导致其总体环境不适合西方式的增长模式，因此，“向均衡的动态回归”注定了传统中国经济增长和发展的极限。直到 18 世纪末，中国出现最多的是“疑似资本主义”或“假性资本主义”，它有时看起来与西欧的发展有几分相似之处，却无法诞生工业革命。

在大多数情况下，任何一种均衡的结束要求有一种外力的推动，同样地，中国的三元均衡得以无限期地持续，除非遇到一种更高级别的，不可抗拒的力量使中国的制度崩塌。日本的历史也提供了一个明证。与佩里准将在 19 世纪中叶入侵日本相比，蒙古海军在公元 1274—1293 年之间率领数千艘战舰入侵日本则显得更为壮观。但是佩里准将的入侵让日本人屈膝了：日本门户大开，强迫签订贸易协定，经济开始转型。显然，尽管蒙古人也到达了日本的海岸，他们并未享有美国人那种超过日本的军事和经济霸权。后来，日本选择军国主义，导致其经济走向灭亡。恰恰又是美国人的军事占领帮助日本走出自身的危机，并为战后日本经济健康发展铺平了道路。美国的这种不可抗力，对过去 150 年日本现代史“创造性毁灭”负有责任，这是日本和美国复杂关系的根源。

直到 19 世纪中叶，日本德川幕府和清政府之间最大的区别在于后者更富有、更强大，在古代经济增长中也更为成功，因此清政府在适应世界的变化时灵活性更不足。在这一点上，我们必须提到两个事实。首先，公元 1900 年八国联军攻占清朝首都北京，这是世界近代史上以强凌弱绝无仅有的一例。其次，直到太平洋战争前 326
夕，日本靠武力在亚洲建立了一个庞大的新帝国。但是，日本帝国只是昙花一现。中国的皇帝并不靠穷兵黩武去治理和维持明清帝国，还有盛世的政绩。这说明中国帝国制度的合理和成功（参见 Deng 1997：Frank 1978：137－138; Reid 1997：Passim，尤其是第 1 章和第 4 章）。

因此，尽管中国和日本在近代改革时采用了相似的选择，中国改革的机会成本却大大高于日本的机会成本。若理性选择取决于机会成本，中国缓慢地去适应世界的变迁也就是自然而然的了——“不破不修”。明治时期的日本，失去的非常少，因此比清政府更具有后发优势。即便中国清政府和日本明治政府一样愿意改革，由于中国古代的成功所产生的巨大惯性，由于要对顽固的三元结构进行有序解除，中国实行现代化不得不经历漫长的岁月，才能使得中国脱离原来的轨道。而在日本却没有此类问题。这是中国现代困境的根源。当我们比较 19 世纪法国和德国工业化速度的差异时，会发现西欧的情况也是类似。

我们用图 6.1 加以说明，图 A 表示，机会成本是过去的经济绩效的直接比例，曲线的弯度表示报酬递减，图 B 中，改革速度是机会成本的一个倒数函数，清政府在上端，明治政府在下端。

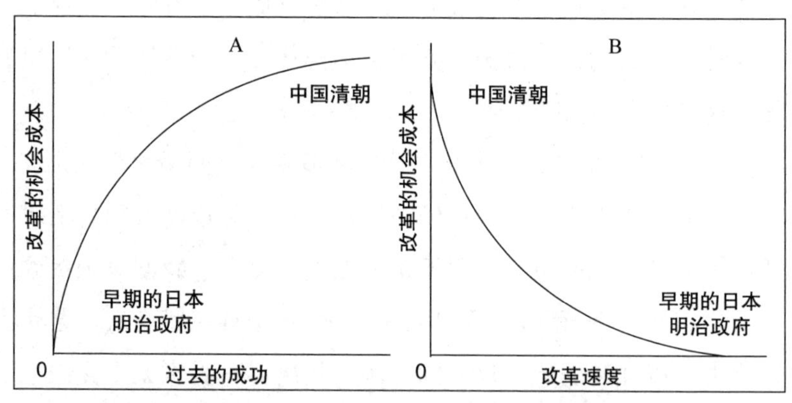

图 6.1　中国与日本对比：过去的成功、机会成本和改革速度

327 宋朝戏剧性的增长和发展不仅揭示了中国增长的真实路径，也证明了要撼动中国三元均衡僵局是何等困难。宋朝之后的经济史，在另外一方面表明了为何一个外部的推动是结束中国均衡的唯一道路。总体上，宋朝及宋以后的经济史证明，如果一种文明不能滋养资本主义工业化，它就只能从外部移植资本主义工业化，许多关于现代化的研究都证明了这一点（例如，Gerschenkron 1962; Cameron 1974; Fairbank and Reischaver 1979; Shue 1980; Rozman 1981; Kraus

1982; Kueh 1984，1985; Hao 1986; Nee et al. 1989; Rawski 1989; Chu 1990; Crane 1990; Hinton 1990; Kamath 1990; Myers 1991; Hay 1993; Selden 1993; Solinger 1993)。

附　录

附录 A　政府牟利 329

传统中国，政府牟利通过两个途径：（1）通过代理人或者不通过代理人垄断贸易；（2）作为参与者或者代理人直接参与贸易。

通过贸易垄断获利

从西汉时期开始，中国政府即通过贸易垄断以制度性地牟取暴利。公元前 8 世纪，桑弘羊在主要市场（酒、铁、盐）的政府垄断政策最为著名。政府牟利的历史和中华帝国一样悠久。

在唐代，政府牟利首次拓展到外贸领域，政府以单边制定的价格强制购买进口商品的形式对进口品征收间接税（抽买），对于进口商品的抽税达到了整船的 30%—60% 左右（参见夏征农 1989：770）。通过这类计划，中国政府成为独家进口经销商，这种操作方式一直持续到 16 世纪初。为了说明贸易税的政府收入形成能力，包括关税和政府垄断利润在内的南宋皇朝的收入中，仅泉州港和广州港获得的税收一年就高达20亿铜币（李心传1956：卷183；孙光圻1989：473）。公元1128年和1158年海上贸易相关的收入分别占到了宋朝收入的20%和15%（参见邓端本1986第1卷：88；叶坦1991：104；章深1992）。

从这种操作中获得的高额利润预示着明朝的税收改革，从明朝开始，政府放弃了关税（税率30%），并对进口施加了垄断（参见夏征农1989：770）。可以合理地猜测，明朝垄断利润率肯定是抵消了30%的关税率（参见朱彧1119：第2卷；马端临1307《文献通考·卷二十·市籴考一》）。为了便于政府对海上贸易的垄断，明朝廷在港口城市设立了“市舶司衙办”，单单广州一地，市舶司就从最初的13个增加到了36个（参见邓端本1986：160–162）。这是政府决定用代理机构牟取暴利的一步，以免自己直接出面，这一趋势一直延续到清代，在江苏、浙江、福建和广东四个政府许可的主要外贸
330 港口，广东省广州港的关税收入就达到了关税总收入的40%，是其他三个港口关税收入的两倍（参见彭泽益1990：53；也参见邓端本1986：200–203）。这个导致了“独港主义”，它在公元1760年开始正式生效。清政府做出这种地理上安排的一个想法是，它可以设置进入中国市场的壁垒，从而便于政府牟利。而这导致了中国贸易伙伴的不满，并使得走私猖獗。事实上西方国家为了阻止清政府的这种操作，发动了数次战争（最著名的是公元1840—1841以及公元1856—1860的鸦片战争），这也恰恰表明政府垄断是多么有效，对清政府而言是何等有利可图。

通过参与贸易牟利

政府常常采取官商联营或者是政府准公司的形式参与贸易牟利。

元朝政府积极促进官商联营方式的发展，把政府的船只和商业专家联合起来从事海上贸易（《元史·食货志·市舶》）。据记载，公元1285年元朝政府投资白银10万锭（18.7—37.3吨，1锭=5或10两）用来建造联营船只（参见喻常森1991：96）。政府通过建立联营局（斡脱总管府）把这种操作制度化，并以年利率30%的水平向商人提供数以万计的银锭贷款（参见姚燧1371：卷13；喻常森1991：93）。这个利息率揭示了海上贸易的盈利能力，也说明了蒙古人唯利是图。

作为另外一种选择，政府的准贸易公司时不时地出现在中国历史中，因为它们所需要的经验是儒家官员所不具备的。在公元1363年，明朝的缔造者朱元璋派遣他的官员王石携带3000两白银（112公斤）出海购买马匹（曹永和1984：57）。在公元1375—1376年，他派遣刑部侍郎李浩携带丝绸220匹，铁制炊具1000件，陶器70500件前往琉球群岛购买马匹和硫黄（董伦《明太祖实录》95：105卷）。考虑到琉球缺乏水手和帆船，朱元璋甚至遣送了36户水手家庭作为礼物送给琉球国王，以使得双边贸易便利化（曹永和1988：305—308；杨国桢1991）。明朝海军大将郑和经常率领他的舰队和各国开展广泛的贸易，用瓷器、白银、黄金、锡交换硫黄（邱炫煜1993：128）。郑和甚至在马六甲设立中转站以存储中国货物，这是中国整个历史中唯一的海外贸易记录（黄省曾1982：43）。

331 附录B 明清价格革命与人口增长

根据定义，价格革命是货币价格相对于所有其他“普通商品”价格大幅度贬值，这种现象是“货币商品”在供给冲击后导致其供给曲线向右移动的结果。价格革命的表现是普通商品的总体价格普遍上涨，尽管各种普通商品之间的相对价格基本保持不变。因此，可将其视为一种通货膨胀。换句话说，价格革命中发生的价格变化与由普通商品和服务稀缺性改变而引发的价格变化有着本质区别。

历史上的白银进口

在明清大约两个半世纪的时间内（公元1570—1840），中国进口了大量货币白银。在公元1571—1644年的第一阶段，中国进口的白银总量估计达5300万到1亿比索（3810万—7190万两，均值为5500万两；又计1422—2683吨，均值2053吨）（梁方仲1989：

178-179；陈希育 1991：50）；在公元 1700—1840 年的第三阶段，西方出口了 6340 吨（1 亿 7000 万两）白银到中国（庄国土 1995：71）。其间的第二阶段（公元 1645—1699），我们知道：（1）因为西班牙人没有更多的白银来支付中国的丝绸， 西班牙马尼拉大帆船贸易随之结束（参考 Wallerstein 1974—1986 第一卷：338）；（2）16 世纪后半叶到 17 世纪上半叶，日本成为中国重要的白银供应商，每年出口约 122—223 吨白银（全汉昇 1993：8; Iwao 1967：11; 倪来恩、夏维中 1990：51; 同时参见 Reid 1993：27）。如果我们假定从公元 1645—1699 年日本是中国唯一的白银供应商，每年平均提供 178 吨的白银（Wallerstein 1974—1986 第一卷：338），合计又有大约 9600 吨的白银。这样，把所有进口的白银加总起来，估计有 18000 吨。在这么长一段时间中，大量的货币性白银持续进口引起了货币供给曲线大幅度向右移动，这个冲击就是价格革命。

货币供给随时间变化

然而，仅仅是货币性白银总量的增加并非必然会导致价格革命，
因为货币市场新的均衡还不清楚。一个正在扩张中的市场对货币的 332
需求也是在增加的，因此，只要货币供给与货币需求以相同的速率增加就不会引起价格革命。货币供给的增加如果跟不上货币需求增加的速率，反而会导致通货紧缩。有一种方法能够检验供给冲击是否压倒性地超过了货币需求的增加，那就是通过选取总人口作为市场规模的代理变量，并检验货币供给和人口数量之间的比例（人均货币供给比例 MP）。

清朝之前

唐朝时期，MP 比例表现出下降的趋势：公元 713—741 年，每年的铜币供给是100万吊（1吊 = 1000文）(《资治通鉴》第242卷)。在这个时期，中国的人口约在 4140 万—4810 万之间（参见梁方仲 1980：69）。因此 MP 比例约在 20.8—24.2 文之间。公元 742—756 年，每年的货币供应是 327000 吊，人口在 4890 万—5290 万之间(《新唐书·食货志四》；梁方仲 1980：69—70)。MP 比例下降到 6.2—6.7 文。公元 785—805 年，每年货币供应仅有 135000 吊，人口则下降至 1200 万—1900 万（以 240 万—380 万户家庭，每户家庭 5 个人计）(《新唐书·食货志四》；梁方仲 1980： 70)。MP 比例上升到 7.1—11.3 文。在公元 820—829 年，每年货币供应上升到了 150000 吊，但是在公元 834 年又下降到 100000 吊(《资治通鉴》第 242 卷《唐穆宗长庆元年》；《新唐书·食货志四》)。在这两个时间段中，MP 比例分别仅有 9.5 文（公元 820 年人口为 1580 万）和 4.5 文（公元 834 年 440 万户家庭计为 2200 万人口）(梁方仲 1980：70－71)。与预期相一致，货币供应曲线向左移动并引起了通货紧缩：公元 641—820 年，粮食价格下跌了 75%；公元 785—820 年，丝绸价格下跌了一半（薛平拴 1995：65－66）。

紧接着的 11 世纪的北宋，每年铜币供应为 600 万吊，另外还有 200000—500000 吊的铁币供应，总计每年 620 万—650 万吊。公元 1066 年，人口达到峰值，共计 2900 万；同时也创造了 MP 比例的新纪录，达到 214—224 文，比之前唐朝的纪录高出九倍（梁方仲 1980：7－8; 刘森 1992：117, 1993）。南宋时期，货币供应下降到了每年 100000 吊（在 12 世纪），人口为 2950 万（公元 1179 年达到峰值）(梁方仲 1980：130; 刘森 1992：117)，MP 比例仅为 3.4 文，而纸币发行流通则缓解了货币短缺状况。

此处，长期MP比例的均值为43.5—46.5文，这个计算并不包括明清时期，因为在明清时期发生了一场彻底的货币改革，进口白银取代了基础金属的地位。

清朝早期的变化

清朝的货币局势处于过渡阶段。一方面，古老的铜本位制的地位不断下降；而另一方面，进口的白银逐渐成为主角。公元1662年之前的清朝，每年的铜币供应量为30—33峁（1峁＝1288万个铜币）。公元1662年铜币发行量增加了33%（参见王庆云1858/1985：207）。公元1651—1661年之间，中国的人口为1610万；公元1662—1735年之间，为1720万—2640万（梁方仲1980：251－252）。因此，MP比例分别为24—26.4文以及19.5—29.9文。公元1773年，清朝铜币供应 333
达到了75峁的峰值；MP比例却由于人口增加到2.19亿而下降到了4.4文（同上：252）。铜币供应最终在18世纪末回落到每年30峁（参见王庆云1858/1985：207）。而此时，中国人口达到了2.93亿（在公元1799年；梁方仲1980：251－252），MP比例只有1.3文，这也是自唐朝以来的最低点。清朝MP比例的平稳下降反映了这样一个变化。

之前提到过，到公元1644年为止，有大约2050吨白银进口到中国（梁方仲1980：178－179; 陈希育1991：50）。因此，根据1610万人口数量（公元1651—1652），我们可以计算出MP比例为127.3克，即3.41两。根据明清时期最低的官方银铜货币兑换率，这些白银总量相当于3410文铜币（谢国桢1981：166），因此，清初的MP比例合计为3436文（26文＋3410文）。转换到铜币进行衡量的清朝MP比例是长期MP比例均值（43.5—46.5文）的74—79倍，也是宋朝MP比例最高纪录（214—224文）的15—16倍。考虑到白银是通过贸易获得和流通的，以重量测度（1 两 = 37.3 克），而不是通过政府发行（孙仲汇 1989; 孙仲汇等 1991; 苏晔、李菊 1992），人们会倾向于低报，因此这些数字很有可能是低估的。

如同施坚雅（Skinner）所指出的，清朝时中国总共有约 45000 个县（1971：272–273）；因此，这 2050 吨的白银可以在现有流通货币的基础上，给每个县各增加 1221 两（45.6 千克），按照官方兑换率至少相当于 120 万铜币。在此背景下，中国确实有条件发生一场真正的价格革命。明末清初至少涨了三倍的物价上涨正是体现了这一点（谢国桢 1981：162; 孙翊刚 1988：153; 郭成康 1996; 王玉茹 1996；同时参见 Geiss 1979：159–164; Cartier 1981：464）。

但是，货币供应的增加仅仅是市场的一个方面，明清时期也以市场活动快速扩张而著称，这反过来也增加了对货币的需求以促进市场活动。MP 比例的增长率和总体物价水平的增长率之差与市场扩张带来的货币需求增加相一致。可用以下方程加以衡量：

$$X_m = \frac{MP_D}{P_D} \tag{B.1}$$

其中 X_m 是以贸易货物和劳务价值衡量的市场扩张率；MP_D 表示 MP 比例的变化程度，用 MP_i 除以 MP_{i-1} 衡量；P_D 表示价格革命的程度，用 P_i 除以 P_{i-1} 衡量（分别表示 i 时期和 $i-1$ 时期的物价水平）。因此：

$$X_m = \frac{MP_i : MP_{i-1}}{P_i : P_{i-1}} \tag{B.2}$$

MP_{i-1} 介于 214—224 文之间（取自公元 1400 年的峰值），MP_i 为 3436 文（到公元 1644 年为止），得到 MP_D 的值大约 15—16 之间。到 P_i 时期为止，整体物价水平的净增长显示 P_D 的值为 3。通过计算公式我们得到 X_m 的值为 5—5.3。很显然，市场扩张很大程度上抵消了由价格革命导致的通货膨胀效应。

有些人可能会认为中国对白银的储藏也需要考虑进来，这样我 334
们得到的结论可能会大不相同。储藏从本质而言是从供给角度减少了流通中的货币，从而缓解了价格革命的压力。如果说进口的白银中有一半被储藏起来，那么潜在的 PD 值就是实际 PD 值的两倍，起到了一个安全阀的作用来保护市场。同时，储藏起来的白银正代表了一部分的有形财富，它是通过市场交换获得，以贸易盈余方式积累下来的，这个现象说明经济总量是在扩张而不是在缩小，这与市场扩张过程相协调。因此，总体而言，不应该把这种储藏视为市场疲软的信号；相反，应视之为市场强劲之表现，因为在这背后正隐藏着无可争辩的巨大财富。另一方面，储藏和市场需求扩张这两者在同一方向上抵消了供给冲击的影响。因此，应当把 X_m 进一步定义为“市场活动和储藏的扩张率”。X_m 的倒数可以用来衡量这种抵消程度（$1-Y_C$）：

$$Y_C = \frac{1}{X_m} = \frac{1}{\dfrac{MP_i : MP_{i-1}}{P_i : P_{i-1}}} = \frac{P_i : P_{i-1}}{MP_i : MP_{i-1}} \qquad (\text{B.3})$$

显然，当 Y_C 是 1 时，（$1-Y_C$）等于 0，就不存在抵消。Y_C 越接近 0，（$1-Y_C$）越接近 1，抵消程度越大。以明清时期为例，Y_C 的值为 0.19—0.20，（$1-Y_C$）的值为 0.80—0.81，抵消程度非常高。

清朝晚期的变化

18 世纪末，清朝的铜币 MP 比例只有 1.3 文（王庆元 1858/1985：207; 梁方仲 1980：251－252），几乎可以忽略不计。这个时候，中国历史上第一次建立起银本位制度。有证据显示，随着中国人口增长，MP 比例基本保持稳定。之前提到过，截至公元 1840 年，中国经济总共吸收了 18000 吨白银。鉴于公元 1833 年中国人口达到了 3.99 亿（梁方仲 1980：10）的新高峰，MP 比例经计算得 41.1 克，即 1.1 两白银，根据公元 1845 年最低的官方兑换率相当于约 2200 文，根据地方市场兑换率相当于约 4400 文，平均约 3300 文（孙翊刚 1988：204）。在 18 世纪，尽管长江三角洲的粮食价格在每石 0.94 到 2.18 两左右波动，并没有进一步上涨（参见 Wang 1992：40－47），但是价格革命的后果还是非常明显的，从公元 1750—1864 年，物价水平普遍上涨了大约 150%。在随后的公元 1864—1910 年间，物价水平保持了相对的稳定（Wang 1973：61）。这说明货币供求终于达到了新的均衡，价格革命也就此结束了。公元 1860—1915 年中国与其他亚洲六国白银兑换率高度同步化的现象也揭示了这一点（Eng 1993：3）。

不伴随马尔萨斯危机的价格革命

明清时期，伴随着人口的两次翻番，中国经历了看起来像是经典的马尔萨斯危机局面。这个事实可用于解释中国经济增长中的不幸，也确实这样做了。

335 但是，对人口变化和价格变化等其他经济指标的进一步观察，人们发现这两者并非形影不离。尤其是，价格上涨要早于人口的增长：值得争议的是，16 世纪起中国开始大量进口货币性白银，此时，中国的人口数量一直非常稳定，直到 18 世纪初为止。到了公元 1700 年左右，人口开始出现快速增长。基于公元 1741—1851 年以及公元 1863—1887 年的数据，我们得到了每年 1.45% 的增长率，并从中推断出人口增长的起始时间。按照这个增长率，人口大约经过 45 年可以翻倍（梁方仲 1980：4－11，251－254，256－257）。因此，在人口增长和白银涌入这两段时间之间有一个长达近两个世纪的明显空白期（公元 1571—1699）。之前提到过，在这段时间里，中国经济吸收了总计 10050 吨的白银，即白银吸收总量（18000 吨）的 56%。大量白银流入使得中国的人均货币供给 MP 比例达到 495 克，即 13.3 两（根据清朝的官方数据，用 10050 吨白银除以 2030 万的人口数量得到；梁方仲 1980：251）。即使是公元 1700 年的人口估计量超常剧增到 4—5 倍（即 8120 万或 1.02 亿），MP 比例仍然高达 2.7—3.3 两，是公元 1833—1840 年的 MP 比例的两倍。

从公元 1500—1700 年这整个时期内，食品价格指数始终领先于人口指数，这根本不值得惊讶。公元 1500—1600 年之间，人口增长了 50%，食品价格翻倍。接下来的公元 1600—1650 年，人口下降了 5%，食品价格继续上升了 90%（Goldstone 1991：358）。在这种背景下，马尔萨斯式的食品价格和人口增长同步的观点，可能确实符合公元 1500—1800 年日本和欧洲的情况（同上：83-88, 179, 298; Feeney and Hamano 1990），却不适用于当时中国的实际情况。因此，我们有理由说中国价格革命的开始要远早于清朝的人口爆炸式增长，而且也和人口增长没有太大关系。

336 # 附录C　农业技术在中国的传播

中华文明早期，中国先民就积极发展了耕种技术。迄今为止，人们对三个主题进行了研究：作物品种、犁、灌溉。

作物品种：水稻和小麦的传播

考古发现显示了中国新石器时代存在农业分化的独特模式。公元前 7000—前 5000 年，在黄河流域小米耕种占据主要地位，主要分为两种：黍和粟（参见黄其煦 1982，1983）。而长江流域及其南方地区形成了水稻耕种区，也分为两种：粳稻和籼稻（参见郭文韬 1988：27-29; 同时参见严文明 1982; 林承坤 1987; 柳勇明 1987）。如果这些发现是可信的，我们可以肯定地说，水稻的种植是由勤劳的“南方蛮夷”（蛮）发明的，与发源于黄河流域的中国先民部族基本无关，中国先民移居到长江和珠江流域是很久以后的事了。

这种地区分化经常由于有意或无意的忽略而变得模糊不清。通常的做法就是拿一些作物的历史记录作为证据，却不对它们的起源和传播进行分析论证。确实，甲骨文是一种中国早期的书面文字，可以追溯到4500—5000年以前（苏民生 1987），它至少记载了六种本地作物（于省吾 1957：88; 胡道静 1985：138-144）：两种黄米，黍和稷；两种稷米，禾和粱；豆、小麦、水稻。但是这里存在一个确认问题。作物种类的记载是一回事，而它们的栽培则又是另外一回事。因此，记录发现的地方并不一定是作物起源并被人们种植的地方。甲骨文上关于水稻的记录很可能是黄河流域的中国先民好奇心的体现：他们记载了一种生长和种植在遥远南方的作物。

至于小麦和小麦种植，从古至今，中国北部特别是黄河流域， 337
一直都是广为人知的小麦种植区，因此，小麦和中国的联系被认为是想当然的。但是，假如我们追溯小麦的发源，小麦种植的发现和发明都和中国先民部族没有太大的关系。在中文里，小麦最初被称为“来”，通常被解读为“（物种）来（自外国土地）”（参见 Bray 1984）。一种比较常见的猜测认为小麦从亚洲中部流传到黄河流域。但是根据最近的研究，小麦发源自山东省的莱牟地区（位于现在的莱芜市），这个地区一直以来都是“东部蛮夷”（夷）的中心。同时，小麦“来”的旧称就是取自莱牟（胡锡文 1958：244; 唐启宇 1986：第2章）。虽然中国的小麦种植能够追溯到六七千年前，但这也无法改变它从外界引入的事实（郭文韬 1988：30）。另外，即使我们接受小麦从亚洲中部引入黄河流域的理论，也不会从根本上动摇这个说法，因为亚洲中部是由“西部蛮夷”（狄和戎）占据的。更何况，还有另一种可能性，就是小麦是从东部和西部这两个完全不相干的地区分别引进的。

种植小麦的优势非常巨大，以至于它逐渐在黄河流域——早期东亚农民的家园——取代了本地小米的种植（唐启宇 1986：57-

60）。后来，水稻的种植占据了中国土地耕种的更大份额。在明朝，中国大约 70% 的谷物产出是水稻（宋应星 1637/1978：1）。就这样，这两种作物改变了中国农村风貌和饮食结构。它们在中国扎根发展，造就了自身在东亚大陆农业中的支配地位。

犁

与黄河流域的旱作农业和长江、珠江流域的灌溉农业分化相联系的，是两个地区耕种工具的差异。用石头和骨头制成的新石器时代的锄头和镰刀主要出土于北方，而石制的扁斧和犁却仅出现在南方（参见郭文韬 1988：32–35）。基于这些考古证据，近期的研究确信中国的犁发源于南方而不是北方（牟永抗、宋兆麟 1981; 同时参见文士丹 1987）。

南方发明了犁是因为中国南部的土地属于质地坚硬类型。因此，考虑到新石器时代长江和珠江流域的物理环境，犁的发明的确是农业在南方扩张的良好解决方案。与之对照的是，何炳棣（Ho 1969）富有说服力地指出，中国北部拥有一大片非常优质的松软的黄土，它使得耕种变得非常容易，只需要手指，至多木棍就可以完成。

值得注意的是，耕种工具的原材料在北方和南方都大致相同，不同点主要在于设计。黄河流域，在优质黄土形成的土地上挖洞只要铁锹就足够了；而南方的林地则需要有更重的工具，比如犁就是松土的理想工具。另外，在旱作农业中，土地准备过程中的可见性要远远好于水稻田，水稻田的土壤有时会被水完全淹没。使用犁的
338 优势有两点：（1）土壤的耕种深度是由犁头的角度事先确定的，这样土壤不可见就不再成为问题；（2）稻田里的水起到了润滑作用，可以节省体力。因此，我们说新石器时代南方率先发明犁来开垦耕

地是可信的。

不仅是新石器时代，包括整个夏商青铜器时代，北方都没有犁。但是铜制的铁锹和镰刀却很常见（参见郑学檬 1984：14–19; 汪敬虞 1984; 郭文韬 1988：49–52; ZNK 1984 第一卷：26–34）。到了西周《诗经》的时代，仍然没有迹象表明北方有犁的使用，而耒却得到广泛的使用。北方出现使用犁的证据最早是在春秋战国时期（公元前770—前 221），那时已经是中华文明的铁器时代了（郭文韬 1988：73–76）。这个现象是合乎逻辑的，因为铁犁可以做得非常薄以减小耕作时土壤的阻力，有没有水作为润滑剂都已经不重要了。尽管北方制犁的铁确实比南方所使用的石头、木头和骨头要高级得多，但这也不能改变北方对犁的使用比南方晚了几千年的事实。

还有证据显示，北方犁的推广和使用中国帝王也是出了一份力的。在西汉时期，汉武帝大举推行过赵过的代田法。这是一种新的密集型旱作农业的耕作方法，其中突出的特点有用牛拉犁准备土壤并在田地上划分出圳和垅（班固《汉书·食货志》; 范文澜 1964 第 2 卷：53–54；中国农业科学研究院 1984 第 1 卷：151–156）。其中蕴含的想法就是把长时间的休耕用圳和垅每年的交替使用来替代，并以此节省土地。

中国先民首先发明了犁这一错觉主要来自一些零碎的书面记录。在甲骨文中，耒和犁最早被记录下来（孙常叙 1959：1–2；犁播 1981：20–32；范文澜 1964 第 2 卷：113）。仅仅是这样的记录还远远不足以使现代学者推断出这些工具的分布范围，因此，推测这两种工具同时在北方被采用是非常冒险的。再说，“犁”这个字不单单指耕作工具，也用作人们的名字（参见张正明 1987：47），这也进一步为这种怀疑提供了支持。

后来的一些历史记录也助长了这种错觉。比如说，在汉朝，司马迁记录了南方人采用刀耕火种（司马迁第129卷）的耕作方式，唐朝的刘昫也记载了同样的现象(《旧唐书·严震传》)。但是有两个疑问必须要提出：（1）刀耕火种被记录下来的时候，南方人到底在多大程度上采用了这种耕作方式？（2）这种耕作方式有多常用？在这些疑问得到合理的解答之前，推测在南方没有使用犁是冒险的。

既然甲骨文上的书面记录显示北方人在自己种植水稻和使用犁之前就已经知道了南方水稻种植技术的存在以及犁的使用，这就排
339 除了北方人重新发明这两种东西的可能性，尽管没有排除北方人对南方的发明进行了改造的可能性。但是发明和革新、创造和接受之间有着本质的区别。

灌溉

灌溉在水稻种植中是必不可少的一道工序。考虑到南方人水稻种植的悠久历史，只有假设灌溉从南方开始发展，然后才随着中国先民部落的南迁潮传播到他们当中去，这样才是合理的推断。有证据显示(《左传·宣公十一年》)最早的大规模灌溉工程是由楚人部落而不是中国先民修建而成。公元前598年，根据楚庄王（？—公元前591）令尹孙叔敖的指示，期思陂灌溉工程在湖北地区建立起来，楚国是蛮人在汉江和长江交界处建立起来的王国（参见韩连琪1986：139; 张正明1987）。

与蛮人相比，中国先民的大规模灌溉工程建设从秦国才开始。秦昭王（公元前324—前251）任命李冰为蜀郡（今四川省一带）太守，并命令他建设都江堰水利灌溉系统。蜀郡在那时是边远地区，刚划入中华国界。中国腹地山西的第一个灌溉系统只追溯到公元前246年，这就是人们所熟识的郑国渠(《史记·河渠书》)，由秦王政

（前 246—前 222 年在位）下令建造，郑国渠是一个中等规模的水利工程。中国腹地的大型水利工程要到西汉时期才开始：联通三河（渭河、泾河、漯河）的七条运河在关中地区（现在的山西一带）建立起来（范文澜 1964 第 2 卷：52－62; 中国农业科学研究院 1984：139－140; 郭文韬 1988：146－147）。值得一提的是，黄河地区灌溉时代的开始和中国先民向南扩张的时机恰好一致。

因此，我们可以肯定地说蛮人在大型灌溉工程方面（公元前 598—前 306）领先了中国先民部族约三个世纪，在小型灌溉工程方面（公元前 7000—前 598）领先了几千年。

但是普遍的印象是中国先民发明了灌溉技术。支持这种观点的第一个证据是，没有文字的记录显示，外国人运用过灌溉技术，好在这个说法已经被南方早期稻种植的考古发现所证伪了。第二个证据是夏禹王治水，大禹后来被尊奉为中国历史上的模范农业统治者（范文澜 1964 第 1 卷：92－95；Lee 1969：35－43, 46）。但是，如果我们仔细研究一下，就会发现大禹的贡献主要是排水和治水，而不是灌溉（参见马宗申 1982; 王克林 1983）。从定义上看，治水为的是排除多余的水以控制水灾，而灌溉则是要保持水源供给以支持生产。第三个证据来自西周的井田制（参见李剑农 1962：第 9 章；马宗申 1985），人们普遍认为这是中国先民部落在公元前 11 世纪所采用 340
的灌溉方式（比如参见郑学檬 1984：23－24; 韩连琪 1986：18－20, 29）。事实上，井田制作为一种土地分配制度，和井或是灌溉丝毫不相干（范文澜 1964 第 1 卷：142－145; 韩连琪 1986：57－68）。对井田制常见的误解来自对“井”的错误解读，和对田地中沟的功能的错误认识。中文里“井”有两个意思：一个是指打水的井，另一个是指“井”这样的棋盘型分割形状。在井田制土地中的沟，更可能是用于计算农民工作量的地标以及区分私人土地和公有土地之间的界线。理由很简单，首先，挖沟是标注地界最简单的方法。其次，没有证据表明，西周时期，水稻在采用了井田制的黄河流域得到了广泛种植；相反，证据表明小米和小麦是主要的作物，它们主要靠季风雨而无须灌溉系统中的人工水供给。再次，由于种植的主要是小米、小麦一类的抗旱作物，中国古代的农民主要担心的是洪水问题，并努力通过沟壑将多余的水排出耕地而不是将它们引入（《史记·五帝本纪》）。最后，在春秋时期井田制最终被废除，土地私有制取而代之，土地中的沟壑也被抛弃了。没有任何迹象表明这种改变对农业生产有任何的负面影响。因此我们可以确信井田制并没有采用任何灌溉系统。

附录 D　农民的行为模式 341

农民行为的矛盾

既然中国农业产出之高，加之像手工业、贸易、服务等非农业部门历史悠久，为何农民没有大规模离开农业部门，并在经济中开辟第二领域？这是一个中国人民之谜。

中国人没有打破农业主格局，一种假说是人口压力和土地限制，根据赵冈的观点，人均土地比例持续恶化，贫困化的农民无法通过社会流动而离开土地（Chao 1986：第 10 章）。但是根据定义，当农民变得越来越穷时，通常意味着失业率的飙升，也意味着劳动边际产出的下降，并可能趋于零。反过来，这也意味着农民离开农业的机会成本在下降。这些实际上正是农民在其他领域建立营生的条件。农民并非毫无理性，一旦他们放弃农业，命运便会逆转，这个过程可以在刘易斯的二元模型和边际分析中得到证明。

理论模型

新古典的方法：何时离开农业

根据边际分析，在集约型农业下，如果农民的劳动投入保持增加，而土地、资本和技术保持不变，那么总产出（TP）会增加，但是劳动的边际产出会下降，劳动的平均产出（APL）也会下降，这是由报酬递减规律决定的。这些等式首先可以写作：

$$TP=aL^2+bL+c \quad (D.1)$$

这里 TP 是农民的总产出水平，L 是劳动投入，a, b 和 c 是常量。其次有：

$$APL=TP/L \quad (D.2)$$

342 其中 APL 是平均劳动产出，它是劳动生产率指标。在公式中，APL 的值是和劳动投入成反比的。再次有：

$$MPL=dTP/dL \quad (D.3)$$

这里 MPL 是劳动边际物质产出，在公式中，MPL 也是和劳动投入 L 成反比的。

总产出水平、劳动平均产出和劳动的边际物质产出在图 D.1 中反映出来。在图中，a、b、c 是 MPL、APL 和 TP 的最优点，由于报酬递减规律，过了这些点之后，MPL、APL 和 TP 趋于下降，反映了边际产出、平均产出和总产出的下降，这显示要素投入（此处是劳动投入）的极限。当 MPL 下降到零时，与 x 轴相交，任何劳动
343 投入的增加都不会有任何新古典经济学的意义，因此就会就此打住。MPL 等于零就是劳动投入的底线，此处表示农民离开农业部门的地方，否则他们会变得贫困化。因此，对农民而言，贫困化或者由于害怕贫困化是一种刺激，而并非其离开农业的一大障碍。

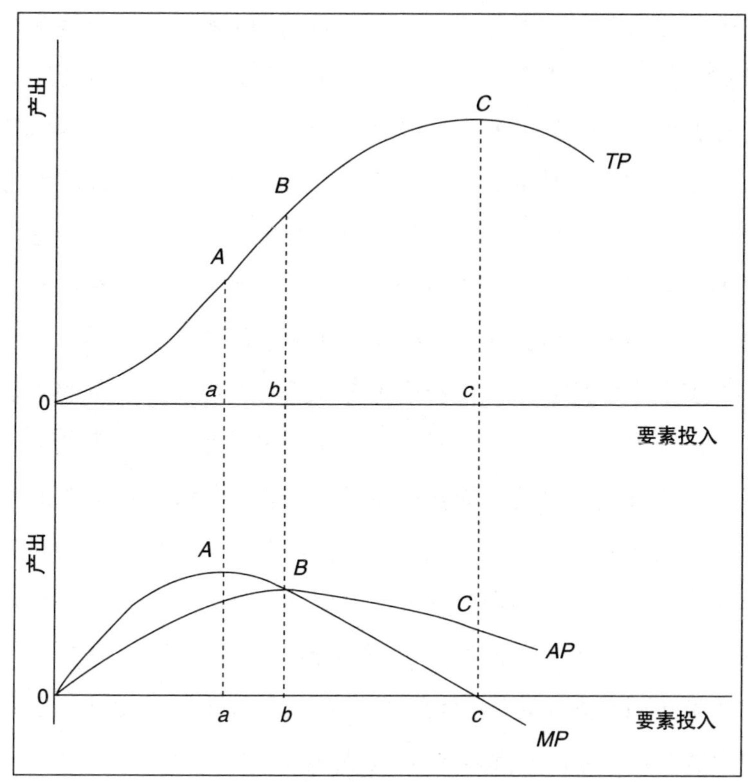

图 D.1　资本主义的选择基础

当然，这里的条件是不发生技术变迁，然而，即便我们把技术进步考虑在内，对于所应用技术的每个层次，仍然会存在一个投入底线，它即表示 *MPL*=0。

接下来的问题自然是，农村人口剩余到哪儿去的问题。阿瑟·刘易斯（Lewis 1954）的模型表明，这实际上不仅是何时，也是如何处理农业部门富余劳动力的问题。

恰亚诺夫行为模式：不仅仅是离开农业

在现实中，传统农业可能会与现代和半现代产业并存。这个领域的一个先驱是A.V.恰亚诺夫（A.V. Chayanove），他指出传统农民寻求的不仅仅是高工资，还有完全就业（而不是凯恩斯市场经济下的充分就业）（也参见Dalton 1972：409）。这样，他们的目标和行为就不是收益最大化而是总产出最大化（*TP*），其中收益最大化通常是由劳动边际产出（*MPL*）和利润来衡量。总产出最大化意味着劳动的边际产出等于零（Chayanov 1925）。他的理论也意味着，一旦总产出达到最大值，那么农民就会倾向于停留在劳动边际产出等于零的点上来维持它。农民会避免劳动边际产出为负，负的劳动边际产出意味着产出下降，这对于农民家庭经济而言是非理性的。这一点尤为正确，因为传统农业很少产生浪费：传统农业不要的产品可以转换为饲料、肥料和其他副产品。因此，对农民而言，高工资并非诱发其离开农业转向工业的因素。这个社会很大程度上与刘易斯转型无缘，因此，恰亚诺夫行为模式在中国是显而易见的。

如果我们着力于边际分析，恰亚诺夫的理论可以做如下解释：通过自我剥削（self-exploitation），农民经济的劳动供给曲线完全无弹性，曲线实际上是垂直的，正如图D.2所显示的那样。这样一条供给曲线意味着农民可以在零工资或以上水平工作，这也意味着劳动力的完全雇用，因为农民的选择很少。因此这完全不是一个正常或者完善的市场。这个经济的本质决定了零边际劳动产出（*MPL*）不仅是可以容忍的，也是在低工资水平上实现完全就业的关键因素。这个通过Qt（劳动供给曲线S和x轴相交）和W（对应交叉点a是供给与需求的均衡，y轴是表示工资水平）加以反映。

简单而言，市场经济和恰亚诺夫经济之间的差异可以从以下四个主要特征得到体现：（1）供给曲线OS不像OS'曲线，它并不是一条常态的曲线；（2）社会追求的是在Qt处的完全就业而不是在Qf处的凯恩斯充分就业；（3）工资水平W低于W'；（4）非市场经济下的劳动总收入（用 O、W′、a′ 和 Qf 面积表示），它与边际产出并不相关。

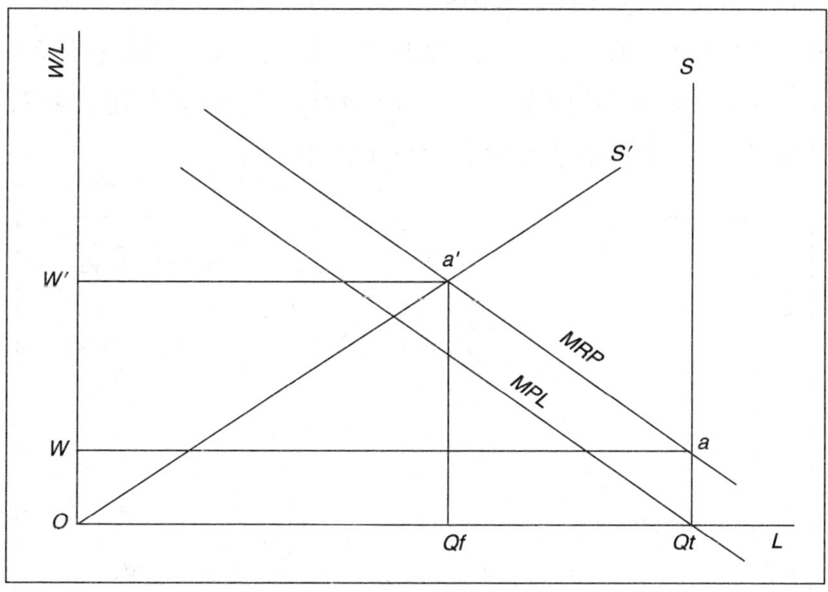

图 D.2　农民经济：劳动力供给与需求

注：L—劳动力；W/L—工资率；W—维生工资率；W′—市场工资率；S 和 S′—供给曲线；MRL—劳动边际产出；MRP—劳动物质产出；Qt—完全就业水平；Qf—充分就业水平。

a 无弹性供给曲线和劳动边际产出线 MPL 在零点的交叉点。

b 相应的是工资水平很低，可以通过使用假定的供给曲线作为参照系统加以考察。

c 经济达到完全就业水平 Qt，以区别于假设的新古典充分就业水平 Qf。

因此，非市场部门和市场不能兼容，这就意味着在农业部门“劳动剩余”溢出农业的门槛很高，劳动力并不会因为高工资而从农 344
业部门转移出去。这一点可以通过 C 点和图 D.3 的 TP 中反映出来。劳动边际产出必须达到零（在 x 轴上的 C 点）。

问题在于：无论农民是否停止对农业做进一步的劳动投入，一旦经济达到 C 点，劳动边际产出即为零。如果我们考虑产出的最大化作为恰亚诺夫式农民的最佳目标，劳动投入应该在 *C* 点停止，任何投入的进一步增加都是非理性的，因为报酬递减会降低总产出。然而，恰亚诺夫式农民有其他两个目标：（1）达到完全就业；（2）保持一个最低维生的工资率。为了实现完全就业水平，必须进一步投入劳动力而无视劳动的边际产出。为了维持一个最低的替代工资率，农民只需要计算劳动平均产出（*APL*）就可以了。

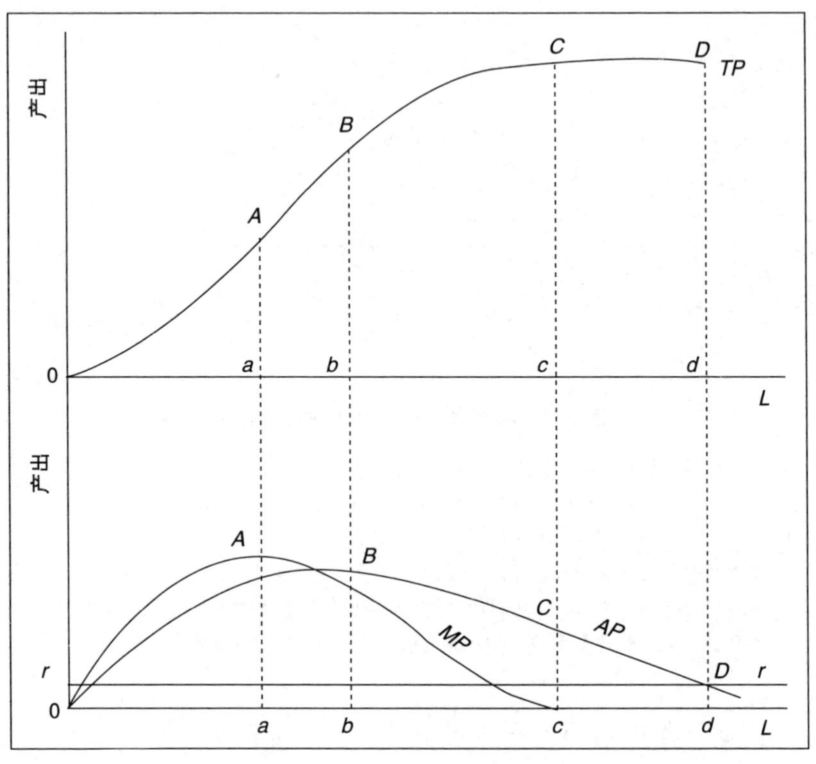

图 D.3　恰亚诺夫的经济

从图 D.3 可以看出，因为工资是由消费决定的，因此我们并不清楚维生工资水平，于是工资很大程度上独立于产出水平。假定维
345 生工资水平是 *r*，当生产达到点 *C*，即由 *AP* 决定实际工资仍然要

高于维生工资。这意味着当劳动投入的进一步增加 d—c，对于维持完全就业仍然是可行的。劳动投入在点 D 到达极限，实际工资水平（用 AP 表示）在此处与维生工资水平 r 相交，维生工资也被称为“恰亚诺夫劳动–消费均衡”（Dallas 1982：27–29）。一旦达到这一点，农业剩余就耗竭了，农民必须决定他们是否要开垦新的土地，或者改变农业技术。如果没有新的土地，技术进步就成为避免贫困与饥馑的唯一方法，这与恰亚诺夫的自我开发概念相一致。

本质上，在恰亚诺夫经济中，随着劳动投入的增加，劳动边际产出不仅会达到零，而且会处于零水平。换句话说，总产出 C 点之后额外劳动的影响是中性的而非负的。因为这个中性的影响，在 C 点之后，劳动边际产出曲线沿 x 轴变平坦了，相应地，总产出曲线也变得平坦。由于只要生产一个单位产出，就会产生一定水平的个人收入（平均产出），因此农民工资从来就不会是零，社会可以以低 346
工资率容忍大量人口。

可用以下公式加以刻画，w 是用总产出除以劳动投入表示的收入水平，它表示：（1）收入水平是总产出和总投入的被解释变量；（2）最优点是 MPL 达到零，TP 最大值点，（3）根据定义，如果 TP 是正的，那么收入也总是为正，这是完全就业的基础。

$$w=APL=\frac{TP}{L}\ (\text{Lim } TP \rightarrow \text{最大值}) \qquad (\text{D.4})$$

$$MPL \rightarrow 0$$

恰亚诺夫把农民的非市场行为视为一种内生因素，而 T.W. 舒尔茨并不同意这一点，他把这种行为看作是主要由于市场不完全性这一外生因素影响的结果。因此，尽管农民本质上是和任何资本家一样的，但是当其所在农业部门劳动力剩余时，他们却不会离开农业（Schultz 1964）。根据舒尔茨的观点，最终的结果和恰亚诺夫的一样：农民对于市场没有多大反应，或者反应不足，不管整个经济的商业化进程如何，仍然待在原地。

恰亚诺夫模型的证据

恰亚诺夫模型很大程度上是基于俄罗斯的经验，不受市场、非农业竞争部门、商业和工业的影响。在其模型中，也不存在社会流动，因此是一个静态的模型。就技术而言，恰亚诺夫并没有从其“自我剥削”的概念中进一步探究总产出、平均产出、边际产出和收入水平之间的相关性。此外，恰亚诺夫的工作尚未解决以下问题：（1）在这样一种自力更生的农民经济中，技术发展的模式和机制是什么？（2）为何在一些地方，农民表现得和其他人如此不同，为何这种模式并不能解释18世纪以后大多数的欧洲模式？（3）这种行为模式的基础是什么？无论如何，恰亚诺夫模型在解释非资本主义发展路径方面提供了有用的洞见。

亚洲的一些农村经济的田野调查，已经证实了这种生产分配模式。例如，一项对于爪哇的研究表明：（1）种植大米的农户会实现劳动边际零产出，并通过农业退化过程来保持它；（2）总产出以“共享”的方式在劳动力之间分配（Geertz 1963：80，97），其他观察也以更为宽广的视角，揭示了在亚洲存在相同的情形（Bray 1984）。

相类似地，詹姆斯·斯科特（James Scott）认为东南亚农民的行为并非是追求利润最大化的，而是为了避免风险并维持生存。换句话讲，与资本主义相比，存在一种非常不同的经济形态（Scott 1972，1976）。这种非利润寻求模式，或者以新古典经济学标准而言的“非最优解”，解释了以下几点：（1）传统中国为何农民没有
347 离开农业部门，即便是在劳动边际产出降到零并保持在零的时候；

（2）农民具有较高的“农业产出人口弹性”，无法达到中国农业技术所允许的更高的生活水准；（3）为了增加每单位土地总产出水平，数千年以来，不仅是农民自己关注，知识分子也关注这个问题（Deng 1993a）。

恰亚诺夫模型的最大贡献在于，作为一种“既非共产主义又非资本主义”的明证，它表明在人口增长的压力下，农民经济可以长期存续，并与工业部门和商业部门并存。这个模型的主要问题是一个农民社会是如何采取措施避免产出水平达到最高值（点 C）后的报酬递减。幸运的是，这个模型允许技术发生变迁：根据定义，可以通过一组技术组合来实现总产出，因此，这个模型在理论上是可行的。

中国的案例与模式

中国看起来具备了刘易斯模型的所有条件：（1）在传统中国，商业和手工业两者都积极与农业相竞争，非农部门提供了更高的薪水；（2）人们可以通过社会流动来更换工作，这一证据是确凿无疑的。首先，在传统中国，投资回报和所有经济部门的工资依次排列为：商业最高，手工业次之，农业最低（傅筑夫、王毓瑚 1982：358; 韩连琪 1986）。其次，作为法律上的自由民，法律允许普通的中国人改变他们的选择，例如一名中国农民可以变为商人，这并不存在法律上的障碍。

根据刘易斯的逻辑，中国经济应该很容易已经转型并获得工业化。可以肯定的是，中国虽曾数度开启征程，但令人沮丧的是，没有一次一帆风顺地实现这种转型。如果汉朝、宋朝和晚清作为三个时期，每个间隔时间为 1000 年，尽管中国以牺牲劳动与资本的生产率为代价，保持了农业部门劳动和资本供给的增长。让我们感到疑惑的是，中国在很长时期内存在一个值得关注的市场体系和值得称道的城市化水平，中国具备成为工业化最佳候选人的每个理由。

考虑到传统中国存在经济二元（Elvin 1973：304－305, 314），这个谜是不言而喻的。如果中国农民是理性的，能够通过离开农业而免于赤贫，为何他们没有做出欧洲和日本农民那样的选择？

这表明，有一些可以管制或者约束农民行为的其他机制存在。显然，问题不单单是技术问题，因为中国的创造和发明的记录蔚为壮观；也并非传统意义上的结构性（如经济结构）问题，因为中国有经济的二元性。

这暗示着，在中国结构内的和制度内的障碍：中国的三元均衡阻碍了向工业和商业的跨部门劳动供给，因此也阻碍了经济发展的多样性。

348 **总结**

很清楚的是，既非稀缺性（按照人口-土地比例方法衡量）、劳动密集型耕种（按照水稻耕种农业黑洞假说）、阶级斗争（按照所谓的封建地主阶级），也不是文化价值（以儒家决定论）就能够较为令人满意地勾勒出中国经济发展的因果性。

不管所有的问题，恰亚诺夫开创性的独创理论体系，显得更适合于解释传统中国。如果传统中国证明了恰亚诺夫模型的有效性，那么世界经济史便会呈现出一个新的洞见，这仅仅是因为传统中国拥有世界上数量最多的农民人口，世界上最大的也是历史最为悠久的单一农业经济。

附录 E　中国的伪封建制 349

许多中国学者采用了“封建制”的术语，来概括秦朝以后中国社会的本质。

在他们手上，“封建制”的概念受到了歪曲，而且特别具有误导性。根据这些学者，“封建制”一词在秦朝以后的中国的实际含义应当是：（1）存在大量的拥有土地的剥削佃户的大土地主；（2）农民被限制在乡村和耕种生活中；（3）一个高压的和寄生的政府。显然，这些特征中没有一样和封建制有太大关系，因为：（1）秦以后的大量农民拥有或部分拥有所耕种土地的所有权；（2）秦以后的农民在法律上是自由的，并不以私产的形式隶属于他人，尽管按照现代的标准看，这种自由度并不高；（3）根据定义，一个集权化的政府是非封建的。

首先，亚细亚生产方式给中国贴上奴隶制社会的标签，它主要是由官僚管理的农业所必需的水利基础设施来加以控制（参见 Brook 1989），这一观点的关键证据是，中国存在一些政府所有土地，并且修建了大型的灌溉网络，这就需要一个强有力的命令中心，来协调这一网络建造与维修所需要的人、财、物。其逻辑是，如果土地为政府所有，那么必定没有私人土地所有权。因此，如果建造大规模的供给项目，必然是专门水利部门操作的结果。这个逻辑的确是太简单了，因为：（1）政府土地所有权实际上采用的是公社/部落土地所有权和政府所有权的二元制度，根据定义，它们都不属于奴隶制或封建制；（2）没有证据表明，农民的水利需求和中国中央集权官僚机构的设立之间存在必然联系。秦始皇是首位加冕的皇帝，也是中国的统一者，并没有在兴修大规模水利工程方面花力气，相反他兴修长城，从而开启了中央集权政府的官僚合法性。

其次，尽管秦以后的中国历史确实存在过地主所有制，但它总
350 是和家庭小土地所有制相伴随。儿子的平等继承权和地产市场的存在导致了任何规模的土地所有权都是不稳定的。因此，大地主的土地所有权在中国从来不是静态的，这和欧洲封建主义制度和结构完全不同。最为明显的是，中国自秦朝之后，大量的地产并没有招致义务兵役和行政服务，而这些都是欧洲和日本封建制的核心。

最后，“封建土地制”和“官僚封建主义”这两个术语很容易混淆，因为地主阶级的存在和集权化官僚的存在本身是非封建制的。如果不是因为无知的话，将这些相互矛盾的概念混在一起，就是为了表现一个强有力的非科学的偏见，类似的偏见就是把某人称为“异教徒”。

总而言之，中国人的土地控制模式、管理制度及其衍生制度显然有别于封建制的特征，这些特征包括分阶层的军事义务，排他性的贵族土地控制，佃农和政治分权。充其量，可以把中国的制度称为“伪封建制”。

附录 F　二元农户家庭经济的选择 351

微观层面的选择

理论上，二元农户家庭在“自给农业及相关活动”和“商业农业及相关活动”间选择时有 5 种可能的情况，正如图 F.1 逐一所示，两轴是选择范围、三个部门和加总收益曲线。

在第一种情况中（图 F.1a），来自自给农业和商业农业的收益（算入所有风险和不确定事项）相等。因此，无论是选择角点解（100% 自给农业或 100% 商业农业）还是两个部门的任何组合都是无差异的。在第二种情况中（图 F.1b），来自单个部门的回报要高于来自两个部门回报的任意组合。这表明，当经济人对其中一个部门缺乏全身心投入时，就会遭受到某种惩罚。农户家庭，出于理性反应，将会选择一个角点解。在第三种情况中（图 F.1c），来自自给农 354
业和商业农业组合的收益要大于选择角点解的收益。家庭会因此避免全部投入到单个部门，而是同时从事两个部门的活动。在第四种情况中（图 F.1d），自给农业的收益要高于商业农业的收益，或组合农业的收益，表明了商业农业的不利条件，农户家庭将会偏向于自给农业。而第五种情况（图 F.1e）正好相反，商业农业的收益高于自给农业或组合农业的收益，这揭示了自给农业的不利条件，农户自然会避开自给农业。

在现实中，收益曲线绝大多数都不会这么平滑，它们伴随着许多变化和不同情况随时相互转换。但是不管条件是有利还是不利的，一个农户家庭还是要面临两个极端之间的选择。

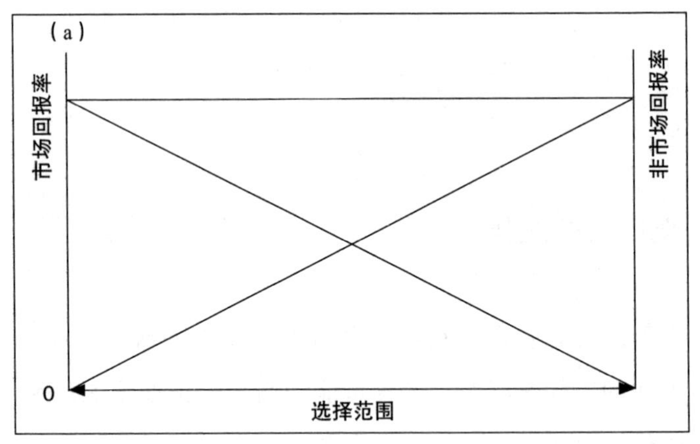

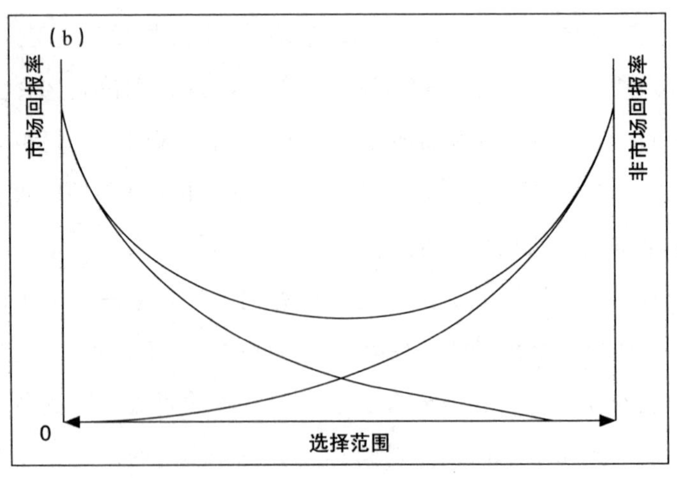

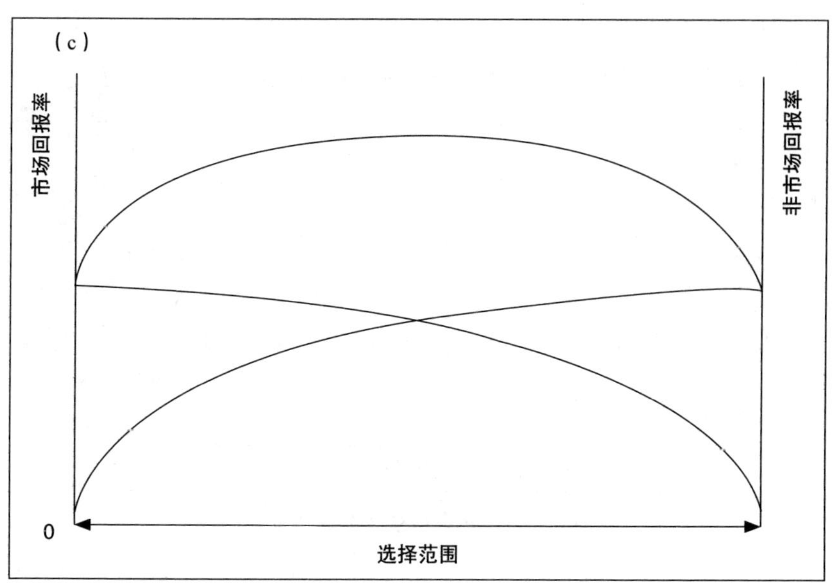
(c)
市场回报率
非市场回报率
0
选择范围

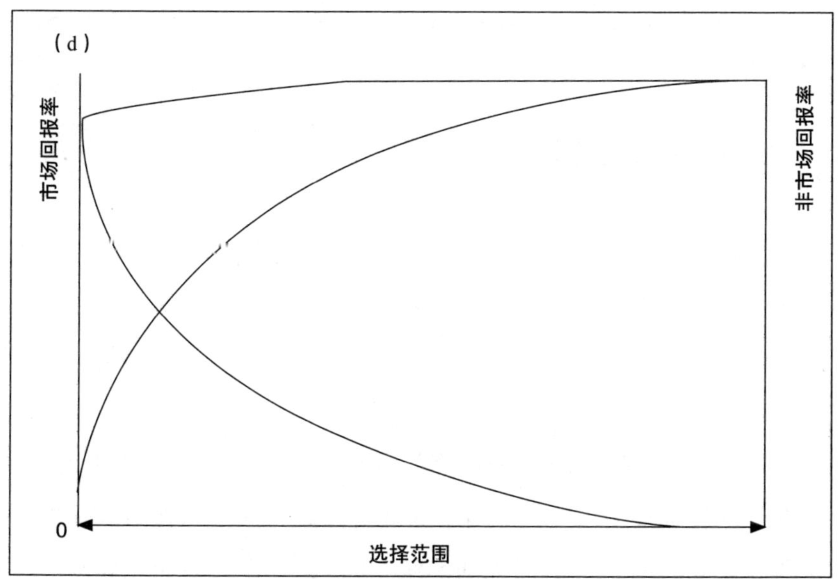
(d)
市场回报率
非市场回报率
0
选择范围

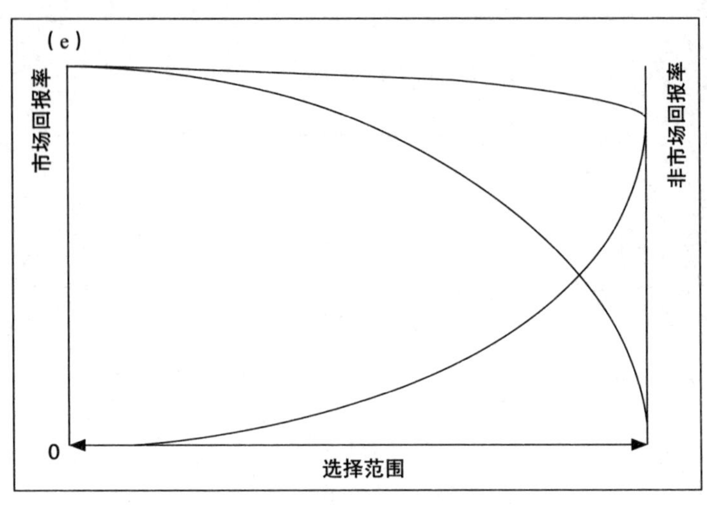

图 F.1　二元农户家庭的选择模式

注：

角点解等于两部分之和；（b）角点解大于两部分的和；（c）一个角点解小于两部分的和；（d）非市场角点解大于市场角点解或两部分的和；（e）市场角点解大于非市场角点解或两部分的和。

355 ## 宏观层面的选择

在宏观层面，为保持同等的收入水平（见等收入曲线），一个农民社会可能会偏向于商业农业（选择预算线 II）或自给农业（选择预算线 I）。换句话说，商业农业并不一定更为优越，特别是考虑到破产和收入损失市场相关的风险（见图 F.2）。

理论上，等收入曲线和预算线的切点可以形成一条发展路径。这里至少有三条（图 F.3）：（1）商业化路线，一条以自给农业的下降和商业农业的上升为标志的路线（0C）；（2）去商业化路线，伴随着商业农业的下降和自给农业的上升（0D），常见于战后；（3）半商业农业和半自给农业路线（0S），一种在两种极端之间保持良好平衡的情况。0S 分界线还同时是临界点的轨迹。只要 0C 和 0D 越过此线，农业经济的结构就产生了决定性的变化。

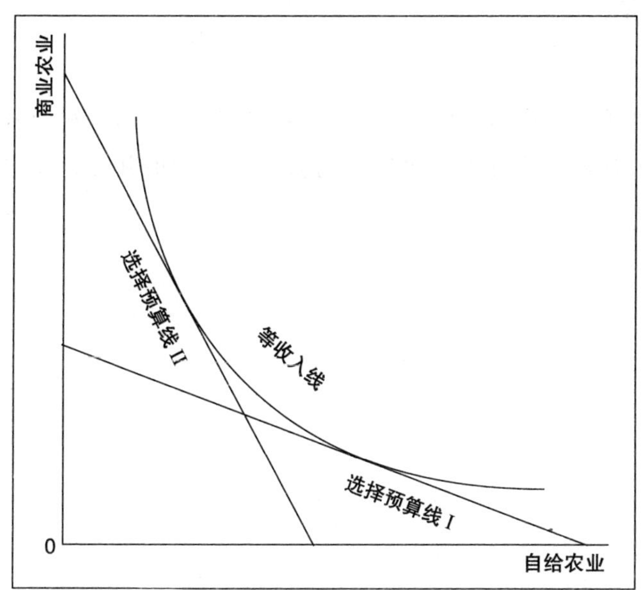

图 F.2　宏观模式：商业农业和自给农业的对等关系

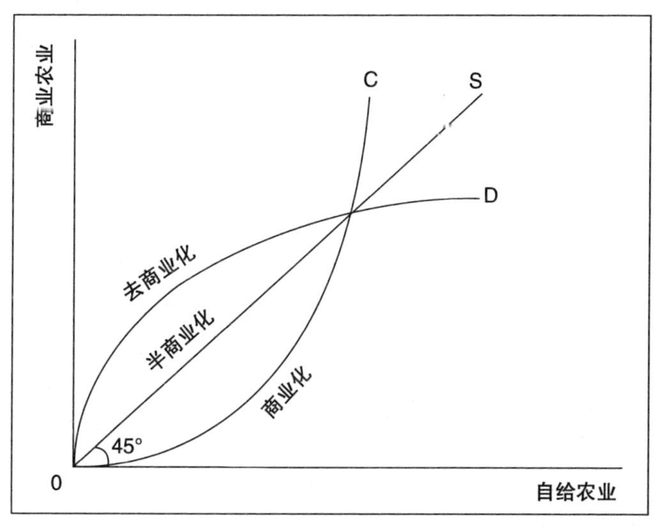

图 F.3　宏观模式：结构动态

小结

很明显，农民的选择是一个复杂的过程，商业化并不一定导致实际收入提高，商业农业可能会与自给农业和谐共存，而并不是取代或转化它。

附录 G　对税率的估算 356

秦以后，中国政府征税的主要形式是土地税和家庭税 / 人头税，政府的收入大部分源于此。一般而言税率是一个经济单位（根据操作标准以户为单位）总产出的 10%。然而，随着时代变迁，税率在历史记载中出现了很大差异，因此有深入调查之必要。这里选择了汉代到唐代来展示长期的趋势和三元规则。

土地税率

东汉建安年间（公元 196—219），土地税率是每亩土地 4 升谷物（周伯棣 1981：153）。从东晋（公元 317—420）到南朝（公元 420—589），土地税率和人头税加起来是每个成年男子每年 5 担或 5 石粮食（同上：158，160）。根据以上信息，在长期的土地均衡制度下，每个家庭平均拥有 160.45 亩土地，税收负担估算不超过每亩 3 升（梁方仲 1980：7）。隋朝的税率要高一些，为每亩地 3—7.5 升

（周伯棣 1981：195-196）。接下来的唐朝时期，根据公元 624 年颁布的法律条文，税率为每亩 3.3 升（同上：198-199）。基于这些数据，表 3.2 展示了土地税率的估算值。土地税率大致占一个家庭粮食总产出的 0.7%—5.2%，平均大概为 1.6%—2.5%，这样的税率水平并不算高。

也许有人会认为粮食产量的估算值可能会是总量的上限，于是土地课税负担会显得比实际要高，其实这个问题很容易解决，只要在计算中引入权重即可。比如说，估计产量水平减少到一半，课税负担会随之增长至 1.4%—10.4%，平均值为 5.9%。即使是这样，课税负担仍然较轻。

徭役

家庭税 / 人头税（见第三章 3.4.2.2 节）有时候会以徭役的方
357 式征收，以建设公共工程，比如说长城、大运河，或在军队中服役。清朝时，共有 10 万人相继服徭役（周伯棣 1981：76）。南北朝时期（公元 420—481），一个健康成年男子每年服徭役的天数在 20—45 天之间（同上：180-181），占每年总天数（365 天）的 5.5%—12%，平均为 8.8%。后来隋朝时，土地税的征收在府兵制下（地区征兵）与军队服役结合起来（同上：184）。有时候土地税和户税 / 人头税会混合起来征收，比如前面提到过的唐朝的“两季税”，明代的“一条鞭法”和清朝的“摊丁入亩”。公元 769 年，根据唐律“两季税”，每亩地须征 7—11 升粮食（同上：206）。用现在的度量来看，则为每亩 5.14—8.07 升。根据估计粮食产量在每亩 75.7 升小麦和每亩 113.6 升大米之间（Deng 1993a：160），税率处于 6.8%—7.1% 之间。

尽管税率会时有波动，但一般会在家庭总产量的 10% 左右。从唐代至汉代，儒家政府把这个税率制度化了。

358 附录 H　土地改革和反土地集中化

近代，日本和印度在建立了小型土地所有制模式后，遇到了中国传统社会所遭遇的土地控制集中化的问题。这两个国家在改革之后都不得不介入政府的力量（通过规定农场规模和控制粮食价格），以保证小农得以维生，由此避免了一大部分小农破产所必然导致的土地集中化局面。

公元 1873—1876 年，明治维新的地税改革：（1）通过废除德川幕府土地所有制，造就了自耕农阶级；（2）通过废除德川幕府的征税收租的权力，为政府提供了更大的税基（Franks 1992：102—103）。然而，土地集中的趋势在土地重新分配后很快又出现了，因为：（1）由于土地的无弹性供给使其成为投机买卖的绝佳商品；（2）当个体农户遇到财务困难（谷物歉收、市场失效等）时，他们先是负债，然后便是失去土地。所以，尽管所有农民在明治维新开始时有同样的基础，但农民土地所有权在两次大战期间已经遭到破坏。结果，两次大战期间，大量渴求占有土地的农民迁移到东北以重新建立自己的农业部门。第二次世界大战末期，公元1921—1936年间，佃租率有了显著增长，地主和佃农纠纷事件也增长了300%（Waswo 1988：548-549）。在公元1946—1947年，美国占领当局及时地发动了第二次土地改革。外居地主所有的土地几乎都被充公并低价卖给佃农，此次改革力图重新分配土地，并排挤地主阶层和寻租阶层。三年后，即公元1950年，由佃农耕作的土地占土地总量的比重从46%下降到10%，表明了土地重新分配的重大影响。然而，这场战斗只进行了一半，除非每一个农民都能通过土地过上好生活，不然土地所有权集中的循环还是会重演。日本采取补贴农民的方法以防止发生此类情况，通过设定农产品最低限价，为小农和下层农民提供保障网（Hara 1990），这就是日本不愿意为外国廉价食品打开国内市场的原因。

同样地，独立后的印度发起了土地改革，其主要思路是取消地主租金，为政府征税打下坚实的基础。改革使政府税收得以增长，有更多资金促进本土工业发展。在改革前，印度农民分化严重，在 359
由英国保护的印度地主拥有的土地管辖制度下，大地主基本是外居地主，明显是寻租者，这种土地所有制在西孟加拉和北马德拉斯很普遍。改革前少于10%的有地农民拥有超过一半的土地，在另一端是，57%的农民却只拥有土地总量的17%；而在所有农户中15%不拥有土地。人均而言，富有农民生产的市场剩余产品是一个中等阶级农民的2.5倍，是贫困农民的13倍（Byres 1974：235, 237-238），这个比例可以看成是他们收入差的变量。独立之后，印度土地改革所做的，就是通过土地注册为土地控制规模设置一个上限，成功废除了原来的地主拥有的土地管辖制，土地得以重新分配。此外，作为土地改革的互补性政策，印度政府还颁布了农业价格政策去支持农民：20世纪60和70年代，政府购买的粮食占农业部门食品需求的21%—25%，这份额已足够影响市场价格。农业部门贸易条件也得以改善：公元1960—1975年，粮食贸易条件以每年2.6%的速度稳步上升；对于所有农产品，贸易条件平均每年上升1.7%（Balasubramanyam 1984：98）。

在日本和印度，土地改革只是一个开始：为了支持小农，改革后几乎马上就要出台配套的措施。

附录 I　人口增长和可开垦土地 360

表 I.1 显示了长期以来中国人口增长和可开垦土地的数据。主要的经济指标在 C 列（变化指标）、E 列（土地不足指标）和 F 列（土地生产力指标）。

表 I.1　人口和登记的耕地[a]

A[b]	B	C	D	C[c]	E	F
汉						
2	59.6 （12.23）	100 （100）	57.15	100	9.6	0.104
105	53.26 （9.24）	89 （76）	53.51	94	10.0	0.1
146	47.57 （9.35）	79 （76）	50.66	89	10.6	0.094
三国						
263—280	（1.47）	（12）	—	—	—	—
隋						
589	—	—	220.24	385	—	—

续 表

A[b]	B	C	D	C[c]	E	F
609	46.02 (8.91)	77 (73)	—	—	—	—
唐						
650	(3.8)	(31)	—	—	—	—
705	37.14 (6.16)	62 (50)	—	—	—	—
726	41.42 (7.07)	69 (58)	116.67	204	28.2	0.035
755	52.92 (8.91)	89 (73)	115.86	203	21.9	0.046
820	15.76 (2.38)	26 (19)	—	—	—	—
847—859	—	—	94.68	166	—	—
五代						
959	(2.31)	(19)	9.39	16	—	—
北宋						
996	(4.57)	(37)	27.03	47	—	—
1053	22.29 (10.79)	37 (88)	19.72	36	8.8	0.114
1085	—	—	21.5	38	—	—
1100	44.91 (19.96)	75 (163)	—	—	—	—
1159	16.84 (11.09)	28 (91)	—	—	—	—
1193	27.85 (12.30)	47 (100.6)	—	—	—	—
1264	13.03 (5.7)	22 (47)	—	—	—	—
南宋和金						
1290	73.95 (19.29)	124 (158)	—	—	—	—
元						
1291	59.85 (13.43)	100.4 (110)				
明						
1381	59.87 (10.65)	100.5 (87)	38.14	67	6.4	0.156

续　表

A[b]	B	C	D	C[c]	E	F
1426	51.96 （9.92）	87 （81）	42.90	75	8.3	0.12
1484	62.89 （9.21）	106 （75）	50.56	88	8.0	0.125
1532	61.71 （9.44）	103.5 （77）	44.6	78	7.2	0.139
1578	60.70 （10.62）	101.8 （87）	72.95	128	12	0.083
1626	51.66 （9.84）	87 （80）	77.37	135	15.0	0.067
清						
1680	17.10	29	54.37	95	31.8	0.031
1734	27.36	46	92.57	162	33.8	0.030
1766	208.10	349	77.11	135	3.7	0.270
1812	361.70	607	82.32	144	2.3	0.435
1833	398.94	669	—	—	—	—
1887	377.64	634	94.86	167	2.5	0.400
1911	341.42 （92.70）	573 （760）	—	—	—	—

资料来源：基于梁方仲（1980，第4-13，122-125页）。

注：

A—纪年；B—人口（× 106）；C—变化率；D—耕地（× 107）；E—土地的稀缺指数（人口：土地）；F—土地生产率指标或者土地集约化利用率指标（土地：人口）。在很多情况下只提供户数的数据，作为人口的最佳补充数据呈现在括号中。采用了调整后的度量土地（基于梁方仲 1980；Chao 1986：66）。

a 政府登记的耕地不一定与耕种区域的扩张相一致，因此应该视为最小值。

b 间隔大约是 50 年，如果可以获得数据的话。

c 把 AD 2 的数据作为 100。

363 附录 J　农民起义的相关数据

朝代	年　代	领　袖	起义人数	发源地	影响地区	持续
秦	公元前 208	陈胜、吴广	200000	安徽宿县	安徽、河南、河北、山东、山西、江苏、陕西	半年
	公元前 208	项良、项羽、刘邦	60000—70000	山东藤县	汉朝的 7 个省份	2 年
汉	公元前 99	徐勃	2000	山东泰安	山东	
	公元前 99	梅免、百政	2000	河南南阳	河南	
	公元前 99	段中、杜少	2000	湖北	湖北	
	公元前 99	坚卢、范主	2000	河北	河北	
	公元前 69—前 66	农民		河北、山东	河北、山东	
	公元前 30	傰宗	200	陕西长安	陕西	1 年多
	公元前 26	侯毋辟		山东茌平	山东	
	公元前 22	申屠圣（铁官徒）		河南禹县	河南（9 个县）	
	公元前 18	郑躬	10000 +	四川广汉	四川（4 个县）	1 年
	公元前 14	苏令（铁官徒）		山东金乡	40 个县	1 年多

续　表

朝代	年　代	领　袖	起义人数	发源地	影响地区	持续
	公元前14	樊并	13	河南尉氏	河南	1年多
	公元前13	—		陕西户县	陕西	
	公元前3	—	2000		26个县	
	3	任横		陕西高陵	陕西	
	7	赵明、霍鸿	100000＋	陕西长安	23个郡（县）	1年多
	11	农民和士兵		山西、内蒙古	山西、内蒙古	
	15	—	2000	内蒙古、山西	内蒙古、山西	1年多
	17	瓜田仪		安徽凤阳	江苏、安徽	
	17	吕母（女）	10000＋	山东日照	山东	
	17	王匡、王凤（绿林军）	100000＋	湖北荆门	湖北	
	17	铜马（15支起义队伍）	2000000	河北、山东	河北、山东	
	18	樊崇（赤眉军）	100000＋	山东莒县	山东、江苏以及长安25个被俘区	7年
	18	—	300000	山东东平	安徽、山东、河南	
	22	刘秀、刘縯（绿林军）	200000＋	湖北昭阳	东汉10省份	
	23	—		长安	陕西（篡位者王莽被杀）	
	106—188	67次起义				
	184	张角（黄巾军）	200000	河北、河南、安徽	河北、河南、安徽	1年
	184	张修（五斗米教）		四川重庆	四川	30年
	184	北宫伯玉、李文侯		甘肃兰州	甘肃	6年
	184	郭嘉		甘肃嘉峪关	甘肃	
	184	柱天将军翟义		广西合浦	广西	
	185	张牛角（黑山军）	2000000	河北宁晋	河北	20年

续　表

朝代	年　代	领　袖	起义人数	发源地	影响地区	持续
	187	—		河南荥阳	河南	
	187	观鹄		湖南郴县	湖南	
	188	郭太（黄巾军）		山西李氏	山西	7 年
	188	黄巾军		河南	河南	8 年
	188	马相、赵祗（黄巾军）	100000+	四川德阳	四川	
	188	黄巾军	2000000	山东、河南	山东、河南	4 年
	189	张饶	200000	山东昌乐	山东	
	191	张鲁、张修（五斗米道）		陕西	陕西	24 年
三国时期	221	刘备	200000	江苏沛县	江苏、河南、湖北、四川（建立蜀）	42 年
晋	294	郝散（匈奴少数民族）		山西长治	山西	3 年
	296	齐万年	70000			
	301	李特、李雄	100000+	四川绵竹	四川（建立成汉政权）	46 年
	303	张昌	30000	湖北安陆	湖北	1 年
	306	—	50000			
	307	魏植	50000			
	309	移民	20000（户）			
	310	王如	40000—50000	河南	河南、湖北	2 年
	311	杜弢（移民）	20000（户）	湖南、湖北	湖南、湖北	4 年
	389	孙泰（五斗米道）		山东诸城	山东	
	399	孙恩、卢循、徐道覆（五斗米道）	200000	浙江上虞	浙江、江苏、福建、广东、江西、湖北、湖南	19 年

续 表

朝代	年 代	领 袖	起义人数	发源地	影响地区	持续
南北朝	432	赵广	100000多	四川	四川	5年
	445	盖吴		陕西黄陵	陕西、甘肃	1年
	445	薛永宗（与盖吴一起）	3000	山西永济	山西	
	446	边固、梁会	2000	甘肃天水	甘肃	
	446	王元达	3000	甘肃秦安	甘肃	
	460	流民	1000+	安徽	安徽	
	469	田流		浙江临海	浙江	
	471	张凤		江西	江西	
	473	—		四川	四川	
	479	—		河南信阳	河南	
	485	唐寓之	30000	浙江富阳	浙江（建立兴平政权）	1年
	499	—		四川三台	四川	
	500	—		四川遂宁	四川	
	500	雍道晞	10000+	四川	四川（建立建义政权）	
	500	—		四川	四川	
	500	—	20000	四川射洪	四川	
	505	焦僧护	20000	四川	四川	
	510	吴承伯		安徽宣城	安徽	
	511	—		四川巴西	四川	
	523	破六韩拔陵（匈奴少数民族）		甘肃	甘肃、四川、陕西（年号真王）	1年多
	524	薛珍、莫折大提（羌）	200000	甘肃青州	甘肃、宁夏、陕西（天建建立）	7年
	525	杜洛周（士兵）	200000	河北燕强	河北（建立真王政权）	3年
	526	鲜于修礼	200000	河北唐县	河北、河南	3年
	528	尔朱荣	100000	四川溧阳	四川	
	529	山西农民、十多次	200000	山西太原	山西	

续 表

朝代	年 代	领 袖	起义人数	发源地	影响地区	持续
	542	刘敬躬	200000	四川南昌	四川（建立永汉政权）	
	544	—		江西崇仁	江西	
隋	611	孟让、王薄	100000＋	山东章丘	山东、河北	
	612	甄宝车	10000	山东	山东	
	613	孟海公	20000	山东曹县	山东	
	613	郭方预	30000	山东益都	山东	
	613	张金称、孙宝雅、郝孝德	100000	山东鑫羊?	山东	
	613	郝孝德		河北	河北	
	613	格谦		河北河间	河北	
	613	韩进洛	20000	山东聊城	山东	
	613	杨玄感、韩相国	100000＋	河南浚县	黄河、长江和珠江（10省份）	
	613	白瑜娑（牧民）	20000	宁夏灵武	甘肃、陕西	
	613	牧民		宁夏固原	宁夏	
	613	刘元进	20000	浙江	浙江	
	613	管崇	100000	江苏	江苏	
	613	陈稹	30000	广东	广东	
	613	吴海流、彭孝才	20000	江苏	江苏	
	613	梁慧尚	40000	广东	广东	
	613	李三儿、向但子	20000	浙江	浙江	
	613	向海明	20000	陕西	陕西	
	613—615	其他叛乱：成千上万大大小小的起义、传播甚广（隋朝历史：皇家历史学家的报告）				
	613—615	杜伏威、孟让、李子通	100000＋	长白山（山东）	山东、安徽、河南	5年
	614	刘迦伦	100000	陕西	陕西（建立大世政权）	
	614	郑文雅、林宝役	30000	陕西	陕西	
	614	杨公卿	8000	河北	河北	

续　表

朝代	年　代	领　袖	起义人数	发源地	影响地区	持续
	614	刘苗王	20000	山西	山西	
	614	王德仁	20000	河南	河南	
	614	左孝友	10000	山东	山东	
	615	吕明星	100000	长白山（山东）	山东、河南	
	615	王须拔、魏刀儿	100000	河北	河北	
	615	魏骐驎	10000	山东	山东	
	615	李子通	10000	安徽	安徽	
	615	朱粲	100000	安徽	安徽	
	616	—	20000	长白山（山东）	山东、河南	
	616	翟让	10000	河南	河南	
	616	李密（瓦岗起义军）	300000	河南、河北	河南、河北（魏政权建立）	1 年
	616	窦建德	100000+	河北	河北（617 年，夏政权建立）	3 年
	616	杜伏威	20000	安徽	安徽、江苏	6 年
	616	翟松柏	20000	山西	山西	
	616	卢公暹	20000	山东	山东	
	616	赵万海	200000			
	616	操师乞	100000	江苏、浙江、湖南、广东	江苏、浙江、湖南、广东	
	617	李渊		山西太原	唐建立（15 个省率先）	7 年
	617	薛举		甘肃	整个甘肃（秦兴政权建立）	
	617	萧铣	400000	湖南、广东	湖南、广东（梁政权建立）	2 年
	618	宇文化及	100000	江苏	江苏（暴君隋炀帝被杀）	
唐	621	刘黑闼	20000	河北	河北	2 年

续　表

朝代	年　代	领　袖	起义人数	发源地	影响地区	持续
	621	董灯明（与刘黑闼一起）		河北馆陶	河北	2年
	623	辅公祏		南京	江苏（宋政权建立）	1年
	648	少数民族		四川	四川	
	653	陈硕		浙江建德	浙江	
	700	农民	30000	四川	四川	
	762	袁晁	200000	浙江舟山岛	浙江、江苏	1年
	762	方清	20000	歙县（安徽）	安徽	4年
	763—764	高志	—	河南、陕西	河南、陕西	—
	763—764	裘甫	30000＋	剡县（浙江）	浙江（罗平政权建立）	半年
	863	庞勋	200000	桂林（广西）	安徽	6年
唐末	875	王仙芝、黄巢	600000	昌河（河南）、菏泽（山东）	山东、河南、安徽、湖北、湖南、浙江、福建、广东、江苏、陕西、江西、广西（夺得都城、齐国政权建立）	9年
五代	920	毋乙、董乙	—	华洋（河南）	安徽、河南	—
	942	张预贤	100000	惠阳（广东）	江西	1年
北宋	993	王小波、李顺	200000	重庆（四川）	四川（994年，应运元年建立）	3年
	997	—	—	洛阳（河南）	河南	—
	1043	王伦	—	临沂（山东）	江苏	7个月
	1043	张海、郭茂山	1000＋	商县（山西）	河南、陕西、湖北境内	—

续 表

朝代	年 代	领 袖	起义人数	发源地	影响地区	持续
	1043	瑶族	5000	蓝山（湖南）	湖南	4 年
	1047	王则	—	清河（河北）	河北（大圣政权建立）	2 个月
	1119	方腊	1000000	淳安（浙江）	浙江、安徽、河南（都城被攻占、永乐元年建立）	2 年
	1120	宋江	—	郓城（山东）	山东、河北、河南、江苏	3 年
	1124	张献	50000	山东	山东	—
	1124	张地	50000	山东	山东	—
	1124	贾晋	100000	山东	山东	—
	1124	徐进	50000	山东	山东	—
	1124	胡武	10000	山东	山东	—
	1124	刘大亮	10000	山东	山东	—
	1124	徐大亮	10000	山东	山东	—
	1124	高拓山	300000	河北	河北	—
金和南宋	1130	钟相、杨幺	300000—400000	常德（湖南）	湖南、湖北（天载和大圣元年建立）	5 年
	1130	方如伟	100000+	建瓯（福建）	福建、浙江	2 年
	1160	张旺、徐元	—	东海（江苏）	江苏	—
	1161	王有志	—	大名（河北）	河北	—
	1161	耿京	—	山东	山东	—

续 表

朝代	年 代	领 袖	起义人数	发源地	影响地区	持续
	1163	法同（和尚）	—	辽阳（辽宁）	辽宁	—
	1164	姜志	—	徐州（江苏）	江苏	—
	1165	李进	—	宜章（湖南）	湖南	4个月
	1166	贺铸	—	扶余（吉林）	吉林	—
	1169	张合	—	蓟县（河北）	河北	—
	1171	臧安尔	—	贵德（山东）	山东	—
	1172	曹刿	—	北京	河北	—
	1172	王琼	—	蓟县（河北）	河北	—
	1173	—	—	洛阳（河南）		—
	1175	赖文正	2000	湖北	湖北、湖南、江西、广东	5个月
	1178	尹晓尔	—	献县（河北）	河北	—
	1179	徐同	—	密县（河南）	河南	—
	1179	刘喜忠	—	济南（山东）	山东	—
	1179	李继	—	广西	广西、广东	半年
	1181	祝周	—	辽州（辽宁）	辽宁	—
	1197	陈东	—	郴州（湖南）	湖南	—
	1209	李元丽	—	郴州（湖南）	湖南	1年
	1212	杨安尔	200000	益都（山东）	山东（1214年，天顺元朝建立）	5年

续　表

朝代	年　代	领　袖	起义人数	发源地	影响地区	持续
	1212	李金	—	潍坊（山东）	山东、江苏	5 年
	1212	刘二祖	—	泰安（山东）	山东	—
	1229	严彪	—	长汀（福建）	福建	—
	1233—1234	张默旺、陈三强	—	赣州（江西）	江西、福建、广东	—
	1234	—	2000	建阳（福建）	福建	—
	1278	李尔	—	临汾（山西）	山西	—
元	1280	陈继龙、赵吊眼	20000	漳州（福建）	福建	2 年
	1283	林桂芳、赵良钤	10000 ＋	新会（广东）	广东	—
	1283	黄华	100000	建宁（福建）	福建	—
	1284	李逸主	—	任丘（河北）	河北	—
	1285	赵和尚（和尚）	—	四川	四川	—
	1288	董贤举	10000 ＋	广东	广东	—
	1288	詹一仔	10000 ＋	湖南	湖南	—
	1288	杨镇龙、柳世英	10000 ＋	浙江	浙江	—
	1288	钟明亮	10000 ＋	惠州（广东）	江西	—
	1289	—	—	江南	—	—
	1292	黄申旭	20000	上思（广西）	广西	2 年
	1296	刘六十	10000 ＋	赣州（江西）	江西	—
	1301	宋龙吉	4000	广州	广州	5 年
	1312	阿失歹儿、塔海	—	沧州（河北）	河北、山东	—
	1325	赵丑厮、郭菩萨	—	河南	河南	—
	1337	棒胡	100 ＋	淮阳（河南）	河南	—

续 表

朝代	年 代	领 袖	起义人数	发源地	影响地区	持续
	1337	碧斯	36（击败10000）	南京	江苏	—
	1338	彭英宇（和尚）	5000	宜春（江西）	江西	—
	1348	方国振	—	黄岩（浙江）	浙江	—
	1351	刘福通、徐寿辉（“红巾军”）	1000000	河北、安徽、江苏、湖北、江苏	山东、山西、河北、陕西、甘肃、四川、辽宁、福建、浙江、江西、湖北、湖南、广东、广西（天万建立）	12 年
	1352	郭子兴、朱元璋	200000	安徽	明以及其他20个省	16 年
	1353	张士诚	100000	泰县（江苏）	扬子江下游（6个省）（周政权建立）	14 年
明	1375	常德林（军人）	—	陕西	陕西	—
	1376	陈华斯（军人）	2000	和县（广西）	广西	—
	1378	单丹（军人）	—	灵武（宁夏）	宁夏	—
	1379	彭普贵	—	眉县（四川）	四川	—
	1381	铲平王（永平王）	20000	广东	广东	—
	1385	武破	200000	四川	四川	—
	1397	田久成、高福兴	—	陕西	陕西、甘肃（隆丰建立）	10 年
	1398	阿孙	—	连城（福建）	福建	—
	1409	李发亮	—	湘潭（湖南）	江西	—
	1420	唐赛儿	20000	普泰（山东）	山东	—
	1445—1447	叶宗留（矿工）	20000	上饶（江西）	浙江、江西、福建	6 年

续　表

朝代	年　代	领　袖	起义人数	发源地	影响地区	持续
	1448	邓茂七	20000	沙县（福建）	福建、江西、浙江、广东	1 年
	1448	黄晓阳	100000+	广州	广东（东洋政权建立）	2 年
	1450	王彪	400000	山东	山东、河南、陕西、湖北、山西	22 年
	1456	侯大苟（瑶族）	—	桂平（广西）	广西、广东	—
	1457	侯正昂（瑶族）	—	鹿寨（广西）	广西	—
	1464	赵峰	—	德阳（四川）	四川	—
	1465	刘通、石龙	1000000	荆州（湖北）	湖北、四川、河南、陕西	1 年
	1470	李源	200000	南漳（湖北）	湖北、湖南	1 年
	1508	刘烈	100000+	保和（四川）	山西、湖北、湖南、广东、广西	—
	1510	刘六、刘七	130000	霸县（河北）	河北、河南、山东、河北、江苏、安徽、山西、江西	3 年
	1510	—	—	桂平（广西）	广西	—
	1511	曹普、方四	200000	江津（四川）	四川、甘肃	—
	1511	王玉武（与 6 个团体）	—	江西	江西	—
	1512	廖功光	—	广东	广东	—
	1517	谢洁山、兰天峰	—	江西	江西	—
	1517	陈月能、迟忠荣	—	广东	广东	—
	1517	高快马	—	广东	广东	—
	1517	龚福全	—	湖南	湖南	—
	1517	昝世福	—	福建	福建	—

续 表

朝代	年 代	领 袖	起义人数	发源地	影响地区	持续
	1524	李文姬	2000	广东	广东	—
	1536	侯胜海、侯功定	—	桂平（广西）	广西	3 年
	1550（?）	赖庆贵	—	龙南（江西）	江西	10 年
	1572	林道乾	2000	潮州（广东）	广东	—
	1588	梅堂、刘汝国	—	黄冈（湖北）	湖北	1 年
	1599	商人	2000	荆州（湖北）	湖北	—
	1599	商人	10000	武昌（湖北）	湖北	—
	1599	民众	10000 +	天津	河北	—
	1601	葛贤（工人）	2000	苏州	江苏	—
	1606	民众	10000	云南	云南	—
	1622	徐鸿儒	20000	郓城（山东）	山东（大成兴盛建立）	半年
	1627	张献忠、李自成	100000 +	陕西	陕西、河北、河南、山西、山东、湖北、江苏、江西、四川、广东（大顺和大喜建立）	9 年
	1630	王刚	200000	山西	山西	41 年
	1641	李自成	1000000	河南	1644 年，攻占北京	5 年
	1644	“于元军”	1000000	山东	山东	11 年
	1646	13 支	至少 300000	—	湖南、四川、湖北	19 年
清	1721	朱一贵	350000	台湾	台湾（永和政权建立）	—
	1774	王伦	—	山东	山东	—
	1781	苏四十三、韩二	—	临夏（甘肃）	甘肃	—
	1783	田五	—	甘谷（甘肃）	甘肃	1 年

续　表

朝代	年　代	领　袖	起义人数	发源地	影响地区	持续
	1786	林爽文	100000 +	占华（台湾）	台湾（顺天政权建立）	1 年
	1795	石柳邓、吴龙登	2000	贵州、湖南	贵州、湖南	12 年
	1796	聂洁仁、张正英	200000	宜都、枝江（湖北）	四川、湖北、河南、陕西、甘肃	9 年
	1813	李文成、林清	20000	滑县（河南）	北京都城被攻击	—
	1851	洪秀全	—	金田（广西）	江苏、江西、湖北、湖南、广东、广西、四川、福建（太平天国运动兴起）	15 年
	1853	刘丽川（小刀会或“刺杀团”）	—	上海	江苏	1 年半
	1861	宋景诗（“黑旗军”）	10000 +	山东	山东	1 年
	1863	迈孜木杂特	200000	伊犁（新疆）	新疆（苏丹建立）	10 年
	1864	伊萨	5000—6000	吐鲁番（新疆）	新疆	9 年
	1864	—	—	库车（新疆）	新疆	9 年
	1866	—	—	哈密（新疆）	新疆	7 年
	1884	金向银、阿古柏	—	喀什（新疆）	新疆（苏丹建立）	13 年
	1898	广西谋反者	100000	广西	广西、广东	10 年

资料来源：李光璧等 1958；范文澜 1964；刘泽华等 1979；辞海编辑委员会 1979：4766-4816；张绍良、郑先进 1983。

注：符号“+”表示“多于”。符号“×”表示多于两个。在计算起义数量时，“×”用“2”来代替以计算最少的起义人数。

377 附录 K　棉及其在中国的传播

棉花（草棉或木棉）在汉朝以前就为中国人所熟识了，据范晔在《后汉书·西南夷传》中的记载，嫪毐一族在西南地区生产了高质量的棉布，后来，从海外进入到中国。根据唐朝例律，泉州港口的府衙每年负责为朝廷进口 20 斤（折合 11.9 千克）棉（参见庄为玑等 1989：9）。

最近的研究表明，三种棉的种类通过三种途径被引进中国：（1）非洲—阿拉伯品种经北部陆路，从中亚通往中国的甘肃和山西；（2）南亚品种（本木棉或者海岛棉）经南部海外线路，从印度去往缅甸、越南，到达中国的海南岛、云南、广西和广东；（3）美国品种通过东部海外的线路，要么直接到达中国东部沿海，要么从韩国到达东北（唐启宇 1986：第 12 章；亦见赵冈、陈仲毅 1983，第 1–2 章）。

三者中，南亚品种凭借其规模与持续性构成了主流，大约在 3 世纪，它被第一次推荐给南部边疆地区的夷人（《后汉书·西南夷传》；也参见唐启宇 1986：476−477；翁独健 1990：582−583），此后大约在 10 世纪传到中国（韩鄂 907/1979）。古代文献表明，南宋晚期以前，棉已经扎根于福建省，并在沿海传播到浙江和江苏（漆侠 1992），随后至少又用了 200 年的时间传播到中国北部（徐光启 1628/1972：第 8 章；石声汉 1979）。到了明末，棉已经占据了中国纤维制品的主导地位，这一漫长的时滞，可能是源于丝绸和大麻这两种中国传统纤维来源的力量。

棉的传播在中国经济中的影响是革命性的。首先，它为人们提供了一种价廉质优的纤维制品，这是丝绸和大麻纤维无可匹敌的。其次，棉的副产品，类似于棉的种子油和油渣饼是很好的食物来源和化肥产品，丝绸和大麻同样不能与之媲美。最后，棉的培植耕种和加工处理的确立，也为中国从 16 世纪直至今日的丝绸对外出口铺平了道路。

参考文献

中文参考文献

安志敏（1988）:《中国的史前农业》,《考古学报》，第4期，第369–381页。

白翠琴（1987）:《论魏晋南北朝时期民族的迁徙与融合》,《中央民族学院学报》，第1期，第8–13页。

白云翔（1985）:《殷代西周是否大量使用青铜农具的考古学观察》,《农业考古》，第1期，第70–81页。

班固（82）:《汉书》，北京：中华书局，1982年。

曹贯一（1989）:《中国农业经济史》，北京：中国社会科学出版社。

曹树基（1995）:《洪武时期河北地区的人口迁移》,《中国农史》，第3期，第12–27页。

曹婉如（1987）:《再论〈禹迹图〉的作者》,《文物》，第3期，第76–78页。

曹雪芹（约1763）:《红楼梦》，北京：人民出版社，1970年。

曹永和（1984）:《试论明太祖的海洋交通政策》,《中国海洋发展史论文集》，第1辑，台北："中研院"，第41–70页。

曹永和（1988）:《明洪武朝的中琉关系》,《中国海洋发展史论文集》，第3辑，台北："中研院"，第 284－312 页。
曾参（约前 436）:《大学》，见吴根友编:《四书五经》，北京：中国友谊出版公司，1993 年。
曾学优（1996）:《清代赣江中游地区农村市场初探——一个典型农业地区的农村市场结构》,《中国社会经济史研究》，第 1 期，第 38－50 页。
晁福林（1996）:《战国时期的土地私有化及其社会影响》,《江海学刊》，第 4 期，第 108－114 页。
陈邦瞻（1606）:《元史纪事本末》，北京：中华书局，1979 年。
陈昌远（1995）:《从"齐"得名看古代齐地纺织业》,《管子学刊》，第 2 期，第 57－60 页。
陈敦义、胡积善（1983）:《中国经济地理》，北京：中国展望出版社。
陈旉（1149）:《陈旉农书》，北京：农业出版社，1981 年。
陈高佣（1939）:《中国历代天灾人祸表》，上海：上海国立暨南大学出版社。
陈国恩、袁晖（1995）:《中国古代德行新典》，北京：中国工人出版社。
陈梦家（1956）:《殷墟卜辞综述》，北京：科学出版社。
陈琦（1865）:《钦定户部则例》，台北：成文出版社，1968 年。
陈寿（约 280）:《三国志》，北京：中华书局，1982 年。
陈铁民（1994）:《起义领袖传》，海口：海南出版社。
陈希育（1991）:《宋代大型商船及其"料"的计算法则》,《海交史研究》，第 1 期，第 53－59 页。
陈学文（1991）:《万历时期的中菲贸易》,《中国史研究》，第 1 期，第 44－52 页。
陈祖规编（1958）:《稻》，北京：中华书局。
成晓军等（1994）:《帝王家训》，武汉：湖北人民出版社。
辞海编辑委员会（1978）:《辞海：经济》，上海：上海辞书出版社。
辞海编辑委员会（1979）:《辞海》，上海：上海辞书出版社。
辞海编辑委员会（1980）:《辞海：哲学》，上海：上海辞书出版社。
辞海编辑委员会（1989）:《辞海》，上海：上海辞书出版社。
崔璇（1987）:《内蒙古新石器时代考古的重要突破——兴隆洼文化的发现与研究及其所提出的问题》,《内蒙古社会科学》，第 1 期，第 66－69 页。
邓端本（1986）:《广州港史》，北京：海洋出版社。

邓嗣禹（1967）:《中国考试制度史》，台北：学生书局。
董伦（约 1399）:《明太祖实录》，台北："中研院"，196 年。
董书城（1995）:《历代权臣发迹的奥秘》，北京：中国国际广播出版社。
董文义、韩仁信（1987）:《内蒙古巴林右旗那斯台遗址调查》,《考古》，第 6 期，第 507–518 页。
董仲舒（约 104）:《春秋繁露》，北京：中华书局，1975 年。
杜绍顺（1996）:《唐代均田制平民应受田标准新探》,《中国经济史研究》，第 3 期，第 132–138 页。
杜佑（801）:《通典》，出版者未知。
杜正胜（1979）:《周代城邦》，台北：联经出版事业公司。
鄂尔泰（1742）:《授时通考》，北京：中华书局，1956 年。
范文澜（1964）:《中国通史简编》，北京：人民出版社。
范晔（445）:《后汉书》，北京：中华书局，1984 年。
范毓周（1995）:《江南地区的史前农业》,《中国农业》，第 2 期，第 1–8 页。
方行（1981）:《中国封建社会的经济结构与主义萌芽》,《历史研究》，第 4 期，第 126–136 页。
方行（1984）:《清代前期小农经济的再生产》,《历史研究》，第 5 期，第 129–141 页。
方行（1986）:《论清代前期农民商品生产的发展》,《中国经济史研究》，第 1 期，第 53–66 页。
方杰（1995）:《越国的商业》,《浙江社会科学》，第 1 期，第 53–59 页。
房玄龄（646）:《晋书》，北京：中华书局，1989 年。
房仲甫（1983）:《殷人航渡美洲再探》,《世界历史》，第 3 期，第 47–57 页。
傅衣凌（1966）:《明清农村社会经济》，北京：生活 · 读书 · 新知三联书店。
傅仲侠、田昭林、张醒等（1985）:《中国军事史附卷》（上），北京：解放军出版社。
傅仲侠、田昭林、张醒等（1986）:《中国军事史附卷》（下），北京：解放军出版社。
傅筑夫（1980）:《中国经济史论丛》，北京：生活 · 读书 · 新知三联书店。
傅筑夫（1981）:《中国封建社会经济史》，北京：人民出版社。

傅筑夫、王毓瑚（1982）:《中国经济史资料秦汉三国编》，北京：中国社会科学出版社。

傅宗文（1991）:《刺桐港史初探》,《海交史研究》，第2期，第105–151页。

高敏（1987）:《魏晋南北朝社会经济史共性和特性》，北京：人民出版社。

高文德（1996）:《中国历史上游牧经济的共性和特性》,《中国经济史研究》，第4期，第109–121页。

葛剑雄（1993）:《宋代人口新政》,《历史研究》，第6期，第34–45页。

公羊高（战国）:《公羊传》，北京：中华书局，1980年。

龚维英（1987）:《试论中国上古夷、夏畛域的消失——兼论上古诸族分隶南北两大族团》,《人文杂志》，第1期，第81–86页。

管仲（战国）:《管子》，北京：中华书局，1988年。

郭宝钧（1978）:《中国青铜器时代》，北京：生活·读书·新知三联书店。

郭成康（1996）:《18世纪中国物价问题和政府对策》,《清史研究》，第1期，第8–19页。

郭沫若（1977）:《中国古代社会研究》，北京：人民出版社。

郭强（1979）:《南水北调关系中国北方农业大增产的工程》,《明报月刊》，第6期，第33–38页。

郭汝瑰、邓宗泽、梁明泉等（1988）:《中国军事史（第四卷）》，北京：解放军出版社。

郭文韬（1988）:《中国农业科技科技发展史略》，北京：中国科学技术出版社。

韩大成（1957）:《明代商品经济的发展与资本主义的萌芽》,《明清社会经济形态的研究》，中国人民大学中国历史教研室编，上海：上海人民出版社。

韩大成（1986）:《明代社会经济初探》，北京：人民出版社。

韩鄂（约907）:《四时纂要》，见缪启愉:《四时纂要校释》，北京：农业出版社，1979年。

韩福龙（1986）:《论隋炀帝的历史作用》,《安徽史学》，第3期，第13–34页。

韩连琪（1986）:《先秦两汉史论丛》，济南：齐鲁书社。

韩儒林编（1986）:《元朝史》，北京：人民出版社。

韩愈（约824）:《原道》，出版者未知。

郝铁川（1987）:《周朝国家结构考述》,《华东师范大学学报》，第2期，第75–

78 页。

何博传（1992）:《山坳上的中国》，旧金山：中华图书城。

弘昼、鄂尔泰、福敏、徐元梦（1735）:《八旗满洲氏族通谱》，沈阳：辽沈书社，1989 年。

侯外庐编（1992）:《中国大百科全书中国历史》，北京：中国大百科全书出版社。

胡道静（1985）:《农书 · 农史论集》，北京：农业出版社。

胡戟（1983）:《从耕三余一说起》,《中国农史》，第 4 期，第 14–22 页。

胡锡文编（1958）:《麦》，北京：中华书局。

桓宽（汉朝）:《盐铁论》，出版者未知。

黄今言、陈晓鸣（1997）:《汉朝边防军的规模及其养兵费用之探讨》,《中国经济史研究》，第 1 期，第 86–102 页。

黄其煦（1982–1983）:《黄河流域新石器时代农耕文化中的作物》,《农业考古》，1982 年第 2 期，第 55–61 页;《农业考古》, 1983 年第 1 期，第 39–50 页。

黄省曾（1520）:《西洋朝贡典录》，北京：中华书局，1982 年。

纪昀（1782）:《钦定四库全书》，台北：台湾商务印书馆，日期不详。

季羡林（1955）:《中国蚕丝输入印度问题的初步研究》,《历史研究》，第 4 版，第 51–94 页。

贾思勰（约 534）:《齐民要术》，北京：农业出版社，1985 年。

贾谊（约前 168 前）:《过秦论》，见《贾谊新书》，上海：上海古籍出版社。

翦伯赞（1983）:《秦汉史》，北京：北京大学出版社。

翦伯赞、郑天挺（1962）:《中国通史参考资料》，北京：中华书局。

江曹（音）（1987）:《小站和小站稻》,《科技日报》，5 月 5 日第 4 版。

江晓原（1995）:《性张力下的中国人》，上海：上海人民出版社。

金观涛、刘青峰（1984）:《兴盛与危机》，长沙：湖南人民出版社。

经君健（1981）:《论清代社会的等级结构》,《中国社会科学院经济研究所集刊》，第 3 集，中国社会科学院经济研究所学术委员会编，北京：中国社会科学出版社，第 1–64 页。

军事科学院编（1987）:《中国军事地理概况》，北京：军事科学出版社。

柯劭忞（1920）:《新元史》，天津：徐氏退耕堂。

孔丘（约 479）:《论语》，香港：孔学出版社，1985 年。

孔祥贤（1983）:《江南各省的双季稻是在康熙后期开始推广的》,《农业考古》，第1期，第33–38页。
赖琪、陈琛编（1995）:《宋太祖治国圣训》，北京：中国华侨出版社。
蓝勇（1996a）:《从天地生综合研究角度看中华文明东移南迁的原因》,《新华文摘》，第3期，第69–72页。
蓝勇（1996b）:《明清三峡地区农业垦殖与农田水利建设研究》,《中国农史》，第2期，第59–69页。
乐寿明（1986）:《我国唐宋以后佛教的特点》,《江淮论坛》，第3期，第90–96页。
犁播（1981）:《中国古农具发展史简编》，北京：农业出版社。
李斌城编（1985）:《中国农民战争史·隋唐五代十国》，北京：人民出版社。
李伯重（1984）:《明清时期江南水稻生产集约程度的提高》,《中国农史》，第1期，第24–37页。
李伯重（1985）:《明清江南农业资源的合理利用》,《农业科学》，第2期，第150–163页。
李伯重（1996a）:《"人耕十亩"与明清江南农民的经营规模——明清江商农业经济发展特点探讨之五》,《中国农史》，第1期，第1–14页。
李伯重（1996b）:《从"夫妇并作"到"男耕女织"——明清江南农家妇女劳动问题探讨之一》,《中国经济史研究》，第3期，第99–107页。
李伯重（1996c）:《清代前中期江南人口的低速增长及其原因》,《清史研究》，第2期，第10–19页。
李昉（983）:《太平御览》，出版者未知。
李光璧、钱君晔、来新夏（1958）:《中国农民起义论集》，北京：生活·读书·新知三联书店。
李桂海（1987）:《中国历代名臣》，郑州：河南人民出版社。
李宏炜（1987）:《甘肃安西县发现一处新石器时代遗址》,《考古》，第1期，第91页。
李鸿章（约1901）:《李鸿章家书》，北京：中国华侨出版社，1994年。
李济（1990）:《安阳》，北京：中国社会科学出版社。
李剑农（1957）:《宋元明经济史稿》，北京：生活·读书·新知三联书店。
李剑农（1962）:《先秦两汉经济史稿》，北京：中华书局。

李金明（1990）:《明代海外贸易史》，北京：中国社会科学出版社。

李隆基（738）:《唐六典》，北京：中华书局，1991年。

李民（1986）:《略论中国古代氏族制度的解体》,《中州学刊》，第6期，第121-126页。

李民、杨择令、孙顺霖等（1990）:《古本竹书纪年辑证》，郑州：中州古籍出版社。

李瑞兰（1986）:《李悝变法中的尽地力之教》,《历史教学》，第6期，第33-35页。

李三谋（1995）:《论明清南方租佃制的特殊性》,《中国农史》，第2期，第39-48页。

李埏（1996）:《三论中国封建土地国有制》,《思想战线》第1期，第57-63页。

李少白（1984）:《科学技术史》，武汉：华中工学院出版社。

李绍连（1987）:《中国文明起源的考古线索及其启示》,《新华文摘》，第4期，第90-94页。

李世民（约649a）:《帝范》，见《帝王家训》，第10章，武汉：湖北人民出版社，1994年。

李世民（约649b）:《自鉴录》，见《帝王家训》，第11章，武汉：湖北人民出版社，1994年。

《历史研究》编辑部、复旦学报编辑部（1983）:《近代中国资产阶级研究》，上海，复旦大学出版社。

李世愉编（1994）:《清官贪官传》，海口：海南出版社。

李焘（1183）:《续资治通鉴长编》，北京：中华书局，1956年。

李文治（1981）:《论中国地主经济制与农业资本主义萌芽》,《中国社会科学》，第1期，第143-160页。

李文治（1994）:《西周封建论——从助法考察西周的社会性质》,《中国经济史研究》，第4期，第85-93页。

李晓东（1986）:《中国封建家礼》，西安：陕西人民出版社。

李心传（约1202）:《建炎以来系年要录》，北京：中华书局，1956年。

李延寿（659）:《南史》，北京：中华书局，1975年。

李长年编（1982）:《农桑经校注》，北京：农业出版社。

李长善编（1370）:《元史》，出版者未知。

李兆超（1991）:《略析宋代关市之征》,《经济科学》，第5期，第70-76页。
李祖德（1990）:《中国历代开国帝王传》，合肥：黄山书社。
李祖德（1993）:《中国历代王国帝王传》，合肥：黄山书社。
栗劲（1985）:《秦律通论》，济南：山东人民出版社。
梁方仲（1980）:《中国历代户口田地田赋统计》，上海：上海人民出版社。
梁吉充、王玉林编译（1995）:《明太祖治国圣训》，北京：中国华侨出版社。
梁廷楠（约1861）:《粤海关志》，出版者未知。
林承坤（1987）:《长江钱塘江中下游地区新石器时代地理与稻作的起源和分布》，《农业考古》，第1期，第283-291页。
林更生（1982）:《古代从海路引进福建的植物》,《海交史研究》，第4期，第87-91页。
林满红（1991）:《中国的白银外流与世界金银减产（1814—1850）》,《中国海洋发展史论文集》，第4辑，台北："中研院"，第1-44页。
林士民（1990）:《海上丝绸之路的著名海港明州》，北京：海洋出版社。
林蔚文（1986）:《古代越人的航海能力及东渡美洲》,《海交史研究》，第1期，第38-46页。
林祥庚（1987）:《殷契周弃时代社会性质再认识》,《历史研究》，第2期，第47-63页。
刘安（约前122前）:《淮南子》，上海：上海古籍出版社，1989年。
刘必马（1987）:《现代中国人体质特征研究的新收获》,《科技日报》，10月6日第4版。
刘昶（1982）:《为什么资本主义不曾在中国发展起来》,《历史研究》，第5期，第188-198页。
刘大钧（1992）:《易经全译》，成都：巴蜀书社。
刘大钧、林忠军（1993）:《周易传文白话解》，成都：巴蜀书社。
刘露（1996）:《清代与世界科技的交流》,《人民日报（海外版）》，11月23日第3版。
刘森（1992）:《宋代钱监研究》,《中国史研究》，第3期，第117-123页。
刘森（1993a）:《宋代铁钱与铁产量》,《中国经济史研究》，第2期，第86-90页。
刘森（1993b）:《宋金纸币史》，北京：中国金融出版社。

刘晓（音）（1988）:《秦始皇与大海》,《人民日报》，5月11日第8版。
刘兴林（1995）:《论商代农业的发展》,《中国农史》，第4期，第14–24页。
刘昫（945）:《旧唐书》，北京：中华书局，1975年。
刘泽华（1987）:《战国时期的士》,《历史研究》，第4期，第42–55页。
刘泽华、杨志玖、王玉哲等（1979）:《中国古代史》，北京：人民出版社。
刘泽华、张分田（1991）:《论贞观时期的民本思想》,《新华文摘》，第7期，第70–75页。
柳勇明（1987）:《小议河姆渡农业》,《农业考古》，第2期，第100–102页。
鹿谞慧（1991）:《中国县官制度沿革述略》,《新华文摘》，第6期，第74–77页。
栾保群、秦进才（1994）:《直臣奸臣传》，海口：海南出版社。
罗康存（1996）:《试论商代的蚕丝业》,《西华师范大学学报（哲学社会科学版）》，第1期，第113–117页。
罗雅萍（1992）:《南宋钱荒成因探讨》,《杭州大学学报（哲学社会科学版）》，第1期，第77–82页。
罗志野（1995）:《易经新议》，青岛：青岛出版社。
吕不韦（战国）:《吕氏春秋》，上海：上海古籍出版社，1989年。
吕振羽（1983）:《殷周时代的中国社会》，北京：生活·读书·新知三联书店。
吕宗力（1994）:《中国历代官制大辞典》，北京：北京出版社。
马端临（1307）:《文献通考》，出版者未知。
马雪芹（1996）:《明代河南王庄农业经济研究》,《中国经济史研究》，第4期，第61–70页。
马振铎（1993）:《仁·人道——孔子的哲学思想》，北京：中国社会科学出版社。
马宗申（1982）:《关于我国古代洪水和大禹治水的探讨》,《农业考古》，第2期，第3–11页。
马宗申（1985）:《西周农业税法考》,《农业考古》，第2期，第50–60页。
毛汉文（1987）:《中华民族的两大发源地》,《新华文摘》，第1期，第199–200页。
孟子（战国）:《孟子》，北京：人民文学出版社，1957年。
缪启愉（1982）:《齐民要术校释》，北京：农业出版社。
牟永抗、宋兆麟（1981）:《江浙的石犁和破土器——试论我国犁耕的起源》,《农业考古》，第2期，第75–84页。

倪来恩、夏维中（1990）:《外国白银与明帝国的崩溃》,《中国社会经济史研究》，第 3 期，第 46–56 页。

牛创平、秦国经（1992）:《中国历代误政 300 例》，北京：北京师范大学出版社。

欧阳修（1060）:《新唐书》，北京：中华书局，1975 年。

彭勃、龚飞（1997）:《中国监察制度史》，北京：中国方正出版社。

彭泽益（1990）:《清代财政管理体制和收支结构》,《中国社会科学院研究生院学报》，第 2 期，第 48–59 页。

蒲坚（1990）:《中国古代行政立法》，北京：北京大学出版社。

漆侠（1992）:《宋代植棉续考》,《史学月刊》，第 5 期，第 18–21 页。

邱炫煜（1993）:《民初与南海诸蕃国之朝贡贸易》,《中国海洋发展史论文集》，第 5 辑，台北："中研院"。

曲直生（1960）:《中国古农书简介》，台北：经济研究社台湾省分社。

全汉昇（1993）:《略论新航路发现后的中国海外贸易》,《中国海洋发展史论文集》，第 5 辑，台北："中研院"，第 1–16 页。

萨都剌（约 1348）:《早发黄河即事》，见王镇远等编：《古诗海》，上海：上海古籍出版社，1992 年，第 1616 页。

山东省文物管理处、济南市博物馆（1974）:《〈大汶口〉新石器时代墓葬发掘报告》，北京：文物出版社。

商晓原（1989）:《中国国民的自我抑制型人格》，昆明：云南人民出版社。

商鞅（前 338）:《商君书》，北京：中华书局，1986 年。

邵勤（1985）:《析"民本"：对先秦至西汉民本思想的考察》,《历史研究》，第 6 期，第 3–16 页。

沈玉成（1994）:《盛世皇帝传》，海口：海南出版社。

沈重（1994）:《唐代名人科举考卷议评》，南昌：江西高校出版社。

施耐庵（明早期）:《水浒传》，北京：中华书局，1980 年。

施伟青（1986）:《关于秦汉徭役的若干问题》,《中国史研究》，第 2 期，第 17–30 页。

石声汉（1979）:《农政全书校注》，上海：上海古籍出版社。

石声汉（1980）:《中国农书评介》，北京：农业出版社。

史凤仪（1987）:《中国古代婚姻与家庭》，武汉：湖北人民出版社。

史延廷（1992）:《中国历代奸臣传》，北京：国际文化出版社。
司马光（1804）:《资治通鉴》，北京：中华书局，1956 年。
司马迁（前 91）:《史记》，北京：中华书局，1982 年。
斯维至（1957）:《关于殷周土地所有制的问题》，见《中国古代史分期讨论集》，北京：生活·读书·新知三联书店，第 151－178 页。也发表于《历史研究》，1956 年第 4 期。
宋濂（1371）:《耶律楚材传》，见《元史》，卷一四六列传第三十三。
宋希尚（1954）:《历代治水文献》，台北：中华文化出版事业委员会。
宋新朝（1991）:《殷商文化区域研究》，西安：陕西人民出版社。
宋应星（1637）:《天工开物》，香港：中华书局，1978 年。
宋元强（1992）:《清朝的状元》，长春：吉林文史出版社。
苏民生（1987）:《我国文字的历史究竟有多久》，《瞭望周刊》，第 9 期，第 44－45 页。
苏晔、李菊（1992）:《古币纵横》，北京：中国金融出版社。
孙常叙（1959）:《耒耜的起源及其发展》，上海：上海人民出版社。
孙光圻（1989）:《中国古代航海史》，北京：海洋出版社。
孙景坛（1990）:《中国古史分期新探》，《南京社会科学》，第 1 期，第 64－69 页。
孙言诚（1994）:《末代皇帝传》，海口：海南出版社。
孙翊刚（1988）:《简明中国财政史》，北京：中国财政经济出版社。
孙长江（1986）:《经学与中国文化》，见《中国传统文化再估计》，上海：上海人民出版社，第 613－632 页。
孙仲汇（1989）:《古钱币图解》，上海：上海书店出版社。
孙仲汇、施新彪、周祥等（1991）:《简明古钱币辞典》，上海：上海古籍出版社。
孙作云（1966）:《诗经与周代社会研究》，北京：中华书局。
唐圭璋（1988）:《唐宋词鉴赏辞典》，上海：上海辞书出版社。
唐进、郑川水（1993）:《中国国家机构史》，沈阳：辽宁人民出版社。
唐克亮（1993）:《试论北宋时期的官吏经商》，《求索》，第 6 期，第 120－124 页。
唐启宇（1986）:《中国作物栽培史稿》，北京：农业出版社。
唐长孺（1956）:《均田制度的产生及其破坏》，《历史研究》，第 2 期，第 1－30 页。
田昌五（1986）:《中国封建社会长期停滞论质疑》，《郑州大学学报（哲学社会科学版)》，第4期，第72-81页。
田方、陈一筠(1986):《中国移民史略》，北京：知识出版社。
田昭林、陶文焕、赵秀昆(1990):《中国军事史》第五卷，北京：解放军出版社。
田兆阳(1994):《中国古代行政史略》，北京：新世界出版社。
佟柱臣(1986):《中国新石器时代文化的多中心发展论和发展不平衡论》，《文物》，第2期，第16-39页。
脱脱(1344):《金史》，北京：中华书局，1985年。
脱脱(1345):《宋史》，北京：中华书局，1985年。
汪灏(1708):《广群芳谱》，上海：商务印书馆，1936年。
汪敬虞(1984):《略论中国资本主义产生的历史条件》，《历史研究》，第2期，第95-110页。
王曾瑜(1993):《金朝户口分类制度和阶级结构》，《历史研究》，第6期，第46-62页。
王邨(1987):《近五千余年来我国中原地区气候在年降水量方面的变迁》，《中国科学》，第1期，第104-112页。
王德昭(1982):《清代科举制度研究》，香港：香港中文大学出版社。
王冠倬(1991):《中国古船》，北京：北京海洋出版社。
王慧芳(1982):《泉州湾出土宋代海船的进口药物在中国医药史上的价值》，《海交史研究》，第4期，第60-65页。
王克林(1983):《略论我国沟洫的起源和用途》，《农业考古》，第2期，第65-69页。
王圻(1586):《续文献通考》，卷一，出版者未知。
王庆云(1858):《石渠余记》，北京：北京古籍出版社，1985年。
王圣铎(1995):《两宋财政史》，北京：中华书局。
王先明(1987):《近代中国绅士阶层的分化》，《社会科学战线》，第3期，第173-174页。
王献唐(1985):《炎黄始祖文化考》，济南：齐鲁书社。
王晓天(1991):《中国古代监察制度述论》，《新华文摘》，第7期，第75-78页。
王兴亚(1996):《清代河南集市的发展》，《南都学坛》，第1期，第70-74页。
王应麟(1296):《玉海》，杭州：浙江书局，1883年。

王玉茹（1996）:《中国近代物价总水平变动趋势研究》,《中国经济史研究》，第2期，第50-63页。

王毓瑚（1964）:《中国农学书录》，北京：农业出版社。

王云森（1980）:《中国古代土壤科学》，北京：科学出版社。

王云五（1969）:《礼记今注今译》，台北：台湾商务印书馆。

王兆林、边疆（音）（1996）,《迄今最大西周殉葬车马坑在陕西发现》,《新华文摘》，第11期，第84页。

王兆棠、徐永康（1986）:《中国法制史纲》，杭州：浙江人民出版社。

王祯（1304）:《王祯农书》，王毓瑚主编，北京：农业出版社，1981年。

王镇远等编（1992）:《古诗海》，上海：上海古籍出版社。

王治功（1986）:《中国农业的起源及其经济地位问题》,《汕头大学学报》，第4期，第87-90页。

王致中、魏丽英（1995）:《融合与发展》,《甘肃社会科学》，第6期，第69-72页。

韦庆远（1989）:《中国政治制度史》，北京：中国人民大学出版社。

韦镇福、田昭林等（1993）:《中国军事史》（第一卷），中国军事史编写组编，北京：解放军出版社。

韦祖辉、颜吉鹤（1992）:《中国历代清官传》，北京：国际文化出版公司。

魏收（554）:《魏书》，北京：中华书局，1974年。

魏在田等（1995）:《康熙治国圣训》，北京：中国华侨出版社。

魏徵（656）:《隋书》，北京：中华书局，1989年。

温少峰、袁庭栋（1983）:《殷墟卜辞研究》，成都：四川省社会科学出版社。

文士丹（1987）:《长江中游的先秦农具》,《农业考古》，第1期，第157-172页。

翁独健（1990）:《中国民族关系史纲要》，北京：中国社会科学出版社。

吴承明（1985）:《中国资本主义与国内市场》，北京：中国社会科学出版社。

吴根友编（1993）:《四书五经》，北京：中国友谊出版公司。

吴慧（1984）:《中国古代六大经济改革家》，上海：上海人民出版社。

吴慧（1985）:《中国历代粮食亩产研究》，北京：农业出版社。

吴予敏（1988）:《无形的网络——从传播学的角度看中国的传统文化》，北京：国际文化出版公司。

吴自牧（1334）:《梦粱录》，北京：中国商业出版社，1980年。

武建国（1996）:《论五代十国的封建土地国有制》,《中国经济史研究》，第 1 期，第 128–139 页。
夏征农编（1989）:《辞海》，上海：上海辞书出版社。
肖黎（1987）:《中国历代明君》，郑州：河南人民出版社。
萧子显（526）:《南齐书》，北京：中华书局，1972 年。
谢国桢（1956）:《清初农民起义资料辑录》，上海：新知识出版社。
谢国桢（1980）:《明代社会经济史料选编（上）》，福州：福建人民出版社。
谢国桢（1981）:《明代社会经济史料选编（下）》，福州：福建人民出版社。
谢天佑、简修炜（1980）:《中国农民战争简史》，上海：上海人民出版社。
谢维扬（1990）:《周代家庭形态》，北京：中国社会科学出版社。
辛立（1987）:《孔子的“德”、“礼”观》,《北京师范大学学报》，第 4 期，第 87–93 页。
邢铁（1995）:《我国古代的诸子平均析产问题》,《中国史研究》，第 4 期，第 3–15 页。
徐昌义、李跃武（1995）:《乾隆治国圣训》，北京：中国华侨出版社。
徐光启（约 1628）:《农政全书》，上海：上海古籍出版社，1979 年。
徐敏、镜澄（1992）:《中国历代改革家传》，北京：国际文化出版公司。
徐松（1809）:《宋会要辑稿》，北京：中华书局，1957 年。
徐松（1838）:《登科记考》，北京：中书书局，1984 年。
徐天春、李亚伟（1995）:《唐太宗治国圣训》，北京：中国华侨出版社。
徐天麟（南宋）:《东汉会要》，出版者未知。
许涤新、吴承明（1985）:《中国资本主义的萌芽》，北京：人民出版社。
许檀（1995）:《明清时期山东经济的发展》,《中国经济史研究》，第 3 期，第 40–63 页。
玄烨（1772）:《庭训格言》，见《帝王家训》，武汉：湖北人民出版社，1994 年。
薛平拴（1995）:《中晚唐“钱重物轻”试探》,《陕西师大学报》，第 3 期，第 61–67 页。
荀况（约 238）:《荀子》，北京：中华书局，1979 年。
严文明（1982）:《中国稻作农业的起源》,《农业考古》，第 1 期，第 19–31 页。
严文明（1987）:《中国史前文化的统一性与多样性》,《文物》，第 3 期，第 38–

50 页。
阎步克（1986）:《秦政、汉政与文吏、儒生》,《历史研究》，第 3 期，第 143-159 页。
阎守诚（1988）:《重农抑商试析》,《历史研究》，第 4 期，第 136-146 页。
颜惠崇（1994）:《宋代陶瓷业兴盛的原因》,《南昌大学学报》，第 2 期，第 105-110 页。
羊春秋、沈国清（1993）:《中国历代开国皇帝》，北京：中国人事出版社。
杨宝霖（1982）:《我国引进番薯的最早之人和引种番薯的最早之地》,《农业考古》，第 2 期，第 79-83 页。
杨国桢（1988）:《明清土地契约文书研究》，北京：人民出版社。
杨国桢（1991）:《明代闽南通琉球航路史事钩沉》,《海交所研究》，第 2 期，第 16-20 页。
杨善群（1984）:《关于西周分封制的几个问题》,《求是学刊》，第 3 期，第 78-83 页。
杨升南（1992）:《商代经济史》，贵阳：贵州人民出版社。
杨正泰（1994）:《明代驿站考》，上海：上海古籍出版社。
杨志玖（1992）:《中国古代官制讲座》，北京：中华书局。
姚燧（1371）:《牧庵文集》，出版者未知。
叶坦（1991）:《宋代工商业发展的历史特征》,《上海社会科学院学术季刊》，第 2 期，第 103-111 页。
叶文宪（1991）:《中国国家形成之路》,《新华文摘》，第 3 期，第 63-66 页。
佚名（1985）:《全国仰韶文化学术讨论会在渑池召开》,《光明日报》，11 月 8 日。
佚名（1986）:《中华文明发祥地有四大区域》,《人民日报》，9 月 23 日。
佚名（春秋）:《诗经》，出版者未知。
佚名（约 1606）:《杨家府演义》，上海：上海古籍出版社，1980 年。
佚名（约前 11 世纪）:《易经》，出版者未知。
佚名（约前 3 世纪）:《周礼》，见孙诒让:《周礼正义》，上海：上海商务印书馆，1934 年。
佚名（周朝）:《尚书》，出版者未知。
尹进（1980）:《关于中国农业中资本主义萌芽问题》,《历史研究》，第 2 期，第

107–120 页。
于仁伯（1987）:《土地、人口、生态环境》,《科技日报》，7 月 20 日。
于省吾（1957）:《商代的谷类作物》,《东北人民大学人文科学学报》，第 1 期，第 87–107 页。
余华青（1993）:《中国宦官制度史》，上海：上海人民出版社。
余也非（1980）:《中国历代粮食平均亩产量考略》,《重庆师范学院学报》，第 3 期，第 8–21 页。
余英时（1987）:《士与中国文化》，上海：上海人民出版社。
喻常森（1991）:《元代官本船海外贸易制度》,《海交所研究》，第 2 期，第 92–98 页。
张保明、穆铮国（音）（1987 年）:《必须高度重视粮食生产》,《科技日报》，1 月 22 日第 3 版。
张岱年（1987）:《中国传统哲学的批判继承》,《地理月刊》，第 1 期，第 21 页。
张德昌（1970）:《清季一个京官的生活》，香港：香港中文大学出版社。
张海鹏、张海瀛（1993）:《中国十大商帮》，合肥：黄山书社。
张家驹（1957）:《两宋经济重心的南移》，武汉：湖北人民出版社。
张家炎（1995）:《明清江汉平原的农业开发对商人活动和市镇发展的影响》,《中国农史》，第 4 期，第 40–48 页。
张绍良、郑先进（1983）:《中国农民革命斗争史》，北京：求实出版社。
张树栋、李秀领（1990）:《中国婚姻家庭的嬗变》，杭州：浙江人民出版社。
张廷玉等（1735）:《明史》，北京：中华书局，1974 年。
张耀南、李柏光、肖伟中（1995）:《官场文化》，北京：中国经济出版社。
张正明（1987）:《楚文化史》，上海：上海人民出版社。
张正明（1995）:《晋商兴衰史》，太原：山西古籍出版社。
张中训（1986）:《清嘉庆年间闽浙海盗组织研究》,《中国海洋发展史论文集》，第 2 辑，台北：“中研院”，第 161–198 页。
张忠民（1996）:《“小生产，大流通”——前近代中国社会再生产的基本模式》,《中国经济史研究》，第 2 期，第 42–49 页。
张忠培（1987）:《浅谈中国考古学的现在与未来》,《瞭望周刊》，第 36 期，第 42–43 页。

张子高（1977）:《中国化学史稿（古代之部）》，香港：香港科学出版社。

章继光、孙建华、李克和（1993）:《中国历代权奸》，北京：中国人事出版社。

章楷、李根蟠（1983）:《玉米在我国粮食作物中地位的变化——兼论我国玉米生产的发展和人口增长的关系》,《农业考古》，第2期，第94-99页。

章深（1992）:《熙丰变法时期的海外贸易》,《河北学刊》，第5期，第79-84页。

章文贡（1982）:《泉州湾宋代沉船中乳香的薄层色谱鉴定》,《福建师大学报（自然科学版）》，第4期，第56-59页。

章巽（1986）:《我国古代的海上交通》，北京：商务印书馆。

赵德馨等（1990）:《中国经济史辞典》，武汉：湖北辞书出版社。

赵冈、陈仲毅（1983）:《中国棉业史》，台北：联经出版事业公司。

赵克尧（1984）:《论唐太宗的农本思想与中农政策》,《新华文摘》，第11期，第67-71页。

赵匡胤（约976）:《宋太祖治国圣训》，赖琪、陈琛编，北京：中国华侨出版社，1995年。

赵桐茂（1986）:《中华民族起源地的新探索》,《大众医学》，第3期，第5-6页。

赵秀昆、田昭林等（1987）:《中国军事史》，第3辑，北京：解放军出版社。

赵秀昆、田昭林等（1991）:《中国军事史》，第6辑，北京：解放军出版社。

郑良树（1989）:《商鞅及其学派》，上海：上海古籍出版社。

郑若葵（1987）:《试论商代的车马葬》,《考古》，第5期，第462-469页。

郑学檬、蒋兆成、张文绮（1984）:《简明中国经济通史》，哈尔滨：黑龙江人民出版社。

郑自明（1938）:《中国历代的县政》，上海：仓颉印务有限公司。

中国大百科编辑委员会（1985）:《中国大百科教育》，北京：中国大百科全书出版社。

中国地图出版社等（1990）:《中华人民共和国分省地图集》，北京：中国地图出版社。

中国科学院（1978）:《中国土壤》，北京：科学出版社。

中国科学院考古研究所（1965）:《京山屈家岭》，北京：科学出版社。

中国科学院考古研究所（1987）:《内蒙古敖汉旗小山遗址》,《考古》，第6期，第481-483页。

中国农民战争史编辑委员会（1982）:《中国农民战争史论丛》，郑州：河南人民出版社。
中国农民战争史编辑委员会（1985）:《中国农民战争史研究》，郑州：河南人民出版社。
中国农业科学研究院（1984）:《中国农学史》，北京：科学出版社。
中国人民大学中国历史教研室编（1957）:《中国资本主义萌芽问题讨论集》，北京：生活·读书·新知三联书店。
中国社会科学院考古研究所（1980a）:《殷墟妇好墓》，北京：文物出版社。
中国文化研究所（1962—1968）:《中文大辞典》，台北：中国文化研究所。
周伯棣（1981）:《中国财政史》，上海：上海人民出版社。
周銮书（1997）:《千古一村——流坑历史文化的考察》，南昌：江西人民出版社。
周亚非（1995）:《中国历代状元录》，上海：上海文化出版社。
周远廉、谢肇华（1986）:《清代租佃制研究》，沈阳：辽宁人民出版社。
朱大渭（1994）:《开国皇帝传》，海口：海南出版社。
朱大渭等（1985）:《中国农民战争史：魏晋南北朝卷》，北京：人民出版社。
朱德兰（1986）:《清初迁界令时中国船海上贸易之研究》，《中国海洋发展史论文集》，第2辑，台北："中研院"，第105-159页。
朱绍侯（1985）:《中国古代史》，福州：福建人民出版社。
朱熹（约1200）:《朱子语类》，出版者未知。
朱彧（1119）:《萍洲可谈》，出版者未知。
竺可桢（1979）:《中国近五千年来气候变迁的初步研究》，见《竺可桢文集》，北京：科学出版社。
祝婴君、叶林生（1992）:《中国古代人事制度》，兰州：甘肃人民出版社。
庄国土（1995）:《茶叶、白银和鸦片：1750—1840年中西贸易结构》，《中国经济研究》，第3期，第64-76页。
庄为玑、庄景辉、王连茂（1989）:《海上丝绸之路的著名港口——泉州》，北京：海洋出版社。
子思（时间未详）:《中庸》，出版者未知。
左步青（1986）:《传统文化与清王朝的兴衰》，《人民日报》，11月28日，第5页。
左丘明（约前454a）:《国语》，北京：中华古籍出版社，1981年。

左丘明（约前 454b）:《左传》，北京：中华古籍出版社，1981 年。
左书谔（1986）:《明代宁夏屯田述论》,《宁夏社会科学》，第 3 期，第 85−90 页。
左宗棠（约 1885）:《左宗棠家书》，北京：中国华侨出版社，1994 年。

英文参考文献

An Jinhuai（1984）'Henan: Birthplace of Chinese Civilization', *CR*, 10: 65−67.

Anon.（1986）'The Peoples of China', *NGM*, July, n.p.

——（1991）'Maps of Chinese History', *NGM*, July, n.p.

——（1995）*Times Atlas of the World, Reference Edition*, London: Times Books.

Aston, T. H. and Philpin, C. H. E.（1985）*The Brenner Debate: Agrarian Structure and Economic Development in Pre-industrial Europe*,Cambridge: Cambridge University Press.

Bagchi, A. K.（1992）'Land Tax, Property Rights and Peasant Insecurity in Colonial India', *JPS*, 1: 1−49.

Bai Shouyi（ed.）（1982）*An Outline History of China*, Beijing: Foreign Language Press.

Bainbridge, A. A.(1988)'Pitcher Irrigation', *Drylander*(University of California), 2(2): 3.

Bairoch, P.（1977）*The Economic Development of the Third World since 1900*, translated by C. Postan, Berkeley and Los Angeles: University of California Press.

——（1986）'Historical Roots of Underdevelopment: Myths and Realities', in W. J. Mommsen and J. Osterhammel（eds）*Imperialism and After: Continuities and Discontinuity*, London: Allen and Unwin, pp. 192−194.

——（1993）*Economics and World History: Myths and Paradoxes*, Hemel Hempstead: Harvester Wheatsheaf.

Balasubramanyam, V. N.（1984）*The Economy of India*, London: Weidenfeld and Nicolson.

Balazs, E.（1972）*Chinese Civilization and Bureaucracy*,New Haven: Yale University Press.

Barbosa, D. (1518 AD.) *The Book of Duarte Barbosa: An Account of the Countries Bordering on the Indian Ocean and their Inhabitants*, translated by M. L. Dames in 1812, reprinted in 1967, Nendeln: Kraus Reprint.

Barker, R., Herdt, R. W. and Rose, B. (1985) *The Rice Economy of Asia*,Washington, DC: Resources for the Future, Inc.

Barrow, J. (1804) *Travels in China*, London: A. Strahan.

Berce, Y.-M. (1990) *History of Peasant Revolts: The Social Origins of Rebellion in Early Modern Franee*, Cambridge: Polity Press.

Bix, H. P. (1986) *Peasant Protest in Japan, 1590—1884*, New Haven: Yale University Press.

Blunden, C. and Elvin, M. (1983) *Cultural Atlas of China*,Oxford: Phaidon Press.

Boserup, E. (1965) *The Conditions of Agricultural Growth*,London: Allen and Unwin.

—— (1970) *Woman's Role in Economic Development*, London: Earthscan Publications.

—— (1981) *Population and Technical Change: A Study of Long-Term Trends*,Chicago: University of Chicago Press.

Bowen, R. W. (1980) *Rebellion and Democracy in Meiji Japan*,Berkeley: University of California Press.

Bray, F. (1983) 'Patterns of Evolution in Rice-Growing Societies', 1: 3-33.

—— (1984) 'Section 41: Agriculture', in J. Needham (ed.) *Science and Civilisation in China*, vol. 6, Cambridge: Cambridge University Press.

—— (1986) *The Rice Economies: Technology and Development in Asian Societies*, Oxford: Basil Blackwell.

Brenner, R. (1982) 'The Agrarian Roots of European Capitalism', 97: 16-113.

Broadbent, K. (1978) *A Chinese/English Dictionary of Chinese Rural Economy*, Farnham Royal: Commonwealth Agricultural Bureaux.

Brook, T. (ed.) (1989) *The Asiatic Mode of Production in China*,New York: M. E. Sharpe.

Buck, J. L. (1937) *Chinese Farm Economy*,Nanking: The University of Nanking and the China Council of the Institute of Pacific Relations.

—— (ed.) (1968) *Land Utilization in China*,New York: Paragon.

Burns, M. (1984) *Rural Society and French Politics*,Princeton: Princeton University Press.

Byres, T. J. (1974) 'Land Reform, Industrialisation and Marketed Surplus', in D. Lehmann (ed.) *Agrarian Reform and Agrarian Reformism*,London: Faber and Faber.

Cameron, M. E. (1974) *The Reform Movement in China, 1898—1912*, Stanford: Stanford University Press.

Cameron, R. and Freedeman, C. E. (1983) 'French Economic Growth: A Radical Revision', *Social Sciences History*, 1: 3-30.

Cartier, M. (1981) 'Les importations de metaux monetaires en Chine: essai sur la conjoncture chinoise', *Annales*,36: 454-466.

Cavalli-Sforza, L. L. (1974) 'The Genetics of Human Population', *SA*, 231 (3) : 81-89.

Chambers, J. D. (1972) *Population, Economy, and Society in Pre-industrial England*, Oxford: Oxford University Press.

Chandavarkar, R. (1985) 'Industrialization in India before 1947: Conventional Approaches and Alternative Perspectives', 3: 623-668.

Chang, Chung-li (1955) *The Chinese Gentry: Studies on their Role in Nineteenth-century Chinese Society*,Seattle: University of Washington Press.

Chao, Kang (1981) 'New Data on Land Ownership Patterns in Ming-Ch'ing China', *JASI*, 4: 719-734.

—— (1986) *Man and Land in Chinese History: An Economic Analysis*, Stanford: Stanford University.

Chayanov, A. V. (1925) *The Theory of Peasant Economy*,reprinted in 1986, Madison: University of Wisconsin Press.

Chen, Huan-chang (1911) *The Economic Principles of Confucius and his School*,New York: Columbia University.

Chen, K. K. S. (1973) *The Chinese Transformation of Buddhism*,Princeton, NJ: Princeton University Press.

Chen Shen (1994) 'Early Urbanization in the Eastern Zhou in China (770—221

BC）: An Archaeological View', *Antiquityy* 68: 724–744.

Chen Wenxiang（1984）'Rare Sacrificial Horse Pit', *CR*, 9: 59.

Chesneaux, J.（1973）*Peasant Revolts in China, 1840—1949*, London: Thames and Hudson.

Chinn, D. L.（1979）'Team Cohesion and Collective-Labour Supply in Chinese Agriculture', *JCE*, 3: 375–394.

Chu, L.（1990）'The Chimera of the Chinese Market', *The Atlantic Monthly*, October, pp. 56–68.

Chu, R. W. and Saywell, W. G.（1984）*Career Patterns in the Ch'ing Dynasty: The Office of the Governor General*, Ann Arbor: Center for Chinese Studies of the University of Michigan.

Cipolla, C.（1970）*The Economic Decline of Empires*, London: Methuen.

——（1978）*The Economic History of World Population*, Brighton: Harvester Press.

Clark, S. and Donnelly, J. S. Jr（eds）（1983）*Irish Peasants Violence and Political Unrest, 1780—1914*, Manchester: Manchester University Press.

Coleman, D. and Schofield, R.（eds）（1986）*The State of Population Theory: Forward from Malthus*, Oxford: Basil Blackwell.

Cotterell, A.（1986）*A Dictionary of World Mythology*, Oxford: Oxford University Press.

Crafts, N. F. R.（1984）'Economic Growth in France and Britain, 1830-1910: A Review of the Evidence', JEH, 1: 49–67.

Crane, G. T.（1990）*The Political Economy of China's Special Economic Zones*, New York: M. E. Sharpe.

Cressey, G. B.（1934）*China's Geographic Foundations: A Survey of the,Land and Its People*, New York: McGraw-Hill.

Critchley, J. S.（1978）*Feudalism*, London: George Allen and Unwin.

Dallas, G.（1982）*The Imperfect Peasant Economy: The Loire Country, 1800—1914*, Cambridge: Cambridge University Press.

Dalton, G.（1969）'Theoretical Issues in Economic Anthropology', *CA*, 1: 63–102.

——（1972）'Peasantries in Anthropology and History', *CA*, June–October: 383–415.

Davies, R. W. (ed.) (1990) *From Tsarism to the New Economic Policy*, London: Macmillan.

Deng, G. (1984) *European Urbanization, 1300-1800*, London: Methuen.

—— (1993a) *Development versus Stagnation: Technological Continuity and Agricultural Progress in Premodern Ghina*, New York: Greenwood.

—— (1993b) 'Property Rights and China's Reform', *Policy* (Australia), 3: 57–59.

—— (1997) *Chinese Maritime Activities and Socio-economic Consequences, c. 2100* BC.—*1900* AD., New York: Greenwood.

Diamond, J. M. (1998) 'Peeling the Chinese Onion', *Nature*, 29 January: 433–434.

Dobson, R. B. (1983) *The Peasants' Revolts of 1381*, London: Macmillan.

Eberhard, W. (1962) *Social Mobility in Traditional China*, Leiden: E. J. Brill.

—— (1977) *A History of China*, Berkeley: University of California Press.

Ellis, F. (1988) *Peasant Economicsy Farm Households and Agrarian Development*, Cambridge: Cambridge University Press.

Ellis, H. (1818) *Journal of the Proceedings of the Late Embassy to China*,London: John Murray.

Elvin, M. (1973) *The Pattern of the Chinese Past*,Stanford: Stanford University Press.

—— (1975) 'Skills and Resources in Late Traditional China', in D. H. Perkins (ed.) *Chinas Modern Economy in Historical Perspective*, Stanford: Stanford University Press, pp. 85–113.

—— (1988) 'China as a Counterfactual', in J. Baechler, J. A. Hall and M. Mann (eds) *Europe and the Rise of Capitalism*, Oxford: Basil Blackwell.

Eng, P. van der (1993) 'The Silver Standard and Asia's Integration into the World Economy, 1850—1914', *Working Paper*, no. 175, Research School of Pacific Studies, The Australian National University.

Engels, F. (1942) *The Origin of the Family, Private Property and the State in the Light of the Researches of Lewis H. Morgan*, Sydney: Current Book Distributors.

Ennew, J., Hirst, P. and Tribe, K.(1977)'"Peasantry" as an Economic Category', *JPS*, 4: 295–322.

Fairbank, J. K. (ed.) (1957) *Chinese Tbought and I nsti tut ions*, Chicago: University of Chicago Press.

——（1965）*The United States and China*, Cambridge, MA: Harvard University Press.

——（1980）*The Cambridge History of China*,New York: Cambridge University Press.

——（1983）*The United States and China*, 4th edition，Cambridge, MA: Harvard University Press.

Fairbank, J. K. and Reischaver, E. O.（1979）*China*: *Tradition and Transformation*, London: Allen and Unwin.

Feeney, G. and Hamano, K.（1990）'Rice Price Fluctuations and Fertility in Late Tokugawa', *Journal of Japanese Studies*, 1: 1－30.

Feeny, D.（1983）'The Moral or the Rational Peasant: Competing Hypothesis of Collective Action', *JASI*, 42: 769－789.

Fei Hsiao-t'ung（1939）*Peasant Life in China*: *A Field Study of Country Life in the Yangtze Valley*, London: Paul, Trench, Trubner.

Fei, J. C. H. and Liu, T. J.（1977）'Population Dynamics of Agrarianism in Traditional China'， in Hou Chi-ming and Yu Tzong-shian（eds）*Modern Chinese Economic History*, Taipei: The Institute of Economics, Academia Sinica, pp. 23－54.

Feuerwerker, A.（1975）*Rebellion in Nineteenth-Century China*，Ann Arbor: Center for Chinese Studies of the University of Michigan.

——（1976）*State and Society in Eighteenth-Century China*: *The Ch'ing Empire in its Glory*, Ann Arbor: Center for Chinese Studies of the University of Michigan.

——（1984）'The State and the Economy in Late Imperial China', *Theory and Society*, 13: 297－326.

Fitzgerald, C. P.（1972）*The Southern Expansion of the Chinese People*, London: Barrie and Jenkins.

Fogel, R. W.（1964）*Railroads and American Economic Growth*: *Essays in Economic History*, Baltimore: Johns Hopkins University Press.

Francks, P.（1992）*Japanese Economic Development*: *Theory and Practice*, London: Routledge.

Frank, A. G.（1978）*World Accumulation, 1492—1789*，New York and London: Monthly Review Press.

Fukuyama, F.（1992）*The End of History and the Last Man*,London: Hamish Hamilton.

Fullard, H.（ed.）(1968）*China in Maps*,London: George Philip.

Galeski, B.（1972）*Basic Concepts of Rural Sociology*，Manchester: Manchester University Press.

Gardiner, J. and Wenborn, N.（1995）*The History Today Companion to British History*, London: Collins & Brown.

Gates，H.（1996） *China's Motor: A Thousand Years of Petty Capitalism*, Ithaca, NY: Cornell University Press.

Gatrell, P.（1986）*The Tsarist Economy, 1850—1917*，London: B. T. Batsford.

Geelan, P. J. M. and Twitchett, D. C.（eds）(1974）*The Times Atlas of China*,London: Times Books.

Geertz, C.（1963）*Agricultural Involution: The Process of Ecological Change in Indonesia*, Berkeley: University of California Press.

Geiss, J. P.（1979）'Peking under the Ming, 1368—1644'，Ph.D. thesis, Princeton, NJ: Princeton University.

Gerschenkron, A.（1962）*Economic Backwardness in Historical Perspective*, Cambridge: Harvard University Press.

Goldstone, J. A.（1991）*Revolution and Rebellion in the Early Modem World*,Berkeley: University of California Press

Goudsblom, J., Jones, E. L. and Mennell, S.（1996）*The Course of Human History*, Armonk, NY: M. E. Sharpe.

Gregory, P. R. and Stuart, R. C.（1994）*Soviet and Post-Soviet Economic Structure and Performance*, 5th edition, New York: Harper Collins.

Griffith, S.（1963）*Sun Tzu: The Art of War*, Oxford: Oxford University Press.

Grigg, D.（1980）*Population Growth and Agrarian Change: An Historical Perspective*, Cambridge: Cambridge University Press.

Grosvenor, G. M.（1980）'Map of the Peoples of China', *National Geographic Magaziney* 7: n.p.

Guisso, R. W. L., Pagani, C. and Miller, D.（1989）*The First Emperor of China*, London: Sidgwick and Jackson.

Guo Xu（1986）'The Search for China's Earliest City', *CR*, 5: 29–31.

Guy, R. K.（1987）*The Emperor's Four Treasuries*,Cambridge, MA: Harvard University Press.

Hall, D. L. and Ames, R. T.（1987）*Thinking through Confucius*,New York: State University of New York Press.

Hall, J. W.（1991）*The Cambridge History of Japan*, Cambridge: Cambridge University Press.

Hao, Yen-p'ing（1986）*The Commercial Revolution in Nineteenth-Century China: The Rise of Sino-Westem Mercantile Capitalism*,Berkeley: University of California Press.

Hara, Y.（1990）'Agricultural Development and Policy in Modern Japan', in C. H. Lee and I Yamazawa（eds）*The Economic Development of Japan and Korea: A Parallel with Lessons*, Kfew York: Praeger, pp. 123–135.

Harley, C. K.（1991）'Substitution for prerequisites: endogenous institutions and comparative economic history', in R. Sylla and G. Toniolo（eds）*Patterns of European Industrialisation: The Nineteenth Century*, London: Roudedge, pp. 29–44.

Harrison, M.(1977)'The Peasant Mode of Production in the Work of A. V. Chayanov', 4: 323–336.

Hartwell, R. M.（1963）*Iron and Early Industrialism in Eleventh-Century China*,Chicago: University of Chicago Library.

——（1966）'Markets, Technology, and the Structure of Enterprise in the Development of the Eleventh-Century Chinese Iron and Steel Industry', 1: 29–58.

——（1967）'A Cycle of Economic Change in Imperial China: Coal and Iron in Northwest China, 750—1350', *Journal of the Economic and Social History of the Orient*, 10（1）: 102–159.

Hasan, P. and Rao, D. C.（eds）（1979）*Korea, Policy Issues for Long-Term Development: The Report of a Mission Sent to the Republic of Korea by the World Bank*, Baltimore: Johns Hopkins University Press.

Hay, D. A.（1993）*Economic Reform and State-Owned Enterprises in China, 1979—1987*, Oxford: Clarendon Press.

Hayami, Y. and Ruttan, V. W.（1971）*Agricultural Development: An International*

Perspective, London: Johns Hopkins University Press.

Hazell, P., Ramasamy, C. and Aiyasamy, P. K. (1991) *Green Revolution Reconsidered: The Impact of High-Yielding Rice Varieties in South India*, Baltimore: Johns Hopkins University Press.

He Zhaowu, Bu Jinzhi, Tang Yuyuan and Sum Kaitai (1991) *An Intellectual History of China*, Beijing: Foreign Language Press.

Hegel, G. W. F. (1975) *Lectures on the Philosophy of World History*, translated by H. B. Nisbet, Cambridge: Cambridge University Press.

Heywood, C. (1981) 'The Role of the Peasantry in French Industrialisation, 1815—1880', *EHR*, 3: 359–376.

Hicks, J. (1969) *A Theory of Economic History*,London: Clarendon Press.

Hinton, W. (1990) *The Great Reversal: The Privatization of China*, New York: Monthly Review Press.

Ho, Ping-ti (1956) 'Early-Ripening Rice in Chinese History', *EHR*, ser. 2 (1956—1958) : 200–218.

—— (1962) *The Ladder of Success in Imperial China: Aspects of Social Mobility, 1368—1911*, New York: Columbia University Press.

—— (1969) 'The Loess and the Origin of Chinese Agriculture', *American Historical Review*,75. 1 36.

—— (1970)'An Estimate of the Total Population of Sung-Ching China', *Studies Song*, 1: 33–35.

Hohenberg, P. (1972) 'Change in Rural France in the Period of Industrialisation, 1830-1914', *JEHt* 1: 219–240.

Hsiao, Kung-ch'uan (1979) A *History of Chinese Political Thought*,translated by F. W. Mote, Princeton, NJ: Princeton University Press.

Hsieh, Chiao-min (1973) *Atlas of China*, New York: McGraw- Hill.

Hsu, Cho-yun (1965) *Ancient China in Transition: An Analysis of Social Mobility, 722—222 BC*, Stanford: Stanford University Press.

—— (1980) *Han Agriculture*,Seattle: University of Washington Press.

Huang P. C. C. (1990) *The Peasant Family and Rural Development in the Yangzi*

Delta, 1330—1988, Stanford: Stanford University Press.

Huang, R. (1981) *1597, A Year of No Significance: The Ming Dynasty in Decline*, Westford, MA: The Murray Printing Co.

Hucker, C. (1985) *A Dictionary of Official Titles in Imperial China*, Stanford: Stanford University Press.

Hummel, A. W. (ed.) (1967) *Eminent Chinese of the Ch'ing Period (1644—1912)*, Taipei: Cheng- Wen Publishing Co.

Huntington, S. P. (1996) *The Clash of Civilisations and the Remaking of World Order*, New York: Simon and Schuster.

Institute of Archaeology (1984) *Recent Archaeological Discoveries in the People's Republic of China*, Paris: UNESCO.

Ico, T. (1992) *The Japanese Economy*,Cambridge, MA: MIT Press.

Iwao, S. (1967) Japanese Foreign Trade in the 16th and 17th Centuries, *Acta Asiatica*, 30: 1–18.

Jennings, J. D. (ed.) (1978) *Ancient South Americans*, San Francisco: W. H. Freeman.

Johnson, A. I. (1995) *Cultural Realism: Strategic Culture and Grand Strategy in Chinese Histoty*, Princeton, NJ: Princeton University Press.

Jones, E. L. (1968) 'Agricultural Origins of Industry', *PP*, 40: 58–71.

—— (1969) *Agrarian Change and Economic Development: The Historical Problems*,London: Methuen.

—— (1974) *Agriculture and Industrial Revolution*, Oxford: Basil Blackwell.

—— (1981) *The European Miracle*, Cambridge: Cambridge University Press.

—— (1988) *Growth Recurring: Economic Change in World History*, Oxford: Clarendon Press.

—— (1990) 'The Real Question about China: Why Was the Song Economic Achievement not Repeated?', *AEHR*, *2*: 5–22.

—— (1991) 'A Framework for the History of Economic Growth in Southeast Asia', *AEHR*, 1: 5–19.

Kamath, S. J. (1990) 'FDI in a Centrally Planned Developing Country: The Chinese Case', *Economic Development and Cultural Change*, 39 (1): 107–130.

Kelliher, D. (1992) *Peasant Power in China: The Era of Rural Reform 1979—1989*, New Haven: Yale University Press.

Kelly, M. (1997) 'The Dynamics of Smithian Growth', *Quarterly Journal of Economics*, 3: 939–964.

Kennedy, P. (1987) *The Rise and Fall of the Great Pouters*, New York: Ramdom House.

Krader, L. (1975) *The Asiatic Mode of Production: Sources, Development and Critique in the Writings of Karl Marx*, Assen: Van Gorcum.

Kraus, W. (1982) *Economic Development and Social Changes in the People's Republic of China*,translated by E. M. Hoiz, New York: Springer-Verlag.

Kroeber, A. L. (1948) *Anthropology*,New York: Harcourt Brace Jovanovich.

Kueh, Y. Y. (1984) 'Chinas New Agricultural Policy Program: Major Economic Consequences, 1979-1983', *JCE*, 4: 353–375.

—— (1985) 'The Economics of the "Second Land Reform" in China', *China Quarterly*,101: 122–131.

Kuhn, P. A. (1970) *Rebellion and Its Enemies in Later Imperial China*,Cambridge, MA: Harvard University Press.

Kuznets, S. (1966) *Modern Economic Growth: Its Rate, Structure and Spread*, New Haven: Yale University Press.

Landes, D. S. (1994) 'What Room for Accident in History?: Explaining Big Changes by Small Events', *EHR*, 4: 637–656.

Landsberger, H. A. (ed.) (1974) *Rural Protest: Peasant Movements and Social Change*, London: Macmillan.

Langlois, J. D. (ed.) (1981) *China under Mongol Rule*, Princeton, NJ: Princeton University Press.

Lardy, N. R. (1983) *Agriculture in China's Modern Economic Development*, Cambridge: Cambridge University Press.

—— (1986) 'Agricultural Reforms in China', *Journal of International Affairs*,2: 91–104.

Latourette, K. S. (1964) *The Chinese, their History and Culture*, New York:

Macmillan.

Lattimore, O.（1962）*Studies in Frontier History*, London: Oxford University Press.

Lau, D. C.（tran.）（1984）*Mencius*,Hong Kong: The Chinese University Press.

Lee, M. P.（1969）*The Economic History of China, with Special Reference to Agriculture*, New York: AMS Press.

Lee, R. D.（1986）'Malthus and Boserup: A Dynamic Synthesis', in D. Coleman and R. Schofield（eds）*The State of Population Theory*: *Forward from Mai thus*, London: Basil Blackwell, pp. 96–130.

Lenin, V. I.（1960）'Imperialism the Highest Development Stage of Capitalism', in *Collected Works of Lenint* Moscow: Foreign Language Publishing House.

Leveson, J. and Schurmann, F.（1969）*China*: *An Interpretive History*, Berkeley: University of California.

Lewin, R.（1997）'Ancestral Echoes', *New Scientist*, 155（2089）: 32–37.

Lewis, A.（1954）'Economic Development with Unlimited Supplies of Labour', *The Manchester School*, 22: 139–191.

Li, Zhisui（1994）*The Private Life of Chairman Mao*, London: Arrow Books.

Lin, J.（1987）'The Household Responsibility System Reform in China: A Peasant Institutional Choice', *American Journal of Agricultural Economics*, 2: 410–415.

Lippit, V. D.（1987）*The Economic Development of China*,Armonk, NY: M. E. Sharpe.

Lipton, M.（1968）'The Theory of the Optimising Peasant', *Journal of Development Studies*,4: 327-351.

Llewellyn-Jones, D.（1975）*People Populating*, London: Faber and Faber.

Lo, Jiu-jung（1986）'The Literary Way to Retribution', *Free China Review*, 8/9: 28–33.

McAlpin, M. B.（1975）'The Effects of Expansion of Markets on Rural Income Distribution in Nineteenth Century India', *EEH*, 12: 283–302.

McEvedy, C. and Jones, R.（1978）*Atlas of World Population History*, London: Penguin Books.

Macfarlane, A.（1978）*The Origin of English Individualism, the Family, Property and Social Transition*, Oxford: Balckwell.

McGovern, W. M.（1939）*The Early Empires of Central Asia*, Chapel Hill: University of North Carolina Press.

McKnight, B. (1971) *Village and Bureaucracy in Southern Sung China*, Chicago: University of Chicago Press.

McMillan, J., Whalley, J. and Zhu, L. (1989) 'The Impact of Chinas Economic Reforms on Agricultural Productivity Growth', *Journal of Political Economy*, 4: 781–807.

McNeill, W. H. (1963) *The Rise of the West*, Chicago: University of Chicago Press.

—— (1979) *A World History*, New York: Oxford University Press.

Malthus, T. R. (1914) *An Essay on Population*, London: Dent.

Mao, Tse-Tung (1965) *Selected Works of Mao Tse-Tung*, vol. II, Peking: Foreign Languages Press.

—— (1967) *Selected Works of Mao Tse-Tung*, vol. I, Peking: Foreign Languages Press.

Marks, R. B. (1991) 'Rice Prices, Food Supply, and Market Structure in Eighteenth-Century South China', *Late Imperial China*, 2: 64–116.

Marsh, R. M. (1961) *The Mandarin: Circulation of Elite in China, 1600—1900*, New York: Free Press of Glencoe.

Marx, K. (with F. Engels) (1976a) 'Manifesto of the Communist Party', in *Karl Marx and Frederick Engels, Collected Works*, vol. 6: 477–519, London: Lawrence and Wishart.

Marx, K. (1976b) 'Economic Works', in *Karl Marx and Frederick Engels, Collected Works*, vol. 3:28–33. London: Lawrence and Wishart.

Mathias, P. and Postan, M. M. (eds) (1978) *The Cambridge Economic History of Europe*,vol. 7, p. 2, Cambridge: Cambridge University Press.

Maverick, L. A. (1946) *China A Model for Europe*,San Antonio, TX: Paul Anderson.

Merson, J. (1989) *Roads to X.anadu, East and West in the Making of the Modern World*, Frenchs Forest, NSW: Child and Associates and ABC.

Minami, R. (1986) *The Economic Development of Japan*, London: Macmillan.

Mishra, S. C. (1985) 'Agricultural Trends in Bombay Presidency 1900—1920: The Illusion of Growth', *MAS*, 4: 733–759.

Mitchell, P. M. (1977) *China: Tradition and Revolution*, Toronto: Macmillan.

Mokyr, J. (1990) *The Lever of Riches*, New York and Oxford: Oxford University Press.

Moore, B. (1966) *Social Origins of Dictatorship and Democracy: Lord and Peasant in the Making of the Modem Worlds*, Boston: Beacon Press.

Morse, J. L. (ed.) (1969) *Funk and Wagnalls Standard Reference Encyclopedia*, vol. 10, New York: Standard Reference Library.

Moulder, F. V. (1977) *Japan, China and the Modem World Economy: Towards a Reinterpretation of East Asia Development ca. 1600—ca. 1918*, New York: Cambridge University Press.

Moulin, A. (1991) *Peasantry and Society in France since 1789*, translated by M. C. Cleary and M. F. Cleary, Cambridge: Cambridge University Press.

Mousnier, R. (1971) *Peasant Uprisings in Seventeenth Century France, Russia and China*,London: George Allen and Unwin.

Munro, D. J. (1985) *Individualism and Holism: Studies in Confucian and Taoist Values*, Ann Arbor: Center for Chinese Studies of the University of Michigan.

Murphey, R. (1954) 'The City as a Centre of Change: Western Europe and China', *Annual of the Association of American Geographers*, 44: 349-362.

Myers, R. H. (1970) *The Chinese Peasant Economy: Agricultural Development in Hopei and Shang- tung, 1890—1949*, Cambridge, MA: Harvard University Press.

—— (1991) *Two Societies in Opposition, the Republic of China and the People's Republic of China*, Stanford: Hoover Institution Press.

Nee, V. and Sijin Su (1990) 'Institutional Change and Economic Growth in China: The View from the Villages', 45, 1: 3-25.

Nee, V., Stark, D. and Seldon, M. (1989) *Remaking the Economic Institutions of Socialism: China and Eastern Europe*, Stanford: Stanford University Press.

Needham, J. (ed.) (1954—1994) *Science and Civilisation in China*, Cambridge: Cambridge University Press.

—— (1959) 'Mathematics and the Sciences of the Heavens and the Earth', in J. Needham (ed.) *Science and Civilisation in Chinay* vol. 3, Cambridge: Cambridge University Press.

—— (1962) 'History of Scientific Thought', in J. Needham (ed.) *Science and Civilisation in China*, vol. 2, Cambridge: Cambridge University Press.

—— (1969) *The Grand Titration*, London: Allen and Unwin.

Newell, W. H. (1973) 'The Agricultural Revolution in Nineteenth- Century France', 4: 697-731.

North, D. C. (1981) *Structure and Change in Economic History*, New York and London: W. W. Norton.

North, D. C. and Thomas, R. P. (1973) *The Rise of the Western World: A New Economic History*, Cambridge: Cambridge University Press.

Nove, A. (1992) *An Economic History of the USSR, 1917—1991*, 3rd edition, London: Penguin Books.

O'Brien, P. K. (1997) 'Intercontinental Trade and the Development of the Third World since the Industrial Revolution', *Journal of World History*, 1: 75−133.

Olson, M. (1982) *The Rise and Decline of Nations: Economic Growth, Stagflation, and Social Rigidities*, New Haven: Yale University Press.

Osborn, R (1960) 'Outline of Present Conditions', in M. Book (ed.) *On Population, Three Essays*, New York: The New American Library.

Pannell, C. W. and Ma, L. J. C. (1983) *China: The Geography of Development and Modernization*, London: Edward Arnold.

Parsons, J. B. (1970) *The Peasant Rebellions of the Late Ming Dynasty*, Tucson: University of Arizona Press.

Patnaik, U. (1979) 'Neo-Populism and Marxism: The Chayanovian View of the Agrarian Question and its Fundamental Fallacy', 4: 375−420.

Perkins, D. (1967) 'Government as an Obstacle to Industrialization: The Case of Nineteenth Century China', 27: 478−492.

—— (1969) *Agricultural Development in China, 1368-1968*, Edinburgh: Edinburgh University Press.

Pomeranz, K. (1997) 'Rethinking Eighteenth-Century China: A High Standard of Living and Its Implications', Paper for All—U.C. Group in Economic History Conference, Davis, California, November 1997.

Popkin, S. L. (1979) *The Rational Peasant: The Political Economy of Rural Society in Vietnam*, Berkeley: University of California Press.

Pryor, F. L. (1980) 'The Asian Mode of Production as an Economic System', *JCE*, 4: 437–442.

Putterman, L. (1988) 'Group Farming and Work Incentives in Collecrive-Era China', *Modem China*, 4: 419–450.

Qian Wen-yuan (1985) *The Great Inertia: Scientific Stagnation in Traditional China*,Sydney: Croom Helm.

Rawski, E. S. (1972) *Agricultural Change and the Peasant Economy of South China*,Cambridge, MA: Harvard University Press.

—— (1979) *Education and Popular Literacy in Ch'ing China*,Ann Arbor: University of Michigan Press.

Rawski, T. G. (1989) *Economic Growth in Prewar China*, Berkeley: University of California Press.

Redfield, R. (1965) *Peasant Society and Culture*, Chicago: University of Chicago Press.

Reid, A. (1993) *Southeast Asia in the Age of Commerce, 1450—1680*, New Haven and London: Yale University Press.

—— (ed.) (1997) *The Last Stand of Asian Autonomies*, Basingstoke: Macmillan.

Rickett, W. A. (trans.) (1985) *Guanzi: Political, Economic, and Philosophical Essays from Early China*, Princeton, NJ: Princeton University Press.

Riskin' C. (1975) 'Surplus and Stagnation in Modern China', in D. H. Perkins (ed.) *Chinas Modem Economy in Historical Perspective*, Stanford: Stanford University Press.

Ronan, C. (1978) *Shorter Science and Civilisation in China*, Cambridge: Cambridge University Press.

Rosenberg, N. (1994) *Exploring the Black Box: Technology, Economics, and History*, Cambridge: Cambridge University Press.

Rostow, W. W. (1960) *The Stages of Economic Growth: A Non-communist Manifestoy*, Cambridge: Cambridge University Press.

—— (1975) *How It All Began: Origins of the Modem Economy*, London: Methuen.

Rothermund, D. (1993) *An Economic History of India, from Pre-colonial Times to 1991*, London: Routledge.

Rozman, G. (1973) *Urban Networks in Ch'ing China and Tokugawa Japan*, Princeton: Princeton University Press.

—— (ed.) (1981) *The Modernization of China*, New York: Free Press.

Sadao, N. (1978) 'The Economics and Social History of Former Han', in D. Twitchett and M. Loewe (eds) *The Cambridge History of China*, vol. 1, New York: Cambridge University Press, pp. 545–607.

Scherer, F. M. and Perlman, M. (eds) (1992) *Entrepreneurship, Technological Innovation and Economic Growth*, Ann Arbor: University of Michigan Press.

Schultz, T. W. (1964) *Transforming Traditional Agriculture*, New Haven: Yale University Press.

Schumpeter, J. A. (1954) *History of Economic Analysis*, New York: Oxford University Press.

Scott, J. (1972) 'The Erosion of Patron-Client Bonds and Social Change in Rural Southeast Asia', *JAS*, 1: 5–38.

—— (1976) *The Moral Economy of the Peasant Rebellion and Subsistence in Southeast Asia*, New Haven: Yale University Press.

Selden, M. (1993) *The Political Economy of Chinese Development*, New York: M. E. Sharpe.

Sen, A. K. (1981) *Poverty and Famines: An Essay on Entitlement and Deprivation*, Oxford: Clarendon.

Shanin, T. (1973—1974) 'The Nature and Logic of the Peasant Economy', *JAS*, no. 1 (1973): 63–80 and no. 2 (1974): 186–206.

Shiba, Y. (1970) *Commerce and Society in Sung China*,translated by M. Elvin, Ann Arbor: Center for Chinese Studies of the University of Michigan.

Shih, V. Y. C. (1967) *The Taiping Ideology: Its Sources, Interpretations, and Influences*, Seattle: University of Washington Press.

Shue, V. (1980) *Peasant China in Transition: The Development towards Socialism*,

1949—1936, Berkeley: University of California Press.

Siskind, J. (1978) 'Kinship and Mode of Production', *American Anthropologist*, 80: 860-872.

Skinner, G. W. (1964—1965) 'Marketing and Social Structure in Rural China', *JAS*, 24: 3-44, 195-228，363-400.

—— (1971) 'Chinese Peasants and Closed Community: An Open and Shut Case', *Comparative Studies in Society and History*, 13: 270-281.

—— (1977) *The City in Late Imperial China*, Stanford: Stanford University Press.

Smith, C. J. (1991) *China, People and Places in the hand of One Billion*,Boulder, CO: Westview Press.

Smith, P. J. (1991) *Taxing Heaven's Storehouse*, Cambridge, MA: Council on East Asian Studies, Harvard University.

Solinger, D. J. (1993) *China's Transition from Socialism*: *Statist Legacies and Market Reforms*，*1980—1990*, New York: M. E. Sharpe.

Spencer, J. and Thomas, W. (1971) *Asia East by South*,New York: Wiley.

Stover, L. E. (1974) *The Cultural Ecology of Chinese Civilisation*: *Peasants and Elites in the Last of the Agrarian States*, New York: Pica Press.

Sullivan, R. J. (1984) 'Measurement of English Farming Technological Change: 1523—1900', *EEH*, 21: 270-289.

Swaminathan, M. S. (1984) 'Rice', *SA*, 250: 62-71.

Sylla, R. and Toniolo, G. (eds) (1991) *Patterns of European Industrialisation*: *The Nineteenth Century*, London: Routledge.

Tan, G. (1996) *Asean*: *Economic Development and Co-operation*, Singapore: Times Academic Press.

Tawney, R. H. (1926) *Religion and the Rise of Capitalism*, London: John Murray.

—— (1964) *Life and Labour in China*, New York: Octagon Books.

Thaxton, R. (1983) *China Turned Right Side Up*: *Revolutionary Legitimacy in the Peasant World*, New Haven: Yale University Press.

Tomlinson, B. R (1985) 'Writing History Sideways: Lessons for Indian Economic Historians from Meiji Japan', *Modern Asian studies*, 3: 669-698.

Torbert, P. W.（1977）*The Ching Imperial Household Department*, Cambridge, MA: Harvard University Press.

Tregear, T. R.（1970）*An Economic Geography of China*, London: Butterworths.

Tu Wei-ming（1974）'Reconstituting of the Confucian Tradition'，*May*, pp. 441–454.

Twitchett, D.（1968）'Merchant, Trade and Government in Late T'ang', *Asia Major*, 14（1）: 63–95.

Waldron, A.（1990）*The Great Wall of China: From History to Myth*, Cambridge: Cambridge University Press.

——（1995）*From War to Nationalism: China's Turning Point, 1924—1923*, Cambridge: Cambridge University Press.

Wallerstein, I.（1974—1986）*The Modem World-System I–III*，New York: Academic Press.

Wang, Gungwu（1958）'The Nanhai *Trade, Journal of the Malayan Branch*', *Royal Astatic Society*, 2 : 1–135.

Wang, Yie-chien（1973）*Land Taxation in Imperial China, 1750—1911*, Cambridge, MA: Harvard University Press.

——（1992）'Secular Trends of Rice Prices in the Yangzi Delta, 1638—1935'，in T. G. Rawski and L. M. Li（eds）*Chinese History in Economic Perspective*, Berkeley: University of California Press, pp. 35–68.

Wang, Yu-chuan（1936）'The Rise of Land Tax and the Fall of Dynasties in Chinese History', *Pacific Affairs*, 2: 201–220.

Waswo, A.（1988）'The Transformation of Rural Society, 1900—1950'，in P. Dims（ed.）*Cambridge History of Japan*,vol. 6，Cambridge: Cambridge University Press, pp. 541–605.

Watanabe, T.（1992）*Asia: Its Growth and Agony*, Honolulu: East-West Centre.

Waverick, L. A.（1946）*China: A Model for Europe*，San Antonio, TX: Paul Anderson.

Weber, M.（1930）*The Protestant Ethic and the Spirit of Capitalism*, translated by T. Parsons, London: Allen and Unwin.

Werner, E. T. C.（1961）*A Dictionary of Chinese Mythology*,New York: Julian Press.

Wilkenfeld, J., Brecher, M. and Morser, S.（1988）*Crises in the Twentieth Century*, vol. 2, Oxford: Pergamon Press.

Will, P.-E.(1990)*Bureaucracy and Famine in Eighteenth-Century China*, translated by E. Forster, Stanford: Stanford University Press.

Will, P.-E. and R. B. Wong (1991) *Nourish the People: the State Civilian Granary System in China, 1650—1830*, Ann Arbor: University of Michigan Center for Chinese Studies.

Wittfogel, K. A. (1957) *Oriental Despotism: A Comparative Study of Total Power*, New Haven: Yale University Press.

Wolf, E. (1966) *Peasants, Englewood Cliffs*, NJ: Prentice-Hall.

Wong, R. B. (1997) *China Transformed*, Ithaca and London: Cornell University Press.

Wood, F. (1995) *Did Marco Polo Go to China*?, London: Seeker and Warburg.

Wright, A. F. and Twitchett, D. (eds) (1962) *Confucian Personalitiesy*, Stanford: Stanford University Press.

Wright, G. (1964) *Rural Revolution in France*, Stanford: Stanford University Press; London: Oxford University Press.

Wright, M. C. (1957) *The Last Stand of Chinese Conservatism*, Stanford: Stanford University Press.

Wright, T. (ed.) (1854) *The Travels of Marco Polo*,reprinted in 1968, New York: AMS Press.

Yamamura, K. (1979) 'Pre-industrial Landlording Patterns in Japan and England', in A. M. Craig (ed.) *Japan: A Comparative Viewt*, Princeton, NJ: Princeton University Press.

Yang, C. K. (1961) *Religion in Chinese Society*, Berkeley: University of California Press.

Yu Jin (ed.) (1986) *The Great Wall*, 4th edition, Beijing: Cultural Relics Press.

Zeng Qi (1988) 'The Characteristics and Sequence of Development of Neolithic Cultures in China', *Chinese Sociology and Anthropology* (New York) , 4: 73−92.

索引

（索引条目页码为原书页码，即本书页边码）

Administration，行政管理：centralisation of，行政管理集权，*see* centralisation，of political power，见政治力量集权；efficiency of，行政管理效率，*see* bureaucracy，efficiency of，见官僚效率；structure，行政管理结构，*see* government，structure，见政府结构

Africa，非洲，20，306

agrarian deadlock，耕地僵局，253

agriculture，农业，*see also* farming，也见耕种；bureau system，农业官僚制度，149，284，290，291－292

agriculture，China's，农业，中国农业：administration of，中国农业行政管理，104，135，137，*see also* agriculture，bureau system，也见农业官僚制度；advantage in，农业优势，41，*see also* environmental conditions，favouritism，也见环境条件偏爱主义；and military power，和军事力量，138，139，143，275－276，279；byemployments，副业，*see* by-employments 见副业；collectivisation，集体化，28，72，248；colonies，屯田，*see* agricultural colonies 见农业屯田；dominance in the economy，经济中的主导，21，38－39，70，92，122，124，149，152；government assistance of，政府对农业的援助，125，*see also* loans：land equalisation system 也见贷款：均田制；inputs，农业投入，

45, 58; investment in, 农业投资, *see* investment, in agriculture 见 农业, 农业中的投资; land for, 农业用地, 132, 220, 361–363, *see also* land, acquisition and distribution, 也见土地, 土地获得与分配; official position in charge of, 官方在农业管理中的地位, 95, 291–292, 293; origin of, 农业起源, 37, 39; output, 农业产出, 180, 181, 191, 201, 205, 239, 271, *see also* grain, output, 也见谷物产出; grain, yield levels 谷物, 产出水平; policies of, 农业政策, 89, 92, 149, 279, *see also* physiocracy, 也见重农主义; productivity, 生产率, 202, 310; protection and promotion of, 农业的保护和促进, 87, 94, 122, 125, 138, 140, 216; reforms, 农业改革, 21, 72; regions and their expansion, 农业地区及其扩大, 42, 176–178, *see also* Huai River region, Pearl River region, Yangzi River region, Yellow River region 也见淮河流域、珠江流域, 长江流域, 黄河流域; restoration of, 农业的恢复, 288, 291; returns from, 农业收入, 40, 294; revolutions in, 农业革命, *see* Han Economic Revolution, Rice-Cotton Revolution 见汉朝的经济革命, 稻米-棉花革命; seasonality, 季节性, 18, 193; shifting, 农业转换, 133; supervision of, 农业监管, 77; surplus, 农业剩余, 12, 23, 183, 193, 201, 205, 271, *see also* hidden abundance, 也见隐藏的富足; surplus-dependents, 农业剩余依赖, *see* population, agricultural surplus-dependent, 见人口, 农业剩余依赖; technology and its progress/diffusion, 农业技术及其进步/扩散, 12, 13, 15, 38, 118, 137, 140, 182, 186, 188, 190–191, 194, 204, 271, 288, 337–340, *see also* Americas, crops introduced to China, crops, introduced, 也见美洲作物引入中国, 作物引入; farming, intensification 耕种, 强化; labour, intensive bias, 劳动, 密集偏向; labour, saving, land, saving, rice, wheat 劳动, 节约, 土地节约, 稻米, 小麦; treatises on, 农业专著, *see* agricultural books, 见农书

agricultural books, 农书, 105; government sponsorship, 政府资助 285–286; imperial projects of, 皇家的农书工程, 193, 284–285, 288; printing and distribution of, 农书的印刷和流通, 285

agricultural colonies, 农业屯田, 291;

extent of，屯田的程度，77；origin of，屯田的起源 76
agricultural cult，农业崇拜，46–47
agronomy，农学，108，118，*see also* agricultural books，也见农书
Americas，美洲，20；crops introduced from，从美洲引入的作物，15，299，324；landholding patterns，土地控制权模式，54；possible early link with China，可能和中国的早期联系 131
amnesty，豁免，policy of，豁免政策 249
ancient ruins，古代遗址，*see* Yin ruins，Zhengzhou ruins，见殷墟，郑州遗址
ancient thinkers，古代思想家，*see* Guan Zhong，Lao Dan，Zhuang Zhou，见管仲、老聃、庄周，*see also* Confucians，也见儒家
animal，动物，husbandry，动物饲养，132，264；sacrifices，动物祭祀牺牲，47，131，146–147
Arabs，阿拉伯人，assistance to Mongols，阿拉伯人援助蒙古人，*see* coloured-eye race 见色目人；intermarriages with Chinese，阿拉伯人和汉人通婚，299；merchants，阿拉伯商人，293，315；official appointments of，官方对阿拉伯人的任命，315
army，军队，297，*see also* Great Walls，standing army for，也见长城常驻军队；as an employment haven，军队作为一个就业天堂，305；budget，军队预算，*see* defence，见国防；during early times，早期军队，130；functions of，军队的功能，63，*see also* agricultural colonies，也见农业屯田；living allowances，军队生活津贴，305；performance of，军队的表现，267；recruitment，军队的征募，69，83，94，140，161；size of，军队的规模，82，130，161，270；type of，军队的类型，*see also* agricultural colonies，也见农业屯田；weakening under the Song，宋代军队的衰弱，301，310，312，319，321
artisans，工匠，130，131，134，194，195
Asia，亚洲，13，16，20，22，108，*see also* Orient，也见东方；Central，中亚，337；East，东亚，37，42，99，107，140，179，275，295，298；landholding patterns，土地控制模式，54，61；Minor，小亚细亚，306；peasants，亚洲农民，347；South，南亚，215，306；Southeast，东南亚，56，306，347；West，西亚，215
Asiatic mode of production，亚细亚生产方式，6，29，104，104，105，127，

rent-seeking，寻租，*see* rentseeking，of the Chinese state，见寻租，中国政府的寻租；selfdiscipline，官僚机构的自律，249；size of，官僚机构的规模，98；structure and network，官僚机构的结构和网络 98，141

bureaucrats，官僚，behavioural duplicity，官僚行为的表里不一，217–218；categorisation of，官僚的分类，165，167，174；characteristics of，官僚的特征，106，*see also* Confucian，education and training，也见儒家，教育和培训；check upon，官僚的监督，171–175；code of conduct，官僚的行为规范，*see* Confucian，code of conduct，见儒家行为规范；corruption and power abuse，官僚腐败和权力滥用，113，216，217，*see also* corruption and power abuse，也见腐败和权力滥用；impeachment of，官僚的弹劾，174；incomes of，官僚的收入，214，217，302–303，312–313；influence of，官僚的影响，97；merits and promotion，官僚的操守与晋升，63，174；ranks，官僚的等级，215，283，291–292；relationship with the masses，官僚和民众的关系，63，68；relationship with the monarch，官僚和君主的关系，110；responsibilities，官僚的责任，98–99，216；selection and recruitment，官僚的选拔与招募，67，101，314，*see also* imperial examinations，也见科举考试

business risks，商业风险，during the Song，宋朝时期的商业风险，318

by-employments，副业，19，193–194

Byzantine，拜占庭，211，298

Canada，加拿大，4

capitalism，资本主义，6，8，16，21，342；and industrialisation，资本主义和工业化，294，*see also* industrial revolution，也见工业革命；conditions for，资本主义的条件，198；in China，中国的资本主义，198，254，300，301，*see also* proto-capitalism，pseudocapitalism，sprout of capitalism，也见原始资本主义，假资本主义，资本主义萌芽

capital，资本，*see* investment，见投资；accumulation，资本累积，47–48；formation，资本形成，192；intensive production，资本密集生产，187，202，203；investment，资本投资，47–48

cash crops，经济作物，15

castle towns，城堡城，129

census，人口统计，304，309，314；

establishment of，人口统计的设立，140；purpose of，人口统计的目的，75

centralisation，集权，early type，集权的早期形态，140，141；of political power，政治权力的集权，98–101，108，124，231，246

Chang-an，长安，198，268，269

chartered trading houses，特许贸易行，329

Chayanov，A.V.，A.V. 恰亚诺夫，model，恰亚诺夫模型，347，348；peasant behaviour，农民行为，53–54，343–346；total employment，全民就业，53，70，343

chessboard field，井田，farming in，耕种井田，340；landholding in，井田控制权，137，138；replication and spread of，井田的复制与扩散，138；system of，井田制度，136

China，中国，as a model for Europe/Japan，作为欧洲和日本追随的模式，324；developmental path，发展路径，324–325；exceptionalism，中国例外论，6，7，13；indigenous technology，中国本土技术，2，8，14，15，28，97，108，118，124，295，299，322

Chinese civilisation，中华文明，37，101，107，212，244，267，297

Chinese empire，中华帝国，21，63，92

Christianity，基督教，and rebellions，基督教和起义，157

cities，城市，China’s，building of，中国的城市，城市的建造，128–129，199；functions of，城市的功能，108

city-states，城邦，8，108，126，198，199

class mobility，阶层流动，*see* social，mobility，见社会流动

classes，阶级（阶层），9–10，bourgeoisie，资产阶级，*see* bourgeoisie，见资产阶级；in China，中国的阶级，67，*see also* gentry class，merchant class，peasantry，也见绅士阶层，商人阶层和农民阶层；in Europe，欧洲的阶级，*see* Europe，classes，见欧洲阶级；in Japan，日本的阶级，*see* Japan，classes，见日本阶级；merchant，商人阶层，*see* merchant class and merchants，见商人阶层和商人；struggle of，阶级斗争，10，73，198，236，255，348

Colombo，(Cristoforo)，（克利斯多佛罗·）哥伦布，15

coloured-eye race，色目人，288，296

commerce，商业，46，*see also* market，trade，也见市场、贸易；attitude

towards，对待商业的态度，85，94，95，306，315；early，早期商业，132；policies，商业政策，*see* economic policies，for commerce，见商业经济政策；returns form，商业回报，294；status of，商业地位，123

commercial，商业的，boom during the Song，宋朝商业的繁荣，316；laws，商业法律，95，306，307

commercialisation，商业化，102，193，198，355；early，早期的商业化，139；degree of，商业化程度，15；during the Song，宋朝的商业化，306-308，310，314-316，317；impact，商业化的影响，213；in the Song bureaucracy，宋朝官僚的商业化，310，314-315，317；in Europe，欧洲的商业化，*see* Europe，commercialisation，见欧洲商业化；in the economy，经济的商业化，81，297，298，*see also* market activities，也见市场活动；limits for，商业化的局限，193

communications，交通，government involvement in，政府参与交通，124；network，交通网络，*see* highways，roads，见快速道路

Confucian，儒家，code of conduct，儒家行为规范，108，165-166；education and training，教育和训练，*see* Confucian education and training，见儒家的教育和训练；guide for rulers，儒家对统治者的规范，125，219；ideal and vision，儒家的理想与愿景，166，272；ideology and values，儒家的意识形态和价值观，36，67，70，73，85，88，91，108-118，120-121，124，127，169，172，234，348；literati and elite，儒家文人与精英，66，109，110，118，125，168，169，244，258，286，323，330，*see also* gentry class，也见绅士阶层；prejudice，儒家偏见，320；régime and social order，儒家政权与社会秩序，118，241，255，272

Confucian education and training，儒家的教育和训练，101，106，110，169，243，272；and social mobility，儒家的教育训练与社会流动，147

Confucianism，儒家学说（儒家思想），5，6，29，31，112，297；advantage over other schools，相对于其他学派的优势，102，115；and rebellions，儒家学说和起义，241，243-245；anti-，反儒家学说，210；as state philosophy，作为政府哲学，112，117，120；as popular belief，作为大众信念，120；attitude towards agriculture，儒家学说对农业的态度，88，*see also* physiocracy，也见

重农主义；attitude towards corruption and power abuse，儒家学说对腐败和权力滥用的态度，112；attitude towards trade，儒家学说对贸易的态度，116－117；impact of，儒家学说的影响，31，99，258；pragmatism，儒家学说的实用主义，118－120

Confucians，儒学家（儒家），persecution of，对儒家的迫害，146，171；prominent，杰出的儒学家，*see* Dong Zhongshu，Mencius，Zhu Xi，见董仲舒、孟子、朱熹

Confucius，孔子，99，109，110，111，114，116，117，169，244，246

copper-mining，铜矿开采，130，134

corruption and power abuse，腐败和权力滥用，balance of，腐败和权力滥用的平衡，160，164－165，168；checks upon，对于腐败和权力滥用的监督，159，166，249，250，296，297，298，*see also* bureaucrats，check upon，monarchs，check upon，rebellions in China，也见官僚监督，君主监督，中国的起义；consequences of，腐败和权力滥用的后果，*see* landholding and land ownership in China，concentration，rebellions in China，causes of，见中国的土地控制和土地所有，土地集中，中国起义的原因；degree of，腐败和权力滥用的程度，213；forms of，腐败和权力滥用的形式，166；punishment for，腐败和权力滥用的惩罚，218；temptation and tendency，腐败和权力滥用的诱惑与倾向 175，217，263；tolerable，腐败和权力滥用的可容忍度，165；under the Song，宋代的腐败和权力滥用，302，304

corvée，强制劳役，149，160；burden，强制劳役的负担，273；exemption and reduction，强制劳役的豁免与减免，251，317；law，强制劳役的法律，161

cotton，棉花，237；promotion of，促进棉花生产，284；spread of，促进棉花生产，378

credit system，信用系统，197，198，299

crises，危机，during the Song，宋代的危机，301，321；general，普遍危机，130，212－214，231，252，258；internal and external，内部和外部危机，212，*see also* invasions and conquests，rebellions，见入侵和征服，起义；Malthusian，马尔萨斯危机，10－11，12，13，15，205，335

crops，作物，commercial，经济作物，*see* cash crops，见经济作物；indigenous，本土作物，336；introduced，引入作物，15，38，190，

213；integration，经济融合，37
economic booms，经济繁荣，*see also* commercial，boom during the Song，也见宋代的商业繁荣；post-rebellion，起义后的经济繁荣，253，*see also* Golden Ages，也见黄金时代
economic policies，经济政策 agriculture，农业经济政策，*see* physiocracy，见重农主义；debates，经济政策争论，117；for agriculture，农业经济政策，*see* agriculture，policies of，见农业政策；for commerce，商业经济政策，96，108，147，314–315，316，318；land allocation of，土地分配经济政策，*see* stateowned land，见政府所有土地；monetary policies，经济政策的货币政策，*see* monetary policies，见货币政策
economic reforms，经济改革，*see also* agriculture，China's，reforms，Japan，land-tax reform，Russia，Stolypin's reform，tax，reforms，也见中国农业改革，日本土地税改革，俄罗斯斯托雷平改革，税收改革；current，通行的经济改革，248，263；during the Ming，明朝的经济改革，329；during the Northern Wei，北魏的经济改革，*see* Xianbei，land reform and distribution under，见鲜卑的土地改革和土地分配；during the Qin，秦代经济改革，*see* Qin，reforms under，见秦的改革；during the Qing，清代经济改革，*see* One-Hundred-Day Reform；Tongzhi reforms；Western knowledge，movement of，Westernisation Movement，见百日维新，同治中兴，西学东渐运动，洋务运动；during the Song，宋代经济改革，*see* Wang Anshi，land-tax reform under，见王安石地税改革；during the Spring and Autumn Period，春秋时期经济改革，142
economic revolutions，经济革命，*see* Han Economic Revolution；Song Economic Revolution，见汉代经济革命；宋代经济革命
economies of scale，规模经济，23
education，教育，cost of，教育成本，67；nature of，教育本质，67，Egypt，埃及的教育，30，298
Elvin，Mark，伊懋可，13；on the Chinese past，伊懋可论中国的过去，13–15，85，192，196
emperors and kings，皇帝和国王，*see* monarchs，见君主
Enclosure Movement，圈地运动，236
England，英格兰，3，17，28；land transaction，英格兰土地交易，56；

91，108，231；in Japan，日本的封建主义，68，71，73，76，91，101，231；landholding and land ownership，封建主义的土地控制和土地所有权，70，*see also* primogeniture，也见长子继承制；merchants under，封建主义下的商人，198；peasants under，封建主义下的农民，69，202，*see also* serfdom，也见农奴制；property rights under，封建主义下的所有权，70

Fairbank，J.K.，费正清，21；on China，费正清论中国，21，71，81，87，101，106，219，234，241，282

family and kinship，家庭和亲属，tensions within，家庭和亲属之间的张力，235；relationship，家庭和亲属之间的关系，235；structure，家庭和亲属之间的结构，55，137，140，234–235

famine，饥荒，15

famine relief，饥荒救济，124；lack during the Song，宋代少有饥荒，321

farming，耕种，ceremonies，耕种仪式，133，283；intensification，耕种强化，12，62，182，207；technology，耕种技术，see agriculture，technology，见农业耕种技术；tribes，耕种部落，37；zones，耕种区域，*see* agriculture，regions and their expansion，见农业地区及其扩大

fertility of women，妇女生育能力，201，207

feudalism，封建主义，6，10，63，68；and capitalist industrialisation，封建主义和资本主义工业化，203；check on population，封建主义制度对人口的抑制，202；in China，中国的封建主义，49，349–350；in Europe，欧洲的封建主义，68，71，73，76，

Five Barbarians，五胡，144，272，281，282

food，食物，availability，食物可获得性，125，151；staple，主食作物，37

forced labour，强制劳动，142

Frankish tribes，法兰克部落，10

France，法国，28；commercialisation of the bureaucracy，法国官僚机构的商业化，317–318；industrialisation，法国工业化，326；inheritance in，法国的继承制，50；landholding pattern，法国控制权模式，260–262；peasantry，法国农民，260–262；physiocracy in，法国重农主义，260；policies，法国政策，89，96，260；rebellions，法国起义，221，222；1789 Revolution，法国1789年大革命，50，222，259，323；war

and function of，长城的目的和功能，74，100，266–267，270；inputs in，长城的投入，276–78；maintenance of，长城的维护，161，273；obsolescence of，长城的荒废，274；standing army for，长城的常驻部队，82，269–270，278

green revolutions，绿色革命，*see* Han Economic Revolution，Rice-Cotton Revolution，见汉代经济革命，米棉革命

growth，增长，extensive type，粗放型增长，6；intensive type，集约型增长，22，300，301，322–323

Guangxu，光绪，323

Han Economic Revolution，汉代经济革命，16，254

Han Wudi，汉武帝，89，117，270，279，338

handicrafts，手工业，industry，手工业产业，46，128，131，193；returns form，手工业收益，294；production，手工业生产，185

Hegel，G.W.F.，黑格尔，5；philosophy and model of，黑格尔哲学和模型，5，127，258

Hicks，Sir John，约翰·希克斯爵士，7；market model by，希克斯的市场模型，7–8

hidden abundance，隐藏的富裕，204–205，207

highways，高速道路，early，早期的高速道路，131；system of，高速道路系统，108，160–161

Ho，Ping-ti，何炳棣，39；theory on China，何炳棣论中国，337

homogeneity，同质性，social，社会同质性，106

Hong Kong，香港，31

household，家庭，economy，家庭经济，80，87，293，351–355；tax，家庭税收，63，162–164，356

Huai River region，淮河流域，77

Huns，匈奴，conflicts with Chinese，匈奴和汉人的冲突，143，267；intermarriages with Chinese，匈奴和汉人通婚 282；trade with Chinese，匈奴和汉人的贸易，275

hydraulic determinism，水利决定论，103，105，349

Imperial academicians，翰林学士，168，169

Imperial ceremonies，皇家仪式，farming，皇家耕种仪式，*see* farming，ceremonies，见耕种仪式

Imperial College，国子监，169

Imperial Conference，御前会议，117

Imperial Court，朝廷，101，119，249

Imperial Examinations，科举考试，and social mobility，科举考试和社会流动，147；candidates for，科举考生，67，147，196，286；champions of，状元，63-65，67，286；impact of，科举考试的影响，67，83；restoration of，286；rules，科举制，66

Imperial land estates，皇家地产，47，79

income，收入，59，207，210；differentiation，收入差异，70-71，205；distribution，收入分配，344-345；fluctuation of，收入的波动，207-208；real，实际收入，151，355；register，收入登记，63；subsistence level，维持生存的收入水平，12

India，印度，18；family pattern，印度的家庭模式，201-202；land transaction，印度的土地交易，56；landholding，印度的土地控制，6，55，61，360；peasantry，印度农民，360；pension，印度退休金，202；rebellions，印度叛乱，221，222，237

Industrial Revolution，工业革命，6，20，68，190，236，299，322，324

industrialisation，工业化，16，26，187，327；in Asia，亚洲工业化，202；in China，中国的工业化，294，300，301；in Europe，欧洲的工业化，*see* Europe，industrialization，见欧洲，工业化

inflation，通货膨胀，policy during the Song，宋代的通货膨胀政策，318，321，321

information，信息，channels for，信息渠道，165，167-168

infrastructure，基础设施，inland，内陆基础设施，*see* highways，roads，见高速道路

inheritance，继承，equal，平均继承，50，52-53，56，71，85，86，201，350；law of，继承法律，50，69；patterns，继承模式，51，*see also* primogeniture，也见长子继承制

institutions，制度，changes in Song times，宋代的制度变化，301-304，312-314；changes in Zhou-Qin times，周秦时期的制度变化，128，140-43，145

invasions and conquests，入侵与征服，15，280，*see also* Five Barbarians，Huns，Manchus，Mongols，Tartars，Shang tribe，Xianbei，也见五胡、匈奴、满族、蒙古、鞑靼、商部落、鲜卑族；attraction to，入侵和征服的吸引力，264；consequences of，入侵和征服的结果，254，280；

countermeasure of，入侵和征服的对策，*see* defence，见国防；frequency of，入侵和征服的频率，303；impacts of，入侵和征服的影响，189，280，284，289，294–295，296；scale and scope，入侵和征服的规模和范围，268；success rate，入侵和征服的成功率，279；threat of，入侵和征服的威胁，82，99，269

investment，投资，in agriculture，农业投资，59，192；in infrastructure，基础设施投资，*see* infrastructure，见基础设施；patternsof，投资模式，192，*see also* agriculture，as an investment haven，也见农业作为投资天堂；returns，投资回报，*see* profit，见投资利润

inventions and innovations，发明和创造，in China，中国的发明和创造，*see* China，indigenous technology，见中国本土技术

Ireland，爱尔兰，rebellions，爱尔兰起义，221

Iron，铁，Age，铁器时代，271，273，338；government monopoly，政府对铁的垄断，117；output capacity，铁的产能，299；trade，debate on，对铁交易的争论，117

irrigation and water control，灌溉和水利，38，103；development in，灌溉和水利发展，339；government involvement in，政府对灌溉和水利的介入，104–105，124，220；lack during the Song，宋代缺乏灌溉和水利，321；management of，灌溉和水利的管理，104；patterns，灌溉和水利模式，103；scale and extent，灌溉和水利的规模和程度 103，104

Italy，意大利，198

Japan，日本，3，16，24，28，34，86，92；characteristics，日本的特征，106–107，172；Chinese influence on，中国对日本的影响，6，31，107，112；classes，日本的阶级，68，74，76；invasions of China，日本侵华，1，296；Land-Tax Reform (Meiji)，日本明治地税改革，27，262，359；landholding pattern，日本土地控制模式，21，23，55，68，202，236，246，358；Meiji，日本明治时代，202，221，299，300，323，326；Mongol impacts on，蒙古对日本的影响，325；peasants，日本农民，202，347；population，日本人口，335；rebellions，日本的叛乱，91，221，222，237，245，252，257；social structure，日本的社会结构，*see* feudalism，in Japan，见日本封建主义；Tokugawa，日本德川时代，11，

23，26，99，101，106，112，172，204，325，358；trade with China，日本对华贸易，74，215，315–316，331；US impacts on，美国对日本的影响，*see* United States，impacts on Japan，见美国，对日本的影响

Java，爪哇，peasants，爪哇农民，346

Jia Sixie，贾思勰，288，293–294

Jones，E.L. 埃里克 · 琼斯 22，32；model，琼斯模型，32–33；on China，琼斯论中国，22，85，95，192，299

Kangxi，康熙，31，95，125，164，217，218，283，288，293

Keynesian full employment，凯恩斯的充分就业，17，343

King Yu，大禹，legend of，大禹传说，104，339

Kong Fu，功夫，244

Korea，朝鲜，27，31，34，56；Chinese influence on，中国对朝鲜的影响，107；landholding patterns，朝鲜的土地控制模式，27

Koreans，朝鲜族，6

Kublai，忽必烈，219

Kuznets，Simon，西蒙 · 库兹涅茨，4

labour，劳动，inputs，劳动投入，87；intensive bias，劳动密集偏向，85，348；productivity，劳动生产率，62，181，185–186，253，273；saving，劳动节约，53，62，189–190；specialisation，劳动专业分工，*see* specialization，见专业化

land，土地，abandonment of，土地抛荒，191；acquisition and distribution，土地的获得与分配，48，77–78，124，157，251，281，289，290，293，298，322；population-supporting capacity，土地的人口支持能力，55，294；productivity，土地生产率，11，62，186，273；register，土地登记，63；saving，土地节约，62，179，190；scarcity of，土地稀缺，318，348，*see also* man-toland ratio，也见土地人口比率；supply of，土地供给，151，156，157，178，179，248，*see also* land，acquisition and distribution，也见的土地获得与分配；tax，地税，63，95，149，162，219，240，313，356；transaction，土地交易，*see* land transaction，见土地交易；utilisation，土地利用，11

land transaction，土地交易，52，56，154–155，350；and social mobility，土地和社会流动，147；and socioeconomic polarisation，土地和社会经济的两极分化，179

landholding and land ownership in China，中国土地控制和土地所有权，changes during the Song，宋代土地控制和土地所有权的变化，301，304；changes over time，土地控制和土地所有权随时间变化，56–57，140；concentration，土地控制和土地所有权的集中，178–179，213，214，219，313，350；disputes，土地控制和土地所有权的纠纷，313；extent and expansion of，土地控制和土地所有权的程度和扩张，54，61；family internal，家庭内部土地控制和土地所有权，52，87；impact of，土地控制和土地所有权的影响，50，60–72，86，93，143，202，296；private/family，私人或家庭的土地控制和土地所有权，36，48–49，63，71，83，124，140，143，201，236，248，271，293，297，350；protection by law，土地控制和土地所有权受到法律保护，54，141；self-confinement effect，自我约束的效果，*see* man-to-land bondage，见人口土地约束；size，土地控制和土地所有权的规模，55；stability，土地控制和土地所有权的稳定，155–156，158；types，土地控制和土地所有权的类型，6，23，57–59，76，77，137–138，141，314

landless，无地，213，304，314

landlords，地主，23，24，26，59，60，350；types，地主类型，213

leasehold of land，土地租赁，291，297

Lewis，Arthur，阿瑟·刘易斯，16，71；model on development，刘易斯的发展模型，16–19，341，343，347

law，法律，for defining and protecting property rights，法律对产权的界定和保护，50，54，69，141；and order，法律和秩序，83，124

Legalism and Legalists，法家思想和法家，attitude towards trade and merchants，法家思想和法家对于贸易和商人的态度，117；ideology of，法家思想和法家的意识形态，114–115；impact of，法家思想和法家的影响，120，145；policies，法家思想和法家的政策，117–118，*see also* Shang Yang，也见商鞅；reforms，法家思想和法家的改革，142，146，*see also* Li Kui，Shang Yang，reforms under，也见李悝，商鞅改革；rule of，法家思想和法家的统治，114–115，273；on agriculture，法家思想和法家论农业，88

Li Hongzhang，李鸿章，101–102

Li Kui，李悝，88，142

linearism，发展线性主义，27；trap of，

线性主义的陷阱，30
living standards，生活标准，204，205，206，297；comparison between China and Europe，中国和欧洲之间生活标准比较，204；expectations unfulfilled，没有实现期望的生活标准，319，321；fluctuations in，生活标准的波动，213；subsistence level of，维持生存的生活标准，185
loans，贷款，from government，政府贷款，156
Loess Plateau，黄土高原，39，40，43，128，135，311，337

Malthus，T.R.，T.R. 马尔萨斯，10，29；theory on population，马尔萨斯人口论，10−11，13，28，127，207，208
Malthusian，马尔萨斯的，checks，马尔萨斯人口抑制，180；crises，马尔萨斯危机，*see* crisis，Malthusian，见危机，马尔萨斯的
man-to-land bondage，土地对人口束缚，71，202，203
man-to-land ratio，土地人口比率，62，187−89，202，341；improvement in，土地人口比率的改善，254
Manchus，满族人，62，82，93
manufacture，制造业，output of China，中国制造业产出，2
marginal physical product of labour，劳动的边际产品，17，19，53，187，188，207，253，341−346
marginal revenue product，产出的边际收益，17
maritime trade，海上贸易，bureaux for，市舶司，307，314；rise of，海上贸易的兴起，306，314−316
market，市场，7，9，210；activities，市场活动，8，84，193，322，*see also* border trade，也见边境贸易；attitude towards，对待市场的态度，*see* commerce，attitude towards，见对待商业的态度；economy，市场经济，8，310−311；government control over，政府对于市场的管制，195，251，329；impact on landholding，市场对土地控制权的影响，178−179，193；in peasant life，农民生活中的市场，84；key，经济命脉市场，195；nation-wide，全国范围的市场，8，48，108；networks，市场网络，194；towns，村镇市场，194；world，世界市场，254
marriage，婚姻，patterns，婚姻模式，86，137
Maya，玛雅，30，298
Mediterranean，地中海，8
Mencius，孟子，73，99，111，112，116，117，125，219

consciousness of，君主的自我意识，110；Song Taizu，Emperor，宋太祖，*see* Song Taizu，见宋太祖；Sui Yangdi，Emperor，隋炀帝，*see* Sui Yangdi，见隋炀帝；Tang Taizong，Emperor，唐太宗，*see* Tang Taizong，见唐太宗；Taizu，Emperor，太祖皇帝，*see* Taizu，见太祖；training of，君主训练，110；Zhao Kuangyin，founder of the Song，赵匡胤，宋朝的开国皇帝，*see* Zhao Kuangyin，见赵匡胤；Zhu Yuanzhang，founder of the Ming，朱元璋，明朝的开国皇帝，*see* Zhu Yuanzhang，见朱元璋

monetary policies，货币政策，307-308

money，钱币，8，*see also* currency，也见货币；early use of，早期对于钱币的使用，131，132；hoarding，囤积钱币，334；policies，钱币政策，*see* monetary policies，见货币政策；supply，钱币供给，197，315-316，318，331-335；use of，钱币的使用，198，297；types，钱币的类型，299，313，331

Mongolia，蒙古，221

Mongols，蒙古人，82，221，273，306；agricultural administration under，蒙古治下农业管理，290；integration of，蒙古人的融入，286，287

monsoons，季风，103

multicropping，多茬复种，11，58，62，190，237

Nanjing，南京，283

nation-states，民族国家，126

Nationalist Movement，民族主义运动，323

natural disasters，自然灾害，15

naval defence，海防，under the Southern Song，南宋的海防，312

navy，海军，cost during the Song，宋代的海军成本，312-313；Ming，明朝海军，330

Needham，Joseph，李约瑟，2，14，83，97，197，349

neo-classical economics，新古典经济学，viewpoint of，新古典经济学观点，9，16，17，19，48，186，341-343，347

neo-Confucianism，新儒学，111

neolithic culture and economy，新石器的文化与经济，37，38，40，42，131，336，337，338

Netherlands，荷兰，198

nomadism，游牧，46；life under，游牧生活，254，264

nomads，游牧民族，82，99，100，128，145；conflicts with Chinese，游牧民族和汉族的冲突，264，267，272，276，295，*see also* invasions and conquests，也见入侵和征服；impacts of，游牧民族的影响，298；intermarriages with Chinese，游牧民族与汉族通婚，274－275；integration of，游牧民族的融入，280－287，289，290；military supremacy，游牧民族的军事优势，264；trade with Chinese，游牧民族和汉族的贸易，265

North，D.C，道格拉斯·诺斯，35 (with R.P.Thomas)，道格拉斯·诺斯（和 R. P. 托马斯），20，21；theory on development，诺斯的发展理论，20，35

North Plain，华北平原，40，128，311

non-agricultural production，非农生产，193－194，321，*see also* by-employments，handicrafts，也见副业，手工业

officials，官员，*see* bureaucrats，见官僚

One-Hundred-Day Reform，百日维新，299，323

one-port-ism，单一贸易港口政策，330

Opium Wars，鸦片战争，254，295，299，330

opportunity cost，机会成本，145，196，314，326

Orient，东方，3，7，194

Ottoman Empire，奥斯曼帝国，28

overpopulation，人口过度，*see* crisis，Malthusian，见马尔萨斯危机；disaster-induced，由于人口过度引发的灾难，200，304

owner farmers，自耕农，23，154，*see also* landholding and ownership in China，private，也见中国私人土地控制和所有权

paddy farming，水稻耕种，105，227，339

Palaeolithic culture and economy，旧石器时代的文化与经济，36，38，40，135

path dependency，路径依赖，42，145，324

Pearl River region，珠江流域，58，230

peasantry，农民，alienation of，农民异化，152；bankruptcy，农民破产，214；behavioural dualism，农民行为的二元论，80，234－236，351－355；commercial activities in China，中国农民的商业活动，81，*see also* cash crops，market，in peasant life，也见经济作物，农民生活中的市场；composition in China，中国农民的构成，21，36，187；definition for，农民的定义，36；free，自由农，21，71，72，73，76，99，124，

210，212，280，293；impacts on Chinese society，农民对中国社会的影响，83，85，91，94，236，253；landholding and land-owning，农民土地控制权与所有权，124，141，196，212，231，247，*see also* landholding and land ownership，private，也见私人土地控制和所有权；legal status in China，农民的法律地位，26，74–76，252，*see also* peasantry，free，也见自由农；multiple identity，农民的多重身份，196；panmerchanting of，农民的泛商业化，21，195，196；perpetuation of，农民身分的永久化，298；power in China，农民在中国的力量，93，103，*see also* rebellions in China，也见中国的起义；rebellions in China，农民在中国的起义，*see* rebellions in China，见中国的起义；relationship with other social groups in China，中国农民和其他社会团体的关系，83–85，213；relationship with the Chinese Empire，农民和中华帝国的关系，234，257；relationship with the Chinese state，农民和中国政府的关系，61，113，147，255；rights in China，中国农民的权利，92；role in China，中国农民的角色，69，76，82，83，94，256；size in China，中国农民的规模，*see* population，rural，见农村人口

peasants，农民，marginal，边际农民，231；solidarity，农民的团结，235–236

pension hostage，养老金人质，87

people as the foundation，民本，90，92，93，255，312

personal bondage，个人的束缚，71，75，102

physiocracy，重农主义，ideology of，重农意识形态，87–88，96；impact of，重农主义的影响，92，143，165，287；policies and practice，重农主义的政策与实践，89，125，142，147，152，193，214，255，*see also* agriculture，protection and promotion of，也见农业保护和农业促进；rationale，重农主义的基本原理，93–94

physiocratic state，重农政府，87，97，122，124，126，210，280；establishment of，重农政府的建立，141；decline during the Song，宋代重农政府的衰落，304；restoration of，重农政府的恢复，248，251，293

Poll tax，人头税，25，149，162，219，306，310，356–357

Polo，Marco，马可·波罗，2，34，194，199，296

proto-industrialisation，原始工业化，21，*see also* mass production，也见大规模生产；Song Economic Revolution，宋代经济革命
proto-mercantilism，原始重商主义，308，314
pseudo-capitalism，假资本主义，198，199，210，*see also* sprout of capitalism，也见资本主义萌芽
public works，公共工程，153；defence，国防公共项目，*see also* Great Walls，也见长城；irrigation，灌溉公共项目，*see* irrigation and water control，见灌溉和水利；transport，运输公共项目，*see* transport，见运输

Qianlong，乾隆，31，171，219
Qin，秦，Kingdom，秦朝，139；Empire，秦帝国，*see* Qin Shihuang，unification of China，见秦始皇统一中国；reforms under，秦朝的改革，141，*see also* Shang Yang，reforms under，也见商鞅改革
Qin Shihuang，秦始皇，62，142，270，271，279；abuse of power，秦始皇滥用权力，142–143，161；anti-Confucian campaign，秦始皇反儒运动；failure of，秦始皇的失败，115；inspections by，秦始皇巡视，171–172；public works under，秦始皇的公共工程，142–143，349–350；rebellion against，反抗秦始皇的起义，143，147；rule of，秦始皇统治，62，102，147
quality of life，生活质量，*see* living standards，见生活标准
Quesnay，F.，F. 魁奈，89，96，201

rebellions，起义，255
rebellions in China，中国起义，15，220，255，299；and natural disasters，中国起义和自然灾害，228，231；and population pressure，中国起义和人口压力，229，231；awareness of，中国起义的意识，93；Boxer，中国义和团起义，*see* Boxer Rebellion，见义和团起义；characteristics of，中国起义的特征，221；check on，阻止中国起义，173–174，220；consequences of，中国起义的后果，222，223–224，228，229，232–233，247，251，254，305，321；early，早期中国起义，143；effectiveness of，中国起义的有效性，247–249；causes of，中国起义的原因，75，93，94，113，157，165，213，214，218，235，242，319；characters of，中国起义的人物，102；crack-down upon，镇压中

国起义，241，249，319；frequency of，中国起义的频率，89，91，228，229，232－233，376；functions of，中国起义的功能，230，250－252，259；impacts，中国起义的影响，250，253，293；nature of，中国起义的本质，242，253；participants，中国起义的参与者，*see* rebels，见叛乱；patterns of，中国起义的模式，224－226；popularity of，中国起义的流行，243；regions，中国起义的地域，226－227，230，237，238，239；right and legitimacy for，中国起义的权利和合法性，242－244，255；scale and scope of，中国起义的规模与范围，225－226，227，230，376；success in，中国起义的成功，248；Taiping，中国太平天国起义，*see* Taiping Rebellion，见太平天国起义；threshold for，中国起义的临界点，235

rebels，叛乱者，aims of，叛乱者的目的，234，247，248－249；and Confucians，叛乱者和儒生，243－244；banners of，叛乱者的旗帜，157，241；identity of，叛乱者的认同，226，228；incentives of，叛乱者的激励机制，246－247；leaders and organisers of，叛乱领袖与组织者，240－242，244，305

rent，租，23；rate of，租率，59；seekers，寻租者，59，60；separation from tax，地租从税收中分离，63；types of，租的种类，57，58

rent-seeking，寻租，24，26；alien groups，寻租集团，320；avoidance，避免寻租，218；check on，监督寻租，162，165，193，*see also* corruption and power abuse，checks upon，也见腐败和权力滥用的监督；of individual officials，官员个人的寻租，217－218；of the Chinese state，中国政府的寻租 69，89，152，159，191，213，308

revenue，财政收入，loss of，财政收入的损失，241，311；sources，财政收入来源，*see also* tax，也见税收

Ricardo，David，大卫·李嘉图，sequence in farming，李嘉图农业序列，44；stationary state，李嘉图静态经济，9，14，201；trade theory，李嘉图贸易理论，96

rice，稻，37，336；farming，稻作，*see* Paddy farming，见水稻耕种；spread of，稻的传播，43，44，327－328

Rice-Cotton Revolution，米棉革命，237

rights，权利，citizens'，公民权利，92，102，125，141，*see also* peasantry，legal status in China，

structural changes，结构变化，202，299，318，319，321；equilibrium，结构均衡，149–151，254，297，299

subsistence living，维持最低生活，*see* income，subsistence level，见收入，维生水平

Sun Wu，孙武，274

Sun Yat-sen，孙逸仙，323

supervision，监督，in agriculture，农业监督，*see* agriculture，official involvement in，agriculture，official position in charge of，见官员参与农业，官员掌管农业的地位

surveillance，监视，costs，监视成本，196；systems，监视制度，159，165，168–175，173–175

Taiping Rebellion，太平天国运起义，165，214，249，250

Taizu，太祖，216

Tang Taizong，唐太宗，47；economic policies，唐太宗的经济政策，92；political thought，唐太宗的政治思想，110，175，250

Taoism，道教，5，90–91；ideology and beliefs，道教的意识形态和理念，115，124；and agriculture，道教和农业，87；and policy-making，道教和政策制定，258；and rebellions，道教和起义，157；impact，道教影响，99，120；*laissez-faire* attitude of，道教的无政府态度，91，92，115，258

tax，税赋，avoidance，逃税，49，59，63，75，308，313；burden，税收负担，151，153，161–164，166，192，213，219，280，284，308，312–313；collecting，收税，216，292；cuts，减税，220，251；exemption，免税，164，214，219，251，258，317；form，税收形式，194，293；increase as taboo，加税禁忌，165；informal and illegal，非正式与非法税收，89，219；nature of，税收本质，63；on households，家庭税收，*see* household tax，见户税；on land，土地税，*see* land，tax，见土地，土地税；peasant sensitive to，农民对税收敏感，151；poll，人头税，*see* poll tax，见人头税；rates，税率，161，162，164，214；reforms，税收改革，149，329；regimes，税收制度，124，151，162–164；revenue，税收收入，59，75，124，149，164，181，214，240，241，316，318；self-discipline，税收自律，165；sources of，税收来源，77，94，106，164–165；watchdogs，税收监察，63

tea，茶叶，trade，茶叶贸易，194，

265
tenancy，租用，77；rates，租率，26，304，305；rights，租权，57
terms of trade，贸易条件，359
Tibet，西藏，34，221，267
Tongzhi Reforms，同治改革，165，220，250
trade，贸易，*see also* market，也见市场；attitude towards，对待贸易的态度，*see* commerce，attitude towards，见对待商业的态度；duty，贸易税赋，8-9，197，306；government monopoly of，政府贸易垄断，195，307，*see also* iron，government monopoly，salt government monopoly，也见政府对铁的垄断，政府对盐的垄断；government participation，政府参与贸易，330；illegal，非法贸易，249；maritime，海上贸易，*see* maritime trade，见海上贸易；policies，贸易政策，*see* economic policies，for commerce，见商业经济政策；promotion of，促进贸易，307；restrictive policy，贸易限制政策，96，251，*see also* market，government control over，也见政府控制市场；staple，大宗贸易，*see* ceramics，opium，silk trade，silver trade，tea trade，见陶瓷，鸦片，丝绸贸易，白银贸易，茶叶贸易；terms of，贸易条件，*see* terms of trade，见贸易条件
traders，贸易者，*see* merchant class and merchants，见商人阶层和商人
transaction costs，运输成本，reduction of，运输成本下降，140
transport/transportation，运输，299；government involvement in，政府参与运输，124；network，运输网络，*see* highways，grand canals，roads，waterways，见高速道路，大运河，陆路，水路；of grain，谷物运输，*see* grain transport，见谷物运输；system of，运输系统，*see* highways，grand canals，roads，waterways，见高速道路，大运河，陆路，水路
treasury，户部，153，164
Turkistan，突厥，273

United States，美国，4，19；conflict with China，中美冲突，296；farming in，美国农耕，55；impacts on Japan，美国对日本的影响，325
urbanisation，都市化，193，198，297，299，*see also* cities，china’s，也见城市，中国城市；bureaucracy-based，以官僚为基础的城市化，199；degree of，都市化的程度，15，322；impacts of，都市化的影响，213；rise in，都市化的兴起，321

Vietnam，越南，34，56；Chinese influence on，中国对越南的影响，107
Vietnamese，越南人，6
Viets，越族人，265
voyages，航海，of Zheng He，郑和航海，see Zheng He，voyages，见郑和，航海

Wang Anshi，王安石，156，219；land-tax reform under，王安石土地税改革，305
Wang Zhen，王祯，286，288
war horses，战马，importation，战马的进口，74，265
wars，战争，see rebellions，invasions and conquests，见起义，入侵和征服；Opium Wars，鸦片战争；impact in China，战争对中国的影响，100-101，253；impact on land supply，战争对土地供给的影响，156
water control，治水，see irrigation and water control，见灌溉和水利
waterways，水路，108，198，321
Watt，James，詹姆斯·瓦特，15
weapons/weaponry，武器，knowledge of，武器知识，108；imports of，武器进口，74；production of，武器生产，276-277，278
Weber，Max，马克斯·韦伯，5
West/Westerners，西方/西方人，developmental path，西方的发展路径，325；conflicts with China，中西方冲突，295-296；relationship with China，西方和中国的关系，245，254；superiority over China，西方对中国的优越感，295-296，324
Western Knowledge，西学，movement of，西学东渐，31
Westernisation Movement，洋务运动，102，299，323
wheat，麦，spread of，麦子的传播，42-43，44，337
witchcraft，巫术，and rebellions，巫术和起义，241
world market，世界市场，see market，world，见市场，世界市场
world-system，世界体系，theory of，世界体系理论，28，323

Xianbei，鲜卑，267；economic policies，鲜卑的经济政策，78；integration of，鲜卑的融入，281-282，288；invasion and conquest，鲜卑的入侵与征服，144，272，280，289；land reform and distribution under，鲜卑的土地改革和分配，78，281，289，290，293；promotion of farming，鲜卑的耕种促进，288

译后记

2012年到英国伦敦大学亚非学院访学，在一次英国经济史的会议中结识了邓钢教授，随后我去伦敦政治经济学院旁听了几次邓钢教授关于中国经济史的研究生课，他的儒雅和博学给我留下了深刻印象，只要时间允许，我都会和他做一些交流。尽管我没有任何经济史方面的学术训练，对于一些门外汉的问题，邓教授总是不嫌我愚钝，耐心讲解。当他把本书的英文版赠送于我，询问我是否有意翻译时，我颇感意外和忐忑，觉得自己的学术背景恐难胜任，思考再三，还是不揣浅陋应允下来，以报邓钢教授信任之德，事事皆缘分！另外也希望通过翻译，强迫自己弥补一下中国经济史方面落下的功课。

由于对中国传统经济史领域资料完全不熟悉，翻译过程中的确遇到了许多麻烦，致使翻译时间拉长，超出了和出版社约定的时间，幸好有邓教授的大力支持和鼓励，很多问题才得以克服。本书翻译也得到妻子徐雪英的大力支持，她是浙江大学外国语言文化与国际交流学院副教授，精于译事，对大部分章节进行了仔细校对，纠正了我的一些误译。但是，鉴于本人在经济史领域学识不足，误译仍在所难免，本书如有表达上的错误或不妥必然是我们的责任，而不应归咎于原作者。

我的专业背景是经济学，记得邓钢教授曾经向我提到，他原来也是学经济学的，还教过经济学的课程，后来转到中国经济史方面的研究。在阅读他的作品时，我能体会到本书经济学研究思维的一些痕迹，所以也增加了我对这部作品的亲切感。这部作品所要处理的问题其实是非常宏大的，对我而言无疑启发良多，使我对于传统中国经济有了新的认知，修正了我的一些错误观念。关于中国传统经济市场和产权的论述给我启发很大，因为新制度经济学的代表作之一——道格拉斯·诺斯《西方世界的兴起》一书中解释了产权制度对于工业革命和经济增长的重要性和必要性，然而，中国在数千年发展过程中比欧洲更早地确立了土地私有产权，也更早建立了市场，却迟迟没有出现类似欧洲世界的兴起，而是在19世纪最终走向衰落。这说明私有产权可能只是构成经济发展的一个必要而非充分的因素，对于华盛顿共识的缺陷也多了一份印证，欧洲经济发展的故事逻辑在中国并不一定存在。

中国经历了漫长的发展历史，又走到了新一轮崛起的出发点上，这一轮新的崛起比以往任何时候更快更强，令全世界惊讶。对此，基于传统欧洲发展模式的经济理论显然不能完全很好地加以解释，这就迫切需要对于传统中国经济的制度环境和中国当代经济的制度环境有一个全面而深入的理解，本书的翻译正当时候。相信读者定能从中有所领悟，译事固然艰辛，但每念于此，尤倍感欣慰。读者皆为方家，对于本书观点当自有评论，恕不赘言。

本书涉及大量的经济史参考资料，在整理过程中也得到了我的学生蒋海涛、林易汝、黄见秋、何渊、杜霖铱、郝韵、叶心语、赵瑜颖的热情帮助，陈思荃对部分中文译稿进行了文字校对。在此也对他们的细心工作表示感谢。

最后要特别感谢浙江大学出版社北京启真馆对我翻译时间的宽限和前后数任编辑对于此书编辑工作孜孜不倦的付出。

上海对外经贸大学国际经贸学院　茹玉骢

2019 年 7 月于沪上

图书在版编目（CIP）数据

中国传统经济：结构均衡和资本主义停滞/（英）邓钢著；茹玉骢，徐雪英译．—杭州：浙江大学出版社，2020.3

书名原文：The Premodern Chinese Economy: Structural Equilibrium and Capitalist Sterility

ISBN 978-7-308-18925-5

Ⅰ．①中… Ⅱ．①邓… ②茹… ②徐… Ⅲ．①中国经济史－研究－古代 Ⅳ．①F129-2

中国版本图书馆CIP数据核字（2019）第010733号

中国传统经济：结构均衡和资本主义停滞

[英] 邓 钢 著 茹玉骢 徐雪英 译

责任编辑 王志毅

责任校对 王 军 牟杨茜

装帧设计 王小阳

出版发行 浙江大学出版社

（杭州天目山路148号 邮政编码310007）

（网址：http:// www.zjupress.com）

制　　作 北京大观世纪文化传媒有限公司

印　　刷 河北华商印刷有限公司

开　　本 635mm × 965mm 1/16

印　　张 33

字　　数 398千

版 印 次 2020年3月第1版 2022年3月第2次印刷

书　　号 ISBN 978-7-308-18925-5

定　　价 98.00元

浙江大学出版社运营中心联系方式：（0571）88925591；http://zjdxcbs.tmall.com

The Premodern Chinese Economy:

Structural Equilibrium and Capitalist Sterility

by Kent G. Deng

ISBN: 978-0415458641

First published in 1999 by Routledge, Routledge is an imprint of the Taylor & Francis Gr

《社会经济史译丛》书目

01 布罗代尔的史学解析

赖建诚 著

02 中国海关与贸易统计（1859—1948）

[美]托马斯·莱昂斯 著　毛立坤　方书生　姜修宪 译　方书生 校

03 战前中国经济的增长

[美]托马斯·罗斯基 著　唐巧夫　毛立坤　姜修宪 译　吴松弟　李天锋 校

04 从北京回望曼彻斯特：英国、工业革命和中国

[荷]皮尔·弗里斯 著　苗　婧 译

05 历史上的理学（修订版）

[美]包弼德 著　[新加坡]王昌伟 译

06 近代中国商业的发展

[英]科大卫 著　周　琳　李旭佳 译

07 为什么是欧洲？：世界史视角下的西方崛起（1500—1850）

[美]杰克·戈德斯通 著　关永强 译

08 看得见的城市，东亚三商港的盛衰浮沉录

[荷]包乐史 著　赖钰匀　彭　昉 译

09 制度变迁的逻辑：中国现代国营企业制度之形成

[美]卞历南 著　[美]卞历南 译

10 早期近代中国契约与产权

[美]曾小萍　[美]欧中坦　[美]加德拉 编　李　超 等译

11 说狐

康笑菲 著　姚政志 译

12 刺桐梦华录：近世前期闽南的市场经济（946—1368）

苏基朗 著　李润强 译

13 近代英国工业革命揭秘：放眼全球的深度透视

[英]罗伯特·艾伦 著　毛立坤 译

14 中国的崛起与俄罗斯的衰落：市场化转型中的政治、经济与计划

[英]彼得·罗澜 著　隋福民 译

15 延续、偶然与变迁：英国工业革命的特质

[英] E.A. 里格利 著　侯琳琳 译

16 近代中国的条约港经济：制度变迁与经济表现的实证研究

苏基朗 [美] 马若孟 著　成一农　田　欢 译

17 美国小企业史

[美] 曼塞尔 · 布莱克福德 著　刘　鹰　何国卿 等译

18 何以为家：全球化时期华人的流散与播迁

[美] 胡其瑜 著　周　琳 译

19 通往工业革命的漫长道路：全球视野下的欧洲经济，1000—1800 年

[荷] 扬 · 卢滕 · 范赞登 著　隋福民 译

20 文化融合：基于历史学和经济学的文化批判

[英] 埃里克 · 琼斯 著　王志标 译

21 国法与社会惯行：明清时代社会经济史研究

[韩] 吴金成 著　崔荣根 译　薛　戈 校

22 中国传统经济：结构均衡和资本主义停滞

[英] 邓　钢 著　茹玉骢　徐雪英 译